国家自然科学基金面上项目
名称：电子商务推动的乡村城镇化特征、机制与规划应对研究（批准号：51878329）

国家自然科学基金面上项目
名称：基于流空间的城镇发展战略分析方法与规划理论研究（批准号：51478216）

国家自然科学基金青年项目
名称：治理结构视角下乡村公共产品供给和规划策略研究（批准号：51808280）

江苏省优势学科三期资金资助成果

新自下而上城镇化：中国淘宝村的发展与治理

New Urbanization from Below: The Development and Governance of Taobao Villages in China

罗震东 著

东南大学出版社
SOUTHEAST UNIVERSITY PRESS

南京·2020

内容提要

电子商务作用下的乡村城镇化是信息化时代的新自下而上进程，它对乡村地区社会、经济与物质空间的系统重构集中体现为中国淘宝村、镇的发展演化。基于大量数据分析和实地调研，本书在全面呈现中国淘宝村的空间分布、类型特征与演化机制的基础上，深入研究治理转型与规划应对方法，力图系统地呈现这一具有深远影响力的进程的全貌，并为乡村振兴战略的实施和规划编制提供参考。

本书可供从事城乡规划、经济地理、区域经济、公共管理以及电子商务的相关政府部门与科研机构使用，也可供相关大专院校师生阅读。

图书在版编目（CIP）数据

新自下而上城镇化：中国淘宝村的发展与治理 / 罗震东著 .—南京：东南大学出版社，2020.6

ISBN 978-7-5641-8774-3

Ⅰ.①新… Ⅱ.①罗… Ⅲ.① 乡村－城市化－研究－中国 Ⅳ.① F299.21

中国版本图书馆 CIP 数据核字（2019）第 289563 号

Xin Zixia'ershang Chengzhenhua: Zhongguo Taobaocun De Fazhan Yu Zhili

书　　名：	新自下而上城镇化：中国淘宝村的发展与治理		
著　　者：	罗震东		
责任编辑：	徐步政　周　菊	邮箱：	1821877582@qq.com
出版发行：	东南大学出版社	社址：	南京市四牌楼 2 号（210096）
网　　址：	http://www.seupress.com		
出 版 人：	江建中		
印　　刷：	江苏凤凰数码印务有限公司	排版：	南京凯建文化发展有限公司
开　　本：	787mm×1092mm　1/16	印张：	18.75　字数：460 千
版 印 次：	2020 年 6 月第 1 版　2020 年 6 月第 1 次印刷		
书　　号：	ISBN 978-7-5641-8774-3　定价：69.00 元		
经　　销：	全国各地新华书店	发行热线：	025-83790519　83791830

* 版权所有，侵权必究
* 本社图书如有印装质量问题，请直接与营销部联系（电话或传真：025-83791830）

目录

- 序一 9
- 序二 14
- 前言 15
- 致谢 18

1 新自下而上城镇化与扩展的流空间 001
1.1 自下而上城镇化进程 002
- 1.1.1 自下而上城镇化的概念内涵 003
- 1.1.2 自下而上城镇化的发展阶段 004
- 1.1.3 自下而上城镇化的典型模式 007
- 1.1.4 自下而上城镇化的动力机制 013

1.2 新自下而上城镇化进程 017
- 1.2.1 县域电子商务发展的空间特征 018
- 1.2.2 长江三角洲电子商务产业的空间特征 024
- 1.2.3 新自下而上城镇化进程的特征 030

1.3 流空间的扩展与淘宝村的研究 033
- 1.3.1 流空间的扩展与地方空间的价值 033
- 1.3.2 新工业空间、邻近性与集聚 039
- 1.3.3 淘宝村的研究价值与当前进展 042

2 中国淘宝村的区域分布 061
2.1 区域分布特征 061
- 2.1.1 地理空间特征 061
- 2.1.2 区域梯度格局 066
- 2.1.3 边缘区位浮现 069

2.2 集聚与裂变 072
- 2.2.1 三大区域的空间集聚 072
- 2.2.2 持续的裂变式增长 073

2.3 增长下的消失 091
- 2.3.1 消失淘宝村的空间分布 092
- 2.3.2 淘宝村消失的多元机制 093

3 中国淘宝村的发展机制 100

3.1 综合发展机制 100
3.1.1 钻石模型 100
3.1.2 边缘革命 111

3.2 多元发展模式 116
3.2.1 自发成长模式 116
3.2.2 政府推动模式 118
3.2.3 "政府+服务商"模式 120

3.3 产业组织环节 125
3.3.1 研发环节 126
3.3.2 生产环节 127
3.3.3 运营环节 129
3.3.4 物流环节 130
3.3.5 配套服务环节 131

4 中国淘宝村的综合分类 136

4.1 "区位+产业"的两维视角 136
4.1.1 基于空间区位的分类 137
4.1.2 基于产业经济的分类 138
4.1.3 "区位+产业"视角下的综合分类 139

4.2 城市近郊型淘宝村 140
4.2.1 城市近郊工贸型淘宝村 140
4.2.2 城市近郊纯贸易型淘宝村 145
4.2.3 小结 149

4.3 城镇边缘型淘宝村 150
4.3.1 城镇边缘农贸型淘宝村 150
4.3.2 城镇边缘工贸型淘宝村 154
4.3.3 城镇边缘纯贸易型淘宝村 157
4.3.4 小结 161

4.4 独立发展型淘宝村 162
4.4.1 独立发展的农贸型淘宝村 162
4.4.2 独立发展的工贸型淘宝村 165
4.4.3 小结 168

5 中国淘宝村的空间演化 173
5.1 淘宝村空间演化特征 173
5.1.1 空间演化总体特征 173
5.1.2 独立发展型淘宝村 176
5.1.3 城镇边缘型淘宝村 179
5.1.4 城市近郊型淘宝村 182
5.2 市场与淘宝村的关系 185
5.2.1 互联网时代的分工与空间组织 186
5.2.2 实体专业市场与淘宝村的互动发展机制 190
5.3 创新知识的扩散与升级 197
5.3.1 理论框架建构与经验研究方法 197
5.3.2 淘宝村创新知识的扩散过程 200
5.3.3 淘宝村创新知识的升级过程 209

6 中国淘宝村的治理转型 223
6.1 淘宝村多元化治理格局形成 223
6.1.1 基层政府治理重心转移 223
6.1.2 村级治理能力的激活 226
6.1.3 新兴治理主体的崛起 228
6.2 淘宝村非均衡治理格局变迁 230
6.2.1 增长主义惯性下政府治理的失衡 230
6.2.2 利益交织冲突下村两委治理的弱化 231
6.2.3 主体意识缺失下村民治理的边缘化 232
6.2.4 经济组织成为名不符实的治理形式 233
6.3 淘宝村治理的困境与现代化转型 234
6.3.1 淘宝村的中等收入陷阱 234
6.3.2 淘宝村治理的现代化转型 237

7 中国淘宝村的规划应对 243
7.1 乡村规划转型 243
7.1.1 重视差异的分类规划引导 244
7.1.2 自下而上的规划方式转型 247
7.1.3 面向实施的规划成果转化 249
7.2 特色小镇规划 250
7.2.1 立足区域，构建线上、线下高度整合的产业体系 252

　　　　7.2.2 自下而上，需求导向下的空间定制..................253
　　　　7.2.3 要素整合，打造多元融合的特色风貌..................256
　7.3 跨界协调规划..................257
　　　　7.3.1 跨界协调机制的特征..................258
　　　　7.3.2 跨界协调规划的编制..................259

8 移动互联网、新乡村与新型城镇化..................264

　8.1 移动互联网时代的城乡发展..................264
　　　　8.1.1 城乡数字鸿沟的缩小..................264
　　　　8.1.2 城乡互动方式的革新..................265
　　　　8.1.3 城乡社会参与度的增强..................266
　8.2 新城乡关系重构"明日的田园城市"..................267
　　　　8.2.1 新乡村是"流乡村"..................267
　　　　8.2.2 明日的田园城市产生于流空间..................269
　　　　8.2.3 新乡村需要"精明收缩"的综合规划..................271

序一

十分欣喜地读到了罗震东博士撰写的《新自下而上城镇化：中国淘宝村的发展与治理》一书。这是对中国特色城镇化——自下而上模式的延续探索，更是对中国淘宝村发展系统总结的新作，无疑是非常有意义、有价值的研究成果。

中国城镇化的发展是世界奇迹。14亿人口的中国以30多年时间完成了西方等发达国家百年努力的城市化的主要进程，2011年中国城镇化水平超过50%。其更为显著的特点是，在拥有广大农村地域和大量农业人口的背景下，开创了二元的城镇化模式，即以城市尤其是大城市为中心自上而下的城市集聚模式和以乡镇企业为动力、以小城镇为载体在广大乡村地域开展的自下而上的就地城镇化模式。两种模式相互作用，完成了大量农村人口的职业和空间转移（包括流动人口）。随着全球化的推进，新兴科技产业的兴起，生产要素进一步趋向经济效率更高的大城市地区集聚，以大城市为中心的城市集聚成为21世纪初中国城镇化的主流。信息时代的到来，移动互联网的发展给人类社会带来了革命性的变革。在信息技术新动力的推动下，生产、流通、消费，规模、速度、布局，结构、形态、连接，都出现了新的变化、新的方式、新的载体。作者敏锐地觉察了这个城镇化发展中似曾相识又具新意的新现象、新特点、新征兆——一种新的自下而上模式。而淘宝村这一来自基层（乡村）的互联网时代的新宠和新空间在中国的迅猛崛起及显示的强劲活力，更为新自下而上城镇化发展提供了坚实的基础和佐证。由此，也启示和引发了作者以新城镇化规律和淘宝村发展相结合的理论探索与实践应用互动的研究过程，而本书即研究的一大成果。其建构的以首末两章的城镇化理论探索和以中国淘宝村为中心的六章系统研究的全书逻辑框架，正是作者探理求实的研究原则和思路的反映。

作者在对前人关于自下而上的概念内涵、发展阶段、典型模式、动力机制等方面做了简洁阐析的基础上，首先鲜明地指出，第一，新自下而上的城镇化过程是一个"乡村地位、规模和职能的跃迁过程"；第二，这个跃迁过程是由"乡村创业草根利用低成本创业环境、本地非农产业基础或农特资源优势，通过信息网络（电商平台）进入区域或全球生产体系"而实现的；第三，这个进程"同时也是'流空间'进一步发育和扩展的过程"。其后，就开始了以电子商务特征分析、新城镇化特征总结和流空间扩展为中心内容的全面研究。

作者对电子商务的特征分析不是传统的特征"描述"，而是把电子商务与淘宝村的研究和乡村振兴、扶贫及新型城镇化战略联系起来，"乡村电子商务成为新时代推动乡村振兴,实现城乡统筹的重要力量",从而大大扩展了研究视野。同时,基于电子商务对中国乡村的影响远大于淘宝村以及是淘宝村研究的基础这个认识,作者从县域——电子商务扶贫的主战场和长三角——电子商务发展水平和集聚程度最高地区两个层面对电子商务发展特征进行深入分析。通过对县域电子商务发展中网购水平分布特征的分析,发现省域层次上,中国县域网购水平呈现较为显著的东南沿海向内地梯度分布,而县域单元上东南沿海地区县域网购水平呈高水平扩散,中西部地区绝大部分区域呈低水平离散分布特征的结论。在对长三角电商产业的空间特征分析中,首先指明了电商发展与中国庞大制造业基础有着非常密切的关系,指出"新经济并非是对传统经济的革命"。由于电子商务交易内容通常以日常消费品和工业品为主,因而在很大程度上依托于传统制造业,并在物流体系上呈现出地理空间的影响。作者指出长三角电商分布的总体格局呈现"上海—苏州—杭州—义乌"组成的沪义集聚带和"温州—台州"组成的温台集聚带两大集聚带。全球城市上海与全球小商品之都义乌的连接,将上海、苏州、杭州、义乌四座具有不同全球职能的城市串联成全球化产业空间,从而出现了电子商务经济对传统空间格局的重构现象。这些分析结论对于认识新经济(信息经济)对空间的影响是颇有启发的。其后,进一步划分了电商企业类型,即生产加工、经销批发、招商代理、商业服务四种类型。接着,以生产加工类(占电商的67%)为主,分析企业主营产品信息和五大产品类型一级、二级市场的空间分布特征,即主营产品以日常生活消费品及其包装材料居多(浙江胜于苏南),更为靠近消费端的轻工业产品在电商市场拥有更大空间,工业品原材料和工业品企业集聚苏南、上海,消费品电商分布以浙中地区为主,沪义集聚带是长三角电商的核心地带,等等,为我们描绘了一幅清晰的电商活动的轨迹。

通过上述研究,作者归纳总结了新自下而上城镇化的三大特征:跃迁的就业非农化(第一产业向第三产业跃迁,是自下而上进程的标志)、全面的生活现代化(电子商务为城乡之间搭建双向流动的新渠道,促使乡村生活现代化同步进行)与集约的空间城镇化(乡村电商初期发展与乡村存量空间高度兼容,功能就地城镇化,至电子商务快速发展期乡村空间出现现代化改造和综合化扩张,直至电商特色小镇发展)。这也是对新城镇化特征的新论断。

作者对流空间研究十分重视,指出"比较上一轮与新自下而上城镇化进程的最大差别在于流空间的扩展""流空间在乡村地区的扩展是信息时代的新城镇化进程""淘宝村、镇的出现与快速发展就是流空间扩展的具体物质空间体现"。作者依据卡斯特对流空间三个层次的界定,详细阐述了淘宝村、镇对流空间规模和内涵的扩展,特别对第三层次占支配地位的管理精英——

创业草根的发展过程及其"重塑中国乡村的空间与社会结构"的作用进行深刻分析和评价。这些关于创业草根的"城镇化的人推动人的城镇化"的论点是颇为发人深省的。作者对流空间和地方空间关系的分析也颇具见地，明确指出"流空间扩展并不意味着地方空间的收缩"，认为"流空间和地方空间是全球化、信息化背景下出现的一对相互联系、相互依存的时空概念""是互动且交融的关系"，并从新功能空间、邻近性和集聚三方面对流空间和地方空间的互动交融过程进行解释，探索其内在的空间组织规律。

作者把淘宝村作为新城镇化理论探索的重要对象，认为淘宝村"这一发端于中国信息时代的新现象改变了30多年来中国城乡要素流动关系，是中国城镇化进程的一次结构性改变"，具有重要的研究价值。同时，"淘宝村也为流空间理论发展提供了具体而深刻的分析对象，为中国城乡规划理论创新提供前沿、坚实的实证基础"。但当前对淘宝村的研究尚属初发阶段，实践超前于理论，需要加快研究步伐。作者依据起始于2011年以来的学术文献，对国内外学者关于淘宝村的研究做了概述和评价。在此基础上，对发展近10年的中国淘宝村进行了从区域分布、发展机制、综合分类、空间演化、治理转型、规划应对等方面的系统研究。这六章总的特点是信息丰富、实例充实、观点新颖、叙证论结合，给读者描绘了一幅珍贵的近10年来中国淘宝村发展现状、过程、动因、问题与未来的全景图。

本书从省域、县域、区域梯度格局（东、中、西、东北）、边缘区位等地理空间阐述淘宝村区域分布特征，勾画出淘宝村高度集聚于东部沿海北、中、南三大集聚区的状况，揭示了新增淘宝村呈现的县域邻近裂变式增长现象，并以山东曹县、广东普宁为例，定量与定性结合分析了电子商务发展过程和主要驱动因素。同时，对淘宝村消失现象及其机制做了说明，提示在市场竞争下需要重视和关注这一问题。

中国淘宝村的发展机制是研究重点，作者以大量数据和鲜明的案例进行深入探讨。首先，作者认为"淘宝村形成发展是互联网时代电子商务对乡村地区物质空间和社会系统全面重构的过程"。其构建了由淘宝村发展的创业草根、主营产品、设施支撑、政府扶持四大要素和"相互作用黏合剂"的乡村治理组成的钻石模型；描绘了淘宝村各驱动要素的具体作用机制和从1.0—3.0的演进机制，提供给读者一个清晰的淘宝村发展的过程。其次，对比科斯和王宁所提出的由民间边缘力量进行的自下而上改革的"边缘革命"的论点，认为中国从乡村开始由电子商务推动的淘宝村发展也是非常重要的"边缘革命"，指出淘宝村发展的"边缘区位、边缘人群和边缘产品的三重边缘属性，使淘宝村成为新时代成色十足的边缘革命的典型，并成为改变中国城乡经济地理格局的重要力量"。作者还对"三边"特点做了具体的叙述，打开了我们认识淘宝村的新视野。最后，结合实例总结了淘宝村发展的自发成长、政府推动、政府+服务商三种发展模式，并进行了具体阐述。

分类研究是地理学研究的特色和重要方法。作者从"区位+产业"的二维视角，对基于空间区位的分类（城市近郊、城镇边缘、独立发展）和基于产业经济的分类（农贸型、工贸型、纯贸易型）加以组合，共划分了七类淘宝村，并以实例对其基本概况特别是发展模式和驱动因素进行详细阐述，使读者对中国淘宝村有了明晰的概念。

中国淘宝村空间演化是作者着力最多的部分（六章中篇幅最多）。作者首先概括空间功能日趋多元、空间结构快速重构、空间密度显著提高三个空间演化总体特征。然后，按淘宝村的区位分类，详细阐述了独立、边缘、近郊三类淘宝村的空间演化状态；同时，对市场和创新知识扩散、升级两方面进行讨论，并以实例详细分析其与淘宝村发展、空间演化的关系。其研究的视角、深度和观点是本书重要的创新和亮点。作者指出"专业市场和淘宝村都是极富中国特色的具有时代意义的产物"，强调实体专业市场在淘宝村形成发展中扮演十分关键的角色。其分析了互联网时代与传统时代专业化分工与空间组织的区别，并以义乌和曹县淘宝村集群的实例探讨了实体专业市场与淘宝村的互动发展机制和空间组织关系。在当前的创新时代，作者同样把创新作为淘宝村发展的新动力，通过构建多维邻近性与淘宝村创新知识产生、扩散与升级的互动理论解释框架，并结合中国淘宝村最早发展、最为成熟的沙集—耿车区域的实例，分析其空间和创新知识扩散的演进路径，又利用专利数量数据深入分析社会邻近性、组织邻近性、认知邻近性与地理邻近性等多维邻近性及其对淘宝村产品创新知识扩散的影响，从而提升了淘宝村发展的理论支撑。

发展和治理是事物健康发展的连续和互促的整体。淘宝村作为新事物，更需要通过治理达到健康、持续和更高质量发展。作者在界定乡村治理和治理变迁概念的基础上，从治理主体、治理行为、治理效应等方面来观察、认识电子商务驱动下的治理变迁过程，梳理当前淘宝村出现的治理困难，提出淘宝村治理转型的路径。作者指出由基层政府、村级和新兴治理主体构成的多元治理格局已经形成，揭示了淘宝村存在的非均衡治理格局变迁现象。同时，由于村民的阶层分化、电商产业发展的"内卷化"、乡村空间建设无序、乡村公共服务功能供求失衡等，淘宝村已经面临"中等收入陷阱"的困境，从而在反思乡村治理历史过程后提出乡村治理转型的目标和关键要素，特别强调了"新乡贤"在推动乡村治理现代化中的作用，为淘宝村未来发展指明了方向。

作为规划工作者很自然地会把规划这个发展和治理的重要手段引入淘宝村研究的主要内容。作者按三类淘宝村提出差异的规划引导方向，根据淘宝村特点，设计了村民主体参与的多方协作规划和陪伴式动态规划等自下而上的规划方式，并对特色小镇规划和跨界协调规划做出具体的设计，为读者提供了一种新的规划思路。

作者以移动互联网、新乡村与新型城镇化的探讨作为本书末章和全书的理论归结。作者指明"淘宝村、电商城、创新集群、科创走廊在城乡大地纷纭众出"标示着"中国正进入第四次工业革命推动的新型城镇化时代"，认为"人类历史上每一个新时代的到来都是新知识和新理论爆发的开端"。因此，面对"淘宝村、镇这个国外无先例的新自下而上城镇化进程"，虽仅属"开始"，但"足够惊艳和深刻"，对此"城乡规划学科不能缺席"，应该勇于探讨。正是本着这种"担当精神"，作者提出一些颇具启迪、发人深省的新观点。作者分析了移动互联网发展的变化，指出城乡数字鸿沟缩小、互动方式革命和社会参与度增强预示着新城乡关系的到来。通过对出现在第二次工业革命爆发期的霍华德的"田园城市"和第三次工业革命时期霍尔的"社会城市"著作及其思想的解读，作者认为在无处不在的移动互联网和建立在数字革命基础上的第四次工业革命背景下，在城乡关系的巨变中，应当有新的田园城市出现。由此，作者应用在首章中提出的流空间的概念，深入分析移动互联网时代城乡流动的新特点，从流空间解读，重新定义了城与乡，并以实体和虚拟、集聚与分散的组合，形成了四种不同的城乡界定；对比第二次、第三次、第四次工业革命三磁铁引力格局的变化，大胆提出了"新乡村是流乡村"和"明日的田园城市产生于流空间"的创新观点。这些分析方法和论点无疑对具有中国特色的城乡发展理论的创建具有积极的促进和牵动作用。本章最后以新乡村需要"精明收缩"的综合规划作为结束。

纵观全书，它的意义和价值在于：在移动互联网时代，电子商务推动下的城镇化研究对于乡村振兴和扶贫战略的实施，对于长久以来影响城乡互动和乡村城镇化问题的破解，对于宏大的、奇迹般的中国城镇化发展经验的总结及其理论的探索都具有启迪、开创、试探、求索的意义。至于本书对中国淘宝村发展的全景式描绘和系统阐述以及充满激情的言词和闪光的观点也足以给读者满满的学术享受。为此，我愿意推荐这本书。同时，虽然淘宝村这个新生事物还在发展，新城镇化进程尚在推进，对它的研究探索尚属初发，书中的观点也需要进一步辨正、充实、提升，但对于中青年学者这种勇于担当、敢于创新的精神我是充分肯定和支持的。

震东索序，欣然命笔。是为序！

崔功豪

南京大学教授，中国城市规划学会"终身成就奖"获得者

2019年8月16日

序二

作为空间象征表现的 Architecture 这个西欧词汇,通过明治维新后的日本汉字转译为"建筑",进而进入中国的文化与专业及学院的历史移植路径。与前者相比,Urbanization 这个词汇更为直接关系着学术与政治关系,纠结着字词建构与社会实践。

最先,通过日本在清末民初的历史移植路径,20 世纪 30 年代的"都市化"措辞,由于潜藏了经济发展简单等同于现代化、都市化、西方化的预设,在 50 年代之后成为政治上的否定词汇;而"城市化"则在苏联影响下,结合乡村一词连用为"乡村城市化",在政治实践之下,造就了现实里被压抑的城市化。在国家重启现代化改革之后,20 世纪 80 年代自下而上的工业化与小城镇发展,"城镇化"被国家、学院及专业者期待能走出自身的历史特色。然而,对照现实里脱离实际的种种半城市化、土地城市化、驱赶型城市化问题,2012 年之后,"新型城镇化"措辞大幅增加,成为主导性措辞[1]。这时,"新型城镇化"成为激励经济转型的国家政策,结合"互联网+"的国家政策,也是"摸着石头过河"横渡恶水深处时的踏脚之石。若是套用这个措辞,认识 1978 年后逐步纳入世界经济后的人类历史上前所未有的社会空间演变模式(The Pattern of Socio-Spatial Evolution)的关键词,似乎就可以说是"网络化的新型城镇化"(Networked Urbanization)。

罗震东教授的新书正是针对"网络化的新型城镇化"的研究发问,是县域电子商务的空间与社会演变过程的经验研究,主要根据 2013 年之后浮现的淘宝村资料。其系统地让我们看到,以东部沿海区域带头先行,都会区域的外缘在自下而上的小商品生产与非正式经济、乡村工业与小城镇发展历史的土壤里新生事物萌芽的轮廓。在新浮现电子商务的生产与流通支持的新乡村与城镇,网络技术支持的过程成为重点,网络与节点才是关键,流动空间重新改写了地方空间,这是流动空间形式的网络社会生产。在国土领域之中正在进行的这些精彩个案,再现了当前网络化中国的信息经济与网络社会的空间与社会剧变,它们在新的城乡关系下赋予乡村与城镇新的意义,也是当前最重要的都市研究主题。

夏铸九

台湾大学教授,东南大学建筑学院童寯讲席教授

2019 年 8 月 14 日

参考文献

[1] 许皓,李百浩. Urbanization 在中国:从都市化到新型城镇化[J]. 城市规划,2019,43(2):22–28.

前言

对于淘宝村以及乡村电子商务的关注和持续研究，源于五年前的一次没有预期但喜出望外的乡村调研。熟悉我的朋友都知道我长期从事城市与区域发展战略研究。从杭州城市发展概念规划到"美丽杭州"行动规划，从山东省城镇化发展战略研究到武汉市新型城镇化规划……关注的重点始终是较为宏观的经济、社会与空间发展问题。宏观研究的基础是扎实、充分的数据分析，发展战略的判断和决策更不能离开全面、综合的数据支撑，然而，好的数据往往难以获得。为了支撑相关研究，我们探索过高铁班次、电信话务量、企业联系等多种新型数据，尝试通过各种流要素间接地反映城市间的动态关系。物流显然是最重要的流要素之一，但如何获取全国或者区域尺度上的物流数据呢？我们想到了淘宝"双十一"当天的交易数据。这是一个非常好的切面数据，量大而且覆盖面广，通过货物的收发地信息可以生动地刻画中国城市间基于物流的联系强度。于是我们抱着试试看的心态给马云先生写了一封邮件。邮件很快得到了回复，虽然没有获得我们希望的数据，但我们被邀请参加阿里研究院的"活水计划"。在"活水计划"的安排下，2015 年 7 月我开始了第一次淘宝村调研。从山东省菏泽市曹县大集镇开始，依次走访江苏省新沂市、沭阳县、睢宁县等县市的淘宝村、镇。由于长期做城镇化研究，我对于中国乡村的衰落与凋敝早有认识，对于淘宝村一开始并没有抱太多的期待，然而在调研结束的路上，我和同行研究生的心情都不能平静。当晚写给阿里研究院官方网站的文章就以"新乡村巨变"为题，文章的第一句——"一场暴雨过后的七月末的黄淮平原骄阳似火，一场做足准备的'淘宝村'调研依然超出意料，比大地还要火热的农村电商正在静悄悄地推动乡村巨变"，真实地记录了我当时的心情，也就此开启了我专注淘宝村研究的旅程。

从区域宏观规划到乡村微观研究，内容与尺度的巨大转换并没有让我有一丝的不适。究其原因，主要有：其一，无论是区域战略还是乡村发展，核心主题都是围绕城镇化，旨在揭示中国城镇化的真实面貌，探索可持续的健康城镇化的可能路径，不同的只是视角的变换；其二，微观研究往往能够更加准确地检视宏观战略与政策的可行性与有效性，呈现面上研究所不能深入的细节差异，给予宏观研究更加多元和清醒的认知；其三，深入乡村，深入淘宝村，让我的内心更加踏实和喜悦。相比于宏观战略中复杂的政治、经济关系与利益博弈，规划实施中的多种约束以及难以落地的沮丧，脚踏实地的乡村调研以及基于调研的发展建议和规划常常很容易被接受和实施。对于一个普通学者和规划师而言，这种被认可和尊重往往是最大的褒奖和鼓励。也正是心中的这种踏实和喜悦激励着我五年来跋山涉水的研究历程。从东部的山东、江苏、浙江、广东,中部的湖北、河南、安徽,到西部的云南,足迹遍及8省30多个县市区,调查的淘宝村、镇数量更是早已过百。大量积极乐观、淳朴善良的淘宝村干部与村民,那些优秀的创业者和推动者,给予我们的感动和支持,让我们真正得以将论文写在大地上。

作为新自下而上城镇化进程主要载体的淘宝村、镇只是中国进入互联网时代的一个侧面,然而这个侧面却包含着许多揭示中国发展奇迹的秘密:安全、稳定、包容的大国秩序中的统一、巨大市场,上级考核与地方期盼共同激励的积极有为的地方基层政府,穿梭城乡、不甘贫困、吃苦耐劳的广大民众,善于学习、积极创新并具有社会责任感的科技企业与平台公司。不可否认,在中国改革的道路上还有很多的不合理、不成功、不健全,然而如果能够积极地总结、提炼淘宝村、镇成功的经验,就会发现真实世界给出的解决方案既不高深也不复杂。科斯用"边缘革命"描述中国改革开放的伟大历程,其实所谓的"边缘"恰恰在于自上而下管制的放松与自下而上创新的自由。淘宝村、镇的成功在一定程度上源于互联网技术所塑造的这一新的"边缘"。

基于全面认知淘宝村并积极引导其发展的目的,本书从中国淘宝村的区域分布、发展机制、综合分类、空间演化、治理转型和规划应对六个方面展开。区域分布和发展机制是对淘宝村宏观发展特征与机制的综合定量与定性分析,力图呈现中国淘宝村发展的全貌;综合分类和空间演化深入淘宝村个体,旨在在微观层面揭示中国淘宝村发展的多样性,为针对淘宝村个体的规划政策制定提供支撑;治理转型与规划应对则从淘宝村研究中"硬"的部分转向"软"的部分,尝试揭示经济变化所带来的社会变迁,进而有针对性地给出引导和破解的办法。如果说六个章节的研究更类似于实证的话,那么首末两个章节则是在实证基础上的理论总结与创新。将淘宝村、镇的发展放在更广阔的学术视野中,我们可以看到的不仅是流空间的扩展,而且可以看到我将其称之为"流乡村"的新空间的浮现,进而可以预见卡斯特与霍华德的结合——基于流空间的新田园城市。

五年来的淘宝村、镇研究让我对学术也产生了新的认识,尤其在移动互联网时代。学术的生命在于创新,学术的价值在于通过广泛分享而祛魅并创造新的价值。移动互联网逐渐消弭了城乡数字鸿沟,并让高质量的内容生产变得更加重要。好的学术将不仅仅是顶级期刊上的学术,发表的内容和传播的渠道或许更具决定性。在移动互联网时代,好的学术将进一步凸显好的内容和广泛分享的价值观。基于此,在踏实调查、扎实研究的基础上我们开通了"南大空间规划"(spatialplanning-nju)微信公众号,迄今已发布20余篇与淘宝村相关的原创文章,具有广泛的影响力。我们还将淘宝村优秀带头人和推动者请上南京大学的讲堂,让他们面对面地分享他们的经历和经验。这些广泛的分享与直接的交流,加深了彼此的了解,让学术与真实世界不再隔阂。

罗震东
2019 年 8 月 28 日于京沪高铁上

致谢

衷心感谢大量淘宝村、镇以及相关县市区的朋友们对团队调研所给予的无私帮助和支持,他们是山东省菏泽市曹县、郓城县、定陶区、牡丹区,山东省滨州市博兴县、惠民县,江苏省徐州市睢宁县、新沂市,江苏省宿迁市宿城区、沭阳县,江苏省连云港市东海县、灌云县,江苏省宜兴市,江苏省昆山市,浙江省杭州市临安区,浙江省宁波市奉化区,浙江省金华市武义县、义乌市,浙江省丽水市缙云县、遂昌县,广东省揭阳市揭东区、普宁市,广东省汕头市潮南区、澄海区,湖北省十堰市郧西县、竹山县,河南省洛阳市洛龙区、孟津县、偃师市,河南省许昌市建安区,河南省南阳市镇平县,云南省大理白族自治州鹤庆县,安徽省宣城市泾县等地的相关领导、村两委以及广大村民朋友。特别感谢山东省菏泽市商务局苏永忠总经济师、曹县副县长王金杰博士、曹县大集镇党委王福成书记和安庆镇长、大集镇丁楼村任庆生书记和孙庄村孙学平书记,郓城县郑本栋先生、樊龙先生,博兴县湾头村贾培晓先生;江苏省徐州市睢宁县政协陈良主席,沙集镇东风村孙寒先生,宿迁市宿城区区委尹者刚常委、电商办周立法主任、耿车镇党委徐光良书记与大众村李军书记、邱永信先生,沭阳县新河镇刘丽萍书记、解桥村张展先生,连云港市灌云县陈新洪副县长、商务局李勇副局长;浙江省杭州市临安区白牛村张青女士,义乌市青岩刘村刘文高先生,金华市武义县商务局徐向阳局长,丽水市缙云县壶镇北山村吕振鸿先生,遂昌县赶街网潘东明先生;湖北省十堰市郧西县涧池乡下营村刘庭州书记、蒋家明先生、庹涛先生,竹山县麻家渡镇罗晶晶先生;广东省揭阳市揭东区锡场镇军埔村许冰峰先生,普宁市电商办李荣俊主任和黄晓填先生、池尾街道陈耿乐先生;河南省洛阳市孟津县县委牛正杰常委、商务局王智安局长、平乐镇黄少蒙先生,南阳市镇平县王洪涛副县长,许昌市建安区灵井镇霍庄村霍军政书记、霍红许先生;安徽省宣城市泾县丁家桥镇吴文军副镇长;云南省大理白族自治州鹤庆县草海镇新华村苏俊坪先生、张江明先生等。他们为调研提供了大量的素材和启发。同时衷心感谢河南省洛阳市闪迅集团余珊珊女士及其团队,他们为我们的河南省调研提供了无微不至的照顾。衷心感谢《南方农村报》的周晓凤女士、冼伟峰先生、陈志深先生、任海文先生,他们为团队的广东省调研提供了全方位的帮助。

在长期的研究过程中,中国社会科学院汪向东教授,清华大学刘鹰教授,北京大学邱泽奇教授,台湾大学张圣琳教授,浙江大学郭红东教授、曲江研究员,华东师范大学宁越敏教授,上海财经大学崔丽丽教授,《新华日报》社内参部林培主任,陕西省共青团魏延安先生,南京大学丁沃沃教授、张京祥教授等师长给予团队诸多无私的指导和支持,在此特别致谢。尤其感谢南京大学崔功豪教授和台湾大学夏铸九教授，作为自下而上城镇化与流空间研究的泰斗，两位先生不仅一直大力支持淘宝村的研究，而且欣然为本书作序，令晚辈感激涕零。

感谢阿里研究院对于团队研究的大力支持，其中梁春晓老师、高红冰院长、陈亮先生、盛振中先生、张瑞东先生、郝建彬先生、赵保英先生、张晶晶女士、薛艳女生给予的帮助最多，再次衷心感谢。从参加"活水计划"研究到参与淘宝村研究报告的撰写，再到获评首届"淘宝村优秀研究者"称号，阿里研究院的同仁们给予团队的支持无所不在。

感谢《城市规划》杂志社石楠主编和潘斌编辑让"新自下而上进程"和淘宝村第一次出现在中国城乡规划学科的顶级期刊上，这篇论文还非常荣幸地获得由中国城市规划学会、金经昌城市规划教育基金会联合授予的"2018年金经昌中国城市规划优秀论文奖"。感谢同济大学建筑与城市规划学院副院长张尚武教授邀请我在"金经昌中国青年规划师创新论坛"做主题报告，这是淘宝村研究第一次在中国城乡规划界的主流论坛上亮相。感谢《南京大学学报（哲学·人文科学·社会科学）》执行主编王浩斌教授邀请我参加"空间政治经济学与新时代中国"专题学术研讨会的跨学科对话，将淘宝村研究介绍给哲学、社会科学界。感谢清华大学唐燕副教授邀请我在《城市规划（英文版）》（*China City Planning Review*）上组织淘宝村研究的第一个英文专辑。感谢《上海城市规划》杂志社和王静编辑等同仁对于我们研究成果的肯定，鼓励我们更好、更快地做出新的成果。衷心感谢东南大学出版社的孙惠玉编辑，她的认真细致与热心是本书能够尽早与读者见面的坚实保障。

感谢南京大学空间规划研究中心的于涛副教授、何鹤鸣博士、申明锐博士、陈浩博士、陈眉舞博士、耿磊主任、廖茂羽规划师以及已经任教于厦门大学的朱查松博士对于研究所给予的大量配合与支持。与他们的共事和讨论总能给我很多启发，形成新的观点。

感谢这五年来一直跟着我"东奔西跑，调研淘宝"的研究生们。他们不仅参与了大量的调研，承担了主要的数据分析、案例总结、图表绘制工作，本书很多章节的初稿也来自于他们的扎实研究。他们是郭轩、徐杰、周洋岑、单建树、陈芳芳、杨卓、周思悦、乔艺波、傅哲宁、朱旭佳、陈文涛、陈颖、周玉璇、项婧怡、盛钰仁、兰菁、饶叶玲、吴俊伯、曹义。其中单建树和乔艺波对于书稿的整理、校订做了大量工作，盛钰仁、项婧怡和曹义参与了图文整理和排版工作。

感谢我的父母和岳父母，没有他们对于我的支持和鼓励，我根本无法完成长期的调研与写作任务。最后衷心感谢我的妻子，她对于家庭的付出尤其巨大，而她在淘宝、天猫上的"电商实践"，不仅丰富了我们全家的物质生活，还让我这个只会上网买书的"小白"总能及时地了解电子商务的新规则和新动向。

1 新自下而上城镇化与扩展的流空间

自下而上的城镇化进程,即在乡村地域中由基层政府和当地农民主导推动的就地城镇化过程[1-2],在中国城镇化的"上半程"扮演了非常重要的角色,引起了广泛的研究和关注。30多年前乡镇企业的异军突起,改变了乡村地区单一的经济结构,提供了自发城镇化的经济动力,如同一场静悄悄的革命[3],直接带动了小城镇的发展。以小城镇为载体的乡村城镇化,一度被认为是一条既可以实现工业化又可以规避西方国家城市病的具有中国特色的城镇化道路。然而,随着中国分权化、市场化、全球化程度的不断加深,经济主体日益多元,产权关系不断清晰,乡镇企业在小城镇发展中的主导性和支撑作用开始动摇。尤其伴随着"新苏南模式"的崛起,"自下而上"的城镇化动力逐渐式微[4],以大城市为重心的多元城镇化进程开始成为主导,迅速推动中国的城镇化率突破50%的水平。然而城镇化率的快速提升无法掩盖城镇化质量上的诸多问题,偏重大城市和中心城市的发展模式使得乡村劳动力大量外流,乡村凋敝与小城镇衰落等经济、社会问题日益凸显。重新关注乡村发展、关注城乡统筹成为中国城镇化"下半程"起始期的重要议题。

就在乡村发展、城乡统筹面临诸多困境之时,一场由电子商务促发的乡村产业化与城镇化浪潮正以迅猛的态势在全国蔓延,一场新的自下而上进程为中国城镇化的"下半程"提供了新的可能。近10年来中国乡村网民数量高速增长,淘宝村①的出现和快速增长进一步展现出乡村地区跨越工业时代直接进入信息时代的伟大跃迁。根据阿里研究院的数据分析,2018年全国行政村中电商集聚规模达到淘宝村标准的共有3 202个,同比增长51.2%,广泛分布于23个省市区,数量呈现井喷式增长(2009年设置标准时仅有3个)②;乡村电子商务在地域空间上呈现"据点集群"的特征,2018年全国共发现363个淘宝镇③,同比增长50%④,出现从村域集群向镇域甚至县域集群的尺度跃迁趋势。乡村电子商务的蓬勃发展态势与良好的扶贫、减贫效应迅速得到中央的认可。在2016年2月发布的《国务院关于深入推进新型城镇化建设的若干意见》中,农村电子商务发展作为加快新型城镇化、辐射带动新农村建设的重要抓手被明确提及。2017年的中央一号文件专辟一节阐述"推进农村电商发展"。2018—2019年连续两年的中央一号文件以及中共中央、国务院印发的《乡村振兴战略规划(2018—2022年)》,均将开展电子商务进农村综合示范，建设具有广泛性的农村电子商务发展基础设施，作为培育农业新产业、推动"产业兴旺"的重点。

以淘宝村为代表的信息时代新乡村的大量涌现仿佛是30多年前那场"静悄悄的革命"的再现，正深刻地影响着当代中国乡村的生产、生活以及城乡关系，推动着伟大的信息化时代的新自下而上进程。这一进程是乡村创业草根充分利用低成本创业环境、本地非农产业基础或者农特产品资源优势，通过信息网络（电商平台）进入区域乃至全球生产体系，突破传统区位约束，实现乡村地位、规模与功能跃迁的过程。这一进程同时也是卡斯特定义的"流空间"（Space of Flow）[5]的进一步发育和扩展的过程。随着流空间进入乡村，尤其中国如此大规模从事电子商务的乡村，大量的信息流、资金流、物流、人流以及技术流在乡村空间融合交织，不仅剧烈地改变着乡村的物质景观，而且深刻地改变着乡村的社会景观，呈现出人类社会前所未有的场景。

1.1 自下而上城镇化进程

人类社会的历史从来不是突变的，新进程与新景象均脱胎于已经发生的历史，而且往往与历史上已经发生的进程保持着千丝万缕的关系。正如道格拉斯·诺思所言："历史表明，人们过去做出的选择决定了其现在可能的选择。"[6]因此研究新自下而上城镇化进程必需回顾30多年前的那场伟大的自下而上进程。通过回顾发现规律、获得启示。自下而上城镇化进程是相对于由国家或城市政府发起、推动的自上而下城镇化进程而提出的。自1949年新中国成立到1978年改革开放的近30年中，囿于当时较为复杂的国际环境和自身羸弱的工业基础，中央政府在社会经济总体布局方面进行了一系列有针对性的政策安排，逐步建立起以重工业为主体、轻工业为补充、农业为基础的国民经济体系。在产业发展和产品分配方式上，实行自上而下的计划经济体制。与这一体制相匹配的户籍管理制度、城市就业管理制度等一系列制度安排，在极大程度上限制了乡村人口向城市的转移和生产、生活要素的自由流动，形成了明显的城乡二元结构[7]。城市和乡村地区由此在产业结构、社会组织、设施配套等方面出现显著的差别。乡村地区的"附属地位"被不断强化，成为城市危机的"转移地"和农村剩余劳动力的"蓄水池"。1978年以后，随着一系列改革开放政策的实行，典型如家庭联产承包责任制等，极大地释放了农村地区的发展潜力。在以乡、镇为代表的基层政府的直接推动下，广大农民积极参与，众多乡镇企业和村办企业迅速涌现，不仅吸收了大量农村剩余劳动力，而且创造了令人瞩目的经济成就，使得众多濒临衰退的小城镇重新焕发活力。城镇空间开始快速扩张，功能日益多元复合，形成了极具特色的自下而上城镇化进程，在中国城镇化快速推进的"上半程"扮演了非常重要的角色，引发了广泛的关注和讨论。

1.1.1　自下而上城镇化的概念内涵

"自下而上"一词最早见于第二次世界大战后欧美地区的区域发展研究[8]中，通常是指由地方力量而非中央力量或外来力量主导的地区发展模式[9]。自下而上城镇化是一个系统性的概念，涉及经济学、地理学、社会学、人口学等众多学科范畴。早在20世纪末，崔功豪与马润潮[2]通过对改革开放后城市化研究成果的总结和大量城镇的调查研究，富有创见地提出并阐述"自下而上城市化"的发展机制；沈建法等学者通过对珠江三角洲城镇化进程的研究进一步提出"双轨城市化"的概念，即国家主导的城市化（非农业人口的增长）和自发性城市化（基于乡镇企业的农村城市化及暂住人口的迁移），认为改革开放前的城市化模式是"自上而下的城市化"，改革开放时期新兴的自发性城市化是"自下而上的城市化"，长期以来我国城镇化的总体特征为双轨城镇化。在改革开放以前，由于我国特殊的政策安排和体制机制，自下而上的城镇化进程被长期压制，因而在政策阻力破除之后，这一城镇化模式在一定程度上具有"补偿式"[10]发展且呈现快速扩张的特点。随着自下而上城镇化进程的不断深入，学界对其的关注度也持续提高。由于不同学者的研究角度和学科背景的不同，其对自下而上城镇化的概念界定也有所区别，并产生了农村城镇化[11]、农村城市化[12]、乡村城镇化[13]、乡村城市化[14]、农村自生型城市化[15]等众多概念表述。柴洪辉等[16]指出，自下而上城镇化的基础是经济增长，本质是农民在工业化进程中的一种理性选择行为，核心是农村人口的非农职业转变；薛德升、郑莘[9]认为自下而上城镇化的核心界定是"发生在农村地域"，相比于其他表述，其更强调城镇化的动力机制；李明宇、李丽[17]探讨了乡村城镇化的本质含义，指出这一进程实质上是从思想意识、价值观念方面消除城乡鸿沟的深刻革命；戎章榕[18]认为，自下而上城镇化是乡村人口的生活方式和价值观念逐渐向城市型靠拢的过程。另外还有学者从产业集聚[19]、社会要素流动[20]等角度对这一概念内涵进行了探讨。分析不同学者对于这一概念的认知发现，虽然他们是基于不同角度对自下而上城镇化的主体因素的讨论，但其基本的共识是，在自下而上城镇化这一系统过程中农民的主体参与是根本动因和逻辑基础。基于这一共识可以统一诸多概念，即自下而上城镇化是发生在农村或乡镇等基层行政单元，由基层政府发动、农民主体参与，以农村人口在行政单元范围内实现非农身份就地转移而形成的城镇化过程，其主要的表现形式是农村的乡镇企业发展，核心是农村劳动力的就地职业非农转化。

相比于依托国家行政力所形成的自上而下城镇化进程，自下而上城镇化进程在两个方面存在显著特征：一是城镇化的推动主体，自下而上城镇化是依靠乡镇等基层政府的积极推动和广大农民的合力参与形成的城镇化模式，而非单纯依靠上级政府扶持；二是城镇化的空间载体，自下而上城镇化进程基本是以乡镇等基层行政单元为主体的就地城镇化，而非传统的农业人口从农村向城市的转移。推动主体和空间载体的双重下沉从底层激活了城镇化长期以来的休眠主体,为改革开放后的中国宏观社会经济发展贴上了鲜明的时代标签。

1.1.2 自下而上城镇化的发展阶段

20 世纪 70 年代末,随着"文化大革命"动荡的结束,国内政治经济秩序开始逐步回归稳定,但经济发展和城镇建设活动基本处于停滞状态,自下而上的发展力量非常薄弱。在计划经济体制下,由于国家行政力量对社会经济各项事业实行全方位管控,城镇建设活动基本遵照各项计划和政策安排进行,自下而上的自发性力量基本难以生存。改革开放初期,中国广大乡村地区的城市化水平很低,农业劳动力长期占乡村劳动力的绝大部分。据统计,1978 年乡村农业劳动力占全部劳动力的 92.9%[21]。作为连接城乡的重要载体,众多小城镇在这一时期的发展举步维艰,1978 年全国建制镇数量仅相当于新中国成立初期的 53%[22],建制镇的非农人口占乡村总人口的比例仅约 5%[2]。整个乡村地区长期处于城乡分割的、农业经济占主导的状态,乡镇工业发展的土壤十分贫瘠。

随着改革开放政策的施行,在双轨制经济体制和中央财政紧张等因素的作用下,国家开始了从中央到地方的层级式纵向分权改革[23]。作为分权化改革的重要环节,中央逐步下放农村经济发展和资源开发的决策权[24],这一制度性松绑使得乡村地区迎来巨大发展机遇。以苏南地区为代表,大量适应当时制度环境的乡镇企业蓬勃兴起,促发了小城镇的快速发展,构成了这一轮自下而上城镇化的内在动力和初始逻辑。然而自 20 世纪 90 年代中期尤其是 21 世纪初期以来,随着国家财税体制的改革以及市场竞争程度的不断提高,建立在模糊产权制度基础上的乡镇企业逐渐失去赖以生存的政治经济基础[25]。与此同时,外资的大规模进入,使得乡镇企业的生存环境不断恶化。以苏州工业园区为代表的开发区模式开始从东部沿海地区向全国蔓延,以各类开发区为载体的招商引资与扩张式发展模式成为主流,大中城市优先的自上而下城镇化模式重新占据中国城镇化进程的舞台中心,小城镇的发展日渐式微,以乡镇企业发展为代表的自下而上城镇化模式也开始受到质疑[26]。从 1978 年至今,以小城镇为主要载体的自下而上城镇化进程大致经历了四个主要发展阶段,不同时段呈现出不同的发展特征。

1) 20 世纪 70 年代末至 80 年代初的起步阶段

新中国成立后长期维持的工农业"剪刀差"和隔离式管控政策使得城乡发展差距巨大。轻重工业的长期失衡和城乡二元化发展鸿沟促使中央政府在改革初期主动转变发展目标,推进分权化改革。广大乡村地区作为资本原始提取地和制度成本的主要承接空间,率先开始改革试验。以家庭联产承包责任制为代表的农业制度改革开始逐步在全国范围内推广，专业承包、包干到户等新形式也逐渐被探索出来。这一系列制度创新把农业生产者的权、责、利高度结合，有效地调动了广大农民的积极性，短时间内便促使粮食生产大幅度提高，并在一定程度上激活了消失许久的乡村集市贸易。

分权化改革的另一项重要举措——财政包干的经济激励政策[27]的施行开启了乡镇自主工业化的进程。以苏南地区为代表的乡村地区依托政策支持带来的机遇，将集体积累有效转化为工业起步的原始资本，大量兴办乡镇企业。众多建立在模糊产权基础上的乡镇企业的发展为低成本开启乡村工业化进程[4]提供了有力支撑。在基层政府的推动下，依靠地方资金和乡村自筹资金，广大乡村地区开始迎来新发展。据统计，至1983年乡镇企业就业人数突破3 000万人，乡镇企业就业人数已占乡村总劳力的9.3%[28]，乡镇企业新增总产值比1978年增加了一倍以上，建制镇总人口增加了近1 000万人。乡镇企业的蓬勃兴起极大地推动了乡村地区的发展和繁荣，一条出乎意料的自下而上城镇化道路就此开启。

2）20世纪80年代中后期的快速扩张阶段

进入20世纪80年代中期后，乡镇企业的超常规增长推动了小城镇在传统市县体系外的快速成长。小城镇不仅在发展的规模、速度上有很大的提高，类型也更为多元。1984年中央一号文件明确提出鼓励乡镇企业发展，并允许企业"从税后利润中留一定比例的积累，作为集体公有财产""从利润中给工人以一定比例的劳动返还"，并提出放宽农村雇工政策，对于雇工超过规定人数的"可以不按资本主义的雇工经营看待"等等，这些政策进一步调动了参与主体的生产积极性。文件发布后，在当时乡镇私营经济较为活跃的温州地区立即纠正了压制农民发展私营经济的做法，并给私营经济发展较好、影响较大的"八大王"恢复了名誉⑤。这一标志性事件显示了中央鼓励地方搞活经济的决心，有效地解除了困扰广大乡村地区的思想束缚。

在一系列相关配套政策的鼓励下，全国乡镇企业发展的第一次高潮出现了。乡镇企业数量从1983年的134.64万个猛增到1984年的606.52万个，新增农村务工劳力1 973万人[6]，使农村劳力非农化水平提高了近4个百分点。1984年10月，国务院发布《关于农民进入集镇落户问题的通知》；同年11月，国务院发布《批转民政部关于调整建镇标准的报告的通知》。两项政策的实施从国家层面开启了城乡人口的流动阀门，促发了建制镇数量的爆发式增长。1984年全国新建建制镇超过3 000个，总数超过1983年一倍多，广大小城镇迎来了第一个建设高潮，大大推进了自下而上城镇化进程（表1-1）。这一城镇化快速扩张阶段一直持续到20世纪80年代末。乡镇企业的持续快速发展为农村人口的就地非农职业转化和城镇空间建设活动提供了有力的支撑，在苏南、浙南、珠江三角洲等乡镇企业发达的地区，不少乡镇企业开始吸引外来劳动力。自下而上城镇化的进程也因外地乡村劳动力的加入而变得更加迅速和复杂。

表 1-1　1983 年、1988 年、1990 年乡镇企业和建制镇的变化情况

年份	乡镇企业			建制镇		
	企业数量/万个	就业人数/万人	企业总产值/亿元	建制镇数量/个	建制镇人口/万人	建制镇非农人口/万人
1983 年	134.64	3 235.64	1 016.83	2 781	6 231	1 183
1988 年	1 888.14	9 545.46	6 495.66	8 614	23 988	6 143
1990 年	1 850.44	9 264.83	8 461.64	9 321	26 676	6 236

3）20 世纪 90 年代的调整提高阶段

20 世纪 90 年代中国进入了深化改革和扩大开放的新阶段，尤其是 1992 年邓小平南方谈话后，进一步坚定了建设社会主义市场经济体制的步伐。众多乡镇企业在经历了 20 世纪 80 年代的快速发展期后，逐渐进入调整、升级的新阶段。规模化、集团化成为这一时期乡镇企业发展的新趋势，乡镇企业数量增速放缓，甚至开始减少。相比于前一阶段，1991—1995 年乡镇企业的职工数、总产值的增长速度均有不同程度的下降。以培育乡镇龙头企业为代表的发展模式开始出现，并显著提升了乡镇工业的发展质量。至 1994 年，全国已组建超过 200 个乡镇企业集团，建设了近 4 万个乡镇企业小区，大规模的集团化企业和企业小区成为这一时期推动自下而上城镇化的重要引擎。然而，相对模糊的产权关系和政企混合的管理模式并未得到彻底改变，乡镇企业的发展日益面临众多束缚。在分权化与市场化背景下，基层地方政府强行抽取企业利润用于地方建设的方式使得众多企业的发展渐显疲态，负债率持续上升，为持续健康发展留下了隐患。

这一时期全国建制镇依然保持较快的增长速度，年均增长数量超过 1 000 个。建制镇非农人口占全国总人口的比重从 1978 年的 4% 左右上升到 1996 年的 10% 左右。到 1996 年，建制镇非农人口占全国非农人口的比重达到 42.6%[2]，几乎占据城镇人口的半壁江山。与 1978 年相比，经过近 20 年的发展，自下而上城镇化已成为中国社会经济发展和城镇化进程中不可或缺的力量。同时在经济发展梯度的作用下，发端于东部沿海地区的自下而上城镇化模式逐步扩展到中西部地区。至 1994 年，中部和西部地区乡镇集体企业的增长幅度甚至比东部地区还要高，自下而上城镇化成为一场席卷全国的"静悄悄的革命"[3]。

4）2000 年以后的式微阶段

以乡镇企业发展为基础的自下而上城镇化模式是改革开放初期短缺经济和城乡二元背景下广大乡村地区的主动选择。进入 21 世纪以来，中国经济经过改革开放 20 余年的持续高速增长，逐步告别短缺时代。产生于短缺时代的乡镇企业，由于生产技术和管理方式的落后，越来越难以维系固有的发展模式。这一时期，国有企业通过改制、并购与重组，企业活力得到极大提升；个体私营企业由于产权清晰、经营灵活，竞争

力不断增强,对传统的乡镇企业形成巨大冲击。尤其加入世界贸易组织（WTO）以后,中国经济日益融入全球劳动分工体系,全球化程度不断加深。外国投资的大量涌入在将中国变为"世界工厂"的同时,进一步挤压了本土乡镇企业的发展空间,尤其在珠江三角洲、长江三角洲等交通可达性较高的地区。

随着国资、外资、民资等多元经济发展模式的形成,社会主义市场经济体制改革也步入加速期。国家逐步取消对乡镇企业在财政、税收、信贷等方面的扶持政策,众多地方政府开始从负债累累的乡镇企业中强行退出,使乡镇企业的发展更是雪上加霜。产权模糊和政企混合的先天劣势让乡镇企业"论实力不如国有企业,论效率不如外资企业,论活力不如个体私营企业"[26]。乡镇企业在国有企业、外资企业、个体私营企业的包围圈中艰难求生,其对农村剩余劳动力的吸纳能力开始逐步减弱。以"苏南模式"的典型城市——苏州为例,其市域内乡镇企业的职工总数由1994年的近130万人骤降至1997年的90余万人[29],4年间减少近1/3,乡镇企业作为自下而上城镇化主要推动力的作用明显弱化。

国有企业的激活和外资准入门槛的降低,使得它们在劳动力吸纳量和经济贡献度上明显优于同期的乡镇企业。招商引资,即各级城市"各显神通"大力吸引以外资和国资为主的外来资本的行为成为这一时期的发展共识。由于管理体制灵活、设施配套水平高、财税分配相对自由,开发区在经济活力和效率上明显优于小城镇,于是迅速取代小城镇成为新时期的主要经济增长点,并成为各地城市扩大对外开放的重要空间载体。相比于小城镇的低效、分散,依托城镇建设的各类开发区功能空间相对集中,在资金、技术、人才等方面形成明显的集聚效应,逐渐成为中心城市产业功能的首要投放地,并大大地推动城区建成空间的快速拓展。如火如荼的开发区建设促进了这一时期城市经济结构的调整和人口的集聚,尤其推动各级中心城市成为新时期城镇化进程的主角。小城镇主导的城镇化阶段戛然而止,自下而上的城镇化模式日渐式微。

1.1.3 自下而上城镇化的典型模式

自下而上城镇化作为基层主体自发推动的城镇化进程,与各地的地理环境、资源禀赋、文化传统、技术水平和政策环境等多方面因素密切相关。中国幅员辽阔,区域差异巨大,不同区域的乡村发展更是存在巨大差异,因此不同地区自下而上城镇化进程的开启方式、主要动力、典型特征和发展阶段各不相同,形成一系列别具特色的发展模式。诸如"苏南模式"[30]、"珠江三角洲模式"[31]、"温州模式"[32]、"耿车模式"[33]、"宝鸡模式"[34]、"常德模式"[35]、"民权模式"[36]等,就是不同地区的代表性发展模式。有学者基于省域行政区划的研究范围,梳理了代表性省域的自下而上城镇化模式,例如,将江苏省的城镇化模式划分为"苏南模式"与"苏北模式"[11];将广东省的城镇化模式划分为"东莞模式""中山模式""顺德模式""南海模式"四种[37]。也有学者通过不同地区的案例研究,基于不同视角对城镇化模式进行分类探讨,例如基于城镇化主导经济部门的不同,和对江苏、浙江、山东、福建等多地的调研,提出"以工带商"和"以商带工"两种典型的自下而上城镇化模式[38];基于自下而上城镇化主导动力来源的差异,提出"自发型"和"辐射型"的发展模式[39]。如此众多的模式在一定程度上反映了中国乡村城市化的区域差异性和多样性,然而就发展路径的典型性和对区域经济的影响程度而言,"苏南模式""温州模式""珠江三角洲模式"是中国自下而上城镇化进程中最具代表性的发展模式。这三种模式由于地理环境和发展制度层面的差异而呈现出不同的发展特征,其在日后的发展过程中经历多次转变与创新,对区域发展乃至整个中国的城镇化进程均产生了深远的影响。

1)乡村工业主导型——"苏南模式"

苏南地区的自下而上城镇化模式最先由费孝通先生提出[40],一般是指江苏南部的苏州、无锡、常州三市及下辖县(市)的乡村地区依靠基层政府推动和当地农村主体参与,以发展乡镇企业为主要方式,实现乡村经济结构的工业化转型和农民的就地职业转化过程。在此过程中促发了小城镇的建设高潮,实现了乡村地区的城镇化发展[29]。"苏南模式"的成功得益于特定历史时期的政策环境。在国家纵向分权化改革的历史背景下,脱胎于模糊产权基础上的乡镇企业以极低的成本开启当地的乡村工业化进程,基层政府作为各项生产要素的主导整合方,成为乡镇企业的实际掌控者,通过利润回流机制实现对乡镇建设有力的资金支持,从而在短时间内创造了苏南地区的城镇化发展奇迹,受到学界的广泛关注,并一度成为其他地区推动乡村城镇化进程的范本。

"苏南模式"的产生与当地特殊的社队工业[41]基础密不可分。苏南地区自宋元以来便是中国经济最为发达的地区之一,有着较为坚实的产业基础。鸦片战争后,上海开埠,毗邻上海的苏南成为中国近代工业的重要发祥地。新中国成立后,国家对产业发展实行高度集中的计划经济体制,然而由于计划经济的前瞻性和灵活度不足,生产和消费出现严重的不协调,加上20世纪50年代末中苏关系恶化,苏联对中国投资大幅减少,国民经济面临巨大挑战。在此背景下,中央大幅度下放财权、计划管理权和企业管理权,号召地方大办"五小工业"(小煤矿、小钢铁厂、小化肥厂、小水泥厂和小机械厂),社队工业即在此背景下应运而生。中国第一家社队工业——春雷造船厂即诞生于苏南地区的无锡市。

1978年以后,随着改革开放政策的施行,以家庭联产承包责任制为代表的农业生产责任制改革在农村大面积铺开,释放了长期压抑的农村生产力。苏南地区作为历史悠久的"鱼米之乡",农业发展水平较高,在制度松绑的政策环境下,率先解决了吃饭问题,实现了资金积累和劳动力富余。苏南地区地处中国最大的城市群——长江三角洲城市群的中心地域，东临上海、西接南京、南望杭州，优越的区位条件使得苏南农村与周边的大中城市有着密切的经济、社会联系。于是在20世纪70年代末的商品短缺时代，苏南地区的乡村工业成为满足周边大城市生活消费需求的主力军，乡村工业的发展具有强劲的外部动力。20世纪80年代初，在中央与地方"分灶吃饭"[42]的大背景下，江苏率先于1984年将财税改革下沉到乡镇一级，使得乡镇基层政府开始逐步成为相对独立的经济体。这一改革极大地激发了乡镇基层政府整合社队工业、货币资本、土地资本和乡村劳动力等辖区内的诸多要素大力发展乡镇企业的热情。一时间，苏南地区掀起了"村村点火、户户冒烟"的乡村工业化浪潮。据统计，1980—1987年苏南地区乡镇企业就业人数从110万人增长到近300万人，年均增速近15%[43]。乡镇企业的快速发展使苏南地区的经济规模迅速扩大。以无锡市为例，1978—1990年全市工业总产值年均增速为178%，乡镇企业的贡献度由不足20%提升到60%以上。

工业化的快速推进显著地带动了小城镇的发展（表1-2）。在20世纪90年代，乡镇企业从业人员占苏南地区小城镇总人口的比例超过60%，快速发展的小城镇有效地发挥了连接城乡的纽带作用，驱动各类要素在城乡之间快速流动。小城镇的公共服务能力和服务水平也明显增强，以无锡县（今锡山区和惠山区）为例，20世纪90年代全县已经构筑了完善的镇村公路网络，自来水普及率达到70%，文化中心和影剧院实现了建制镇全覆盖[14]。乡村工业化深度融入农民的日常生活，打破了农民的旧式生活方式，让农民摆脱了地域空间对职业转化的束缚，使他们的生活观念和价值取向开始逐步向城市型转变。

表1-2 苏南地区建制镇基本情况一览表

年份	常州		无锡		苏州	
	建制镇个数/个	占乡镇总比例/%	建制镇个数/个	占乡镇总比例/%	建制镇个数/个	占乡镇总比例/%
1980年	6	4.3	—	—	18	11.0
1985年	11	7.9	—	—	25	16.2
1990年	39	27.7	45	36.3	71	42.8
1995年	73	53.3	90	76.3	158	97.5

进入20世纪90年代中期后，随着外资的大量进入和社会主义市场经济体制的不断完善，传统的"苏南模式"难以为继，逐渐被"新苏南模式"替代。一方面，国家战略重心、地方政府发展模式的迅速转移，使得招商引资和开发区建设成为经济与城镇化发展的主流，大大地挤压了乡镇企业的发展空间。另一方面，乡镇企业由于产权不清、技术落后、管理混乱，转型升级面临极大困难，对农村劳动力的吸纳能力和城镇发展的支撑能力日益弱化。于是在交通可达性较高、区位条件优越的县市

区，乡镇企业迅速开始衰落，外资成为拉动地区经济增长的主要动力，以外向型经济为龙头的"新苏南模式"开始快速兴起。苏南地区的城镇化模式也开始由早期的"自内"和"自下"推动逐步演变为后期的"自外"和"自上"推动[44]，以小城镇为主要空间载体的自下而上城镇化进程日渐衰微。

2) 市场导向型——"温州模式"

"温州模式"是典型的民间自主发展进程[45]，是在无外资投入、无国家政策倾斜，依靠底层农民自发推动，以家庭经营为主要方式、以专业化市场为依托、以镇村地区为载体的自下而上城镇化模式。温州地区地处瓯江入海口，早在南宋时期便被辟为外贸港口[46]，1876年《中英烟台条约》的签订使温州成为对外通商口岸。长期作为外贸窗口使得温州地区形成了浓厚的商品经济文化。相比于工业基础坚实、区位条件优越的苏南地区，温州地区自下而上城镇化进程的开启要困难得多。位于浙东南山区的温州远离当时主要的消费市场，与主要大中城市的联系强度很低，商品运输成本和信息获取成本均较高。同时由于土地贫瘠，农业发展水平较低，农村集体经济始终未能充分发育，加之新中国成立初期温州地处对台前线，因而长期得不到国家的发展政策倾斜和资金支持。而正是上述这些原因使得温州形成了颇具特色的发展模式，即发展家庭工业和专业市场，形成"小商品、大市场"的格局[47]。为了推销家庭企业生产的商品，乡村家庭自动形成社会化分工和专业化协作。通过家庭成员外出推销产品、打开市场，温州地区逐步形成了具有区域影响力的产供销基地，涌现出闻名全国的桥头镇纽扣市场、金乡镇徽章标识工艺品市场、柳市镇低压电器市场、萧江镇塑料编织袋市场等十大专业市场。当地专门为家族企业采购原材料和推销产品的所谓"购销员"多达10万人以上。家族企业和专业市场的发展，快速带动了温州小城镇的崛起，"以家族企业为基础，以专业市场和专业镇为依托，以购销员为纽带"也被学界界定为"温州模式"的基本特征[48]。

历史上温州的公有制经济非常落后，社队企业的发展基础始终较为薄弱，因此改革开放之初，当地乡镇政府掌握的集体资产极少，难以凭借基层行政力开启当地的产业化进程。基于这样的发展现实，温州地方政府更多地进行制度松绑，号召农民自谋出路，鼓励个体经济和私营经济发展。早在20世纪80年代初期，温州市便率先鼓励农民"自理口粮进城、自建住宅落户、自办企业发展"[49]，极大地激发了农民进城、进镇的热情，不少城镇迎来了一轮人口剧增期。温州市苍南县龙港镇政府甚至提出"地不分东西、人不分南北"，鼓励农民进城务工。消息一经公布，短短10天内便有超过2 000户农民申请进城，一个月内落户农民接近5 000人，龙港镇也因此被誉为"中国农民自费造城的样板"和"中国第一座农民城"。通过一系列制度性探索，当地有效破除了农民在户籍、就业等方面的障碍，为农村剩余劳动力的转移和小城镇的建设提供了政策支持。与此同时，温州还积极探索建立土地有偿使用制度，开启了众多小城镇的土地流转和置换进程，为小城镇的开发建设提供了大量资金，在城镇的基础设施建设和旧城改造中起到了明显的作用。例如，当时的龙港镇将土地按地段价值分为不同等级，通过征收市政设施费进行实质意义上的土地有偿出让，不到五年时间便筹集超过千万元的资金，为城镇的基础设施建设提供了重要支持，同时使城镇的生产力布局得到明显优化，提高了产业集聚度，有力地推动了城镇经济的高速增长。到1985年，温州市经工商登记注册的个体工商户超过13万户，家庭企业工业总产值占全市农村工业总产值的75%。相比于公有制经济，个体经济和私营经济具有更强的市场经济属性，其快速发展有效地推动了温州地区市场经济机制的建立和完善，加速了资本、技术、人才等生产要素的集聚。这种鼓励非公有制经济发展的做法客观上催生了遍布温州地区的"块状经济"[50]。以建制镇为单位，温州平均每个县有三个块状经济集群，最具代表性的乐清柳市镇的低压电器在国内市场的占有率一度超过30%。政府的主动让步培育了高度发达的温州市场经济，"强市场—弱政府"是早期"温州模式"形成的关键。

进入20世纪90年代后期，以个体经济和私营企业为主体的"温州模式"同样面临诸多挑战，转型升级的需求不断上升。由于产权关系的障碍，当地长期以来分散经营的民营企业难以在短期内通过有效的联合、重组等方式提升企业竞争力。同时普遍的家族式管理难以满足现代企业管理的要求，加之缺乏有效的行政统筹和协调机制，使得传统的"温州模式"在激烈的市场竞争中同样难以为继，必须探索新的经济增长模式。这一时期温州开始强化政府宏观调控，制定针对性产业扶持政策，建立规模化产业园区[51]，并积极探索建立规范化的股份制企业，推动以家庭经营为主导的单一模式走向资产经营、集团化发展的综合发展模式。在推进乡村城镇化方面，探索了涉及户籍制度、财政管理等多方面的改革措施（表1-3），有力地破除了城镇化进程中的体制机制障碍，扭转了温州的发展颓势（表1-4），形成"新温州模式"[52]的发展路径。

表1-3 温州市为发展小城镇所出台的相关政策

年份	政策名称	管理单位	主要内容
1992	《关于赋予重点工业强镇某些县级经济管理权限的决定》	温州市委	对柳市等17个镇的财税、土地、投资等原本属于县级管辖权限的事务进行下放，允许上述建制镇设立对外投资机构
1994	《关于加快强镇发展若干问题的决定》	温州市委	在土地使用、城镇建设投资、金融机制、城镇建设管理体制、财政税收、户籍制度、乡镇机构、行政管理体制等方面深化改革
1995	《小城镇综合改革试点指导意见》	国家体改委、建设部	将龙港镇、柳市镇、鳌江镇、塘下镇列为小城镇综合改革试点镇
1999	《关于重点镇开展城市化试点的若干意见》	温州市委	将龙港镇、鳌江镇、塘下镇、永中镇、瓯北镇、虹桥镇等七个镇列为市委直管城镇化试点镇，并进行市级计划单列

表 1-4　温州地区人均国内生产总值（GDP）和增长速度

年份	1996	1997	1998	1999	2000
人均 GDP/ 元	7 242	8 553	9 495	10 186	11 360
增长速度 / %	24.70	18.10	11.01	7.28	11.53

3）外资驱动型——"珠江三角洲模式"

"珠江三角洲模式"亦称"珠江模式"，一般指珠江三角洲地区依托毗邻港澳和联系海外市场的地缘优势，引进海外资金、技术和管理方式，充分发展外向型经济，推动当地乡村地区工业化和城镇化的过程[53]。改革开放以来，珠江三角洲地区得风气之先，各级城镇率先开放，逐步形成以"三来一补"（来料加工、来样加工、来件装配，补偿贸易）、三资企业和乡镇企业并举的外向型经济发展模式。1988 年，新华社参考当时亚洲"四小龙"的称谓，将顺德、南海、中山、东莞四个经济较为发达的地区称为"广东四小虎"[54]。随后，费孝通先生在实地调查珠江三角洲的发展情况后，将"顺德模式""南海模式""中山模式""东莞模式"统称为"珠江三角洲模式"（"珠江模式"）[55]，成为与"苏南模式""温州模式"齐名的中国三大乡镇发展模式之一。

珠江三角洲地区自古以来便是中国发展对外贸易的窗口。鸦片战争后，西方资本迅速涌入作为最早对外开放口岸之一的广州，并向整个珠江三角洲地区蔓延，冲击了原有的小农经济模式，加速了当地商品经济发展的进程。特殊的地理环境和历史发展进程，塑造了珠江三角洲地区独特的岭南文化，在相对封闭的主流中华文化体系中呈现出开放、包容和商品经济色彩等亚文化属性[56]，形成了敢为人先、开拓进取的地域性格。而这一地域文化在商品经济的发展中显得尤为重要。广东与东南亚乃至欧洲国家的长期贸易往来，催生了众多的海外淘金者，珠江三角洲地区因此成为著名的侨乡。据统计，20 世纪 80 年代在全球 3 000 多万名华人华侨中，广东籍占据其中的七成以上[57]，在与中国经济密切联系的东南亚地区，65% 的当地华人祖籍在广东。历经数百年形成的数量众多的海外奋斗者共同编织的庞大的海内外社会经济联系网络，与珠江三角洲毗邻港澳的特殊地理位置，使得这一地区具有其他沿海地区无法比拟的优越性。

正是这些无法比拟的优越性使得珠江三角洲在改革开放之初获得了先行一步的政策扶持。1979 年，国家就在广东省设立出口加工区[58]；1980 年，国家又率先在珠江三角洲设立了深圳、珠海两大经济特区。随后，国家对广东省实施"划分收支、定额上交、五年不变"的财政大包干制，为广东地方政府利用税收独立性进行城镇建设、吸引外来投资提供了良好条件。因此，当全国大部分地区仍处于短缺经济环境时，以顺德、中山为代表的珠江三角洲西岸乡镇已经开始大力发展轻工业，家电、家具、快消品等产业迎来爆发式增长，乡镇工业化如火如荼。地处珠江东岸的东莞则利用毗邻香港的优势，廉价提供土地和劳动力，大力吸引海外资金、技术和管理，发展"三来一补"产业。

领先一步的对外开放政策，毗邻港澳的区位和成本优势，众多华人华侨及港澳同胞的人脉资源，各种要素一经结合迅速为珠江三角洲的经济起飞注入巨大活力，大大加速了乡村工业化进程，彻底改变了区域产业结构。至1990年，珠江三角洲的经济规模是1978年的10倍之多[57]，被誉为"广东四小虎"的顺德、南海、中山、东莞的工农业生产总值均达到了百亿级规模，发展速度甚至超过韩国、新加坡以及中国的台湾和香港在20世纪60年代经济起飞时的速度。以顺德为例，自1978年容奇镇建立第一家三资企业后，当地开始了迅猛的工业化发展历程；至1991年，顺德工农业总产值达到120亿元，比1978年翻了四番，是当时全国最大的家电生产基地。全县乡镇企业突破3 000家，近20家龙头企业年产值超亿元，产业经济的快速发展实现了财税收入的迅猛增长，顺德成为全省上缴中央财政最多的县。乡镇经济的快速发展同时促进了镇村经济结构的调整和农民的非农职业转变，有效地保障了小城镇的设施建设，显著改善了大量小城镇的面貌。乡镇工业的发展也明显推动了第三产业的发展，使镇村地区的经济结构不断优化，缩小了传统城乡之间的差别，加快了乡村城镇化的进程。至1996年末，珠江三角洲已有259个建制镇。在乡镇经济最为发达的佛山市，市镇人口已占到全部城镇人口的50%以上。乡村城镇化的快速推进，明显地缩小了城乡差别。有学者这样描述当时的珠江三角洲："现在坐车到珠江三角洲，沿途看到的，是一条条工业长廊，一座座崭新的集镇，一片片出口创汇的生产基地，一栋栋别墅式的小楼房。农民和工人、乡村和城市已难以分辨。"[59]

进入20世纪90年代后期，珠江三角洲乡镇企业遭遇了与苏南地区同样的困境。乡镇企业产权不清、政企不分的缺陷严重影响了企业的正常发展。基层政府针对外资企业地方黏性差、根植性弱、趋利性强的特点，以及长期以来造成的土地和生态问题，开始限制低端产业的发展，吸引高科技外企进驻。这一时期乡镇企业的发展开始从传统的低质、粗放发展模式转向高品质、精细化的发展模式，逐渐调整了原有的自下而上城镇化路径。1992年后，随着浦东的开放与开发，以上海为龙头的长江三角洲地区的外向型经济迅猛发展，开始明显冲击珠江三角洲地区的固有发展模式。20世纪末，随着香港、澳门的相继回归，区域协同成为珠江三角洲新的发展诉求。以《内地与香港关于建立更紧密经贸关系的安排》（Closer Economic Partnership Arrangement，CEPA）为代表，粤港澳地区进入了以大城市为主导的区域竞合发展时代，以乡镇经济为驱动力的自下而上城镇化进程逐渐退出舞台的中心。

1.1.4 自下而上城镇化的动力机制

自下而上城镇化的动力机制是指推动这一过程发生的机理，以及维持这一进程持续进行的综合系统。动力机制研究是自下而上城镇化研究的重要方面[60]。有学者将自下而上城镇化的动力因素结构性地归为内部力量和外部力量，其中内部力量意指产生于乡村内部的作用力，如农业生产力提高而产生的乡村剩余劳动力，以及农民主体本身对城市型生活的向往；而外部力量主要指宏观政策环境的变化解开了禁锢乡村力量的制度性枷锁[61]。也有研究指出，乡村剩余劳动力是推动自下而上城镇化的核心动力，乡镇企业的发展、城镇开发建设进程所产生的外部动力均是由乡村剩余劳动力这一核心动力派生的[11]。也有学者着眼于乡村发展的条件，将自下而上城镇化的动力机制总结为基础条件、媒介因素和动力结构三大方面[14]，或基于自下而上城镇化的运行环境视角，将这一进程的开启归因于乡镇企业的发展[62]，以及政府、企业、个人在这一过程中的多元主体关系[63]。还有学者围绕特定的自下而上城镇化模式，针对性地分析其动力机制，如薛凤旋、杨春针对"珠江三角洲模式"，指出外资发展对自下而上城镇化的重要意义，并将外资投入作为当地城镇化的主要动因[64]。

显然，自下而上城镇化是众多因素合力作用的结果。在这一历史进程中，乡镇工业的发展、乡村剩余劳动力的非农转化和小城镇的发展是核心内容。不同研究所探讨的诸多因素均对这三者的发生、发展有着或多或少的影响，然而就其影响程度而言，宏观政策鼓励、产业发展带动、基层政府推动和农民主体参与四大因素是主导这一进程的核心动力，而且各个因素与发展环节之间绝非独立存在，而是相互作用、相互转换，共同推动这一伟大进程的。

1）宏观政策鼓励

改革开放以来的自下而上城镇化进程不仅是农村人口进行非农转化的简单历史进程，而且是中国现代化进程中广泛而深刻的制度革新过程[65]。新中国成立至改革开放前，中国一直实行高度集中的计划经济体制。各级政府按照相关发展指令，通过行政力对城镇建设进行统一安排，企业和个人没有决策权，政府基本是促发城镇化进程的唯一主体，始终在资源配置过程中处于绝对的主导地位[66]。同时在当时复杂的国际、国内背景下，政府通过设置户籍、住房、就业等各种严格的城镇准入制度，将城镇化人口长期控制在低位，自上而下的城镇化推动机制非常鲜明，民间力量在其中的作用微乎其微。改革开放以来，随着高度集中的计划经济模式逐步转变为国家调控干预下的市场经济模式，宏观政策调整和分权化改革成为影响城镇化进程的主要制度性因素。

国家整体方针政策的调整优化，首先是从宏观政策层面进行制度性松绑，释放经济发展的巨大潜力。20世纪80年代国家关于沿海开放和建立经济特区的政策，使得港澳台和国外的资金、技术快速涌入以珠江三角洲为代表的东南沿海地区，为当地乡镇企业的发展注入了强劲活力；1984年的中央一号文件和中央四号文件，其中关于发展社队企业的指示释放了明显的灵活发展乡镇经济的信号，使得全国乡镇企业在随后的一年中迎来了爆发式增长；1992年关于浦东开发开放的政策则深度影响了长江三角洲的城镇化进程。中央各部委关于财税制度、户籍制度、城镇设立标准的改革和调整同时在宏观层面扫清了原有的制度障碍，有效地激发了市场活力。

自下而上城镇化的制度供给主体是基层政府、企业、农民等地方力量，其可以被视为一种典型的诱致性制度安排[67]，即由各类经济主体自发组织和推动非农产业的发展。但是由于长期的高度集权的计划性制度安排，基层活力的迸发在很大程度上仍取决于上级政府的认可和支持。因此，上级政府的包容、鼓励和顺势而为对于自下而上城镇化的发展意义重大。在珠江三角洲地区的自下而上城镇化进程中，多地尝试发挥与港澳联系密切的优势，建设外贸出口商品基地。这一做法极大地带动了当地乡镇经济的发展，得到了上级领导的认可，随后国务院发布了《开展对外加工装配业务试行办法》，从政策层面进一步认可这一做法。东莞随即成立对外来料加工装配业务领导小组，专门负责相关企业的管理。仅仅一年时间，全县便签订了超过200份的来料加工协议，其中乡村占比80%以上，吸纳劳动力11 000多人[57]。基层突破束缚、改革创新，上级政府鼓励、认可并进一步规范化、制度化，这一过程取得的发展绩效非常显著。

中国经济改革的实质是在行政分权（Administrative Decentralization）的框架下引入市场机制，即通过对外开放与国际经济接轨，通过权力下放即行政分权推行经济自由化和市场化。分权化、市场化和对外开放（全球化）是中国30多年来保持经济高速增长的制度基础[68]。中央的纵向分权改革使得地方政府的独立性和自主性大大增强[69]，地方政府对资源配置的权力明显增加。基层政府出于发展地方经济的需要，开始主动推动自下而上的城镇化进程。在此过程中，地方政府逐渐抛弃之前大包大揽的做法，原来冗余的科层组织方式被分解为政府、企业、市场和个人的互动，从而有效地激励了不同主体的积极性，推进城镇化的动力由此变得多元而丰富。

2）产业发展带动

计划经济时期乡村地区的产业发展诉求被长期压制，单一农业主导的经济结构使乡村地区的经济结构严重畸形。改革开放后，由于宏观制度安排和经济政策的优化，乡村地区在一定程度上获得了产业发展的自主权。以苏南农村为代表的东部沿海地区，由于农业劳动生产率的大幅提高，实际需求的务农人数开始迅速下降，产生了规模庞大的乡村剩余劳动力。乡镇企业的快速发展吸纳了大量的富余劳动力，成为农业人口实现非农转化的主要载体。以苏南地区为例，1980—1987年，苏州、无锡、常州三市的乡镇企业就业人数年均增长近15%，每年有近20万农业人口实现非农转化[43]。乡镇非农产业的发展促进了当地劳动从业者收入水平的提高，扩大了众多工业产品的消费市场，为乡村城镇化的进程注入了活力，使小城镇得到快速发展。如在苏南乡镇工业发展最为迅速的时期，其中的代表性城市——苏州市的建制镇数量由 1984 年的 18 个增加到 1991 年的 88 个，建制镇非农人口总量占全市非农人口总量的近 30%。

在宏观政策的鼓励下，各地自发探索的乡镇企业改革有效推动了企业发展，为进一步吸纳农村劳动力打下了基础。例如 20 世纪 80 年代，苏南地区的乡镇企业就开始尝试经营方式和用工制度的改革[70]，以"一包三改"（实行承包经营责任制，改干部委任制为聘任制、改职工录用制为合同制、改固定工资制为滚动工资制）、资产有偿经营责任制和全要素滚动增值承包责任制等为代表的企业制度改革极大地提升了企业的活力和效率[71]。1978—1986 年的 9 年间，苏南乡镇工业总产值增长了 9 倍多，苏锡常三市的年均增速均超过了 30%。乡镇产业的发展突破了"农村—农业""城市—工业"的传统城乡分工格局[72]，使城乡经济系统由隔离变为开放，在促进生产要素流动的过程中，将乡村剩余劳动力从传统的农耕经济中解放出来，形成了城镇人口增长的主力军。工业的发展又反过来带动农业生产的发展以及第三产业的发展，使得城镇商业、建筑业、服务业、旅游业均繁荣起来，计划经济时期长期处于衰落状态的小城镇迎来了新生，城镇规模和功能均得到了明显的扩展。

3）基层政府推动

中国的基层政府在推动地方社会经济发展的过程中始终发挥着不可忽视的作用。改革开放以来，由于国家纵向行政性分权的实施，尤其是财税、土地等管理权限的下放，各级基层政府由过去上级指令性任务的单纯执行者逐步转变为相对独立的经济、社会管理主体，从而对当地产业发展、城镇建设具备绝大部分的决策权力。财政分权、政绩评价经济化等方式[73]充分调动了基层政府官员参与当地经济发展的积极性。基层政府纷纷运用本级行政权力，调用财政资金和政府担保贷款，整合各类生产要素，直接参与乡镇企业发展。以"苏南模式"为代表的乡镇企业发展道路之所以取得巨大成功，基层政府在其中扮演了举足轻重的角色。在当时的政策环境下，苏南地区的乡镇企业大多是当地政府依托原有集体经济或由政府出面向银行贷款兴办的。作为中国科层式行政机构的底层，乡镇政府所能动用的外部资源较为有限，因此便倾向于将自身所能调动的全部生产要素投入其能完全掌控的乡镇企业中。此时的基层政府，其作为乡镇企业总代表的经济色彩远大于其作为一级政府的行政色彩。

在基层政府的积极推动下，乡镇企业迅速迎来发展高潮。大批企业的发展建设提供了众多就业岗位，促进了城镇规模的扩大和数量的增加，并改善了城镇面貌和设施服务水平，从而进一步促进人口向城镇集聚。在这一历史进程中，各地基层政府探索了众多制度以更好地激发经济活力，而当这些自发性的制度变迁取得良好的实践效果后，其中的大部分会得到上级政府甚至中央的认可。能够获得上级的许可和鼓励，必将进一步激励基层政府积极执行这些制度创新，整个过程可以视为先自下而上、后自上而下的政府供给主导型制度变迁[69]。在此过程中，基层政府还会通过意识形态、伦理规范、价值观念等非正式制度服务于正式制度创新，以保障自下而上城镇化的顺利推进。

4）农民主体参与

在计划经济体制占主导的时期，二元户籍制度使得城乡之间形成了巨大的发展鸿沟，农民基本没有参与非农经济发展和城镇化建设的机会。改革开放后，随着宏观管控的放松，一方面，开始允许农民通过自理口粮的方式进入城镇务工，进而落户城镇；另一方面，广大乡村地区居民自身的主观能动性被调动起来，主动参与产业发展，成为自下而上城镇化进程中的重要力量。这一时期，不仅在乡镇经济发达的沿海地区，即使在经济发展水平相对落后、集体经济发展相对薄弱的地区，农民主体参与城镇化的程度也在不断提升。尤其不断扩大的收入差距日益诱发乡村剩余劳动力自发进行城乡转移、区域转移。广大农民通过外出务工一方面积累个人财富，提升家庭整体消费水平；另一方面不断丰富信息和资源渠道，打下回乡创业的基础。两方面都在不同程度上推动了当地小城镇的发展。

相比于单纯依靠行政力推动的自上而下城镇化中的被动地位，农民在自下而上城镇化过程中的主体地位得以凸显。尽管在这一过程中仍然有计划经济色彩下通过城镇扩张而形成的非农人口转移，但更为普遍的是农民参与乡镇非农产业发展所形成的自发式职业转换。尤其在改革开放初期城乡二元户籍制度仍在相当大程度上发挥作用的背景下，自下而上城镇化进程为乡村人口进入小城镇这一城乡联系节点提供了可行的路径。量大、面广、发展迅速的乡镇企业为农民提供了大量的就业岗位，小城镇成为农村人口实现城镇化的第一承载地[74]。通过长期的主动参与，农民在小城镇既可以实现职业的非农转化，又可以依托相对浓厚的关系网络寻求认同感和归属感，生活方式也逐步完成城市型转化。

1.2 新自下而上城镇化进程

虽然淘宝村是这一轮新自下而上进程的主要载体，但并不是唯一载体。目前中国约有60万个行政村，截至2018年年底淘宝村只有3 000多个，淘宝村的数量大约仅占中国乡村总数的1/200。事实上，电子商务对于中国乡村的影响远不止这3 000多个淘宝村。除了淘宝、天猫等平台，农民们广泛地利用着京东、苏宁、唯品会、拼多多以及微信等多种电子商务平台。可以推断当今中国从事电子商务并受到电子商务影响的乡村数量远多于淘宝村的数量，只是没有被贴上淘宝村或者"电商村"的标签，它们与淘宝村一起构成了正在发生着巨大变化的中国城镇化的前沿[75]。为了更为完整地反映电子商务对于中国乡村的影响，同时为淘宝村的深入研究奠定基础，本书试图从全国县域电子商务发展与长江三角洲电子商务产业发展两个维度进行呈现。

1.2.1 县域电子商务发展的空间特征

中国县域电子商务产业自 2003 年开始发展，先后经历了起步期、小规模增长时期和规模化扩散时期三个阶段，目前已经进入多方协同发展阶段[76]。政府与企业、电商服务商以及电商发展相关的高校、媒体一起，多方合力推动县域电子商务持续高速发展。县域电子商务企业年均增速已经由万级发展到百万级，网店销售额超过亿元的县域不断涌现，呈现出井喷式增长态势。县域电子商务已经成为当今中国电子商务产业扩展的主要阵地。国家对于县域电子商务的发展十分重视，近年来相继出台一系列的政策鼓励、支持、引导县域电子商务的发展。

相比于城市，电子商务对县域、农村的发展具有更为重要的作用。尤其对于那些区位偏远、发展动力不足的县域，电子商务无疑带来了新的机遇，为当地实体产业发展提供了新平台，是其经济转型的新动力。电子商务将生产和销售联系在一起，给这些县域创造了大量就业机会，在提升其城镇化发展水平的同时为县域居民收入的增长提供了有效路径。目前，农村电商也已经成为国家进行扶贫的主要抓手，而县域则成为电商扶贫的主要战场。随着信息技术的进一步扩散，电子商务在县域经济、社会发展中将扮演着日益重要的角色。利用阿里研究院公布的县域电子商务发展指数⑥，本书从网络消费（网购）和网络销售（网商）两个角度呈现中国县域电子商务发展水平的空间特征[77]。

1）网购水平分布特征

在省域层次上，中国县域网购水平呈现出较为显著的沿东南沿海向内地梯度分布的特征，并且各等级的省份分布较为集中（表 1-5，图 1-1）。网购水平处于第一等级的省市为北京市、上海市、天津市、江苏省、浙江省、福建省 6 个省级单元，均位于中国的东部沿海地区，且省份间基本相邻。从绝对数值上来看，处于第一等级的这些省份网购水平优势较为明显，而水平处于第二等级到第四等级的省份差距并不大。处于第二等级的省份主要分布在中国东中部和东北部边疆地区，包括东部的山东省、广东省、海南省 3 个省，中部的山西省、江西省 2 个省，东北地区沿着边疆的黑龙江省、吉林省和内蒙古自治区 3 个省、自治区，这些省份也基本两两相邻。处于第三等级的省份则主要分布在中国中西部地区，包括了河北省、安徽省、辽宁省、湖北省、湖南省、陕西省、广西壮族自治区、重庆市、贵州省、四川省、云南省以及新疆维吾尔自治区 12 个省、自治区、直辖市。其中除了新疆维吾尔自治区相对独立外，辽宁省与河北省 2 个省相邻，其余各省构成一个连续的区域。网购水平比较落后的省份为宁夏回族自治区、甘肃省、青海省、西藏自治区以及河南省 5 个省、自治区，除了河南省位于中部地区，其他省、自治区均位于中国西部地区，在地理位置上也紧紧相邻。

表 1-5 中国各省份平均县域网购指数

省份	平均县域网购指数	省份	平均县域网购指数
浙江	26.01	重庆	10.66
上海	20.76	湖北	10.49
江苏	19.28	辽宁	10.21
北京	19.01	新疆	10.19
福建	18.60	湖南	10.12
天津	16.87	陕西	10.01
内蒙古	12.61	广西	9.91
海南	12.31	贵州	9.88
广东	12.22	河北	9.84
山西	11.25	云南	9.45
山东	11.09	宁夏	9.19
黑龙江	11.03	河南	8.83
江西	11.02	甘肃	8.31
吉林	10.91	西藏	8.11
安徽	10.80	青海	7.73
四川	10.68	—	—

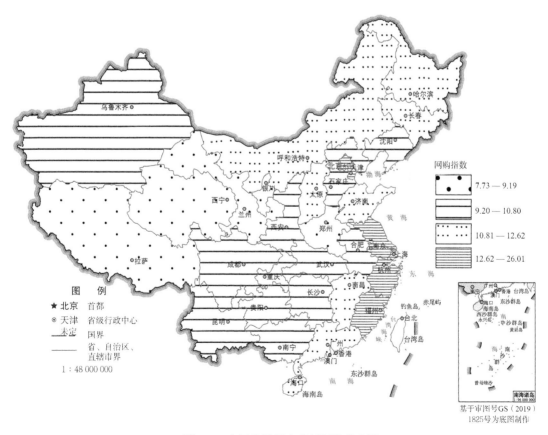

图 1-1 中国省域层次县域网购分布图

从县域单元来看，中国县域网购水平呈现出东南沿海高水平扩散，其他地区极核分布的特征（图1-2）。位于网购水平第一等级的县域主要分布在浙江省周边，包括浙江省全境、江苏省南部和福建省北部。这些县域分布十分密集，具有较高的集聚程度，与省域层级观察到的现象较为类似。不同之处在于，中西部地区部分省会城市周边出现了网购水平较高的县域，大多数分布在各省行政中心周边，分布比较分散，例如成都的双流区，长沙周边的长沙县，网购水平均处于第一、第二等级，并不逊色于东部的许多县域。第三等级的县域主要分布在东中部各省，包括山西、江西、广东、四川等省，以及西部的新疆部分地区。值得注意的是，边疆的各个县域网购水平较高，尤其是东北、内蒙古等边疆地区的县级单元，网购水平大多位于第二、第三等级，甚至有部分县域网购水平位于第一等级，这是省域层级观察不到的。网购水平位于第四等级的县域大多数位于中部（河南）、西南部（广西、西藏、青海）等省份以及东北三省不靠近边疆的内陆地区。

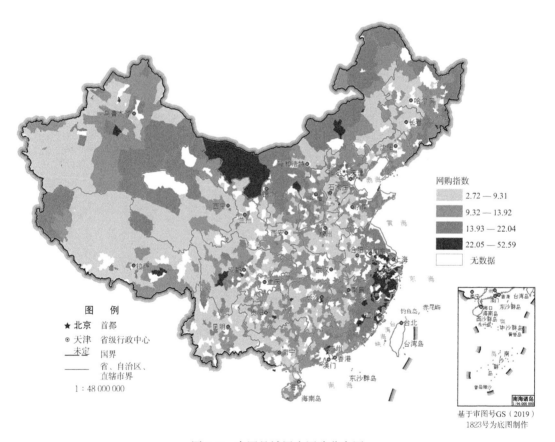

图1-2　中国县域层次网购分布图

通过比较统计地图（Cartogram）（图1-3）可以明显地看出，网购水平较高的县域出现在三类区域：一是东南沿海地区，以江苏、浙江、福

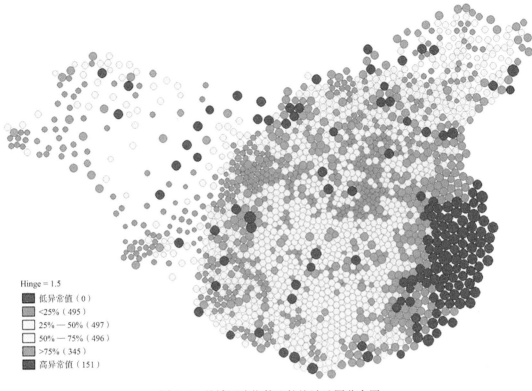

图 1-3 县域网购指数比较统计地图分布图

注：Hinge=1.5 表示离散标准为 1.5；括号内数字表示所属类型城市的数量，单位为座。

建三省为核心，电商水平向外逐渐扩散。这个区域内高水平网购的县域数量众多且突出，分布也较为集中。二是中西部一些省会城市下辖的县域，例如四川成都周边的都江堰，内蒙古的伊金霍洛旗、阿拉善左旗、阿拉善右旗周边，河北的清河县等。相比前一区域，这一区域内高水平网购的县域数量较为稀少，分布较为零散。三是中国边疆的县域，尤其是内蒙古、东北三省，外围县域的网购水平普遍较高，东北地区甚至出现网购水平从区域外围向区域内部逐渐递减的分布趋势。

2）网商水平分布特征

在省域层面，中国县域网商水平的空间分布和网购水平有着较大的差别。县域网商呈现出较为显著的以浙江为中心，从沿海到内陆并且向周边省份扩散的趋势（表1-6，图1-4）。从数值上来看，不同省份之间网商水平的差距较为明显，网商水平处于前列的浙江、上海是处于末几位省级单元的 10 倍以上。从分布上来看，网商水平处于第一等级的省级单元只有东部地区的浙江、上海两个省级单元，处于第二等级的省是紧邻浙江的江苏和福建。处于第三等级的省级单元是围绕着苏浙闽的广东、江西、安徽、山东、河北、北京和天津。第四等级的省份是其余的所有中西部以及东北地区。从整体来看，中西部大部分省市区县域网商的发展水平较低，与东部地区存在较大的差距。

表1-6 中国各省份平均县域网商指数

省份	平均县域网商指数	省份	平均县域网商指数
浙江	9.39	四川	1.31
上海	7.98	西藏	1.31
江苏	5.02	青海	1.29
福建	3.97	广西	1.27
北京	3.39	河南	1.26
天津	3.09	云南	1.15
广东	2.72	宁夏	1.10
山东	2.41	海南	1.06
河北	2.29	黑龙江	1.03
江西	2.27	山西	0.95
安徽	2.01	新疆	0.79
湖北	1.75	陕西	0.76
湖南	1.63	内蒙古	0.71
辽宁	1.48	贵州	0.69
吉林	1.39	甘肃	0.64
重庆	1.32	—	—

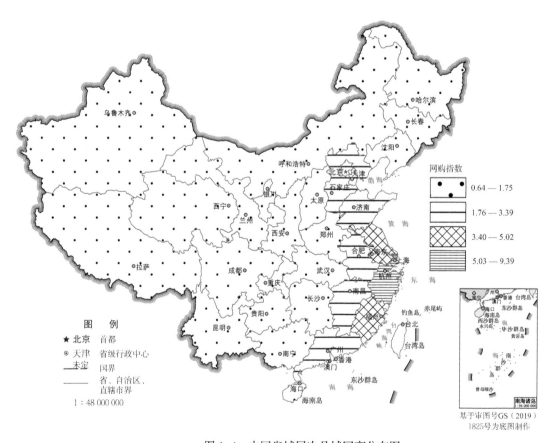

图1-4 中国省域层次县域网商分布图

从县域单元来看，除了中国东南沿海地区县域网商水平呈现出高水平扩散的特征以外，中西部地区绝大部分区域网商发展水平较低，呈现低水平离散分布的特征（图1-5）。网商水平处于第一等级的县域只分布在浙江、江苏两省。处于第二等级的县域大部分集中分布在浙江一省，同时少量零散分布于全国其他各省份，包括福建、江苏、山东、广东、河北等省。除了湖北、湖南、江西的部分县域以及四川成都周边县域网商水平达到了第二、第三等级，其余大部分中西部县域网商水平基本处于第四等级，发展水平较低。整体而言，除了东中部的河北、山东、江苏、浙江、福建、广东、江西、湖南等省份的县域网商存在着一定的梯度发展差距，其他省份的县域网商基本都处于起步阶段，彼此间差距并不显著。

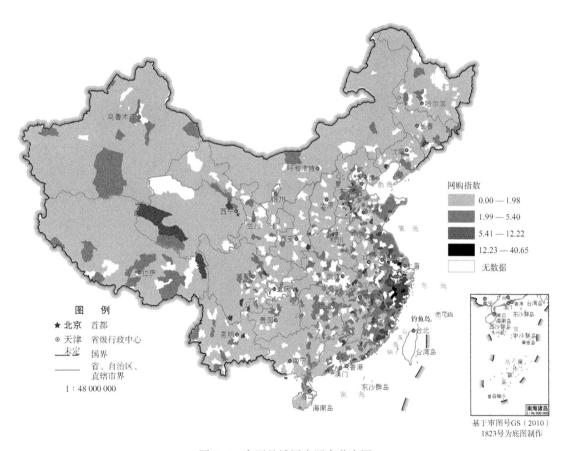

图1-5 中国县域层次网商分布图

从县域网商指数的比较统计地图（图1-6）来看，代表县域网商最高水平的红色数量众多，密集地分布在江苏、浙江、福建三省，同时零散地出现在中西部的许多区域，如河南、四川等地。东部、中部、西部三大区域的县域网商水平呈现出现显著的梯度递减态势，东部地区的县域

图 1-6 县域网商指数比较统计地图分布图

注：Hinge=1.5 表示离散标准为 1.5；括号内数字表示所属类型城市的数量，单位为座。

网商大多处于大于 75% 的区间，中部地区的县域则大多为 25%—75%，西部地区的县域则多数为低于 25% 的这一区间。这样的梯度格局与中国区域经济的整体活力格局是较为一致的。

1.2.2 长江三角洲电子商务产业的空间特征

中国电子商务的飞速发展与中国庞大的制造业基础有着非常密切的关系，新经济并非是对传统经济的革命。除了软件、数字音像制品等"软"产品外，电子商务通常的交易内容仍以日常消费品和工业品等"硬"产品为主，这就使得电子商务在很大程度上依托于传统的制造业，并在物流体系上呈现地理空间的影响[78]。通过对全国县域电子商务发展的空间特征研究可以看到，电子商务的区域经济空间格局已经形成[77]，长江三角洲地区是中国电子商务发展水平和集聚程度最高的区域，这与这一区域制造业能力的强大是分不开的，因此在一定程度上也是传统经济与新经济竞争、互动和融合最为激烈的区域。

在中国当前的电子商务经济中，B2B⑦电子商务为规模最大的类型。B2B 电子商务通过商品流通环节的缩减大大降低了采购成本，为大量传统工业企业提供了转型的方向与动力，已经成为电子商务发展的重要引擎。据中国电子商务研究中心统计，2016年全国B2B电子商务交易额高达16.7万亿元⑧，占电子商务总交易额的72.7%。与此同时，由于B2B电子商务以企业间的交易为主，因此产品的门类远大于B2C⑨或者C2C⑩电子商务，从而为观察电子商务经济活动的产业特征提供了更加全面的视角。本书以江苏、浙江、上海和安徽所组成的"大长江三角洲"为空间范围，选取阿里巴巴网站（www.1688.com）上的供应商数据⑪作为主要数据来源，深入剖析供应商在长江三角洲的空间分布格局，试图更加清晰地呈现长江三角洲新经济的区域格局及其与传统经济的复杂关系⑫。

1）区域总体格局：两大集聚带凸显

以县、市为空间单元分析长江三角洲B2B电商企业的空间分布，可以看到大量电商企业分布在太湖以东、长江以南的沿海区域（图1-7），空间上形成两条较为明显的集聚带。通过对各个县、市电商企业进行空间聚集能力的插值分析（图1-8），可以更明显地看到由"上海—苏州—杭州—义乌"组成的沪义集聚带和由"温州—台州"组成的温台集聚带。尤其围绕义乌和苍南两个集聚中心，分别形成了以永康、东阳、诸暨、绍兴、杭州为连绵区域和以瑞安、温州、乐清为连绵区域的圈层式电商企业集聚高值区。在两大集聚带外部，则呈现出沿核心区梯度扩散的特征。在苏北和皖中的局部地区存在点状密集区域。

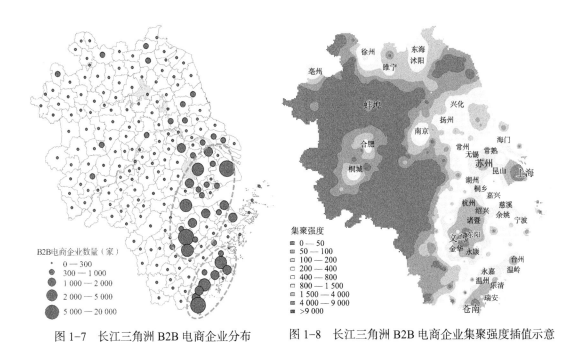

图1-7　长江三角洲B2B电商企业分布　　图1-8　长江三角洲B2B电商企业集聚强度插值示意

沪义集聚带是长江三角洲最为显著的、呈连绵态势的电商企业密集区域。这一发展带北起上海、南达义乌，向东延伸至宁波环杭州湾板块，中间除了嘉兴电商企业分布相对较少外，均是电子商务经济发达的县市。这一集聚带的形成虽与长江三角洲传统产业空间格局，即沪宁、沪杭、杭甬经济发展带，存在紧密的关系，但显然突破了既有的空间格局。全球城市上海与全球小商品之都义乌的链接，将上海、杭州、苏州、义乌四座具有不同"全球"职能的城市串联成一个新的全球性产业空间，似乎预示着电子商务经济对于传统空间格局的重构。与尺度巨大的沪义集聚带相比，温台集聚带作为长江三角洲地区电商企业密集分布的另一连绵区域，则存在着明显的区域锁定，扩散格局仅从苍南延伸至台州，未能进一步向北、向西扩散。

2）按产品类型分析：混合与新生的产业空间

电商企业大多是传统制造业与互联网的混合体。B2B电商企业主要分为四种经营类型，即生产加工、经销批发、招商代理和商业服务，其中生产加工类电商企业是发展的主体，也只有生产加工类既是生产商也是贸易商。根据研究获取的B2B电商企业数据，生产加工类企业占67.9%，经销批发类占31.3%，招商代理类占0.5%，商业服务类占0.3%。生产加工类电商企业的主体地位非常清晰，它们有着自己的生产基地，既做电商，也做生产制造，是传统经济与互联网新经济结合最紧密的载体，是互联网不断渗透所造就的传统制造业与互联网的混合体。这些企业借助互联网有效地应对了产能过剩和技术欠缺等难题。比如与更远距离的上下游商家实现信息交换，重新界定客户和供应商之间的关系，使得交易过程更为合理[79]，在一定程度上实现了"即时生产"（Just in Time，JIT）、"订单生产"（Build to Order，BTO）或"定制生产"（Customization）等柔性生产策略（Flexible Production），提升了生产链的灵活性[80]。在拥有B2B电商企业的198个县市中，仅上海市、杭州市、东海县、亳州市等13个市县的非生产加工类型的电商企业的比重更高，表明长江三角洲的大部分城市主要以"传统制造业企业+互联网"的形式参与新经济的发展中。

从企业的主营产品信息可以看出，大量的电商企业依然经营各类"硬"产品，尤以日常生活消费品（鞋包服饰、日用百货、工艺礼品等）以及这些消费品所需要的包装材料居多。将电商企业按照主营产品类型进行分类（图1-9），

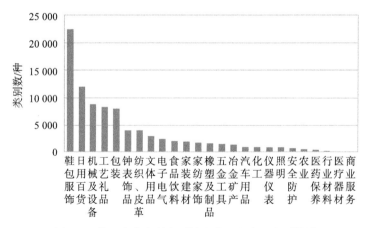

图1-9 长三角分产品类别的电商企业产品类别统计

可以发现经营服务类"软"产品（网店装修、进出口代理、物流、培训等）的电商企业仅占企业总量的0.2%。由此可见，中国当前电子商务的发展离不开雄厚的制造业基础，同时更靠近消费端的轻工业产品在电子商务市场中拥有更大的发挥空间和更强劲的链接能力。传统的轻工业较为突出的城市在这一轮新经济的发展中显得更为活跃。

不同产品类型的电商企业在空间分布上有着不同的地方偏好，呈现出与地方产业特征较为明显的关联现象。对五个一级产品类型的电商企业分别进行空间集聚能力的插值分析，可以明显看到，大量工业品原材料和工业品企业集聚在苏南和上海地区，从常州至上海形成了一条连续的集聚带，并在上海达到集聚峰值，而在其他地区则是点状的孤岛式分布，如南京、兴化、杭州、余姚、慈溪、乐清等地。虽然工业品企业在杭州至永康也形成了电商企业密集区，但与常州至上海的集聚带相比，集聚程度较弱（图1-10、图1-11）。消费品电商企业的分布则以浙中地区为主，义乌是该类企业集聚的峰值区域，并围绕义乌形成逐步向其周边的永康、诸暨等区域圈层式扩散的格局（图1-12）。消费品原材料和商业服务企业，均呈现出显著的点状分布特征。商业服务企业几乎仅在上海、杭州、苏州、义乌、宁波和温州分布，绝大部分地区呈现空白（图1-13）。消费品原材料电商企业除了在上海、苏州、绍兴、义乌和苍南之外，还出现了徐州、睢宁、沭阳和桐城等密集区域（图1-14）。总体上，上海、浙江和江苏苏南地区是各类电商企业集聚的主要区域（图1-15）。

产业地方关联的形成与长三角各地的产业特征有着紧密的关系。长期以来，注重"以商为先"的浙江城市[81]，一直重视内生发展动力的培育，鼓励民营经济发展，形成了较强的轻工业优势和各类专业市场，城市间呈现出以产品分工为特征的特点[82]，小商品经济发育程度更是全国领先[83]。江苏的发展路径则是通过乡镇企业产生的原始积累，与外资紧密嫁接，不断增加重工业、投入品工业的投入，从而在长江三角洲南北两翼形成了"北重南轻"的特征。江苏仅有苏州、常州、南通等地部分县市的轻工业仍在长江三角洲地区保有一定的优势地位。由于小商品经济更容易与靠近消费端的电子商务相结合，因此浙江经济迅速实现了互联网经济的爆发式成长。苏南地区虽然一直是长江三角洲北翼经济发展的核心地带，然而由于产品以工业品居多，且城市重工业化程度较高，产品的在线交易和物流配送难度系数相对较大，因此难以迅速与电子商务相结合，这一特征在电商企业的分布格局中已经凸显出来。至于安徽、苏北和浙西地区，虽然承接了上海、浙江和苏南地区大量的制造业转移[84]，但制造业基础与长江三角洲核心区域仍存在较大差距，电商企业的发展差距也较大。

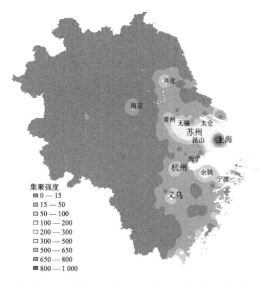

图1-10 长江三角洲工业品原材料电商企业
集聚强度插值示意

注：工业品原材料电商企业包括化工、橡塑、复合材料及冶金矿产企业。

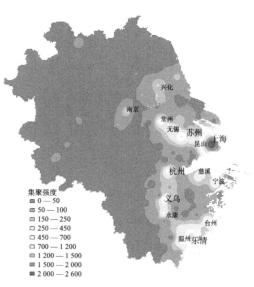

图1-11 长江三角洲工业品电商企业
集聚强度插值示意

注：工业品电商企业包括安全防护、机械及设备、仪器仪表、照明、电子电气、五金工具及医疗器材企业。

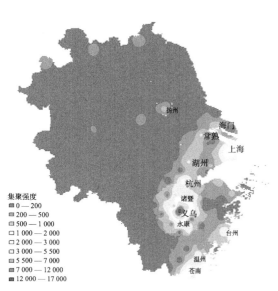

图1-12 长江三角洲消费品电商企业
集聚强度插值示意

注：消费品电商企业包括鞋包服饰、工艺礼品、日用百货、医药保养、文体用品、食品饮料、汽车用品、钟表饰品、家纺家饰等企业。

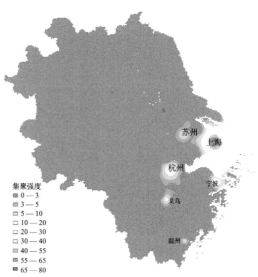

图1-13 长江三角洲商业服务电商企业
集聚强度插值示意

注：商业服务电商企业包括网店装修、物流代理、广告设计等企业。

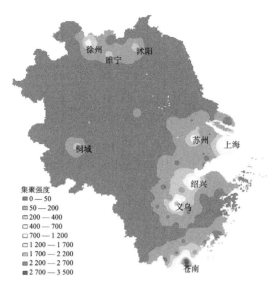

图 1-14　长江三角洲消费品原材料电商企业集聚强度插值示意

注：消费品原材料电商企业包括包装、纺织皮革、家装建材等企业。

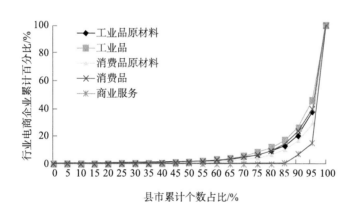

图 1-15　不同产品类型电商企业地区分布集中程度示意

进一步聚焦分析五大产品类型下的 25 个二级产品市场以及某一产品类型高度集聚的"专业化城市"，可以看到集群效应异常显著，大量电商企业集聚在传统专业化产业集群中。其中不乏较少在传统长江三角洲产业研究中出现的苏北和皖南的产业集群。分析不同类型产业集群的分布，可以更为明显地观察到前文提出的两大电商企业集聚带。沪义集聚带是长江三角洲电商企业的核心发展带，这一集聚带几乎囊括了全部产品门类的电商企业，小到水晶工艺品，大到机械设备，"轻"到旗袍礼服，"重"到冶金矿产，庞大的企业数量，丰富、多元的产品，支撑起链接全球的销售网络，形成了上海至义乌间面向消费端的完整产业空间。在这一产业空间内部，大量产品的集散形成了庞大的物流、人流、信息流和资金流网络，使得该空间同时也是高密度的网络化空间、新经济空间。从苍南至台州的聚集带相对单一，一方面串联的城市数量、能级有限，另一方面产品门类也不如沪义集聚带齐全，然而这一集聚带充分展示了温台地区传统经济与电子商务结合后的巨大活力。在上述两条集聚带外，苏中、苏北、皖中等地区还分布着一些孤立的产业集群，同样地，这些集群在与电子商务结合的过程中释放出巨大潜力，使得诸如亳州市、桐城市、徐州市、睢宁县、沭阳县、东海县、新沂市等地成为电商企业聚集的高值区和长江三角洲新经济空间的重要组成部分。虽然这其中不乏如睢宁家具（沙集）、宿迁家具（耿车）这样的"互联网+"所催生的产业集群——主要为淘宝产业集群，但大部分都是既有产业"+互联网"后升级的产业集群。

从上海至义乌这条走廊上的企业通过互联网转型升级，逐渐强化了沪义集聚带的优势，悄然成为长江三角洲新经济发展的核心地带。集聚带中的核心城市上海、杭州、苏州和义乌，分别具有不同的"全球"职能，它们的串联似乎正在塑造一个新的全球性产业空间，一个互联网与区域强大制造能力、深厚人才储备相结合的混合经济空间。沪义集聚带这一巨大的混合经济空间的浮现，显示了传统经济与互联网经济相互作用与相互依存的特征。这一空间虽然重新刻画了长江三角洲的产业空间格局，但它的形成不是无中生有，而是在传统产业空间上的重新着墨。大量作为制造业与电子商务混合体存在的企业实现的是互联网在传统经济中的渗透，因此电子商务经济并不是完全新生的经济，它们依托着传统产业集群快速生长。在这一轮电子商务经济发展过程中不容忽视的是，借助互联网实现转型升级的企业的分布并不均匀，甚至高度不均衡。当前电子商务解决的主要是企业交易渠道有限、交易成本较高等问题，企业之间交易的产品仍然以"硬"产品为主。不同企业面向电子商务、面向消费端的能力大小有别，必然导致不同地方的产业集群特征和电子商务经济的匹配程度存在差异。

1.2.3 新自下而上城镇化进程的特征

全国县域电子商务发展特征与长江三角洲电子商务产业发展特征基本反映了中国当前电子商务发展的整体空间格局。其中县域网商指数和电商企业大部分是乡村电子商务发展的结果，是以淘宝村和淘宝镇为载体的自下而上产业化的结果。在这一轮产业化过程中，既有"无中生有"的"互联网+"过程，更多的是上一轮自下而上工业化留下的遗产的"+互联网"过程。因此，新自下而上进程与上一轮自下而上进程并不是割裂的，甚至在物质表现形式上会有更多"似曾相识"的感觉。然而相比于30多年前的自下而上进程，新的进程拥有完全不同的时代精神和特点，跃迁的就业非农化、全面的生活现代化与集约的空间城镇化是新进程的典型特征。而且通过"城镇化的人"返乡创业，推动"人的城镇化",进而通过"人的城镇化"带动"空间的城镇化",真正实现了乡村居民福利的正增长,在信息时代对乡村地区社会、经济环境与物质空间形式进行了系统性重构。

1)跃迁的就业非农化

电子商务的兴起激发了乡村多元的就业机遇,在村、镇层面推动了本地就业从第一产业向第三产业的非农化跃迁,这是新自下而上进程的标志特征。上一轮乡村城镇化的过程基本遵循着工业化带动城镇化的一般路径,以第二产业为引领实现农民"工农兼业"的就地非农化,进而带动乡村地区以日用消费品、农副产品流通为主的第三产业发展。电子商务作用下的乡村城镇化进程,则跳出了"第一产业、第二产业、第三产业"渐次推进的传统发展模式,开辟了信息化带动城镇化的跃迁式路径。村民借助网络销售平台,以产品自销、代销等多种方式参与电子商务活动,形成"农户+网络商户(简称网商)"的本地兼业新模式。乡村网商的不断发育在推动生产加工环节快速成长的同时,进一步引致大量物流、仓储、美工、营销、金融以及人才培训等服务需求,从而带动加工制造业、生活服务业甚至生产服务业的融合发展,实现全产业链的整合(图1-16、图1-17)。

图1-16 山东省曹县大集镇孙庄村电子商务一条街

图1-17 江苏省沭阳县新河镇"快递一条街"

电子商务所具备的带动就业非农化的巨大潜力，使得电商发育较好的乡村不仅成为本地劳动力的蓄水池，同时成为外来劳动力与专业技术人群的集聚地。据统计，截至2018年8月底，全国淘宝村活跃网店超过66万家，淘宝村平均每新增1家活跃网店，可创造约2.8个直接就业机会，按此估算，全国淘宝村活跃网店直接创造的就业机会超过180万个[85]。大量淘宝村由电商直接贡献的非农就业率粗略估计至少在20%以上[13]。非农化的就业机遇拓宽了乡村居民的收入渠道，缩小了城乡居民收入的差距，成为乡村居民收入增长的主要来源，造就出一批乡村企业家和富裕群体。以睢宁县沙集镇东风村为例，2013年人均年收入达2.98万元，超出全省农村人均收入的119%，全年营业额超过3亿元[86]。

2）全面的生活现代化

电子商务为城乡之间搭建起要素双向流动的新渠道，促发了乡村生活方式的系统变革，新自下而上进程是乡村生活全面现代化的同步过程。上一轮乡村城镇化虽然通过基础设施建设以及销售市场的开拓，打通了乡村产品进城的渠道，但并没有同步疏通城市服务和文化的下乡渠道。乡村虽然实现了工业化转型，但公共服务上的短板以及传统乡土文化与现代文明间的隔阂依然存在，是低水平的或曰不完全的城镇化进程。电子商务的兴起则从乡村物质消费与文化生活两个层面推动乡村生活的现代化进程。就乡村物质消费而言，不断改进的网络消费模式，降低了商品集散的规模等级门槛，提高了流通效率，彻底改变了乡村地区受限于人口密度而零售业发展不足的局面，使乡村居民同城市居民一样能够消费到品种多样、品质较优的商品服务。近年来，农村网络消费在全国范围内呈现快速发展的趋势，其中拥有电商产业基础的乡村，凭借相对优越的收入状况和成熟的网络使用技能，成为网络消费最为活跃的地区，实现了电商产业和网络消费的良性互动。以最早的三个淘宝村之一的江苏省睢宁县沙集镇东风村为例，2014年全村总人口（4 849人）仅占全镇总量的8.5%，但同年发往东风村的订单（1.6万个）占全镇总量的20.5%，网购总额（550万元）占全镇总量的41.6%，远高于人口占全镇的比例；人均网购消费额（1 100元/年）更是全镇人均消费额的5倍[86]。就乡村文化生活而言，基于电子商务的工作性质和消费需求，农民接触互联网的积极性被充分激发，乡村地区逐步形成了使用互联网的社会氛围，畅通了乡村地区对外交流的渠道。现代化的文化信息和思想观念借由"开放"和"公平"的互联网向乡村地区渗透，逐步改变了乡村地区闭塞落后的文化环境，为乡村地区现代乡土文化的塑造、城镇文明的融合以及先进知识的推广奠定了良好的社会基础。

3）集约的空间城镇化

电子商务的产业特征和城乡空间治理的宏观环境决定了新自下而上进程是集约的空间城镇化过程。30多年前，由于当时土地的经济价值尚未凸显，生产空间与城镇建设缺乏管控，工业化与城镇化空间基本呈现无序、粗放的状态。大量乡村、小城镇土地利用低效、功能混杂，为日后的规划建设和集约发展留下诸多挑战。在土地资源约束不断凸显、城乡一体的空间治理体系日渐完善的新时代背景下，乡村城镇化过程必然受到相对严格的用地管控约束。因此乡村电子商务产业的初期发展与乡村存量空间高度兼容，农民充分依托宅基地上的自建房和庭院，混合居住、办公、加工、仓储等多种功能从事电商活动，极大地提升了空间的使用效率，降低了产业的发展门槛，实现了功能的就地城镇化。随着电子商务集群效应的不断显现，电商服务、生产加工、物流快递等新空间需求快速增长，传统乡村的空间格局与设施标准越来越难以满足电商产业化和空间城镇化的需求，乡村空间的现代化改造和综合化扩张开始引致显著的空间城镇化过程。而更加集约高效的土地利用方式，如电商特色小镇，则开始在镇域甚至更大区域层面寻求突破，进而对城乡关系形成更为深远的影响。

1.3 流空间的扩展与淘宝村的研究

更为实质性地比较上一轮自下而上城镇化与新自下而上城镇化进程可发现，流空间的扩展应当是最大的差别。经过30多年的高速发展，当今中国的经济规模、发展水平与30多年前早已不可同日而语，尤其农村地区的信息化与电子商务发展水平与30多年前更是有天壤之别。据《中国农村电子商务发展报告（2017—2018年）》统计，截至2018年6月中国农村网民占比为26.3%，规模为2.11亿人[⑭]。另据《中国农村经济形势分析与预测（2018—2019年）》的调查研究，2018年中国农民人均交通通信支出1 690元，比上年增加181元，名义增长12.0%，农民交通通信在消费支出中的比重达到13.9%[87]。随着信息基础设施的不断建设和完善，中国乡村正加速进入移动互联网时代。据上海财经大学"千村调查"项目组完成的《2017中国农村互联网应用报告》的统计数字显示，当前乡村家庭互联网普及率达到62%，村庄4 G（第四代移动通信及其技术）网络覆盖率达到88%，乡村家庭手机拥有率高达93%，个人手机上网率更是达到91%，农村智能手机上网率基本追及城镇，手机成为乡村连接世界的窗口[⑮]。乡村信息化与电子商务的快速发展不仅大大地扩展了流空间的规模，而且正在一定程度上扩展流空间的内涵。淘宝村、镇的出现与快速发展就是流空间扩展的具体物质空间体现。

1.3.1 流空间的扩展与地方空间的价值

20世纪末期以来，信息通信技术与互联网应用的飞速发展[88-89]，推动了新一代科学技术革命，深刻影响了全球社会的生产和生活方式。人类社会越来越显著地围绕流动而建构起来，流空间的规模和内涵加速扩展。一方面，互联网的建立与高快速交通设施的发展加快了全球一体化的进程，为各类生产要素在大区域间的快速流动以及全球劳动分工创造了可能。与此同时，中国改革开放后的全球化与城镇化进程，尤其是 21 世纪以来的信息基础设施与高快速交通设施建设显著扩展了流空间的规模、强度以及呈现形式。2019 年，在互联网诞生半个世纪的时刻，约占全球总人口一半的近 40 亿人已经成为登陆数字新大陆的"新移民"；截至 2018 年 12 月，中国网民规模高达 8.29 亿人，互联网普及率接近 60%；同时作为全球最大的在线零售市场，阿里巴巴零售平台同时在线的商品数，更是高达 10 亿级[90]！流空间的拓展极大地重塑了现代主义的空间逻辑[91]，原有的以地方空间（Space of Places）为代表的时空观念受到冲击，传统意义上静态而封闭的城乡区位理论范畴逐步被突破[92]。以等级和距离为特征的"中心地"概念[93]开始让位于以网络为特征的"中心流"概念[94]。流空间的扩展进一步促进了生产要素的高速流动，使得城乡之间的分工与合作呈现出新的发展特征。两个看似对立的概念——"扁平世界"和"城乡等级"形成新的链接，即城乡空间已经在一定程度上形成了自由连接的网络，尽管在区域尺度上依然存在着一种相对清晰的集聚特性和中心地区。"中心+网络"的区域空间形态意味着包括乡村地区在内的各个生活聚落能够自由地融入区域范围的生产和消费体系[95]，各地的增长潜力也不再单纯依赖自身人口规模和经济实力，而更多地取决于其与区域其他空间的链接能力[94]，这在一定程度上弱化了封闭环境中的等级规模体系，为资金、人才、技术等各类生产要素提供了更加自由的流通渠道。

1）流空间的定义与扩展

根据卡斯特的开创性界定，流空间是通过流动而运作的共享时间之社会实践的物质组织，而所谓流动是指在社会的经济、政治和象征结构中，社会行动者所占有的物理上分离的位置之间的那些有所企图的、重复的、可程式化的交换与互动序列[96]。为了进一步具体说明流空间作为信息社会中支配性过程与功能的物质形式，曼纽尔·卡斯特详细阐述了构成流空间的三个层次，本书在这里将其要义摘录如下：

第一个层次，流空间⑯的第一个物质支持，其实是由电子交换的回路所构成[以微电子为基础的设计、电子通信、电脑处理、广播系统，以及高速运输（也是奠基于信息技术）]，它们共同形成了我们认为是信息社会之策略性关键过程的物质基础。

流空间的第二个层次，由其节点（Node）与核心（Hub）所构成。……流空间奠基于电子网络，但这个网络连接了特定的地方，后者具有完整界定的社会、文化、实质环境与功能特性。有些地方是交换者、通信中心，扮演了协调的角色，使整合进入网络的一切元素顺利地互动。其他地方则是网络的节点，亦即具有策略性重要功能的区位，围绕着网络中的一项关键功能建立起一系列以地域性（Locality）为基础的活动和组织。节点的区位将地域性与整个网络连接起来。节点和核心都根据它们在网络中的相对重要性而形成有层级的组织。

　　流空间的第三个重要层次，是占支配地位的管理精英（而非阶级）的空间组织。他们操纵了使这些空间得以接合的指导性功能。流空间的理论潜藏的起始假设是，社会乃是围绕着每个社会结构所特有的支配性利益而不均衡地组织起来的。……信息精英的空间展现构成了另一个流空间的基本向度。……精英是寰宇主义的（Cosmopolitan），而人民是地域性的（Local）。权力与财富的空间投射到全世界，民众的生活和经验则根植于地方，根植于他们的文化和历史之中。

　　这种支配逻辑的空间展现在流空间里采取了两种主要形式。一方面，精英形成了他们自己的社会，构成了象征隔绝的社区，躲藏在地产价格的物质障碍之后。……信息化社会里精英之文化独特性的第二个主要趋势，是企图营造一种生活方式与空间形式的设计，以便统合全世界精英的象征环境，超越每个地域的历史特殊性。[96]

　　根据卡斯特的界定，淘宝村、镇的兴起在三个层次上均扩展了流空间的规模与内涵。首先在第一层次的物质基础方面，淘宝村、镇兴起的时代是智能手机、移动通信技术加速发展的时代。随着中国电子商务的蓬勃发展，互联网已经全面进入移动时代，信息的加工、处理和传播越来越多转到移动端，而由此构建的城乡一体的电子交换回路远远超过了基于电脑和相对固定的处理设备所构建的物质支持。移动互联网时代的来临不仅扩展了电子回路上流动的规模，更为重要的是让电子回路本身也处于流动之中，从而让流空间的物质构成更加的复杂。

　　在流空间的第二个层次，电子商务的快速发展大大促进了城乡间各类要素的快速流动，打通了乡村产品上行和城市产品下乡的双向渠道，将长期处于边缘地位的乡村地区纳入了生产与消费的区域网络大系统[97-98]，从而使流空间的节点与核心进一步扩展。相关数据显示，2017年中国农村网店达到985.6万家，带动就业人数超过2 800万人；农村地区网络零售规模不断扩大，2018年上半年全国农村网络零售额达到6 322.8亿元人民币，占全国网上零售额的比重为15.5%，增速高于全国水平4.3个百分点⑭。农村电子商务蓬勃发展，使得基于传统要素流通模式的城乡发展鸿沟日益消弭，城乡一体的生产与消费网络大大拓展，甚至可能会重构卡斯特所论述的新空间形式——巨型城市[96]的结构与模式。在农村电商快速发展的10余年中，淘宝村、镇无疑是最为重要和代表性的角色。从2009年仅发现的3个到2018年约占中国行政村总数1/200的3 202个，淘宝村无论是增长速度还是经济、社会影响均十分显著，实质性地扩展着流空间的节点并影响核心的结构与特征。据统计，2016年中国淘宝村的活跃网店超过30万家，年销售额达到百万元的电子商铺突破

11 000家，农村网络零售单品数（SKU）达到2.93亿个，一年有超过7亿个包裹从众多农村网店发往全国各地[99]，通过从事电子商务提高农村家庭平均收入2.05万元[100]。淘宝村、镇显然已经成为流空间中新的节点，而大量淘宝村、镇的各种信息流、物流、资金流指向的中心则成为流空间中新的核心，并改变着传统的城镇体系结构。流空间在乡村地域的扩展就是信息时代的新城镇化进程。

在流空间的第三个重要层次，在淘宝村、镇中占据支配地位的草根管理精英正在重塑中国乡村的空间与社会结构。乡村中成长的精英天然地具备草根（Grassroot）的气质。事实上，电子商务推动乡村城镇化的核心动力来自乡村草根的创业。正是这样一群存在于所有淘宝村故事中的创业草根，将互联网与乡村的低成本创业环境、非农产业基础以及农特产品资源结合起来，启动并持续推动电子商务对于乡村发展与城镇化进程的影响。在一定程度上，可以理解为"城镇化的人"推动的"人的城镇化"。从时间、空间两重视角分析，乡村的创业草根大体可以分为两大类，一类可以称之为"转移"创业草根，一类可以称之为"新生"创业草根。

所谓"转移"创业草根，他们在从事电子商务之前就已经是创业者，只是或者不在乡村或者不从事电子商务，但他们有着创业的基础，一旦发现更为有利的机会就会投身其中。这类创业草根普遍存在于东南沿海较为发达的省份，如浙江、福建和广东等地。这些地区有着较为悠久的重商、亲商传统，同时多山面海的地理环境和人多地少的现实困境造就了居民既有精耕细作、勤奋踏实的农耕文化特征，又有敢于冒险、开放拼搏的海洋文化精神。他们是最先发现"互联网+乡村"拥有巨大潜力的人群，也是最早返乡创业的人群。典型如广东普宁，当地淘宝村、镇的快速发展在很大程度上源于普宁商人的返乡创业。在普宁开设加工厂，在广州、深圳等地服装市场开设档口，曾经是普宁人最常见的经营模式，广州著名的淘宝村——里仁洞村就是普宁人的天下。2011年前后，由于大城市市场竞争加剧、经营成本高企，普宁人陆续返乡，通过电子商务进一步发挥本地服装产业集群的优势。近几年普宁返乡创业的人数以每年30%的速度增加，成为2015—2016年全国返乡电商创业最活跃的十大县域之一，位列广东省第一名⑰。广州—普宁、深圳—普宁也成为最热门的省内返乡电商创业线路。

所谓"新生"创业草根，他们在从事电子商务之前并不是创业者，更多的是以打工者（包括刚毕业的大学生）的身份存在，是乡村和电子商务帮助他们成为创业者的。他们或者在打工的经历中接触了互联网和电子商务，然后放弃打工生涯返乡创业；或者在乡村电商带头人的带动下加入电商创业的群体。这类创业者普遍存在于东部省份外出打工人口较多、经济相对落后的地区，如鲁西南、苏北等地。不甘贫穷、敢拼敢闯是这些地区年轻人的普遍特征，而临近经济发达地区的地缘优势为打工群体学习专业技能、接触电子商务提供了便利。也正是这类"新生"创业草根，缔造了没有任何产业基础支撑的"无中生有"的淘宝村发展模式，典型如江苏睢宁县沙集镇和山东曹县大集镇。返乡创业的年轻人带回了资金、技术以及先进的经营和管理理念，实质性地打通了由城到乡的生产要素流通渠道，改变了乡村地区长期以来资金、人才单向外流的尴尬境地，为乡村城镇化注入了核心动力。

与创业草根一同构成淘宝村、镇草根管理精英的还有草根推动者，大部分是村书记、村主任以及乡镇书记或者镇长。在大量的淘宝村，尤其是在早期的"无中生有"的淘宝村中，创业草根和草根推动者基本是同时存在、互相成就的。很多时候如果不是精明的草根推动者的保护、推动与引导，创业草根和他们的电子商务产业很难在乡村生根进而成为燎原之火。因此，淘宝村的草根精英的构成是非常复杂的，不同的角色有着各自的定位与人生轨迹，很难用寰宇主义或者地域性来简单界分。对于创业草根而言，随着他们的产业不断壮大、业务不断扩展，他们会逐渐具有卡斯特所界定的信息精英的空间展现，例如"躲进"相对隔绝的门禁社区，追求精英的象征性环境与消费，甚至离开乡村发展……但他们天生的草根性始终影响着他们与乡村的关系。比如他们当中的优秀者会当选电商协会会长，甚至当选村书记或村主任，成为乡村治理的主要参与者甚至主导者，从而影响乡村的规划与空间展现。草根推动者也会因其身份的不同而呈现不同的发展路径。比如村书记或村主任往往会利用其村集体成员的身份和乡村集体资源（比如集体土地、各种农业项目与资金等）进行发展，一方面通过建设乡村各种配套服务设施来推动本村电子商务产业的扩张、升级，另一方面通过发展与电商相关的产业来壮大集体和自身的经济实力，巩固自身在乡村政治与经济中的精英地位。他们身上的地域性就非常明显。与村书记或村主任身份完全不同的乡镇书记或镇长则是完全不同的路径，他们往往不是所推动的淘宝村集体的成员，在淘宝村不断发展壮大的过程中他们并没有直接的经济收益，更多的是政绩上的显示度。因此他们不会有很强的地域性，职务的升迁是他们最大的追求，也是对他们最大的肯定。从淘宝村中不同精英的发展轨迹可以看到，流空间在这一层次是具有一定黏性的，而这也正是地方空间与流空间互动的重要体现。

2）流空间与地方空间的互动

流空间的拓展并不意味着地方空间的收缩。流空间和地方空间是全球化、信息化背景下出现的一对相互联系、相互依存的时空概念，流空间拓展的同时地方空间也在不断升级、优化。就传统的物理表述而言，地方空间被地理世界的外部坐标所界定，地方更多是范围不同的"区域"概念，是一个边界明确的实体范围。正如卡斯特所言，地方乃是一个其形式、功能与意义都自我包容于物理临近性之界线内的地域[96]。如果说流空间是信息的空间，遵循着信息生产与传播的逻辑，那么地方空间是肉体的空间，必须符合肉体生产与移动的逻辑。因此如上文所论述的，当讨论流空间的第三个层次的时候，已经不能脱离地方空间而单独论述了。在新的全球化、信息化发展语境下，整合全球各类生产要素的流空间需要与能提供特色环境的地方空间相结合，从而使各类生产要素创造出更为丰富的价值。地方空间与流空间的关系是互动且交融的。哈尔伯特（Halbert）和卢瑟福（Rutherford）提出，流空间和地方空间在分析中不能分离，流空间可以形塑地方空间，地方空间也可以形塑流空间[101]。地方空间可以通过特色化要素的影响使流空间的强度提升或衰减，并通过各种正式和非正式制度有选择性地使用和排斥流空间，使其适应地方空间的特殊性[92]。

流空间尽管在一定程度上摆脱了地理空间的限制，但是各类流要素并非是随机地与地理空间接触与碰撞。卡斯特指出，流空间把地方空间作为节点联系起来，而这些地点对流空间本身来说并无意义[102]，探讨各类流要素如何在地方空间驻留、如何从地方空间离开才有价值。事实上地方空间并非仅仅是作为流空间的无差别停留地，不管是从自组织的角度还是自身属性的角度，地方空间都具有提供特色要素的功能。只要条件适宜，流要素便会停驻在特定的地方空间，塑造出流空间语境下的特色功能节点。此时的地方空间特色要素与流空间的结合具有丰富的含义。如果地方空间不能提供与流空间相结合的特色要素，流要素会将地方空间仅仅作为普通的通过性节点。因此，在要素选择高度全球化的今天，流空间的作用仍然是与地方空间密切关联的，并非简单地消灭了地方空间，而是具有明确的地方黏性，这在流空间的第三个层次体现得非常明显。

在全球化和信息化深度发展的今天，尽管各类要素已经可以相对自由地流动，但社会经济系统的运转尤其是人的肉体存在仍依赖于有形且固定的地方空间，因此地方空间具有不可替代的重要价值。地方空间能够接收、利用和溢出流空间，并对其他的地方空间产生影响。当今全球经济地理正发生着剧烈的变革，但主导全球经济的诸多龙头企业的发展仍然与特定的地方环境有着千丝万缕的联系，尤其大量产业集群有着显著的地方根植性。基于不同地理环境形成和发展的企业，主要的优势往往建立在地方的资源禀赋、自然环境、文化特色等属性上，并在很多关键环节呈现出自身的特色，这在一定程度上就是地方空间对要素流深度影响的体现。在全球性网络结构中，地方空间如果能够形成明显的地区势能[93]，就能够通过互联网和高快速交通设施链接、辐射更广阔的地方，从而创造价值、获取财富，强化在流空间中的节点乃至核心的地位。

在电子商务推动的新自下而上城镇化进程中，地方空间与流空间的互动交融现象非常明显。一方面，大量电子商务产业的兴起源于地方长期形成的雄厚的产业集群，电子商务产业的发展更多是既有产业"+互联网"的过程，即使随着流空间的不断扩展、产业分工的不断深化，地方空间的黏性依然强大。另一方面，尽管全国各地基本上均可以相对公平地链接到互联网所编织的全国乃至全球生产消费大系统中，但是由于各地的产业基础、技术水平、治理能力等诸多方面的差异，不同的地方空间所吸纳的流要素的类别和能级差别巨大，从而使得产业发展和城镇化进程区域差异显著。典型如前文所描绘的长江三角洲电子商务产业的发展，呈现出高度不均衡的空间特征。淘宝村、镇作为流空间与地方空间互动交融的重要载体和空间单元，流空间的扩展与地方空间的升级、优化同时存在，并互相促进，大大改变了传统中国乡村的面貌和结构。

1.3.2 新工业空间、邻近性与集聚

在流空间不断扩展、流空间与地方空间紧密互动交融的过程中，必须探索其内在的空间组织规律才能对当下的发展做出清晰的解释，对未来的发展做出准确的判断。基于卡斯特、彼得·霍尔等先驱的开创性研究，本书试图结合长期对淘宝村、镇的观察构建新的解释框架。

1）新工业空间

20世纪80年代，卡斯特通过对美国加利福尼亚州高科技制造业的研究，总结了"新工业空间"的特征，即"技术与组织能力，可以将生产过程分散到不同区位，同时通过电子通信的联系来重新整合为一体，以及在零组件的制作上具有以微电子为基础的精确性和弹性"[96]。同时由于高科技产业具有明显的两极结构，即一端是以科学和技术为基础的技能纯熟的劳动力，另一端是从事例行组装与辅助性操作的非技术劳工，因此新工业空间的分工生产过程中的每个阶段都存在着地理特殊性[96]，流空间与地方空间的互动交融体现得非常清晰。从这一角度解析，新工业空间的核心不在于制造业本身的新与旧，而在于制造业的地方空间被流空间的系统整合与重组，从而形成一种更加区域化甚至全球化的、非空间邻近的生产网络。以此定义重新审视上文论述过的长江三角洲的电子商务产业的空间特征，从上海经杭州、苏州到达义乌的这条"沪义集聚带"所呈现的就是一个全球性的新工业空间，这一巨大的混合经济空间的浮现，再次显示了地方空间与流空间相互作用与相互依存的特征。

淘宝村、镇则是这一新工业空间中的基本生产单元。它们的生产因电子商务的崛起而被激发和重组，从诞生之日起就与区域性的，甚至全球的生产网络直接链接。虽然从产品的角度看，大量的淘宝村、镇的产业与以信息通信、软件设计为主导的高科技产业没有关系。但从生产组织的角度看，大量使用数据（如网络反馈信息、爆款产品信息等）驱动产品设计创新，面向需求的即时生产和零库存生产，基于网络的原料采购、分工外包、宣传营销……所有这些使得包裹在乡村躯壳内的企业构建了类似都市空间中的"车库""地下室"特征的创新空间，为全球的新工业空间与城镇化提供了完全不同的"中国样本"。

2）邻近性

虽然新工业空间构建了更加区域化、非空间邻近的生产网络，呈现了流空间强大的整合与组织能力，但并没有否定和消灭地方空间。基于空间邻近性（Proximity）的"创新氛围"（Milieux of Innovation）在地方空间的生产过程中扮演着重要的角色。卡斯特认为，"创新氛围是指一组生产与管理的关系，奠基于一种大体上共享的工作文化，并且以产生新知识、新工艺与新产品为工具性目标的社会组织"[96]。这种创新氛围在大量成功的科学园区、科学城被识别，在一定程度上成为新的科学园区规划建设的重要指引。而大量淘宝村的近距离"裂变式"产生[103]在很大程度上也是基于空间邻近性的创新氛围作用的结果。

欧洲的学者进一步将邻近性的概念从单一的地理邻近性扩展为多维邻近性，认为邻近性是指多个主体或组织相互之间在地理和非地理维度上的近邻或紧密关系，从而解释知识和创新网络的非均质分布。20世纪90年代，法国的邻近性学派（The French School of Proximity Dynamics）提出"多维邻近性"的概念，指出地理邻近性（Geographical Proximity）不是解释知识扩散和创新的充分和必要因素，其他非地理性的邻近性也应是理解创新的关键维度[104]。随后众多经济地理学者就邻近性的内涵和分类进行了大量理论和实证研究，代表性的经典文献是乌特勒支大学人文地理与空间规划系教授让·博西玛2005年发表于《区域研究》（Regional Studies）上的《邻近与创新：一个批判性评价》（Proximity and Innovation: a Critical Assessment）。文章阐述了多维邻近性的不同内涵，并将其分为认知邻近性、组织邻近性、社会邻近性、制度邻近性和地理邻近性[105]。认知邻近性使共享知识基础的企业和组织能够比认知距离大的主体相互学习到更多的知识和技术；组织邻近性是不同组织和主体共同享有一个组织安排的关系程度，合适的组织邻近性有利于不同组织间知识的扩散和协同合作；社会邻近性概念源于有关嵌入性（Embeddedness）研究的文献[106]，指微观层面上主体之间的社会关系，信任、亲情和友谊等社会资本能够有效促进知识的扩散效率；制度邻近性是企业和组织身处其中的宏观层面上的正式制度（政治体制、法律、规章条例）和非正式制度（文化传统和价值规范）的相似程度，制度邻近性能够为主体间的互动学习和知识创新提供稳定的活动框架；地理邻近性指企业与其他组织或主体之间自然地理距离的接近程度，通过降低交易成本并提供面对面的沟通机会，地理邻近能够促进创新知识的产生。

多维邻近性丰富了我们对于邻近性的认知，构建了更为全面的解释框架，但同样没有否定地理邻近性的价值，而且其他四维邻近性的形成或多或少源于地理邻近性。尽管信息通信技术的发展和全球化进程使得"地理已死"论调广为流行，但是特定产业在地理上的集聚倾向仍然存在，而且由于本质上越隐性的知识就越需要面对面的沟通和交流，因此地理上的集中性就会越显著[107]。创新与集聚结伴而行[108]。即使在互联网时代，信息的传递也具有距离衰减效应，因为相隔较远的经济主体之间相互交流时，通常会扭曲或减少信息的内容和质量。而面对面交流能把各个参与者的创新思维结合起来，使之成为新思想的来源。研究与开发活动形成的知识越隐性和难以编码化，研发活动的地理分布就越集聚。库克（Cooke）就在国家创新系统理论的基础上提出了区域创新系统理论，强调地理邻近性对企业获取知识与技术的正面作用[109]。韩宝龙等通过对中国53个国家级高新区的定量分析，指出地理邻近性对高新区的创新绩效具有正向效应[110]。当然邻近性也是一个相对的概念，与特定的地方空间的构成特征密切相关。地理邻近程度过低将导致主体之间不存在空间外部性效应，但过高的地理邻近性也会导致空间锁定从而阻碍创新的进入[111]，因此通过保持"地方蜂鸣"（Local Buzz）而与外部联系形成适度的地理邻近性，将有利于主体间的知识流动和创新绩效[112]。

3）虚拟与实体的集聚

新工业空间的出现与空间邻近性的顽强存在，需要我们在信息时代、在流空间与地方空间互动的框架中对另一个古老而持久的概念——集聚（Agglomeration）进行重新认识。分工导致专业化，专业化导致规模报酬递增，从而形成强大的集聚趋势，因此经济增长在地理维度上的对应正是集聚[103]。规模报酬递增体现了分工与集聚的好处，但分工同时也产生交易费用、运输成本的上升，这一两难冲突往往决定集聚的规模和地理分布。工业革命以来，随着运输成本的大幅下降，城市人口出现爆炸性增长，工业区、工业城市的大量增加充分证明了集聚与经济增长的关系。除了运输成本外，地理分隔还会造成另一种空间摩擦力，即通信成本。通信成本越低，可以使总部和工厂间的协同更容易，也因此会促进分散化进程[108]。第二次世界大战以来的产业全球化进程，就是通信成本大幅降低的产物。尤其20世纪80年代以来，随着信息通信技术的革命，全球产业分工不断加剧，新工业空间应运而生，产品生产的全过程均可以分散到不同的空间区位。然而通信成本降低所导致的分散化和全球分工进程并非绝对的分散，"分散的集聚"可能是更为准确的描述。因为规模报酬递增的存在，以及由多维邻近性构成的创新氛围的存在，使得新工业空间呈现为整体产业价值区段、生产过程的广域分散，与具体某一价值区段、生产环节高度集聚并存的特征。

新工业空间出现的过程不仅是地方空间中的实体分散和再集聚，同时也是流空间的分散和再集聚。当大尺度上分散的产业价值区段、生产环节在中微尺度的地方空间再集聚时，多维邻近性将促进内部的信息交流从而形成流空间中的节点（Node）；而所有的产业价值区段、生产环节都需要与总部（控制中心、设计研发中心等）保持密切的信息交流，从而使得总部所在的地方成为流空间中的核心（Hub）。因此在新工业空间中，实体的分散与再集聚，与虚拟集聚（Virtual Agglomeration）即流空间的加密、强化与重组是同时发生的。如果从"中心流"的理论出发，虚拟聚集将是更具控制力和影响力的聚集，并进一步推动专业要素的实体集聚（Physical Agglomeration），形成"双重集聚"互相促进的趋势，最终建构信息时代的权力中心，比如硅谷。

在互联网时代的产业分工与空间组织模式中，生产和销售环节都存在着"双重集聚"趋势。如果说生产环节的双重集聚凸显了科技研发中心、跨国企业总部集聚地等地方空间在流空间中的中心地位，那么在销售环节，双重集聚将凸显新型实体专业市场在流空间中的中心地位。随着电子商务的迅速发展，生产企业与网络零售环节之间将激发出更加紧密的信息联系，形成流空间的加密和强化；为了降低交易成本、提高交易效率，生产企业和网络零售环节在地理空间上都倾向"邻近"实体专业市场，形成地方空间上的"实体集聚"。虚拟集聚塑造虚拟邻近，而实体集聚产生实体邻近，邻近增大了交易发生的可能，提高了交易密度，进而进一步促进新的交易发生，提高整体交易效率。由于互联网电子商务对于地理空间影响的大大降低解除了消费端对于生产和销售环节的空间约束，使得生产和销售环节可以基于提高交易效率的目的进一步邻近，于是围绕新型实体专业市场构建的更加紧密的生产、销售一体化集群便成为更有竞争力的空间经济单元。而无法将生产和线上、线下销售紧密整合的实体专业市场将面临被淘汰的命运，最典型的就是很多不邻近生产环节的中间型专业市场。这一"双重集聚"趋势在淘宝村、镇的生产、销售一体化集群中均已显现。

1.3.3 淘宝村的研究价值与当前进展

通过对新自下而上城镇化进程以及流空间与地方空间互动机制的论述，可以清晰地看到淘宝村、镇的发展就是信息时代新自下而上的乡村城镇化进程，是流空间与乡村地方空间结合的新现象，是新时代中国乡村振兴战略实施路径的积极探索。

1）淘宝村的研究价值

流空间作为探讨区域空间结构以及城镇—区域关系的重要视角，已经得到学界的广泛认可，尤其基于流空间的城镇间关系、城镇网络研究已经成为探索区域空间发展演化的重要领域[113-115]。大量定量研究相对精确地描述了城市区域网络的动态关系特征[116-126]，大大推动了区域空间结构、城镇间功能关系以及个体城镇的区域职能和地位研究，为区域规划和公共政策制定提供了良好支撑。然而，当前流空间的研究总体上仍聚焦于各种流的测度及其所呈现的宏观功能联系，以工具性、方法论层面的研究为主，缺少对于流空间影响下的城乡空间的质性分析和理论研究，对于乡村空间的观察更是很少涉及。淘宝村是乡村创业草根充分利用低成本创业环境、本地非农产业基础或者农特产品资源优势，通过信息网络（电商平台）进入区域乃至全球生产体系，突破传统区位约束，实现乡村地位、规模与功能跃迁的过程[127]。这一过程是流空间与乡村结合的新现象。尤其中国如此大规模的乡村电子商务发展，大量的信息流、资金流、物流、人流以及技术流在乡村空间融合交织，不仅剧烈地改变着乡村的物质景观，而且更为深刻地改变着乡村的社会景观，呈现出人类社会前所未有的场景，吸引了越来越多的关注。经济学、管理学、地理学、城乡规划学、公共管理学以及社会学等领域的研究不断涌现。由于是发端于中国的信息时代的新现象，当前关于淘宝村的研究仍处于起步阶段，但创新空间广阔。流空间与乡村本土要素结合，改造地方空间、重构城乡空间体系的新机制尚未得到全面揭示，相关理论亟待建构和实证。淘宝村研究将为流空间理论的发展提供更加具体、深刻的分析对象，为中国城乡规划理论创新提供更加前沿、坚实的实证基础。

党的十九大报告明确提出乡村振兴战略，从战略的高度指出乡村对于国家和民族的重要意义，为中国城乡发展确定了方向。2018年中央一号文件对实施乡村振兴战略进行全面部署，明确指出实施乡村振兴战略的基本原则之一是城乡要素自由流动、平等交换。乡村要振兴，核心是要素要回流。观察过去30多年的城镇化进程，乡村衰落的根本原因就是"失血"过多，人口、资金、资源等各种要素不断从乡村向城市单向流动，而有限的"反哺"和"输血"基本无法恢复乡村健康的"造血"机能。淘宝村改变了过去30多年中国的城乡要素流动关系，人口、资金、资源不再单向地流出乡村，更多的年轻人、资金、技术甚至人才回到乡村。这是过去30多年城镇化进程中的一次结构性改变。让要素重新回流的淘宝村、电商村为乡村振兴的实现提供了可能[75]。乡村电子商务的蓬勃发展形成了良好的减贫、增收效应[128]，不仅得到中央政府的认可，而且获得了联合国相关机构以及世界银行的赞许。在2016年发布的《国务院关于深入推进新型城镇化建设的若干意见》中，农村电子商务发展作为加快新型城镇化、辐射带动新农村建设的重要抓手被明确提及。2017年中央一号文件专辟一节阐述"推进农村电商发展"。2018年中央一号文件更是将推进农村电子商务发展作为提升农业发展质量、培育乡村发展新动能的重要措施之一。文件指出，"大力建设具有广泛性的促进农村电子商务发展的基础设施，鼓励支持各类市场主体创新发展基于互联网的新型农业产业模式，深入实施电子商务进农村综合示范，加快推进农村流通现代化"。

淘宝村的发展与升级有着鲜明的时代特征，是新时代乡村振兴战略落地实施的积极探索。对照国家乡村振兴战略提出的"产业兴旺、生态宜居、乡风文明、治理有效、生活富裕"的总要求，大部分淘宝村目前只是在产业兴旺上迈出了重要的一步，其他方面都还面临着巨大的挑战。从电商发展到美丽乡村建设乃至更加全面的乡村振兴不可能一蹴而就，如何走出一条健康可持续的"四化同步"道路，既是淘宝村迫切需要解决的难点和重点，也是乡村振兴战略落地实施迫切需要探索的方面。

2）淘宝村的研究进展

作为一种新的经济地理现象，淘宝村自 2011 年见诸期刊起[129]，便得到了国内外研究者的广泛注意。学者们对淘宝村的研究主要集中在以下几个方面：① 淘宝村的空间分布与影响因素。学者们采用核密度分析法、回转半径法、聚类分析法、空间分析计量模型等一系列定量分析方法从全国、省域、市域、县域层面探讨淘宝村的空间分布及其相应的影响因素，并通过详细深入的个案研究，提炼具体淘宝村内部空间演变历程，并基于电子商务产业的特殊性提出相应的空间规划方法。② 淘宝村的形成机制、产业发展与分类。学者们采用流空间、包容性创新等理论视角探讨淘宝村形成的深层机制与发展模式，也有学者将淘宝村、镇视为产业集群，从产业生态系统角度加以研究，并从产业和空间维度对淘宝村进行分类。③ 淘宝村的乡村城镇化。学者指出淘宝村的发展是一种电子商务推动下的新自下而上乡村城镇化进程，并从淘宝村的发展对于提升农民消费能力等角度提出其对传统乡村城镇化困境的突破，认为与农民工市民化等异地城镇化相比，淘宝村、镇的发展属于就地城镇化。④ 淘宝村的乡村治理。学者们指出淘宝村的发展以及多方资源向淘宝村的回流导致乡村治理的重构，并探讨了电商能人、村两委、地方政府及电商协会等主体在其中发挥的作用。⑤ 淘宝村的乡村性与乡村文化。也有学者指出淘宝村的发展将导致对乡村性概念的重新理解以及乡村文化的重构（表 1-7）。

表 1-7　当前淘宝村研究文献的不完全统计

研究方向	相关研究论文
空间分布与影响因素	全国[103, 130-134]、省域[135-136]、市域[137]、县域[77]空间分布特征和影响因素，淘宝村内部空间演变[138-139]，空间规划方法研究[140]
形成机制、产业发展与分类	产生机制[136, 141-145]，发展模式[127, 146-154]，形成过程[155]，淘宝镇的形成[156]，产业集群[157]，分类[158-161]
乡村城镇化	新自下而上的乡村城镇化进程[162]，就地城镇化[163-164]，消费能力提升与乡村城镇化困境突破[165-166]，实时城市化[167]
乡村治理	治理重构[168]，地方政府作用[169]，电商协会作用[170]
乡村性与乡村文化	乡村性[171]，乡村文化的重构[172]

（1）淘宝村的空间分布与影响因素研究

在全国空间尺度上，学者们通过对历年淘宝村分布数据的定量分析，指出历年来全国淘宝村的空间分布状态表现出显著的非均衡分布特点，即由东部沿海地区向中西部内陆地区梯度减少，大体上以"秦岭—淮河"为分界"南多北少"[130]，空间上表现为明显的交通和沿海指向性[131]。朱邦耀等通过对 2014 年淘宝村分布数据的分析指出，淘宝村在东南沿海的江浙闽粤等地区分布密度较高，苏南、浙中、闽东南以及珠江三角洲区域为淘宝村的主要集聚区,同时在县域尺度上,淘宝村的集聚水平有进一步提升趋势[132]。单建树与罗震东基于对2014—2016年全国淘宝村、镇位置数据的分析,指出淘宝村、镇在全国范围内呈现明显的空间非均衡集聚分布特征,三大集聚区域从北至南分别为北部的苏北、鲁南与冀中南区域,中部的浙江全省和江苏省南部区域,以及南部的珠江三角洲、潮汕与闽东南区域[103]。在省域空间分布层面,赵军阳等指出浙江省淘宝村重心轨迹在省内大致呈现"西北—东南—东北"方向走势,且移动距离逐渐缩小[135];周静等指出江苏省淘宝村主要集中在南北两端,苏中地区分布相对稀疏[136]。在市域空间分布层面,胡垚和刘立研究指出广州市的淘宝村主要围绕中心城区分布,偏好常住人口和从业人口密度中等偏低的区位[137]。在县域研究层面,徐杰等通过淘宝村数据和县域经济数据分析,指出中国县域淘宝村空间集聚特征显著,两极分化趋势明显,以浙江为中心的东南沿海地区已经呈现出县域电子商务产业区域化发展态势,而中西部县域则集聚程度较低[77]。

在淘宝村空间分布的影响因素方面,徐智邦等指出淘宝村主要集聚在物流条件便利、产业基础较好、消费市场成熟的沿海发达地区,其深层驱动因素包括互联网消费市场的繁荣、交通通信等条件的发展,以及相关政府与市场主体的协作推进[130]。刁贝娣等认为淘宝村的分布主要受地方资源禀赋、区位、产业和网络普及率的影响,未来中西部形成的淘宝村将主要围绕大中型城市分布,并主要是具有产业基础的专业村[133]。朱邦耀认为区域的商业文化氛围、"专业村"触网、邻近示范效应、产业集聚的协同效应以及社会组织的推动等是淘宝村空间集聚与分异的主要因素[132]。

(2)淘宝村的形成机制、产业发展与分类研究

在淘宝村的形成机制方面,许多学者采用流空间理论视角,认为淘宝村是互联网时代村庄扭结人流、物流、信息流、资本流和技术流而形成的,正是互联网即时通信技术的发展,使长久处于发展弱势地位的乡村能够克服空间区位和地理距离的限制而具备大范围、全天候商品交易的条件,从而重塑了城乡之间的要素流通与商品交易模式[141-142]。也有学者从创新角度对淘宝村的形成和发展予以解释,范铁琳等认为淘宝村的形成符合包容性创新的模式与机理,并依据不同淘宝村形成过程中所涉及的不同的创新资源禀赋和创新驱动主体,将其划分为自发驱动型、自发培育型、政府培育型和政府驱动型四种类型[143];崔丽丽等采用社会创新理论,通过对浙江省丽水市275位淘宝村商户的问卷调查和数据分析,发现邻里示范、社交示范、电商协会等社会创新要素对淘宝村网商线上销售额增长有明显的促进作用,而营销因素的影响则不太显著[146];刘亚军等揭示了淘宝村发展的自发式包容性增长的过程与机理,并指出淘宝村是由商业模式创新带动创业集聚和产业集群的发展,商业模式模仿和技术模仿将升级到知识再创新[147]。

在淘宝村发展的驱动因素和模式方面,周静等归纳了江苏省淘宝村

的总体发展特征，并认为产业基础、电商平台、网商群体和物流支撑构成了淘宝村形成与发展的动力机制[136]。于海云等通过对沭阳花木淘宝村集群的研究，指出沭阳淘宝村网商创业集聚存在萌芽、形成和发展、成熟、转型和升级四个阶段，每一阶段的主导动因各不相同，分别为地区商业文化传统、创业带头人的示范效应、基础设施建设、制度支持与政府引导[144]。薛洲等探讨了淘宝村产业集群形成的过程，认为农村熟人社会的特性使得大多网商能够首先选择从别人家拿货进入低风险的网上销售环节，在实现资金和经验技术累积之后逐步向生产制造环节扩展，随着竞争加剧和规模扩大，集群进一步向专业化分工协作的方向演进[148]。舒林认为农村电商产业集群的发展动力源于个体的能动性、社会关系网络的支持、地方政府扶持及电商平台的引导[149]。陈然认为淘宝村是互联网与全球化背景下传统乡村转型的地方自觉运动，并从结构、社会和个体三个层面分析了淘宝村的形成与发展机制，提出从地方自觉、生产力分工、主体价值和乡土重构等多重角度思考实现淘宝村的"有序发展"[150]。刘亚军等认为淘宝村属于"互联网+农户+公司"模式，呈现出市场主导、自发形成、裂变式扩散的特征[147]。刘常瑜（Liu Changyu）等认为淘宝村属于"商户+电商平台+家庭作坊+现代物流与交通系统"模式（Businessmen + Electronic Business Platform + Family Workshops + Modern Logistics and Transport System），并指出其发展存在人才缺乏、空间限制、同质化竞争、组织缺乏、服务和支撑产业不足等缺陷[151]。郭承龙从经济学角度研究农村电商模式，以共生生态结构的单元构成为参照，对照淘宝村的电商实践，将农村电商模式划分为寄生模式、非对称模式、偏利模式、对称模式和一体化模式[152]。张天泽与张京祥通过比较淘宝村发展与20世纪改革开放初期的乡村工业化历程，指出淘宝村本质上是互联网时代资本驱动下增长主义朝向乡村区域的进一步拓展，是继乡村工业化之后的新一轮乡村增长主义运动，并提出可以通过"柔性生产"的方式引导乡村实现新工业化转型与文化主导的乡村自主修复[153]。

淘宝村集群本质上是一种主要分布在乡村区域的产业集群。曾亿武认为产业基础、电商平台、网络设施、物流条件、创业能人、政府作用、市场需求是淘宝村产业集群形成的要素条件，而社会网络与模仿行为、竞次竞争与机会主义行为、分工经济与集聚经济则是淘宝村产业集群形成的动力机制，并在此基础上，提出了农产品淘宝村集群形成的整合性演化模型[157]。雷兵等通过对典型淘宝村创业网商的深度访谈，认为"羊群效应"是淘宝村产业集群形成的主要原因，形成"羊群效应"的主要因素是电子商务发展初期对资金、知识、工艺、场地等发展要素的低要求特征[145]。罗建发基于行动者网络理论（ANT），研究了沙集镇东风村的淘宝村形成机制[173]。魏延安等借鉴波特的钻石模型，提出了淘宝村形成和发展的分析框架[174]。淘宝村的形成尽管与地方自身情况有着密切联系，但在互联网营造的低门槛创业背景下[175-176]，创业者依托电商平台对产品的发掘才是其产业开启的关键[154, 177]，如著名的"沙集三剑客""军埔十二罗汉"[155]。依托农村特有的血缘、亲缘、地缘网络[178]，电商带头人的成功经验被快速复制[179]，产业规模不断扩大，并在此过程中产生了大量的创新性尝试[146, 180]。伴随着持续的内部洗牌和抱团合作[181]，淘宝村逐步形成了完善的上下游产业链[182-183]，吸引了众多服务商进入[184]，而后各级政府开始介入[169]，为淘宝村的发展提供各项支持。作为内生型的产业集群，淘宝村的电商产业具有明显的地方黏性[185]，不同地区由于产业基础、资源禀赋、交通区位、文化特色的不同，所形成的发展模式也各有特点。如许婵等基于不同地区特点解析了电子商务推动农村发展的三种模式，以遂昌为代表的延伸式适合社会消费需求较大而地方供给缺乏的情况，以绩溪为代表的介入式适合资源禀赋较好但缺乏融资和销售渠道的地区，而以睢宁沙集为代表的内生式则适合创业氛围浓郁的地区[163]。梁·卡门（Leong C）等以浙江丽水缙云县北山村为代表的淘宝村为例，采用结构化—实用化—情境化（Structured-Pragmatic-Situational，SPS）方法研究了电子商务促进边缘区乡村产业发展的模式[127]。刘常瑜（Liu Changyu）等基于江苏两个村庄东风村和岩下村研究了各自的电商发展模式[151]。由于农村电商产业的集群效应，当前研究的空间尺度也由单个淘宝村扩展到了淘宝镇层面[186]，如千庆兰等以广州新塘镇为例，研究了淘宝镇的发展模式[156]。

在淘宝村的分类方面，受淘宝村认定标准、研究惯性、实践操作等各方面影响，现有淘宝村分类的依据主要侧重于产业基础、产品门类等经济生产领域。张嘉欣、千庆兰在研究淘宝村空间转型时，将淘宝村划分为"从无到有"的淘宝村、依托于原有的农业及相关加工品的基础发展而成的淘宝村、依托于原有劳动密集型的制造业为基础发展而成的淘宝村、毗邻周边专业市场以及依托商贸服务业发展而成的淘宝村以及临近已有淘宝村通过模仿新产生的淘宝村等几种类型[158]。蔡晓辉根据淘宝村发展电商产业前不同的产业基础，将淘宝村的发展模式划分为以轻工业为基础、以种植农业为基础、以农副产品加工业为基础与以批发零售业为基础的四个类型加以研究[159]。张赛在讨论丽水市电子商务与区域发展的互动机制时，分类总结了淘宝村类型电子商务集聚区的主要发展模式，按照发展驱动主体分为网商驱动、产业驱动、中介驱动三类[160]。毛锦庚通过对淘宝村主营产品的分析，将之区分为以农产品为主、以工业产品为主和以手工艺产品为主的三类淘宝村[161]。白冬冬和孙中伟根据淘宝村的商品获取途径与生产厂分布，将之分为自产自销型、村内生产型、一般村外生产型和村外生产与专业市场结合型四类[134]。此外，还有一些学者从组织方式、经营模式等角度将淘宝村划分为遂昌、沙集、清河三种发展模式，也在论述中涉及了淘宝村类型的归纳。然而现有研究均未充分展开，未能给出一个系统的、覆盖全国淘宝村的淘宝村分类方法。

(3)淘宝村的乡村城镇化研究

随着相关研究的不断深入，淘宝村对于乡村城镇化的促进日益成为社会学、地理学、城乡规划学关注的重点。房冠辛从农民就地就业、地方产业接入区域分工、唤醒乡村文化等方面，指出淘宝村在发展主体和传统要素不变的情况下，真正实现了乡村城镇化，是实现新型城镇化的有效探索[165]。基于城镇化内涵，讨论电子商务推动乡村城镇化的机制成为主要研究议题[187-188]。罗震东、何鹤鸣指出，就业非农化、生活现代化和空间城镇化是其主要特征，并解释了电子商务推动乡村城镇化的动力机制，认为这实质上是创业草根依托互联网，借助本地创业环境，融入大区域生产系统的过程，本质上是流空间与地方空间的互动[162]。葛殊从农村消费力提升视角，阐述了电子商务对农民消费能力的变革性提升，并提高了消费便利性，改变了农民的消费观念，对城镇化进程有着明显的助推作用[166]。郭轩基于新兴古典经济学理论，从劳动分工的角度解释了高分工水平、少分工部门的分工体系，并由此形成了就地化、小集聚的城镇化格局[164]。许婵等分析了电子商务对城镇化格局的影响，并探讨了依托电子商务进行县域就地城镇化的路径[163]。楼健和胡大平认为淘宝村把大量散落的中国农村通过互联网和物流网直接接入了现代社会，由此带来的市场、政府和市民合作空间在地方层次上的重新形成以及"实时城市化"模式，为作为新文明探索的新型城镇化实践提供了新的基础，打开了新的空间[167]。

空间表征的城镇型转变是乡村城镇化过程中的重要特征，有学者研究了淘宝村的空间变迁过程[189]，并从空间规划角度提出了相应的应对策略[140]。杨思等以著名的淘宝村——广州里仁洞村为例，指出其空间结构呈现出"核心—边缘"特征，空间形态也向着多元化、集聚化、立体化的方向发展[138]；钱俭、郑志锋研究了义乌青岩刘村电商集聚区的产业组织方式和空间布局特征[190]；张嘉欣等基于空间生产理论，从资本积累和权力关系的视角研究了里仁洞村的空间变迁过程[139]，进而阐述了村落主体身份更迭造成的空间转型过程，解释了村落空间的资本化机制[158]；王林申等基于流空间视角，分析了淘宝村在内部和外部两种空间尺度下的流要素作用机制以及由此而形塑的空间特征[142]。

(4)淘宝村的乡村治理研究

淘宝村的发展离不开各方主体的积极参与，乡村网商精英群体的崛起在一定程度上重构了乡村治理模式，成为当前探讨乡村治理现代化的一个重要议题。李浩晖指出淘宝村电商协会的出现显现出乡村网商对公共事务更广泛的参与，导致了一种新的社团主义的乡村治理模式[191]。陈芳芳等指出乡村电子商务的发展在重构乡村经济结构的同时必然启动乡村治理结构的转型，形成新的促进乡村电子商务发展的治理模式，乡村电子商务的发展需求和运行模式决定了乡村治理的重构过程和机制[168]。李育林等指出了揭阳市政府在军埔电商村发展过程中政府职能作用的领域,进而对地方政府在淘宝村中扮演的"引导者""牵线人""社会服务的提供者"三种不同角色观点进行阐述和评判[169]。曾亿武、郭红东基于相关理论和军埔村的个案实践,阐释了电子商务协会促进淘宝村发展的机理及其运行机制,认为电子商务协会对淘宝村集体效率具有四种提升机制:一是强化集群的外部经济;二是规避产品同质化引发的恶性竞争;三是增强市场地位以应对外部竞争;四是吸取更多的外部资源。进而指出电子商务协会可以充当弥补政府有限理性的组织角色,协会自主与政府扶持相结合,会员对理事会具有控制权,是协会运行良好的前提。在非正式规则、正式规则和实施机制三者具备的情况下,电子商务协会可以实现较好的行业自律[170]。

(5)淘宝村的乡村性与乡村文化研究

淘宝村对乡村性的拓展和对乡村文化的影响也已成为学界关注的议题。林耿等指出电子商务和网络技术的发展已经改变了乡村生活的通常价值和本地居民的生活节奏,这种发展也导致了中国乡村的分裂和未曾预料到的杂多性[171]。吴昕晖等以广州市番禺区南村镇里仁洞村为案例地,认为淘宝村的出现凸显了全球信息网络对传统乡村竞争力的提升,推动了"全球乡村"新型经济体的形成;淘宝村与发展乡村旅游业、文化产业等第三产业共同组成了国内乡村重构的第三种模式,乡村在信息网络的帮助下已然成为新的发展极,挑战着城市在全国乃至全球经济版图中的霸权地位;全球化与互联网对乡村性的重构处于持续的动态过程中,传统乡村的生产方式及村民的生活方式均发生了深刻的改变;村民对乡村的理解趋向多元化,逐步发展出全球视野,对个人的事业观造成了深远的影响,为乡村文化带来了新的内涵[172]。

第1章注释

① 阿里研究院的淘宝村认定标准:a. 交易场所。经营场所在农村地区,以行政村为单元。b. 交易规模。电子商务年销售额达到1 000万元及以上。c. 网商规模。本村活跃网店数量达到100家及以上,或活跃网店数量达到当地家庭户数的10%及以上。
② 数据来源于《中国淘宝村研究报告(2017年)》《中国淘宝村研究报告(2018年)》。
③ 阿里研究院定义的淘宝镇标准:a. 一个镇(乡、街道)淘宝村达到或超过3个。b. 一个镇(乡、街道)淘宝村少于3个,但全镇(乡、街道)一年电子商务销售额为3 000万元及以上,并且活跃网店数量达300家及以上。
④ 数据来源于《中国淘宝村研究报告(2018年)》。
⑤ 详见《"柳市八大王事件"轰动全国》,腾讯大浙网,2014-06-06(http://zj.qq.com/a/20140606/051063.htm)。
⑥ 阿里研究院公布的全国1 966个县(市)2013年电子商务发展指数。
⑦ B2B是指企业与企业之间通过专用网络或因特网进行数据信息的交换、传递,开

展交易活动的商业模式。

⑧ 数据来源于中国电子商务研究中心的《2016年度中国电子商务市场数据监测报告》。

⑨ B2C 是直接面向消费者销售产品和服务的商业零售模式。

⑩ C2C 是消费者个人间的电子商务行为。

⑪ 阿里巴巴作为全球领先的电子商务交易平台，目前已有约 1 000 万家以上企业在其平台上开通网上商铺，产品覆盖服装、家居、化工、机械设备等 34 个二级类别。在 2016 年中国 B2B 电子商务平台市场份额排名中，阿里巴巴占比高达 43%，远高于第二名 7.5% 的占比，是国内 B2B 市场最主要的电商平台。从这一平台获取的数据相对较能反映中国的情况。数据来源于中国电子商务研究中心的《2016 年度中国电子商务市场数据监测报告》。

⑫ 借助第三方网络爬虫平台于 2017 年 3 月按照分地区（地级市尺度）、分产品市场（34 个二级市场）和特定企业层级（有买家保障）的搜索方式，抓取到阿里巴巴网站中分布在长江三角洲 41 个地市的企业信息。具体信息包括电商企业的名称、网址、地址、经营模式、员工规模及主营产品等。在删除重复出现和没有店铺网址的电商企业后，最终获得 89 133 条有效企业信息。

⑬ 截至 2014 年，睢宁沙集镇东风村共有 1 180 多户，开设网店的农户为 478 户，拥有网上商铺 1 000 多家（周洁. 北山村 1/4 人口做淘宝年销售逾亿元 [N]. 上海商报，2015-02-02）。临安昌化镇白牛村共 1 541 人，电子商务解决就业 300 余人（白牛村村级信息网站，http://www.bainiucun.com/page.php?id=1，2015-07-24）。缙云壶镇镇北山村共 2 000 人，电子商务从业人员达到 600 人 [阮春生，朱映归，朱淑萍. 电商，点燃缙云农民致富希望 [N]. 丽水日报，2014-12-04（1）]。

⑭ 数据来源于《中国农村电子商务发展报告（2017—2018 年）》，中国国际电子商务中心研究院，2018-10。

⑮ 数据来源于《2017 中国农村互联网应用报告》/ 上海财经大学"千村调查"项目组。基于全国 31 个省、市和自治区（除港、澳、台地区），共 10 381 份问卷。

⑯ 在夏铸九先生翻译的中文版原文中采用的是"流动空间"的译法。随着国内近 10 余年来相关研究的深入，学界普遍接受"流空间"的概念。为此，笔者专门请教夏老师，他表示"流动空间与流空间是一个意思。当时翻译时考量中文的双字用词习惯，又与地方空间对应，所以采用流动空间，当然，简称为流空间"。基于此，本书从概念的统一起见，摘录也修改为流空间。

⑰ 衡量各地返乡电商创业活跃程度的指标是"返乡网商密度"（返乡网商数量 / 人口数量），即平均每万人中的返乡网商数量。数据来源于阿里研究院，《2016 年返乡电商创业研究报告》，2016-09。

第 1 章参考文献

[1] 辜胜阻，李正友. 中国自下而上城镇化的制度分析 [J]. 中国社会科学，1998（2）：60-70.

[2] 崔功豪，马润潮. 中国自下而上城市化的发展及其机制 [J]. 地理学报，1999，54

（2）：106-115.

[3] 沈关宝.一场静悄悄的革命[M].上海：上海大学出版社，2007.

[4] 温铁军，等.解读苏南[M].苏州：苏州大学出版社，2011.

[5] CASTELLS M. Grassrooting the space of flows[J]. Urban Geography, 1999, 20（4）：294-302.

[6] 道格拉斯·C.诺思.经济史中的结构与变迁[M].陈郁，罗华平，等译.上海：上海人民出版社，1994.

[7] 陈宏胜，李志刚，王兴平.中央—地方视角下中国城乡二元结构的建构："一五计划"到"十二五规划"中国城乡演变分析[J].国际城市规划，2016，31（6）：62-67，88.

[8] 刘传江.中国自下而上城市化发展的制度潜力与创新[J].城市问题，1998（3）：11-14.

[9] 薛德升，郑莘.中国乡村城市化研究：起源、概念、进展与展望[J].人文地理，2001，16（5）：24-28.

[10] 郑弘毅.我国乡村城市化的主要理论和基本特征[J].城乡建设，1998（7）：6-8，45.

[11] 许学强，张文献.对外开放地区农村城镇化的动力初探：以广东四邑为例[J].热带地理，1986，6（2）：108-119.

[12] 郑新奇.山东省农村城市化的特点及其发展趋势[J].经济地理，1994，14（4）：61-63.

[13] 金大勤.乡村城镇化应有多种模式："离土不离乡，进厂不进城"质疑[J].建筑学报，1986（12）：43-45.

[14] 张小林.苏南乡村城市化发展研究[J].经济地理，1996，16（3）：21-26.

[15] 谢晋宇，于静.中国计划城市化人口与自发城市化人口对比研究：从第四次人口普查资料看"流动人口"和迁移人口在中国人口城市化研究中的不同地位[J].中国人口科学，1992（3）：6-12.

[16] 柴洪辉，顾海英，张全红.中国农村城市化研究评述[J].经济地理，2009，29（4）：654-661.

[17] 李明宇，李丽.我国农村城市化进程中的实践误区及对策分析[J].农村经济，2004（7）：78-80.

[18] 戎章榕.城市化的路径选择[J].发展研究，2005（1）：71-72.

[19] 洪银兴.城市功能意义的城市化及其产业支持[J].经济学家，2003（2）：29-36.

[20] 罗杜吉.城市化及其问题解决[J].现代商业，2008（5）：31.

[21] 国家统计局.中国统计年鉴：1996[M].北京：中国统计出版社，1996.

[22] 李培.中国建制镇规模的时空变化规律研究[M]//中国城市规划学会.规划50年：2006中国城市规划年会论文集（上册）.北京：中国建筑工业出版社，2006：38-43.

[23] 唐伟成，罗震东，耿磊.重启内生发展道路：乡镇企业在苏南小城镇发展演化中的作用与机制再思考[J].城市规划学刊，2013（2）：95-101.

[24] 邹兵.小城镇的制度变迁与政策分析[M].北京：中国建筑工业出版社，2003.

[25] 白苏珊.乡村中国的权力与财富:制度变迁的政治经济学[M].郎友兴,方小平,译.杭州:浙江人民出版社,2009.

[26] 罗小龙,张京祥,江晓峰.苏南模式变迁中的小城镇发展及其思考[J].城市规划汇刊,2000(5):26-27,40.

[27] 周海波.县级财政包干后需要研究和解决的几个问题[J].经济问题探索,1985(8):50-51,20.

[28] 中国乡镇企业年鉴编辑委员会.中国乡镇企业年鉴:1991[M].北京:农业出版社,1992.

[29] 周艺怡,张京祥,曹荣林.苏南城镇化模式的回顾与前瞻:以苏州为例[J].城市问题,2002(6):25-28,5.

[30] 洪银兴.苏南模式的演进及其对创新发展模式的启示[J].南京大学学报(哲学·人文科学·社会科学),2007,44(2):31-38.

[31] 左正."珠江三角洲模式"的总体特征与成因[J].经济理论与经济管理,2001(10):71-75.

[32] 王华兵.温州模式:现状、成因、前景及其启示研究:一个文献的综述[J].生产力研究,2005(11):255-257.

[33] 胡同恭.论耿车模式[J].南京师大学报(社会科学版),1988(1):17-21.

[34] 刘晓霞.乡村地域发展模式研究:以宝鸡地区为例[J].人文地理,1999,14(S1):52-55.

[35] 张道玉.常德农村庭院经济发展模式[J].农村实用工程技术,1994,14(9):23.

[36] 毋青松.发展农村商品经济的新路子:论"民权模式"[J].中州学刊,1987(5):8-11.

[37] 林洪.珠江三角洲"经济奇迹"的理论思考:开辟一条有中国特色的新工业化道路[M].广州:广东人民出版社,1995.

[38] 费孝通,江苏省小城镇研究课题组.小城镇 大问题:江苏省小城镇研究论文选(第一集)[M].南京:江苏人民出版社,1984.

[39] 韩俊.我国农业劳动力转移的阶段性及其特点[J].人口研究,1990,14(5):32-37.

[40] 费孝通.小城镇 再探索(之二)[J].瞭望周刊,1984(21):22-23.

[41] 费孝通.小城镇 大问题(之三):社队工业的发展与小城镇的兴盛[J].瞭望周刊,1984(4):11-13.

[42] 本刊评论员.实行"划分收支、分级包干"办法搞好财政管理体制的改革[J].财政,1980(12):3-5.

[43] 崔曙平,赵青宇.苏南就地城镇化模式的启示与思考[J].城市发展研究,2013,20(10):47-51.

[44] 张敏,顾朝林.农村城市化:"苏南模式"与"珠江模式"比较研究[J].经济地理,2002,22(4):482-486.

[45] 史晋川.浙江的现代化进程与发展模式[J].浙江社会科学,1999(3):13-17.

[46] 杨云龙,何文虎."三元结构"下地区经济增长的动力机制研究:对"苏南模式""温州模式"和"珠江模式"的解读[J].南方金融,2013(7):32-36,47.

[47] 洪银兴,陈宝敏.苏南模式的新发展:兼与温州模式比较[J].江南论坛,2001(8):13-15.

[48] 曾芬钰.长三角区域苏南模式与温州模式演变轨迹研究[J].湖南科技大学学报(社会科学版),2011,14(6):108-113.

[49] 任柏强.温州模式与温州城镇化之路[J].学习与探索,2005(1):186-188.

[50] 胡建绩,陈海滨.促进产业集群企业衍生的关键"软因素"分析:以浙江"块状经济"企业衍生的经验为例[J].中国工业经济,2005(3):51-57.

[51] 江静,陈柳.地方政府竞争与经济发展模式趋同:基于苏南和温州的分析[J].制度经济学研究,2009(1):64-82.

[52] 胡飞航."温州模式"的演化与"新温州模式"的构建[J].生产力研究,2007(1):73-74.

[53] 宋林飞.中国"三大模式"的创新与未来[J].南京社会科学,2009(1):1-6.

[54] 郑诚."四小虎"的前世今生[J].瞭望周刊,2008(48):31-32.

[55] 费孝通.珠江模式的再认识(上)[J].瞭望周刊,1992(27):10-12.

[56] 陈文理.地方政府管理模式的制度创新及其作用:珠江三角洲模式、苏南模式和温州模式的比较[J].武汉大学学报(人文科学版),2005,58(1):87-92.

[57] 卢荻."珠江模式"的形成、特色、作用[J].中共党史资料,2009(3):167-176.

[58] 赖文凤."珠江模式"的变迁及制度再创新:兼与长三角进行比较分析[J].珠江经济,2007,188(4):21-27.

[59] 杨景成,刘森俊,张互帮.珠江模式:外向型经济的发展[J].岭南学刊,1988(4):12-16.

[60] 赵君,肖洪安.农村城市化动力机制和战略思路探讨[J].农业现代化研究,2004,25(1):22-25.

[61] 郑弘毅.农村城市化研究[M].南京:南京大学出版社,1998.

[62] 武廷海,郑弘毅.江苏沿江地区乡村城市化研究[J].城市规划汇刊,1997(4):40-44.

[63] 宁越敏.新城市化进程:90年代中国城市化动力机制和特点探讨[J].地理学报,1998,53(5):470-477.

[64] 薛凤旋,杨春.外资:发展中国家城市化的新动力:珠江三角洲个案研究[J].地理学报,1997,52(3):193-206.

[65] 辜胜阻.中国跨世纪的改革与发展[M].武汉:武汉大学出版社,1996.

[66] 李晓.东亚奇迹与"强政府":东亚模式的制度分析[M].北京:经济科学出版社,1996.

[67] 罗纳德·H.科斯,等.财产权利与制度变迁:产权学派与新制度学派译文集[M].刘守英,等译.上海:上海人民出版社,2014.

[68] 罗震东.中国都市区发展:从分权化到多中心治理[M].北京:中国建筑工业出版社,2007.

[69] 杨虹,刘传江.中国自上而下城市化与自下而上城市化制度安排比较[J].华中理工大学学报(社会科学版),2000,14(2):77-79.

[70] 朱通华.论"苏南模式"[J].当代思潮,1994(1):16-21.

[71] 顾松年.苏南模式创新发展和苏南经济转型升级:30年改革开放带来苏锡常发展的历史性跨越[J].现代经济探讨,2009(1):20-25.

[72] 董晓宇."苏南模式"的理论和实践30年回顾[J].现代经济探讨,2008(8):19-24.

[73] 洪银兴.论地方政府的职能转型:以苏南模式的发展为例[J].经济学动态,2005(11):24-28.

[74] 朱宇.城市化的二元分析框架与我国乡村城市化研究[J].人口研究,2001,25(2):53-60.

[75] 罗震东,陈芳芳,单建树.迈向淘宝村3.0:乡村振兴的一条可行道路[J].小城镇建设,2019,37(2):43-49.

[76] 盛振中,陈亮,张瑞东.2013年中国县域电子商务发展指数报告[R].杭州:阿里研究院,2014.

[77] 徐杰,罗震东,何鹤鸣,等.中国县域电子商务发展的空间特征及影响因素研究[J].上海城市规划,2017(2):90-97.

[78] BAYLES D L, BHATIA H. E-commerce logistics & fulfillment: delivering the goods [M]. Upper Saddle River, NJ: Prentice Hall PTR, 2000.

[79] 汪明峰,李健.互联网、产业集群与全球生产网络:新的信息和通信技术对产业空间组织的影响[J].人文地理,2009,24(2):17-22.

[80] 刘卫东.论我国互联网的发展及其潜在空间影响[J].地理研究,2002,21(3):347-356.

[81] 朱金海.长三角地区产业结构现状、特点与调整方向[J].广东经济,2008(10):20-27.

[82] 耿磊,罗震东.制造业集群视角的长江三角洲功能多中心演化模式研究[C]//中国城市规划学会.城市规划和科学发展:2009中国城市规划年会论文集.天津:天津科学技术出版社,2009:280-288.

[83] 陈建军,陈菁菁.生产性服务业与制造业的协同定位研究:以浙江省69个城市和地区为例[J].中国工业经济,2011(6):141-150.

[84] 陈阳,朱郁郁.基于企业大数据的长三角城市体系演化研究[C]//中国城市规划学会.规划60年:成就与挑战.沈阳:2016中国城市规划年会论文集.北京:中国建筑工业出版社,2016:1055-1065.

[85] 阿里研究院.中国淘宝村研究报告(2018年)[R].杭州:阿里研究院,2018.

[86] 阿里研究院.中国淘宝村研究报告(2014年)[R].杭州:阿里研究院,2014.

[87] 魏后凯,黄秉信.中国农村经济形势分析与预测(2018—2019)[M].北京:社会科学文献出版社,2019:24.

[88] TOFFLER A. The third wave [M]. New York: William Morrow & Co., Inc., 1980.

[89] NEGROPONTE N. Being digital [M]. New York: Knopf, 1995.

[90] 阿里研究院.智能经济:迈向知识分工2.0[R].杭州:阿里研究院,2019.

[91] 艾少伟,苗长虹.从"地方空间""流动空间"到"行动者网络空间":ANT视角[J].

人文地理, 2010, 25（2）: 43-49.

[92] 高鑫, 修春亮, 魏冶. 城市地理学的"流空间"视角及其中国化研究[J]. 人文地理, 2012, 27（4）: 32-36, 160.

[93] 孙中伟, 路紫. 流空间基本性质的地理学透视[J]. 地理与地理信息科学, 2005, 21（1）: 109-112.

[94] TAYLOR P J. World city network: a global urban analysis[M]. London: Routledge, 2004.

[95] 罗震东, 何鹤鸣. 全球城市区域中的小城镇发展特征与趋势研究: 以长江三角洲为例[J]. 城市规划, 2013, 37（1）: 9-16.

[96] 曼纽尔·卡斯特. 网络社会的崛起: 信息时代三部曲: 经济、社会与文化第一卷[M]. 夏铸九, 王志弘, 等译. 北京: 社会科学文献出版社, 2003: 477-478, 481, 496-503, 506-507, 509-511, 518.

[97] 王红, 张瑞玉, 董晓刚. 电子商务与农村经济发展[J]. 经营与管理, 2014（2）: 32-34.

[98] 李玲芳, 徐思远, 洪占卿. 农村电子商务: 问题与对策[J]. 中共福建省委党校学报, 2013（5）: 70-74.

[99] 阿里研究院. 中国淘宝村研究报告（2016年）[R]. 杭州: 阿里研究院, 2016.

[100] 阿里研究院, 西南财经大学中国家庭金融调查与研究中心. 农村网商发展研究报告2016[R]. 杭州: 阿里研究院, 2017.

[101] HALBERT L, RUTHERFORD J. Flow-place: reflections on cities, commutation and urban production processes[EB/OL]. [2019-08-27]. http://www.lbor-o.ac.uk/gawc/rb/rb352.html.

[102] 郑可佳, 马荣军. Manuel Castells与流空间理论[J]. 华中建筑, 2009, 27（12）: 60-62.

[103] 单建树, 罗震东. 集聚与裂变: 淘宝村、镇空间分布特征与演化趋势研究[J]. 上海城市规划, 2017（2）: 98-104.

[104] BUNNELL T G, COE N M. Spaces and scales of innovation[J]. Progress in Human Geography, 2001, 25（4）: 569-589.

[105] BOSCHMA R. Proximity and innovation: a critical assessment[J]. Regional Studies, 2005, 39（1）: 61-74.

[106] GRANOVETTER M. Economic action and social structure: the problem of embeddedness[J]. American Journal of Sociology, 1985, 91（3）: 481-510.

[107] 克拉克, 费尔德曼, 格特勒. 牛津经济地理学手册[M]. 刘卫东, 王缉慈, 李小建, 等译. 北京: 商务印书馆, 2005.

[108] 藤田昌久, 雅克—弗朗斯瓦·蒂斯. 集聚经济学: 城市、产业区位与全球化[M]. 石敏俊, 等译. 2版. 上海: 格致出版社, 2015: 324, 326.

[109] 饶扬德, 李福刚. 地理邻近性与创新: 区域知识流动与集体学习视角[J]. 中国科技论坛, 2006（6）: 20-24.

[110] 韩宝龙, 李琳, 刘昱含. 地理邻近性对高新区创新绩效影响效应的实证研究[J].

科技进步与对策, 2010, 27(17): 40-43.

[111] 王孝斌, 李福刚. 地理邻近在区域创新中的作用机理及其启示[J]. 经济地理, 2007, 27(4): 543-546, 552.

[112] BATHELT H, MALMBERG A, MASKELl P. Clusters and knowledge: local buzz, global pipelines and the process of knowledge creation[J]. Progress in Human Geography, 2004, 28(1): 31-56.

[113] HALL P, PAIN K. The polycentric metropolis: learning from mega-city regions in Europe[M]. London: Earthscan, 2006.

[114] 修春亮, 魏冶, 等. "流空间"视角的城市与区域结构[M]. 北京: 科学出版社, 2015.

[115] 王垚, 钮心毅, 宋小冬. "流空间"视角下区域空间结构研究进展[J]. 国际城市规划, 2017, 32(6): 27-33.

[116] BEAVERSTOCK J V, SMITH R G, TAYLOR P J. World-city network: a new meta-geography[J]. Annals of the Association of American Geographers, 2000, 90(1): 123-134.

[117] TAYLOR P J, CATALANO G, WALKER D. Measurement of the world city network[J]. Urban Studies, 2002, 39(13): 2367-2376.

[118] GREEN N. Functional polycentricity: a formal definition in terms of social network analysis[J]. Urban Studies, 2007, 44(11): 2077-2103.

[119] 赵渺希, 唐子来. 基于网络关联的长三角区域腹地划分[J]. 经济地理, 2010, 30(3): 371-376.

[120] 罗震东, 何鹤鸣, 耿磊. 基于客运交通流的长江三角洲功能多中心结构研究[J]. 城市规划学刊, 2011(2): 16-23.

[121] 赵渺希, 陈晨. 中国城市体系中航空网络与生产性服务业网络的比较[J]. 城市规划学刊, 2011(2): 24-32.

[122] 甄峰, 王波, 陈映雪. 基于网络社会空间的中国城市网络特征: 以新浪微博为例[J]. 地理学报, 2012, 67(8): 1031-1043.

[123] 曹子威, 罗震东, 耿磊. 基于信息流的城市—区域关系比较研究: 以马鞍山和芜湖为例[J]. 经济地理, 2013, 33(5): 47-53.

[124] 陈伟劲, 马学广, 蔡莉丽, 等. 珠三角城市联系的空间格局特征研究: 基于城际客运交通流的分析[J]. 经济地理, 2013, 33(4): 48-55.

[125] 熊丽芳, 甄峰, 席广亮, 等. 我国三大经济区城市网络变化特征: 基于百度信息流的实证研究[J]. 热带地理, 2014, 34(1): 34-43.

[126] 朱查松, 曹子威, 罗震东. 基于流空间的山东省域城市间关系研究[J]. 城乡规划, 2017(4): 85-93.

[127] LEONG C, PAN S L, NEWELL S, et al. The emergence of self-organizing e-commerce ecosystems in remote villages of China: a tale of digital empowerment for rural development[J]. MIS Quarterly, 2016, 40(2): 475-484.

[128] 曾亿武, 郭红东, 金松青. 电子商务有益于农民增收吗?: 来自江苏沭阳的证据

[J].中国农村经济,2018(2):49-64.

[129] 陈统奎.从"破烂村"到"淘宝村"[J].南风窗,2011(3):54-57.

[130] 徐智邦,王中辉,周亮,等.中国"淘宝村"的空间分布特征及驱动因素分析[J].经济地理,2017,37(1):107-114.

[131] 辛向阳,乔家君.淘宝村集聚的时空演变及形成机制[J].地域研究与开发,2018,37(1):11-15,30.

[132] 朱邦耀,宋玉祥,李国柱,等.C2C电子商务模式下中国"淘宝村"的空间聚集格局与影响因素[J].经济地理,2016,36(4):92-98.

[133] 刁贝娣,陈昆仑,丁镭,等.中国淘宝村的空间分布格局及其影响因素[J].热带地理,2017,37(1):56-65.

[134] 白冬冬,孙中伟.我国淘宝村的空间组织与地理根植性[J].世界地理研究,2019,28(1):121-129.

[135] 赵军阳,丁疆辉,王新宇.不同尺度下中国"淘宝村"时空分布及演变特征[J].世界地理研究,2017,26(6):73-82.

[136] 周静,杨紫悦,高文.电子商务经济下江苏省淘宝村发展特征及其动力机制分析[J].城市发展研究,2017,24(2):9-14.

[137] 胡垚,刘立.广州市"淘宝村"空间分布特征与影响因素研究[J].规划师,2016,32(12):109-114.

[138] 杨思,李郇,魏宗财,等."互联网+"时代淘宝村的空间变迁与重构[J].规划师,2016,32(5):117-123.

[139] 张嘉欣,千庆兰,陈颖彪,等.空间生产视角下广州里仁洞"淘宝村"的空间变迁[J].经济地理,2016,36(1):120-126.

[140] 戴昳雯,张晓婧.农村电商小镇的空间规划创新:以徐州市沙集镇为例[J].城乡建设,2017(7):40-41.

[141] 陈宏伟,张京祥.解读淘宝村:流空间驱动下的乡村发展转型[J].城市规划,2018,42(9):99-101.

[142] 王林申,运迎霞,倪剑波.淘宝村的空间透视:一个基于流空间视角的理论框架[J].城市规划,2017,41(6):27-34.

[143] 范轶琳,姚明明,吴卫芬.中国淘宝村包容性创新的模式与机理研究[J].农业经济问题,2018,39(12):118-127.

[144] 于海云,汪长玉,赵增耀.乡村电商创业集聚的动因及机理研究:以江苏沭阳"淘宝村"为例[J].经济管理,2018,40(12):39-54.

[145] 雷兵,刘蒙蒙.农村电子商务产业集群的形成机制:基于典型淘宝村的案例分析[J].科技管理研究,2017,37(11):177-184.

[146] 崔丽丽,王骊静,王井泉.社会创新因素促进"淘宝村"电子商务发展的实证分析:以浙江丽水为例[J].中国农村经济,2014(12):50-60.

[147] 刘亚军,陈进,储新民."互联网+农户+公司"的商业模式探析:来自"淘宝村"的经验[J].西北农林科技大学学报(社会科学版),2016,16(6):87-93.

[148] 薛洲,耿献辉.电商平台、熟人社会与农村特色产业集群:沙集"淘宝村"的案例

[J].西北农林科技大学学报(社会科学版),2018,18(5):46-54.

[149] 舒林."淘宝村"发展的动力机制、困境及对策[J].经济体制改革,2018(3):79-84.

[150] 陈然.地方自觉与乡土重构:"淘宝村"现象的社会学分析[J].华中农业大学学报(社会科学版),2016(3):74-81.

[151] LIU C Y, LI J L, LIU J. Rural e-commerce and new model of rural development in China: a comparative study of 'Taobao village' in Jiangsu Province[J]. Asian Agricultural Research, 2015(11): 35-37.

[152] 郭承龙.农村电子商务模式探析:基于淘宝村的调研[J].经济体制改革,2015(5):110-115.

[153] 张天泽,张京祥.乡村增长主义:基于"乡村工业化"与"淘宝村"的比较与反思[J].城市发展研究,2018,25(6):112-119.

[154] 刘亚军,储新民.中国"淘宝村"的产业演化研究[J].中国软科学,2017(2):29-36.

[155] 曾亿武,邱东茂,沈逸婷,等.淘宝村形成过程研究:以东风村和军埔村为例[J].经济地理,2015,35(12):90-97.

[156] 千庆兰,陈颖彪,刘素娴,等.淘宝镇的发展特征与形成机制解析:基于广州新塘镇的实证研究[J].地理科学,2017,37(7):1040-1048.

[157] 曾亿武.农产品淘宝村集群的形成及对农户收入的影响:以江苏沭阳为例[D].杭州:浙江大学,2018.

[158] 张嘉欣,千庆兰.信息时代下"淘宝村"的空间转型研究[J].城市发展研究,2015,22(10):81-84,101.

[159] 蔡晓辉.淘宝村空间特征研究[D].广州:广东工业大学,2018.

[160] 张赛.电子商务与区域发展的互动机制研究[D].上海:华东师范大学,2015.

[161] 毛锦庚."互联网+"背景下淘宝村的发展特征与动力机制[J].商业经济研究,2018(18):131-133.

[162] 罗震东,何鹤鸣.新自下而上进程:电子商务作用下的乡村城镇化[J].城市规划,2017,41(3):31-40.

[163] 许婵,吕斌,文天祚.基于电子商务的县域就地城镇化与农村发展新模式研究[J].国际城市规划,2015,30(1):14-21.

[164] 郭轩.电子商务作用下的乡村就地城镇化研究[D].南京:南京大学,2016.

[165] 房冠辛.中国"淘宝村":走出乡村城镇化困境的可能性尝试与思考:一种城市社会学的研究视角[J].中国农村观察,2016(3):71-81.

[166] 葛殊.电子商务助推城镇化进程:基于农村消费能力提升的视角[J].特区经济,2013(8):112-113.

[167] 楼健,胡大平.淘宝村、实时城市化和新型城镇化实践[J].学术研究,2018(5):58-62.

[168] 陈芳芳,罗震东,何鹤鸣.电子商务驱动下的乡村治理多元化重构研究:基于山东省曹县大集镇的实证[J].现代城市研究,2016,31(10):22-29.

[169] 李育林,张玉强.我国地方政府在"淘宝村"发展中的职能定位探析:以广东省军埔村为例[J].科技管理研究,2015,35(11):174-178.

[170] 曾亿武,郭红东.电子商务协会促进淘宝村发展的机理及其运行机制:以广东省揭阳市军埔村的实践为例[J].中国农村经济,2016(6):51-60.

[171] LIN G, XIE X, LV Z. Taobao practices, everyday life and emerging hybrid rurality in contemporary China[J]. Journal of Rural Studies, 2016, 47: 514-523.

[172] 吴昕晖,袁振杰,朱竑.全球信息网络与乡村性的社会文化建构:以广州里仁洞"淘宝村"为例[J].华南师范大学学报(自然科学版),2015,47(2):115-123.

[173] 罗建发.基于行动者网络理论的沙集东风村电商:家具产业集群研究[D].南京:南京大学,2013.

[174] 魏延安,智敏,贺翔.淘宝村的产生发展与趋势研究[J].南方农村,2016,32(4):24-28.

[175] 夏锋.电子商务对产业集群的影响研究[D].上海:华东师范大学,2017.

[176] 洪卫,崔鹏.交易平台、专用知识与柔性生产关系的实证研究:基于曹县淘宝村调研[J].中国流通经济,2017,31(1):122-128.

[177] 雷兵,刘蒙蒙.创业家对淘宝村成长的影响研究[J].科技和产业,2016,16(12):103-111.

[178] 马凤兴,郑功帅.城乡统筹发展背景下的农村电子商务发展研究:丽水市缙云县"北山模式"的经验与启示[J].当代社科视野,2013(Z1):57-60,56.

[179] 梁强,邹立凯,王博,等.关系嵌入与创业集群发展:基于揭阳市军埔淘宝村的案例研究[J].管理学报,2016,13(8):1125-1134.

[180] 顾淑林.包容性创新和淘宝村现象:电子商务与中国农村社区嵌入型创业[J].经济导刊,2015(9):65-73.

[181] 王倩.淘宝村的演变路径及其动力机制:多案例研究[D].南京:南京大学,2015.

[182] 罗光帆.我国C2C电子商务产业集聚机制研究:以广东军埔淘宝村为例[D].广州:暨南大学,2015.

[183] 金琴琴.四川郫县淘宝村电子商务发展影响因素研究[D].成都:西南财经大学,2016.

[184] 刘亚军.互联网条件下的自发式包容性增长:基于一个"淘宝村"的纵向案例研究[J].社会科学,2017(10):46-60.

[185] 俞涛.县域电子商务发展研究[D].南昌:江西农业大学,2016.

[186] 郑伟旭,周燕,张楠,等.河北省淘宝村淘宝镇发展现状及价值分析:基于白沟淘宝村淘宝镇的调查研究[J].中国集体经济,2017(11):9-10.

[187] 邵占鹏.农村电子商务的兴起与新型城镇化的破局[J].江汉大学学报(社会科学版),2015,32(1):20-25.

[188] 张莹,耿荣娜.农村电商与新型城镇化协同发展研究[J].中国管理信息化,2016,19(11):155-156.

[189] 董彦龙,王东辉.基于"淘宝村""电商产业园"的电商空间集聚现象研究:以浙江金华"义乌商圈"为例[J].商业经济研究,2017(10):62-63.

[190] 钱俭,郑志锋.基于"淘宝产业链"形成的电子商务集聚区研究:以义乌市青岩刘村为例[J].城市规划,2013,37(11):79-83.

[191] LI A H F. E-commerce and Taobao villages: a promise for China's rural development[J]. China Perspectives, 2017(3): 57-62.

第1章图表来源

图1-1、图1-2源自:徐杰,罗震东,何鹤鸣,等.中国县域电子商务发展的空间特征及影响因素研究[J].上海城市规划,2017(2):90-97(底图源自标准地图服务网站).

图1-3源自:笔者根据《2013年中国城市电子商务发展指数报告》绘制.

图1-4、图1-5源自:徐杰,罗震东,何鹤鸣,等.中国县域电子商务发展的空间特征及影响因素研究[J].上海城市规划,2017(2):90-97(底图源自标准地图服务网站).

图1-6源自:笔者根据《2013年中国城市电子商务发展指数报告》绘制.

图1-7至图1-15源自:杨卓,罗震东,耿磊.传统抑或创新的空间?基于B2B电子商务的长三角产业空间特征研究[J].上海城市规划,2018,1(3):97-104.

图1-16、图1-17源自:笔者拍摄.

表1-1源自:《中国乡镇企业年鉴:1991》《中华人民共和国全国分县市人口统计资料:1990年度》.

表1-2源自:本书编委会.江苏农村改革发展30年[M].北京:中国统计出版社,2008.

表1-3源自:笔者根据吴理财,杨桓.城镇化时代城乡基层治理体系重建:温州模式及其意义[J].华中师范大学学报(人文社会科学版),2012,51(6):10-16绘制.

表1-4源自:笔者根据周春平.苏南模式与温州模式的产权比较[J].中国农村经济,2002(8):39-46绘制.

表1-5、表1-6源自:《2013年中国城市电子商务发展指数报告》.

表1-7源自:笔者绘制.

2 中国淘宝村的区域分布

以淘宝村为代表的新自下而上进程是一场波澜壮阔的新经济地理现象。淘宝村的出现与扩散、集聚与裂变、增长与消失都深刻地反映着中国县域经济的过去、现在与将来。深入分析淘宝村在不同尺度上的分布特征与演化趋势，既是对新自下而上城镇化进程空间特征与过程的呈现，也是对中国新乡村经济区域格局与趋势的判断。

2.1 区域分布特征

2.1.1 地理空间特征

自 2009 年发现 3 个淘宝村[①]以来，全国淘宝村经历了井喷式的快速增长，从最初沿海省份的零星分布迅速扩展为具有全国影响力的经济地理现象。深入分析淘宝村 2014—2018 年的增长数据可以看到[②]，虽然从 2017 年中国淘宝村的空间分布开始浮现出与中国"东中西"经济地理梯度相吻合的格局，但淘宝村总体上仍高度密集地分布在东部沿海地区，总量占比始终在 96% 以上[③]（图 2-1，表 2-1）。

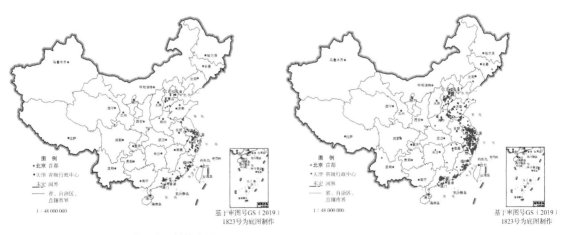

（a）2014 年全国淘宝村分布图　　　　　（b）2016 年全国淘宝村分布图

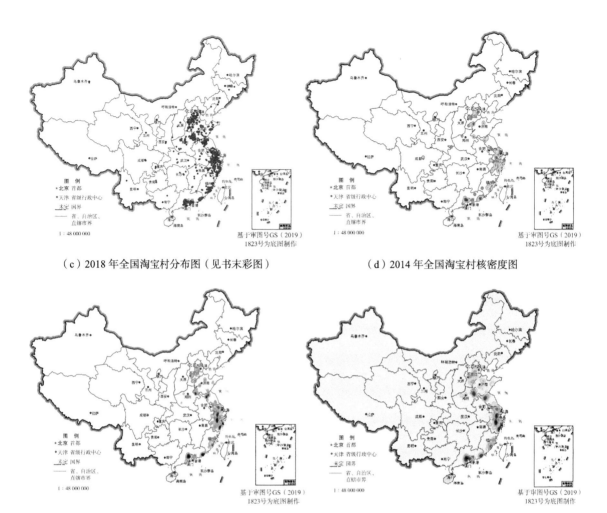

图 2-1 2014年、2016年、2018年全国淘宝村分布与核密度图

表 2-1 2014—2018年全国淘宝村和淘宝镇分布情况

省份	2014年		2015年		2016年		2017年		2018年	
	淘宝村/个	淘宝镇/个	淘宝村/个	淘宝镇/个	淘宝村/个	淘宝镇/个	淘宝村/个	淘宝镇/个	淘宝村/个	淘宝镇/个
浙江省	62	6	280	22	506	51	779	77	1 172	128
广东省	54	5	157	20	262	32	411	54	614	74
江苏省	25	2	126	11	201	17	262	29	452	50
福建省	28	2	71	7	107	13	187	24	233	29
山东省	13	0	63	6	108	12	243	36	367	48
河北省	25	2	59	5	91	8	146	16	229	27
河南省	1	0	4	0	13	0	34	2	50	3

续表 2-1

省份	2014年 淘宝村/个	2014年 淘宝镇/个	2015年 淘宝村/个	2015年 淘宝镇/个	2016年 淘宝村/个	2016年 淘宝镇/个	2017年 淘宝村/个	2017年 淘宝镇/个	2018年 淘宝村/个	2018年 淘宝镇/个
四川省	2	0	2	0	3	1	4	1	5	0
湖北省	1	0	1	0	1	0	4	0	10	0
天津市	1	0	3	0	5	0	9	1	11	2
辽宁省	0	0	1	0	4	1	7	1	9	1
江西省	0	0	3	0	4	0	8	0	12	0
湖南省	0	0	3	0	1	0	3	0	4	0
云南省	0	0	2	0	1	0	1	0	1	0
北京市	0	0	1	0	1	0	3	1	11	1
吉林省	0	0	1	0	1	0	3	0	4	0
山西省	0	0	1	0	1	0	2	0	2	0
安徽省	0	0	0	0	1	0	6	0	8	0
广西壮族自治区	0	0	0	0	0	0	1	0	1	0
贵州省	0	0	0	0	0	0	1	0	1	0
陕西省	0	0	0	0	0	0	1	0	1	0
宁夏回族自治区	0	0	0	0	0	0	1	0	1	0
新疆维吾尔自治区	0	0	0	0	0	0	1	0	1	0
重庆市	0	0	0	0	0	0	1	0	3	0
合计	212	17	778	71	1 311	135	2 118	242	3 202	363

1）省域分布特征：以浙江为中心向东部沿海省份扩散

在省域层面上，中国淘宝村呈现出明显的沿东部沿海地区集聚的特征。浙江省拥有淘宝村的数量处于遥遥领先的地位，2018年占全国的比重为36.6%，几乎是位于第二名的广东省数量的两倍（图2-2）。2018年全国淘宝村最多的十大城市（表2-2），以及十大淘宝村集群（表2-3）均有一多半位于浙江省内。紧随浙江省之后的省份是广东省、江苏省、山东省、福建省和河北省，淘宝村数量均超过200个，且都位于东部沿海地区。位于中部的河南省近年来增长速度极快，已经成为东部沿海六省以外第一个也是唯一一个淘宝村数量达到50个的省份。位于中部地区的江西、湖北和安徽三省以及位于东北地区的辽宁省，近两年淘宝村的发展开始进入加速期。除此之外的广大中西部省份淘宝村数量普遍较少。地理区位、交通条件、技术水平以及政府治理等方面要素的限制，使这些地区的乡村电子商务发展水平明显滞后于东部沿海地区。

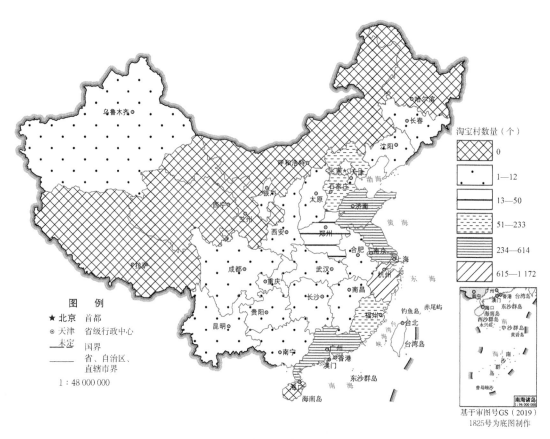

图 2-2 2018 年全国淘宝村省域分级图

表 2-2 2018 年淘宝村数量最多的十大城市

2018年排名	2017年排名	省份	城市	2018年淘宝村数量（2017年）/个
1	1	山东省	菏泽市	267（168）
2	3	浙江省	温州市	254（162）
3	2	浙江省	金华市	245（168）
4	4	浙江省	台州市	203（143）
5	5	福建省	泉州市	140（124）
6	9	江苏省	宿迁市	132（75）
7	8	浙江省	宁波市	131（79）
8	7	浙江省	杭州市	126（96）
9	6	广东省	广州市	125（106）
10	非前十	浙江省	嘉兴市	113（60）

表 2-3 2018 年十大淘宝村集群（区县层面）

2018年排名	2017年排名	省份	区县	淘宝村数量（2017年）/个
1	1	浙江省	义乌市	134（104）
2	3	山东省	曹县	113（74）

续表 2-3

2018年排名	2017年排名	省份	区县	淘宝村数量（2017年）/个
3	2	浙江省	温岭市	97（75）
4	6	江苏省	睢宁县	92（51）
5	非前十	浙江省	乐清市	83（40）
6	8	浙江省	慈溪市	78（44）
7	8	浙江省	永康市	74（44）
8	4	浙江省	瑞安市	71（51）
8	5	广东省	普宁市	64（52）
10	非前十	江苏省	宿迁市宿城区	61（31）

2）县域分布特征：东部地区集群发展，中西部及东北地区零散分布

在县域尺度，淘宝村的空间分布与省域层面观测到的情况颇为相似，主要分布在东南沿海地区，尤其江浙两省形成县域大范围连片发展的格局（图2-3、图2-4）。2018年县域淘宝村十大产业集群全部位于东部沿海省份，其中浙江省占据六席（义乌市、温岭市、乐清市、慈溪市、永康市、瑞安市），遥遥领先。山东省曹县、江苏省睢宁县、广东省普宁县和江苏省宿迁市宿城区由于电商产业的专业化、规模化发展，也跻身十

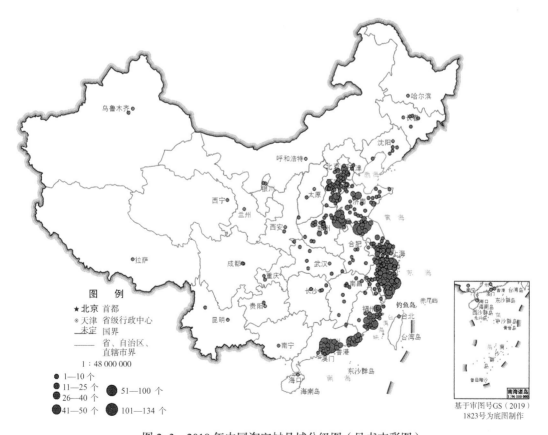

图2-3 2018年中国淘宝村县域分级图（见书末彩图）

大淘宝村集群之列。除此之外，在长江三角洲、珠江三角洲、苏北、闽东南以及潮汕等地区，存在大量淘宝村数量在30个以上的县域。相比于东部地区的高密度分布格局，中西部及东北地区的县域淘宝村数量普遍较少，基本处于5个以下的低水平区间。河南省新郑市和洛阳市洛龙区是为数不多的淘宝村数量超过5个的中西部县域。辽宁省海城市是唯一淘宝村数量超过5个的东北地区县域。

  乡村电子商务兴起的路径在县域层面也呈现出非常有趣的南北差异。在2018年全国十大淘宝村集群中，来自长江以南的义乌、温岭、乐清、慈溪、永康、瑞安、普宁七个县市的淘宝村，均建立在当地强大的产业基础上，属于传统产业"+互联网"类型；而来自长江以北的三个县区——曹县、睢宁县和宿城区的淘宝村均为"无中生有"，在"互联网+"推动下形成产业集群的典范。

图2-4　2017年中国县域淘宝村比较统计地图分布图

2.1.2　区域梯度格局

  从多尺度地理分布格局可以看出，中国淘宝村当前的空间分布极不均衡。通过省级行政单元的统计可以清楚地看到，近两年全国范围内淘宝村的"东中西"横向梯度开始逐渐显现（见前表2-1，图2-5）。2018年，东部省份淘宝村总数之和占全国淘宝村的96.47%，中部和东北省份的比例为3.09%，西部仅为0.44%，虽然东部地区仍占据绝对优势，但东中西的梯度格局初步浮现。从绝对数量上来看，2018年中部和东北地区共有淘宝村99个（其中东北地区分布13个），西部地区分布有14个，分别为2014年同期的50倍、7倍。中部和东北省份近两年开始进入快速发展时期，成为增长的新亮点。

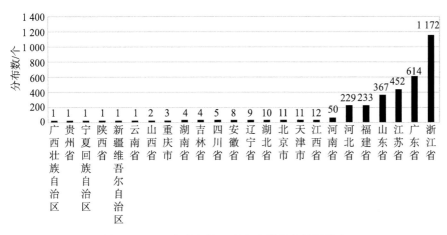

图 2-5　2018 年全国淘宝村各省份分布统计排序

1）东部：高密度面状分布

东部地区良好的产业基础、优越的空间区位、务实的思想观念以及完善的基础设施为乡村电子商务的发展提供了强有力的保障。同时，由于淘宝村"裂变式"增长模式的长期存在，新增淘宝村主要集聚在东部地区，使得东部地区尤其沿海六省的淘宝村总量保持绝对领先的地位，空间集聚强度持续增大。2018 年东部省份淘宝村总数达到 3 089 个，占全国总量的 96.47%，其中河北、山东、江苏、浙江、福建、广东六省之和更是占到了全国总数的 95.78%，虽然较 2016 年的 97.25% 略有下降，但仍占据了淘宝村数量的绝大部分。2016 年沿海六省淘宝村新增量占全国比重的 97.37%，2017 年这一比例为 93.31%，2018 年为 95.85%，超高的新增比例反映了东部地区强劲的"造血能力"。计算 2016—2018 年淘宝村、镇的平均最近邻比率，三年的结果均满足统计学显著性的要求，表明淘宝村和淘宝镇的分布具有较强的集聚特性，而且集聚度持续强化。单独筛选以 2014 年、2018 年为起止年份的新增淘宝村进行全局莫兰指数和平均最近邻分析，可以看到东部地区新增淘宝村的空间集聚水平亦显著高于同年全国平均水平，整体呈现出团块状的乡村电子商务产业集聚。尤其浙江全省、冀中南、鲁西南、苏北、苏南、闽东南、潮汕、珠江三角洲等区域，呈现出若干个县域淘宝村连绵发展的状态。

不断加密的集聚态势使得东部地区淘宝村"北中南"三大集聚区的分布格局进一步得到强化。北部集聚区以鲁西南的菏泽市以及苏北的徐州—宿迁交界地带最为活跃，是全国淘宝村增长最为显著的板块；中部集聚区以长江三角洲区域为核心地带，产业基础良好，区域整体发展稳健；南部集聚区以潮汕地区最具代表性，专业镇时期积累的制造业优势得到持续释放。在三大集聚区内，淘宝村的空间分布密度不断提高，业已形成淘宝村集群连绵发展的态势。2018 年，浙江省成为首个淘宝村数量过千的省级行政单位，超过 1/3 的新增淘宝村出现在浙江；广东省位列第二，新增淘宝村数量占全国总增量的18.73%；江苏、山东两省新增淘宝村占比也双双超过10%。部分处于东部地区相对边缘区位的城市，在淘宝村发展方面展现出很高的活跃度，最为典型的如菏泽、金华、宿迁、揭阳等城市。

2）中部与东北：中密度岛状分布

中部地区六省（河南省、安徽省、江西省、湖北省、湖南省和山西省）和东北地区两省（辽宁省、吉林省）形成了淘宝村分布的第二梯队，2018年淘宝村总数达到99个，占比为3.09%。随着电商认知的不断深入和区域合作的不断开展，淘宝村在以河南为代表的中部地区进入快速增长阶段，无论在分布数量还是覆盖广度方面都得到显著提升。从新增淘宝村的分布情况来看，2017年，河南全省新增淘宝村21个，分布于安阳、洛阳、南阳、新乡、郑州、漯河六市；湖北、辽宁两省各新增淘宝村3个，分别位于十堰、咸宁、宜昌和本溪、葫芦岛、辽阳。2018年，河南再增淘宝村16个，其中邻近省会的新郑市表现最为抢眼；湖北、江西两省分别以6个、4个的年增量紧随其后。就整体密度而言，中部与东北地区虽与沿海六省存在较大差距，但以两至三个相邻县域连接成片的中密度岛状集群已经出现，如河南的洛阳—郑州地区，鄂西的十堰—宜昌地区，辽中的本溪—辽阳—鞍山地区等。最典型的集群有河南省洛阳市的洛龙区（钢质家具）— 孟津县（唐三彩、牡丹花画）— 偃师市（大鼓）、河南省的长葛市（蜂产品）— 新郑市、安徽省泾县（宣纸）以及江西省景德镇市昌江区（陶瓷）等。

相较于制造业基础雄厚的沿海地区，中部、东北等省份的淘宝村主营产品更具地方特色，涉及农特产品、传统手工艺以及工业制品等多个领域。尤其在人文积淀深厚的中部地区，电子商务在辅助创业者开拓线上市场的同时，激活了传统乡镇中被规模化生产大幅度挤压的传统手工业，而它们的复兴迅速催生出一批带有浓郁民俗气息的淘宝村，如湖北省十堰市郧西县涧池乡下营村（绿松石手工艺制品），河南省许昌市建安区灵井镇霍庄村（社火道具），河南省洛阳市孟津县平乐镇平乐村（牡丹花画）、孟津县朝阳镇南石山村（唐三彩）、偃师市缑氏镇马屯村（大鼓），安徽省泾县丁家桥镇李园村（手工宣纸）等。这些极具地方特性的传统手工业大多具有百年以上的历史传承，虽然难以形成较大的产业规模，但对于保护历史文化传统、繁荣地方经济、重塑乡村治理等具有非常重要的意义。近年来，各级政府对于乡村发展持续的推动和投入，使得中部和东北地区的基础设施水平显著提高，尤其省会及大中城市的商贸、物流体系的持续优化为周边乡村地区发展电子商务奠定了良好的基础，涌现出多个农产品特色淘宝村，典型如紧邻河南省省会郑州市的长葛市（隶属于河南省许昌市），拥有4个淘宝村，网店数量已发展到1 200多家，线上年交易额突破17亿元，形成全国知名的地标性、专营化、供应链体系完善的蜂业电商集群[④]。农产品淘宝村的出现不仅丰富了乡村电商的产品类型，更重要的是为农业发展、农产品上行探索了成功的路径。

3）西部：低密度点状分布

在广袤的西部地区，淘宝村的空间分布仍呈现低密度特征，增长较为缓慢。在很长一段时期内，淘宝村仅在四川省成都市郫都区、云南省大理白族自治州鹤庆县等地零星分布。2017年西部地区共有11个淘宝村，分布于8个省、自治区、直辖市。其中广西壮族自治区、贵州省、重庆市、陕西省、宁夏回族自治区和新疆维吾尔自治区6个省、自治区、直辖市在这一年实现淘宝村零的突破。2018年，没有新的省份发现淘宝村，仅四川、重庆两省市数量上有所增加，使得西部地区淘宝村总数增至14个，但总占比仍不足0.5%，大多以经营特色农副产品和生活用品为主。淘宝镇在2017年曾发现一个（四川省成都市郫都区安靖镇），2018年随着淘宝村的消失淘宝镇也消失了。

受自然地理环境、基础设施条件、经济发展水平和人才集聚程度等多方面因素的制约，西部省份自发形成淘宝村的难度日益增大。大部分西部地区的淘宝村是特色型淘宝村，它的形成主要依靠自身的资源禀赋和传统手工业，因此产业发展具有明显的地方黏性，较难被大规模工业化生产替代或模仿复制，产业规模相对较小，扩散效应不足。淘宝村在空间上多呈点状分布特征，且大部分位于省会或门户城市周边，具有相对较好的综合发展条件。如云南省大理白族自治州鹤庆县草海镇新华村（传统手工银器）、新疆维吾尔自治区乌鲁木齐市沙依巴克区仓房沟村（蜂蜜）以及贵州省贵阳市息烽县永靖镇立碑村（农特产品）等。这一空间分布特征在一定程度上体现了技术、人才空间扩散的规律。

2.1.3 边缘区位浮现

随着淘宝村数量的不断增加，淘宝村空间分布的边缘区位特征逐渐浮现。以淘宝村分布最为密集的长江三角洲地区（苏浙沪两省一市）为例，2014—2018年淘宝村的分布位置均与区域中心城市形成不同程度的错位[1]。在长江三角洲区域中心城市中，上海、南京市域范围内均没有发现淘宝村，即使杭州市的淘宝村也分布在杭州都市区的外围区域。结合2018年新增淘宝村的空间分布，与区域中心城市错位的现象更为明显，并表现为双重边缘效应：第一重是淘宝村及其集群大多分布在区域中心城市的边缘；第二重是不在区域中心城市边缘的淘宝村及其集群大都分布在长江三角洲城市区域的边缘。

1）中心城市尺度的边缘效应

利用回转半径统计法，以沪宁杭三市的市中心⑤为圆心，分别做半径不同的圆来考察中心城市的边缘效应。以上海市中心为圆心分别做半径为15 km、40 km、80 km的圆，将0—15 km的圆形区域认定为城市中心区⁶，将 15—40 km 的环形区域认定为城市近边缘地带⁷，而 40—80 km 则被认定为城市远边缘地带⁸。考虑到不同城市等级与规模的不同，宁杭两市的回转半径相应缩小为 10 km、30 km、60 km。回转半径统计法虽然能够形象地用直线距离表征出城市中心区范围、近远边缘地带，但是考虑到城市形态各异，其对于城市地带范围的估测难免存在误差，于是研究同时基于城市市区的缓冲区统计法来测算其近远边缘地带内的淘宝村个数，通过两种方法双向验证结论。如上海市采用位于主城区的杨浦、虹口、闸北、普陀、静安、黄浦、卢湾、徐汇、长宁、闵行 10 个区作为城市的中心城区范围，以中心城区向外 30 km 做缓冲区，将其认定为城市的近边缘地带，向外 30—80 km 做环形缓冲区，将其认定为城市的远边缘地带，分别统计其落在两个地带的淘宝村数量。宁杭两市以此类推（表 2-4）。

观察结果呈现明显的差异性。距南京市中心 30 km 的范围内没有淘宝村，基于中心城区的外围 80 km 内也只出现了 7 个淘宝村，淘宝村空间分布的城市边缘效应在南京市并不存在。上海市的情况和南京市在城市近边缘地带基本类似，而在远边缘地带则完全不同。距上海市市中心 40 km 的范围内仅发现 2 个淘宝村，但在 40—80 km 的环形区域内淘宝村的数量激增为 73 个。统计距中心城区不同距离范围内的淘宝村数量，可以看到上海中心城区外 0—30 km 的地带仅发现 9 个淘宝村，但在 30—80 km 的区域内淘宝村数量增长到 146 个，两种方法得出的统计特征高度相似。杭州市不同回转半径下淘宝村数量的统计情况则与沪宁两市的情况完全不同。杭州市近边缘地带和远边缘地带两个圈层内的淘宝村数量都较多且数量接近，而基于城市中心区不同距离范围统计的淘宝村数量特征也基本类似（表 2-5）。

表 2-4 沪宁杭三市基于城市中心不同回转半径下淘宝村个数的统计

区域	上海市 / 个	杭州市 / 个	南京市 / 个
城市中心区	0	3	0
近边缘地带	2	85	0
远边缘地带	73	100	0

表 2-5 沪宁杭三市距中心城区不同距离范围内淘宝村个数的统计

距离中心城区的距离	上海市 / 个	杭州市 / 个	南京市 / 个
0—30 km	9	167	0
30—80 km	146	198	7

通过对沪宁杭三市的分析可以看到，淘宝村在单个区域中心城市尺度具有明显的、或近或远的边缘分布效应，总体并未远离大城市的辐射范围。而沪宁杭三市三种不同的空间分布特征，在一定程度上反映了这种空间分布的边缘效应具有强烈而明显的选择性。沪宁杭三市边缘的乡

村地区往往基础条件都较好，具备高度普及的信息技术网络以及电子商务的发展环境，产业基础相对其他区域而言也更为雄厚，且大城市周边基础设施建设一般较为完备，空间管制相较于城市建成区较为宽松。这些都是淘宝村产生并集聚的驱动因素。然而由于沪宁杭三市均有其自身独特的产业基础与发展环境，因此周边区域淘宝村的分布并没有因具备相似的驱动因素而呈现相似的发展状态。

具体而言，南京市都市短途休闲旅游度假需求巨大，由此引致乡村旅游大量出现，政府和民间资本也更倾向于通过满足都市需求来建设乡村，于是美好乡村建设成为近郊乡村发展的主要模式，并形成良好的示范和带动效应。如南京都市近郊范围内的江宁区，通过美丽乡村"五朵金花"的打造逐渐形成全域乡村旅游的格局，于是南京市远郊区的溧水、高淳以及镇江市句容等地纷纷效仿。上海市作为国际性大都市，其近郊土地价值普遍较高，中心城区强烈的辐射与带动效应使得近郊乡村人口大多呈现多元兼业状态，以收租为主体的综合收入水平较高，总体缺乏草根创业的动力。而杭州市无论远、近边缘区域都在不同程度上受到中心城区互联网经济的影响，加上浙江省长期以来坚实的民营经济基础，导致淘宝村大量涌现，并呈现显著的集聚发展势头。

2）长江三角洲城市区域尺度的边缘效应

淘宝村的空间分布在长江三角洲城市区域尺度存在着第二重边缘效应。从2018年淘宝村空间分布图可以看到，除了中部环太湖地区与杭绍甬地区集聚了大量淘宝村外，浙中南和徐宿地区是另外两大密集分布区域，且均位于长江三角洲核心区域——沪宁杭甬城镇带的外围边缘[2]（图2-6）。一南一北两个地区淘宝村的出现、发展与扩散的机制与中心城市尺度下的机制完全不同。交通不便、资源紧张的浙中南区域属于长江三角洲两省一市的南部边缘，淘宝村的出现主要基于地方长期以来自发形成的"块状经济"基础。源远流长的经商、创业传统与电子商务的有机结合迅速孕育出大量淘宝村、镇。江苏北部的徐州—宿迁地区的"边缘气质"则更为明显，属于典型的经济相对落后地区，产业基础近乎为零，仅仅凭借当地人民的草根创业精神和低成本的互联网创业环境，10年时间发展为长江三角洲区域三大淘宝村集群之一。

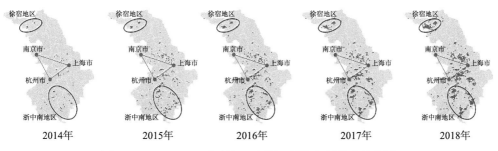

图2-6 2014—2018年长江三角洲区域淘宝村分布散点图

2.2 集聚与裂变

2.2.1 三大区域的空间集聚

淘宝村不仅高度集聚于东部沿海地区，而且集聚趋势不断加强。计算 2016 年淘宝村和淘宝镇的平均最近邻比率，结果显示比率为 0.22 < 1，z 得分[9]为 −53.85 < −2.58（呈现明显的聚类特征），显著性水平 p 值[10]小于 0.001（99.9% 的置信度），具有统计学上的显著性，表明淘宝村分布具有较强的集聚特性。根据定量测度，淘宝镇在空间上的集聚程度比淘宝村更为强烈。进一步计算 2017 年淘宝村的平均最近邻比率，结果显示比率为 0.18 < 1，z 得分为 −71.76 < −2.58（呈现明显的聚类特征），显著性水平 p 值小于 0.001（99.9% 的置信度），相比 2016 年呈现出进一步集聚的趋势。淘宝村在东部地区的集聚也不是均衡的，根据 2016 年以来的观察，淘宝村在东部地区日益形成较为明显的"北中南"三大集聚区域（图 2-7）。

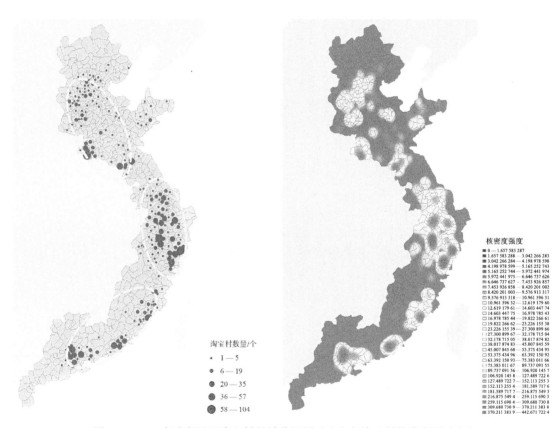

图 2-7 2018 年东部地区淘宝村县域分级图（左）与淘宝村核密度图（右）

1）南部集聚区

南部集聚区由珠江三角洲、潮汕和闽东南三个相对独立的团块状集聚区构成。由于毗邻港澳台，这一区域是改革开放的前沿，早期通过发展"三来一补"的外向型经济，逐渐形成服装、电子、食品、玩具等优势产业。电子商务的发展进一步拓宽了销售渠道、提升了产业链的整合程度，并且促进了人口、资金、技术等各类生产要素由广深等贸易窗口城市向产品原产地回流，涌现出普宁服装、澄海玩具等代表性淘宝村集群。

2）中部集聚区

中部集聚区主要包括浙江全省和江苏省南部地区，这里是全国淘宝村分布最为集中的区域，集聚了超过40%的淘宝村。2017年全国淘宝村最多的10个城市有6个位于这一区域（金华市、温州市、台州市、杭州市、宁波市、苏州市），2018年依然有6个城市进入前十，只是嘉兴替换了苏州。这一区域既是中国乡镇企业、个体私营经济最为发达的地区之一，同时也是中国电子商务的发源地，具有最为坚实的产业基础。同时由于其地处长江三角洲核心区域，密集的交通网络和居中的地理位置使得该区域的产品在运输效率和运输成本上最具优势，可以便捷地辐射全国最主要的消费市场。

3）北部集聚区

北部集聚区覆盖地域相对较大，主要包括苏北、鲁南以及冀中南地区，近年来淘宝村呈现爆发式增长，集聚程度不断提升。例如山东省菏泽市淘宝村数量由2014年的7个增长到2018年的269个，淘宝村总量甚至超过浙江省金华市位列全国第一。北部区域基于属于华北平原农业经济区，经济发展水平和产业基础远远落后于中部和南部区域，大多数村庄在形成淘宝村之前，产业基础十分薄弱，人口、资金等生产要素长期处于外流状态，在一定程度上属于乡村衰败地区。电子商务的全球链接特性与乡村低成本创业环境的结合，开启并加速了当地乡村的产业化进程，催生出菏泽曹县（演出服饰）、徐州睢宁（家具产业）、宿迁沭阳（花卉苗木）等一批新兴淘宝村集群，为乡村振兴探索出新的途径。

2.2.2 持续的裂变式增长

淘宝村、镇高度密集地分布在东部沿海地区这一显著的空间特征，与新增淘宝村的裂变式增长模式密切相关。淘宝村、镇虽然在数量上快速增长，但在空间分布上并未呈现显著的扩张性，更多地呈现为一定范围内（县域）的邻近增长状态，即新增淘宝村多数出现在原本就较为集中的地方，仿佛细胞的裂变增殖[1]。2014—2018年淘宝村的分布省份从10个增加到24个，然而新增的14个省份淘宝村的总量仅为59个，只占新增数量的2.0%，淘宝村在新增地区远未形成集聚发展的态势。相比于2016年，在2017年新增的淘宝村中，有94%仍位于东部沿海的六省二市中,有63%位于59个淘宝村集群中。计算2015年、2016年和2017年新增淘宝村数量的平均最近邻比率,结果表明新增淘宝村在空间上具有很强的集聚性,并且集聚程度不断提高,绝大部分新增的淘宝村位于原本分布就较为集中的沿海六省(图2-8、图2-9),占到新增数量的95%以上。2014—2017年淘宝村数量由212个增加至2118个,数量增长近9倍,但是淘宝村的集聚范围增幅仅为165%,分布空间扩张的趋势远不及数量扩张的趋势,裂变式增长的特征非常显著。

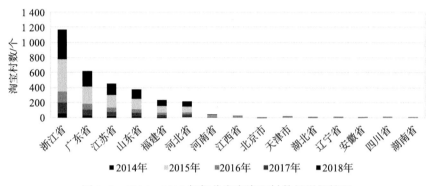

图2-8　2014—2018年部分省市淘宝村数量增长情况
(其中2014年为初始值)(见书末彩图)

计算2015年、2016年和2017年新增淘宝村数量的平均最近邻比率,结果显示比率始终小于1,并且呈现逐年减小的趋势,表明其集聚程度不断提升,z得分小于-2.58(呈现明显的聚类特征)并且绝对数值持续增大,显著性水平p值小于0.001(99.9%的置信度),具有统计学上的显著性(表2-6)。

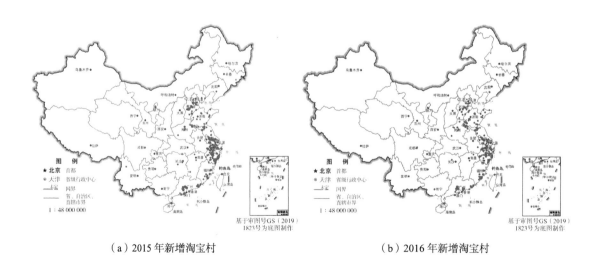

(a)2015年新增淘宝村　　　　　　　(b)2016年新增淘宝村

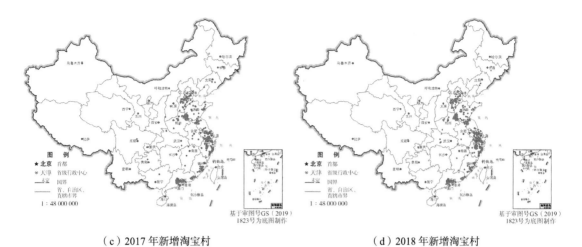

（c）2017年新增淘宝村　　　　　　　　（d）2018年新增淘宝村

图 2-9　2015—2018 年新增淘宝村空间分布图

表 2-6　2015—2017 年新增淘宝村空间分布的平均最近邻计算结果

项目	2015 年	2016 年	2017 年
最近邻比率	0.283 328	0.253 647	0.237 313
z 得分	−32.618 166	−35.752 726	−44.710 576
p 值	0.000 000	0.000 000	0.000 000

　　除全国尺度上的空间集聚，淘宝村集聚范围的变化也反映了裂变式增长的特征。通过对 2014—2017 年淘宝村进行多距离空间聚类分析发现，淘宝村在一定距离内的集聚程度均高于随机分布的最大值，并全部通过检验。2015 年和 2016 年淘宝村集聚峰值出现的距离明显比 2014 年延后，淘宝村的空间集聚范围由 2014 年的 8.5 km 扩展到 2016 年的 17.4 km，至 2017 年进一步扩展为 22.5 km（图 2-10），表明淘宝村向外扩张的距离迅速扩大后趋于稳定。

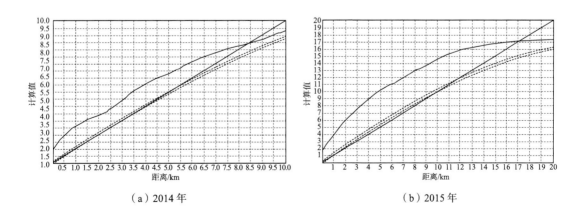

（a）2014 年　　　　　　　　（b）2015 年

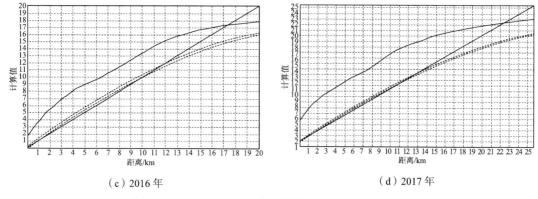

图 2-10 2014—2017 年淘宝村多距离空间聚类分析图

为进一步阐述淘宝村在一定范围内的裂变机制，下文将通过两个典型案例进行详细说明。案例研究选取调研过程中发现的两个典型地区——山东省曹县和广东省普宁市作为对象，其中山东省曹县是区位交通不便、产业基础薄弱、人口和资金外流严重的典型北方欠发达地区，而广东省普宁市则是产业基础雄厚、交通运输便利、人口众多的东南沿海发达地区。两地基础条件差距明显，但却都产生了数量众多的淘宝村（山东省曹县在 2017 年的淘宝村数量为 74 个、2018 年为 113 个，广东省普宁市在 2017 年的淘宝村数量为 52 个、2018 年为 64 个，两地均位列全国十大县域淘宝村集群），这为深入分析淘宝村的空间变化过程提供了极佳的对比研究素材。以曹县和普宁市两个县域作为研究对象，能够较好地代表当前淘宝村集聚区的发展历程和空间变化特征，有助于从县域空间单元深入分析淘宝村的发展变化情况。

1）山东省曹县

（1）发展概况

曹县位于鲁豫两省八县交界处，由于远离省内主要经济区，工业基础较为薄弱，长期以来是山东省的经济洼地，省级贫困县。其县域面积约为 2 000 km^2，人口近 170 万人，是山东省人口最多的县（市）之一。作为人口大县，曹县长期以来处于人才、资金单向外流的尴尬境地。近年来，以大集镇为代表的乡村地区掀起了一股发展电子商务的热潮，依靠表演服饰、木制品加工等特色产业，推动农村电子商务实现裂变式增长。自 2013 年大集镇的丁楼村和张庄村首次被认定为淘宝村以来，全县淘宝村数量从 2013 年的 2 个发展到 2017 年的 74 个（图 2-11，表 2-7），占菏泽市（地级市）总量的 44%，占全省的比例也超过 30%，位列 2017 年全国十大淘宝村集群第三位，仅次于浙江的义乌市和温岭市。大集镇、安蔡楼镇、梁堤头镇、阎店楼镇、青菏街道、普连集镇、倪集街道、庄寨镇、孙老家镇 9 个镇（街道）入选"中国淘宝镇"，其中大集镇 32 个行政村实现淘宝村全覆盖，位列全国十大淘宝镇第二位，仅次于义乌市的江东街道。2017 年曹县全县农村电子商务交易额突破 50 亿元，从事电子商务的大型个体加工户达 1 300 余家,网店 3.5 万余家,其中表演服饰产品占阿里巴巴电商平台同类目销售份额的 70% 以上。

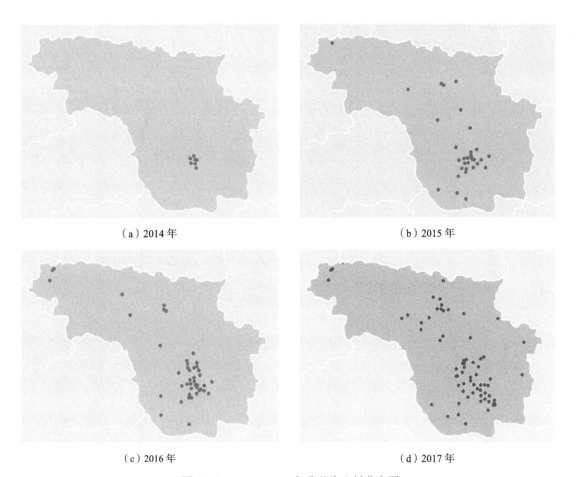

图 2-11　2014—2017 年曹县淘宝村分布图

表 2-7　2014—2017 年曹县各乡镇淘宝村分布情况

单位:个

序号	乡镇名称	2014 年	2015 年	2016 年	2017 年
1	大集镇	6	16	27	32
2	安蔡楼镇	1	5	6	13
3	梁堤头镇	0	3	3	3
4	阎店楼镇	0	3	3	6
5	青菏街道	0	2	3	5
6	普连集镇	0	1	1	4
7	倪集街道	0	1	1	3
8	庄寨镇	0	1	3	3
9	朱洪庙乡	0	1	1	1
10	孙老家镇	0	0	0	3
11	仵楼镇	0	0	0	1
	合计	7	33	48	74

（2）电商发展过程与主要驱动因素

曹县电商产业迅速壮大、淘宝村快速增长的主要驱动因素主要有以下三个方面：蓝海产品接入广阔市场，熟人网络推动近域复制，政府支持推动全域普及。

① 蓝海产品接入广阔市场

曹县的淘宝村最初发端于大集镇。大集镇地处曹县东南部，共有32个行政村，4万多人口，在发展电子商务产业之前以农业为主，大量劳动力外出务工，是一个典型的一无工业基础、二无资源优势的黄淮平原农业乡镇。在20世纪80年代末期，当地有部分农民从事影楼布景、摄影服饰制作等工作，并通过肩挑背扛将服装拿到城市中推销或租赁，但由于市场需求有限，生产规模始终维持在较低水品。

2010年左右，镇域内的丁楼村有村民尝试在网上销售演出服饰，并迅速打开了市场。由于生产便捷、利润丰厚，周围村民开始纷纷效仿，并推动了当地农村电子商务产业的爆发式增长。如今大集镇网店数量已突破1万家，注册公司近400家，形成了从原料、服装到配件的完整产业链条，可生产约3 000种各类款式的服装[①]，电商产值从2013年的3亿元发展到2016年的20亿元，2017年仅在"六一"期间就完成了销售额12亿元[②]。在2013年首届"中国淘宝村高峰论坛"上，大集镇的丁楼村、张庄村被评为淘宝村，是当时唯一拥有2个淘宝村的乡镇。2014年该镇淘宝村数量增加至6个，并在当年举办的"中国淘宝村高峰论坛"上被评为中国"淘宝镇"。随后的几年，大集镇迎来了淘宝村数量的井喷式增长，2015年全镇淘宝村数量达到17个，2016年达到27个，至2017年年底大集镇全域32个行政村实现了淘宝村全覆盖，淘宝村数量仅次于浙江省义乌市江东街道，位居全国第二位。大集镇的电商产业直接带动全镇近2万人从事演出服饰加工行业，还吸引了周边村庄及乡镇近万名村民来此就业，全镇开设有20余家大型布匹批发店，专门从浙江义乌、绍兴柯桥等地采购原料，吸引了申通、圆通、韵达等18家物流公司在此开设网点。

大集镇演出服饰产业（图2-12）的发展看似一个偶然事件，实则不然。当地网商充分利用了互联网的长尾效应，将原本在线下属于小众商品、实体店铺难以经营的演出服饰通过互联网对接到广阔的外部市场，抢占了这一蓝海产品的先机。大集镇电商的迅猛发展也离不开外部环境的支持。近10年来，中国影视业、演出业处于大发展、大繁荣时期，2008—

图2-12　曹县大集镇生产的表演服饰

2016年全国电视剧交易额每年增速超过20%，电视剧制作量每年增速超过10%[13]。近年来文艺汇演、广场舞比赛、儿童表演活动等更是数量庞大、增长迅速，这些均为演出服饰产业提供了巨量的市场需求。另外，由于演出服饰使用时间短、使用次数少，对于服装质量、材质面料等方面的要求相对较低，这也在一定程度上契合了乡村产业发展初期产品低价低质的特点。上述因素的共同作用促使大集镇这样一个一无区位优势、二无产业基础的贫困乡镇实现了电商产业的快速发展。有了大集镇的成功经验，发展电商的热潮迅速蔓延至曹县其他乡镇，并依托原有的特色产业形成了如木制家具、四件套、床上用品、牡丹产品等其他的主打产品。

② 熟人网络推动近域复制

a. 乡土社会促进知识传播

由于演出服装的制作仅需要简单的布匹原料和缝纫设备，所需资金相对较少，因此开设网店的技巧便成为电商项目能否快速扩散的关键。由于早期创业者都经历了相对漫长的摸索阶段，成功运营网店的系统性知识对于后来者而言门槛已相对较高。然而中国的乡村地区时至今日仍然还是一个以血缘关系和宗族关系所维系的熟人社会[3]，同村或邻村的学习者与早期创业者大都有着或多或少的血缘与亲缘关系，这一感情纽带在一定程度上充当了原始的信用筹码。在学习过程中，碍于情面，早期创业者不得不传授一些开设网店的知识和技巧。而这在无形中推动了隐形知识或曰缄默知识的快速传播，有效降低了学习成本，推动了电商项目的快速扩散。

大集镇电商规模的快速增长正是得益于熟人网络之间的不断学习、模仿与创新。任庆生是大集镇最早从事电子商务活动的几户村民之一，最初是他和妻子周爱华抱着试试看的心态尝试开设网店，创业成功后，便将女儿也请到自己的店铺中共同经营。任庆生靠着开网店迅速致富的消息在村里引起了轰动，村民纷纷前来效仿学习（图2-13）。任庆生的堂兄弟任庆方、任庆勇先后向他学习了开设淘宝店的技巧。随着经营规模的不断扩大，生产、包装、客服等分工不断细化，单纯依靠核心家庭已经难以满足不断增加的用人需求，于是很多电商创业者便就近招聘村民前来帮忙，而这个过程实质上相当于对其他村民的一次系统性培训。当应聘者掌握了开设网店的技巧后，便可能选择离开、单独创业，这促使了网络店铺裂变和分立的发生，形成电商产业扩

图2-13 曹县农村电商发源地——庆生表演服饰有限公司

散的雪球效应，从而使淘宝村步入一传十、十传百的加速扩散阶段。

涟漪式的熟人社会的传播在空间上表现出明显的近域扩散效应。曹县淘宝村的发展最早以大集镇丁楼村为核心，而后临近丁楼村的张庄村也开始有村民尝试开设网店，并在2013年与丁楼村一起成为中国首批淘宝村。2014年，曹县新增的5个淘宝村中有4个位于大集镇，并且都位于丁楼村和张庄村的附近。唯一一个位于大集镇之外的淘宝村是邻近的安蔡楼镇火神台村，其与丁楼村的实际距离不足2 km。2015年，淘宝村范围继续扩大，在大集镇范围内包括镇区周边的若干个村庄也成为淘宝村。同时在大集镇的带动下，周边的梁堤头镇、阎店楼镇也开始出现淘宝村。与此同时，由于地方政府的积极介入，熟人网络的扩散半径和扩散效率快速提升。当空间距离超过一定范围后，大集镇的工艺基础和配套服务便难以覆盖，因此周边乡镇的学习模仿也不仅仅局限于对演出服饰的简单复制，而是结合本地特色，在学习大集镇电子商务发展模式的基础上发掘新的主营产品。例如曹县北部的青菏街道、倪集街道依托当地的木材资源发展木制工艺品加工业，曹县西北部的庄寨镇则利用原有产业基础发展家具和建材业，都取得了较好的效果。自此以后曹县全县的淘宝村在空间上呈现多点开花的局面，并在其后的几年保持快速发展态势。

b. 返乡人员促进要素下沉

大量淘宝村的形成过程表明，接触了先进知识和前沿技术的返乡创业人员，成为互联网时代的乡村精英，并在之后的产业成长和扩散过程中承担起电商发展带头人的责任，是推动淘宝村形成的重要动力。曹县是人口大县，全县约有170万人，仅次于滕州市位居山东省县（市）第二位，在发展农村电子商务之前，与大多数黄淮地区的贫困县一样，长期处于人口净流出状态。由于当地难以提供足够的就业岗位，青壮年劳动力纷纷南下江浙或者到省内的济南、青岛等大城市打工。由于人口众多，曹县外出求学的年轻人数量也很大。淘宝村的快速发展使得过年回乡探亲的外出务工青年看到了巨大的商机，"在外东奔西跑，不如回家淘宝"逐渐成为当地人的共识，越来越多在外务工人员开始返乡创业。与此同时，当地政府也积极鼓励在外务工的曹县人返乡创业（图2-14）。2014年春节前夕，曹县县长亲自在火车站向返乡探亲的外出务工人员发放《县委县政府致曹县在外务工及创业人员的一封信》。同时当地配套出台大量政策为返乡人员提供便利条件[14]。2013年至今，曹县已有超过1.5万人返乡创业，仅在大集镇就有5 000多名

图2-14 当地政府鼓励回乡从事电子商务的标语

外出务工人员、近200名大学生回乡创业。而在当地的企业经营者中，有80%是35岁以下的年轻人。返乡人员带回了资金、技术以及先进的经营和管理理念，实质性地打通了由城到乡的生产要素流通渠道，改变了乡村地区长期以来资金、人才单向外流的尴尬境地，促进了当地淘宝网商的迅速壮大，在淘宝村的裂变式发展中起到了重要作用，也使得长期困扰农村的留守儿童和空巢老人问题得到了解决。

赵同银原是曹县大集镇丁楼村村民，年轻时便外出打工，常年在青岛、烟台的韩国服装企业工作。一次回乡探亲的时候偶然发现电子商务产业的商机，他毅然辞掉了在烟台的工作，回乡创办一诺拉丁服饰有限公司，从事儿童表演服装的生产和销售。凭借之前工作时学到的生产经营和管理经验，他的公司规模迅速扩大，并在大集镇南北两地均开设工厂，还承担起管理培训和技术指导的角色，成为大集镇电商产业的带头人之一。由于之前的工作经验，他在当地最先提出申请商标、保护知识产权的号召，在大集镇演出服饰的规范化经营过程中发挥了重要作用。

③ 政府支持推动全域普及

曹县淘宝村的裂变式增长离不开政府全方位、多层次的扶持。在曹县大集镇，电商产业发展之初并不引人注目，镇政府工作人员的一次消防检查中偶然发现了这一悄然生长的产业，随即开始了大力引导和扶持，为曹县乡村电商的初期发展争取了宝贵的时间和空间。由于淘宝村在诸多方面的示范效应，上级政府也对淘宝村的发展给予了高度关注和支持。2014年10月，时任山东省省长郭树清首提"大集经验"，提出政府要着力营造更好的发展环境，推动新兴产业和新型业态持续、健康发展。2015年2月，菏泽市政府出台《关于加快全市农村电子商务发展的意见》，明确提出将农村电子商务发展纳入政府考核体系。2015年10月，时任中央政治局常委、国务院副总理张高丽专程到曹县大集镇调研电商发展情况。2015年12月，山东省首批电子商务示范县正式公布，曹县位列其中（全省共10个）。上级政府的关注进一步加速了基层政府对当地淘宝村的支持力度。从曹县淘宝村的发展历程来看，当地政府对农村电商的支持主要表现在三个方面：成立电商服务专设机构、率先优化基础设施、"精明"保障空间需求。

a. 成立电商服务专设机构

为了加快当地电子商务的发展，曹县大集镇政府专门成立了淘宝产业发展领导小组（图2-15）；并出台了相关优惠政策，派专人为服饰企业一站式办理各种证件，免费为商户办理企业

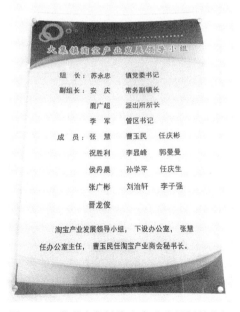

图2-15 曹县大集镇淘宝产业发展领导小组

公司注册、税务登记、银行开户等各类手续,为村民开设网店提供了巨大便利。淘宝产业发展服务办公室搭建了村民与政府之间的沟通桥梁,提高了沟通效率和事务处理效率,为电商从业者的经营活动扫除了障碍。电商专设机构还充当网商群体利益代理人的角色。在大集镇的电商产业发展初期,入驻当地的快递企业标价不同,并进行地方保护,迫使商户缴纳高额快递费用,扰乱了当地市场的正常秩序,淘宝产业发展服务办公室立即出面协调此事,通过引入市场竞争机制使得矛盾最终得以平息。

在县级政府层面,曹县 2015 年成立了电子商务公共服务中心,为电商创业者提供资金帮扶、技术培训、办公场地等服务。电商服务中心还多次聘请阿里研究院、中国社会科学院、清华大学等机构的专家学者为曹县淘宝村发展提供技术支持。聘请淘宝大学讲师为商户进行免费授课,对电商经营过程中的工具使用、交易流程、网店装饰等关键环节进行技术培训。同时实施电子商务"领头雁"项目,以返乡创业农民工、大学毕业生等群体为重点培训对象,培养一批乡村电子商务带头人,促进电子商务的快速发展。电商服务中心还联合当地银行,通过简化审批流程、创新信贷产品等方式为网商提供创业资金[4]。

b. 率先优化基础设施

基础设施是电子商务产业发展的重要保障。曹县大集镇所经营的演出服饰有大量的原料和产品运输需求,对于道路交通设施有较高的需求。但在 2013 年以前,大集镇甚至没有一条柏油马路,境内道路基本为土路,难以满足运输需要。电商产业发展起来后,镇政府出资率先对镇域南北向的主要对外通道——桑万路进行拓宽和路面整修(图 2-16),极大改善了交通条件,使得运输车辆通过桑万路可以快速进入济广高速(G35),从而接入区域高快速交通网络。2015 年,当地政府又对丁楼村等七个村庄的主要进村道路进行整修。为保障高峰时期的电力供应,政府积极协调曹县电力局,升级电力线路,增加变压器数量,保障供电的稳定性。2015 年曹县有关部门会同通信公司,对大集镇启动光纤入户工程,极大提升了网络带宽。目前大集镇光纤入户超过 5 000 家,位居全省首位。

图 2-16 曹县大集镇桑万路

c. "精明"保障空间需求

在曹县淘宝村发展的初始阶段,当地多是采用家庭作坊(图 2-17)的方式进行生产。村民将原本用于居住的房屋进行简单改造(图 2-18),混合了生产、仓储、经营、居住等多种功能。或者拆除原有用于养殖的猪圈、牛棚等,建造简易房屋用于生产经营活动。这样一种低成本的方

图 2-17　曹县混乱的家庭作坊

图 2-18　曹县宅基地内正在建设的简易厂房

式为众多电商从业者的创业起步和资本原始积累提供了巨大帮助。但随着产业规模的不断扩大，有限的村内空间已经远远无法满足快速增加的生产需求，并且众多功能的简单混合也会造成诸多安全隐患。

为了保障商户的空间需求，2013 年当地新一届领导班子上任后，开始适度放松土地管控约束，有限度地允许村民利用养殖棚用地或临时租用路边农用地搭建临时厂房。在产业发展最为迅速的丁楼村，众多商户沿桑万路两侧开始大量建设临时厂房，面积多为 500—1 000 m²，发展空间需求的满足为扩大生产规模、提高生产和经营效率提供了巨大便利，当地发展规模最大的几家网商基本都在道路两侧建有临时厂房。

随着产业规模的不断扩大，原料供应、设计服务、物流快递、餐饮娱乐等各类生产和生活配套需求也不断增加。在此背景下，临近丁楼村的孙庄村拆除了沿路本属于国有用地的木材加工厂，将其重新建设为集原料批发、辅料供应、产品展示、金融信贷、餐饮住宿等多种功能于一体的"淘宝一条街"（图 2-19）。桑万路两侧临时厂房和"淘宝一条街"

的建设满足了电商发展初期快速扩张的空间需求，成为区域内电商生产和服务的核心，集聚了大量电商从业者。信息、资金、技术等各种生产要素在这里加速交互，为电商产业的发展提供了有效的空间载体，形成淘宝村快速扩张的动力源。正是由于政府在早期对这些土地使用行为的"善意地忽视"，才促成了这一电商产业核心的形成，为早期乡村电商产业的发展赢得了宝贵的时间和空间，也促使电商产业能够在第一个淘宝村周边爆发式增长。

图 2-19 孙庄村"淘宝一条街"街景

随着大集镇电商产业规模的不断扩大，用地发展需求持续增加，单纯依靠建设临时厂房的做法已经难以维系。在此情况下，县政府通过协调土地指标，调整出 300 多亩（1 亩≈666.7 m²）土地用于大集镇建设电子商务产业园。目前一期 120 亩园区已经建成投入使用，包括农村电商综合服务大楼和 24 间标准化厂房，以及物流配送、技术培训等功能空间，二期工程也已基本建成。大集镇还在镇域中部、镇政府东北侧建设占地 70 亩的金都淘宝商城，以满足商品展示、技术服务、餐饮娱乐等产业配套需求。至此，镇域形成了北部产业园区、南部淘宝村集群、中部电商配套市场的整体格局。镇域南部淘宝村的商户入驻北部的电商产业园区后，就近招聘大量村民从事电商活动，也有效地带动了镇域北部的淘宝村发展（图 2-20）。2016 年以后镇域北部的淘宝村开始大量出现（图 2-21）。政府通过行政力推动电商发展重心转向园区等集中建设空间（图 2-22），在一定程度上扭转了镇域内电商产业南北发展不均衡的局面，促进了全域淘宝村的快速发展。

除大集镇外，曹县其他乡镇也通过建设电子商务园区推动乡村电商产业发展。曹县北部是传统的林木产品加工基地，之前由于受到土地、资金等众多因素制约，产业规模始终难以扩大。2013 年，曹县在普连集镇建设集标准厂房、仓储物流、商业配套于一体的中小企业孵化园，为入驻企业发展电子商务提供便利条件，孵化了睿凡工艺等代表性电商企业，有效带动了曹县北部青菏街道、普连集镇等地的淘宝村发展。

（3）小结

从山东省曹县的案例解读不难看出，产业基础和经济发展水平并非淘宝村形成和扩散的决定性要素。淘宝村作为互联网时代一种新型的乡

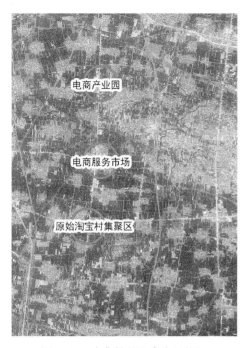

图 2-20　大集镇的电商发展格局　　图 2-21　大集镇历年淘宝村分布图

图 2-22　曹县大集镇淘宝产业园

村产业集群，其形成的初始阶段是乡村创业者通过不断尝试，发掘蓝海产品、形成创业突破和示范效应的过程。基于乡村地区长期以来形成的熟人社会关系网络，淘宝村带头人的财富效应迅速吸引周边村民模仿学习，从而使得短时间、特定地理范围内的从业者数量迅速增加，并产生规模效应。随着一定范围内产业集聚高地的形成，人才、资金、技术等外部生产要素开始不断涌入淘宝村，产业集群逐渐形成并不断扩张，专业化服务以及辅助性的配套环节同步增长，迅速构建起日趋完善的产业生态系统。伴随着众多电子商铺的成长、裂变与分立，实体空间相应地呈现出明显的近域复制特征。基层政府的积极扶持能够在一定程度上促使扩散突破邻近效应，形成尺度跃迁。然而行政力的作用范围通常是有限的，一般只会在行政单元的辖区范围内展开，因而在大尺度上就会表现出明显的行政单元内部集聚和内部裂变式增长的特征，这在一定程度上也可以视为制度邻近性的表现。

2）广东省普宁市

（1）发展概况

普宁市地处广东省东部的潮汕地区，隶属于揭阳市，市域面积约为1 600 km^2，人口约为247万人。作为中国淘宝村集聚分布的核心区之一，广东省潮汕地区的电子商务发展非常迅速，普宁市更是其中的代表。据地方统计，普宁全市电子商务销售额从2011年的6亿元增长到2015年的264亿元，短短5年间增长超过40倍。2016年前11个月完成电子商务交易额324.5亿元，同比增长38%，持续呈现快速发展态势。2016年普宁市拥有3 000多家网批商户，电商个体户和网店数量超过1万家，主要经营家居服、时装、内衣等产品，其中家居服饰销量占阿里巴巴平台总销量的近一半。普宁国际服装城电子商务产业园、"池尾网批一条街"等电商集聚区的影响力日渐扩大。在2016年广东省县域电商大会上，普宁市获评"广东电商十佳县"（第6名）、"广东大众电商创业十佳县"（第1名）、"广东大众网购消费十佳县"（第6名）。普宁市电子商务的迅猛发展与淘宝村的快速发展密不可分。2014年，普宁全市仅有8个淘宝村，至2017年已有52个村入选"中国淘宝村"（表2-8），占揭阳（地级）市的80%，位列全国十大淘宝村集群第六位。池尾街道、流沙北街道、燎原街道、流沙南街道、占陇镇、梅塘镇、流沙西街道、流沙东街道8个镇（街道）入选"中国淘宝镇"，普宁市淘宝村的空间分布呈现出明显的"裂变式"增长特征（图2-23）。

表2-8　2014—2017年普宁市淘宝村数量

单位：个

序号	镇（乡、街道）	2014年	2015年	2016年	2017年
1	占陇镇	4	9	8	5
2	军埠镇	2	2	3	2
3	流沙南街道	1	1	4	4
4	梅塘镇	1	4	4	5
5	燎原街道	0	4	4	4
6	南径镇	0	2	2	1

续表2-8

序号	镇（乡、街道）	2014年	2015年	2016年	2017年
7	南溪镇	0	1	1	0
8	麒麟镇	0	1	1	0
9	下架山镇	0	1	2	2
10	池尾街道	0	0	14	15
11	流沙北街道	0	0	5	4
12	流沙东街道	0	0	0	5
13	流沙西街道	0	0	0	3
14	里湖镇	0	0	0	1
15	大坝镇	0	0	0	1
	合计	8	25	48	52

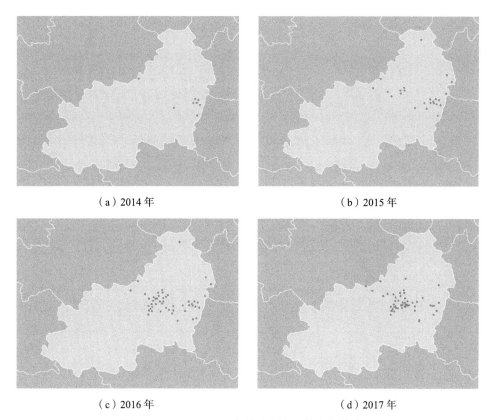

图2-23 2014—2017年普宁市淘宝村分布散点图

（2）电商发展过程与主要驱动因素

普宁市淘宝村的"裂变式"增长与当地的产业基础、文化传统、人口数量以及空间管制等方面存在着密切关系。这些要素的共同作用为淘宝村的快速、就近增长提供了适宜的生态环境。

① 产业基础简化触网流程

不同于山东省曹县，地处潮汕地区的普宁市县域经济发达，2015年全市GDP近700亿元，位居揭阳市各县（市）之首。普宁市是中国最重要的纺织服装产业基地之一，纺织服装是当地最主要的支柱产业，其生产的内衣、衬衣和家居服占全国市场份额的60%以上。2015年行业产值达1 037.8亿元，是揭阳市首个千亿级产业集群。目前已形成涵盖纺纱、织布、印染、辅料、配件、设计等多个环节的产业链，诞生了众多著名商标。

a. 坚实的产业载体

为了推动纺织服装产业升级，2010年普宁市建成广东最大的单体服装批发市场——普宁国际服装城，总用地面积约为20万 m²。商城作为一个大型商业综合体，包含商业街铺、旋转批发商城、综合商务大楼、商业广场、商务酒店等多种业态，同时配置物流中心、检测中心、汽车客运站及派出所等设施和机构，创造了非常适宜电子商务发展的物质环境（图2-24）。近年来随着电子商务的快速发展，商城原本用于服装批发的三至四层已调整为集创业、培训、产业升级示范于一体的电子商务产业园，先后启动了华美电商企业孵化器、电子商务园、三国淘宝培训等多个电商项目，为中小网商的发展创造了便捷的途径。在诞生淘宝村最多的池尾街道，一条穿越上寮村、山湖村等几个村庄，长度仅为2 km的长春路上集聚着数百家网批档口和近20家快递企业，形成了著名的"池尾网批一条街"（图2-25）。

b. 高度分工的产业链

普宁长期以来形成的众多服装加工企业为电商发展提供了一般地区无法比拟的优势。在这一地区发展乡村电子商务产业几乎不需要重构产业链的大部分环节，仅需要将交易环节从实体店切换到电商平台即可。很多具有一定规模的网商通常直接开设加工厂或者将生产环节外包给当地加工企业，自己主要负责款式设计和在线营销。数据驱动生产的模式已经在这里出现。网商开始通过网络预售或点击浏览数据分析、判断消费者偏好，进而根据消费者偏好及时调整款式和生产计划，最后反馈信息给加工企业进行及时生产。这一基于网络数据分析确定生产的模式大大地提高了生产效率，降低了产品的生产和仓储成本。由

图2-24 普宁国际服装城

图2-25 普宁市"池尾网批一条街"

于普宁服装加工企业众多,产业集群基础雄厚,因此不仅加工制造能力突出,设计、研发以及配套服务的成本也相对较低。产业长期发展所形成的高水平、精细化的劳动分工极大地提高了产品的生产效率,能够及时地满足网商不断推出新款或者调整款式的要求。以当地主营的T恤衫(一种短袖套头上衣)为例,一个款式从设计图版发给工厂到成品出厂只需一天,"中国制造"的强大产能在这里体现得非常明显。

② 重商文化推动企业裂变

a. 浓郁的重商文化传统

普宁地处潮汕文化核心区,重商、亲商的文化传统源远流长。潮汕商帮是中国三大商帮之一,与晋商、徽商相比,潮商更是历久不衰,在全世界华人群体内均有较大的影响。当地重商的文化传统与地区的资源禀赋密切相关。由于潮汕地区多山地丘陵,背山面海的地理环境和人多地少的现实困境造就了潮汕人既有精耕细作、勤奋踏实的农耕文化特征,又有敢于冒险、开放拼搏的海洋文化精神。这种重商的文化传统塑造了浓厚的企业家精神氛围。在电商产业的发展过程中,当地网商所雇佣的员工主要是潮汕当地人。而当这些员工掌握了开设网店的技术后,大多数人会离开公司自己创业,于是造就了当地网商数量的快速增长。

b. 深厚的宗族传统

不同于国内很多地区的家庭小型化和少子化趋势,普宁地区多子女家庭比例很高。大部分乡村地区户均人口接近5人(图2-26)。一方面,这与潮汕地区的传统家庭观念息息相关,宗族观念强,崇尚大家庭、大家族;另一方面,由于当地民营经济、个私经济发达,居民大多经商创业,受体制约束相对较小,计划生育政策在当地的执行并不严格,从而长期保持着多子女的家庭结构。多子女家庭使得普宁人创业经商在很大程度上依赖家庭和家族关系网。由于人口众多,家庭内部的分工程度较高,往往一人创业,整个家族都会参与,从而降低了人力成本,提高了创业的成功率。同时基于血缘、亲缘的熟人社会网络使得创业经验和技巧能够快速传播,降低了创业者的沟通和学习成本。这种熟人网络在乡村电子商务早期发展过程中的作用尤为明显,促进了当地淘宝网商的迅速壮大。

c. 大量的返乡创业精英

在普宁开设加工厂,在广州、深圳等地服装市场开设档口,曾经是普宁人最常见的经营模式。广州著名的淘宝村——里仁洞村

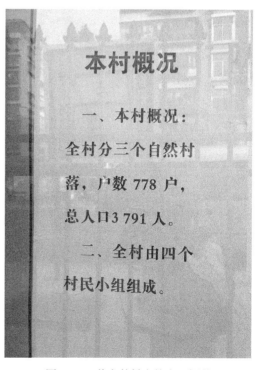

图2-26 普宁某村庄的人口概况

就曾是潮汕人的天下，卖家多以普宁、流沙两地为主。2011年前后，由于大城市市场竞争加剧、经营成本高企等原因，普宁人陆续返乡创业，发挥本地服装产业集群的优势。近几年普宁返乡创业的人数以每年30%的速度增加，普宁也因此成为2015—2016年全国返乡电商创业最活跃十大县域之一，位列广东省第1名[5]。广州—普宁、深圳—普宁也成为最热门的省内返乡电商创业线路。返乡创业的普宁商人带回了资金、技术以及先进的经营和管理理念，实质性地打通了城乡之间生产要素流通渠道，推动了当地电商企业的快速扩张。

被称为"池尾电商第一人"的陈耿乐是普宁返乡创业的代表人物。他2007年到广州从事服装批发业务，而后逐渐接触淘宝网，尝试通过网络销售服装。由于广州的租金较高，且产品大多在普宁生产，运输到广州会产生不菲的运输成本，再加上普宁当地在税收、土地、通信等方面的优惠政策，促使他于2012年回到普宁从事服装网批业务，并带动一大批一起在广州经商的亲朋陆续回到普宁。

③ 弱势空间管制加速产业扩张

潮汕地区民众的产权意识和市场观念一直以来较为强烈。地方政府也不同于中国北方的强政府，从而使得这一地区自上而下的空间管制总体呈现弱势地位。电子商务产业的快速发展使得土地开发需求异常旺盛，于是在淘宝村随处可见高达十二三层的农民自建房（图2-27）。这些建筑混合了居住、商贸、生产加工和仓储等众多功能，可以满足电商企业发展的复合化需求。对比普宁典型淘宝村近年来的卫星影像图，发现当地的土地开发强度、用地性质和建筑密度均有明显的变化（图2-28、图2-29）。相比于国内其他地区严格的土地管控，普宁乡村地区的土地管制较为宽松，交易成本较低，村民间土地私下交易频繁。也正是因为乡村生产、经营空间供给的充足，大大缓解了电商企业由于规模扩大而产生的发展空间需求，在一定程度上加速了产业扩张，使得淘宝村的裂变式发展程度相比于北方地区更为强烈。

图2-27 高层农民自建房

（3）小结

广东省普宁市地处产业基础雄厚、县域经济发达的东南沿海地区，在形成淘宝村之前，众多乡村就已基本完成乡村工业化的过程。因此，淘宝村的形成过程更像是一次拓宽销售渠道、扩大销售规模、提高资金周转效率的转型、升级过程。从这个角度而言，地方拥有产业基础是形

图 2-28 池尾街道山湖村土地使用变化情况

图 2-29 池尾街道塔丰村土地使用变化情况

成淘宝村更为有利的条件。同时，由于已经形成了相对坚实的产业基础和较为成熟的生产配套环节，淘宝村的产生范围也就相对明确，基本分布在原有专业镇、块状经济区或县域特色产业集聚区的影响范围，因此发展过程中表现出更为明显的"近域增殖"现象。多维邻近性在普宁体现得更为充分，这是裂变式增长的重要形成机制。

2.3 增长下的消失

有出现、增长就应该有衰退、消失，这是自然规律，淘宝村作为一种特殊的乡村经济社会现象也不例外。尤其近三年，在总数量快速增长的同时，开始出现大量淘宝村消失的现象。虽然所有地方的发展都希望看到增长，也尤其重视增长，但决不能忽视增长下的消失，尤其不能忽视消失的原因。研究"消失"其实是为了更好地发现问题，完善培育与治理体系，服务更可持续的发展。

2.3.1 消失淘宝村的空间分布

比照历年发布的淘宝村名单⑮，筛查消失的淘宝村名单（表2-9），可以看到近三年出现明显的消失。2016年共有36个淘宝村从次年发布的淘宝村名单中消失，涉及浙江、广东、福建、湖南、江苏、山东、天津、江西、云南9个省级行政区，22个地级市。消失的淘宝村主要位于东部沿海的淘宝村高密度连片地区，如苏北、浙中等地的淘宝村集群。东部地区以外，仅有云南、江西和湖南三省有极个别淘宝村消失。排除行政区变更的影响，2017年淘宝村消失总数逾百个，形成迄今最大的一次消失潮。消失的淘宝村全部集中于沿海地区，即广东、浙江、江苏、福建、山东、河北六省，其中又以潮汕地区、环太湖地区以及苏北地区最为明显。2018年全国淘宝村消失现象趋于缓和，消失数量大幅减少，仅有14个，除吉林、四川两省各有一例外，其余12个全部分布于沿海的苏浙闽粤四省。总体上，消失的淘宝村的空间分布与淘宝村的集聚分布格局具有很高的一致性（图2-30）。

表2-9 2015—2018年全国统计消失淘宝村分布情况

单位：个

省份	2015年	2016年	2017年	2018年
河北省	0	0	8	0
山东省	0	2	9	0
江苏省	0	4	21	1
浙江省	0	9	32	2
福建省	0	6	16	2
广东省	1	7	44	7
吉林省	0	0	0	1
四川省	0	0	0	1
湖南省	0	3	0	0
江西省	0	2	0	0
天津市	0	2	0	0
云南省	0	1	0	0
总计	1	36	130	14

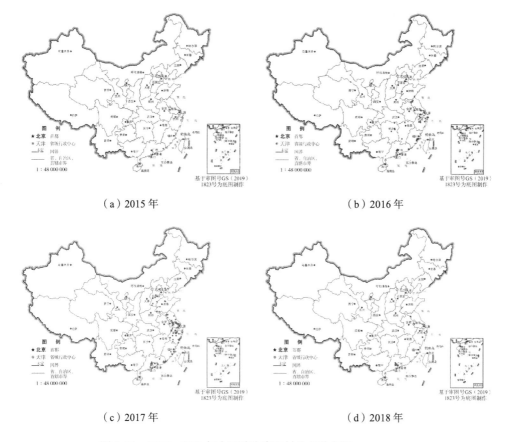

图 2-30　2015—2018 年全国消失淘宝村分布散点图

与增长情况类似，淘宝村的消失同样表现出强烈的地区不平衡性。测算 2016—2018 年消失淘宝村的平均最近邻比率，各组结果均具有统计学上的显著性，表明近年出现的淘宝村消失现象同样具有很强的空间相关性。集聚的显著性在 2017 年达到时段性峰值，而 2018 年同期对应平均最近邻 p 值为 0.866 5，已无相关性表征，表明该年消失的淘宝村重新趋向随机分布模式。

2.3.2　淘宝村消失的多元机制

淘宝村本质上是一种由主营产品、电商平台、电商从业者以及各类配套要素综合作用形成的开放型产业生态系统，是多方面因素共同作用、相互影响的产物。各种要素在淘宝村形成的不同环节均扮演着重要的角色。淘宝村的可持续发展离不开这一复合系统的良性运转与持续自我优化。在发展升级的过程中，如果构成要素中的一个或几个因环境变动产生问题，则有可能对整体的发展产生相对负面的影响。基于淘宝村复合系统构成要素的分析，本书总结了近年来淘宝村消失的主要原因。

1）市场竞争：蓝海产品变为红海产品

无论线上销售还是线下贩卖，产品本身始终是最为关键的因素。在日益激烈的市场竞争中产品失去竞争力，淘宝村也就失去持续发展的动力。基于上文的分析可以看到，近年来消失的淘宝村主要分布在东部沿海淘宝村高密度连片分布地区，主营产品也多集中于与日常生活密切相关的轻工业领域，这类的淘宝村甚至占消失村落的4/5以上。典型如销售服装、鞋袜、箱包、家具等产品的淘宝村，数量多、分布广，且与所在地的传统产业基础具有较高的关联度。将传统产业基础与电商平台相结合，从而形成价格相对低廉、性价比相对较高的产品是这类淘宝村出现的主要原因。然而随着中国电子商务的迅速发展，以日常消费品为主营产品的传统市场主体纷纷转战电商，线上线下融合程度不断提高，市场竞争日趋激烈，从而大大地挤压了销售同类产品的早期淘宝村的生存空间。以江苏省太仓市沙溪镇泰西村为例⑯。依托邻村的利泰皮鞋批发市场，早年泰西村依靠低廉的经营成本，集聚了一批鞋类专营网商，迅速实现了销售额的突破，2014—2016年连续三年跻身全国淘宝村名单。然而，伴随电商网络的不断成熟，同类经营者相继触网，传统的非产地型批发市场的竞争力短板日益显现，线下实体规模日趋萎缩，外来电商经营者或迁离他处或转行，泰西村电商规模近乎"腰斩"，2017年该村从淘宝村名单中消失。

市场竞争的加剧必然要求产品不断创新、升级，从而获得持续的竞争优势。然而日常消费品产业创新、升级的难度较大。一方面，涉及材质、功能等硬核的创新、升级投入大、周期长，中小企业承担不起；另一方面，涉及包装、外观等软性的创新又极易被模仿，在乡村环境更无法形成有效保护。这两方面的困难使得日常消费产品从"蓝海"走向"红海"的过程非常短，相关中小企业从兴起到被市场淘汰的周期也很短。为了不被市场淘汰，最为常见的手段就是价格战，于是利润不断被摊薄，投入创新的资源更加难以为继。如团队长期跟踪研究的山东省曹县大集镇，依靠儿童演出服饰这一"蓝海"产品迅速兴起，成为全国知名的淘宝镇，与演出服饰相关的电商产业已经形成集群规模。近年来随着从事演出服饰产业的市场主体的快速增长，淘宝村的租金、用工等成本持续升高，同时创新升级的困难使得产品同质化程度日益加剧，于是低价竞争愈演愈烈，开始拼价拼量冲销量。"干的人太多，利太薄，一件衣服挣一块钱就不错了……为了坚持下去，有时不挣钱也卖。"⑰价格战常常带有很强的负面作用，一旦出现必然对淘宝村的可持续发展带来不利影响。

2）电商平台：放水养鱼转向精细化管理

电商平台的交易规则和协议对市场主体有着深远的影响，规则与管理策略的变动常常会传导到淘宝村的发展上。作为新生的虚拟市场，淘宝平台在诞生之初同样需要采用实体市场常用的"放水养鱼"策略，即低门槛、微盈利、粗放管理、野蛮生长，以便尽快扩大市场规模、提高市场占有率。然而随着入驻商家的不断增多，市场规模的日益扩大，市场的交易规则和运营管理体系必须持续升级、完善，从粗放式服务转向更加精细化的管理。这主要体现在两个方面：第一，严肃市场规则，治理各种违法违规行为。如阿里巴巴平台作为行业的领导者近年来频频出台规则严厉打击假货，从而使得许多依靠低成本、抄袭模仿获得发展空间的企业难以为继。第二，深化、细化数据服务。协助商家提升运营技巧、改良客户体验，从而加速了电商企业的洗牌，让更具有创新性、进取心的企业逐渐替代不能有效适应新的竞争机制的企业。规则的改变与管理的精细化对于企业生死的影响，必然直接体现在淘宝村的可持续发展能力上，积累的差距将日益明显。

电商平台的多元竞争对于淘宝优势的稀释也是淘宝村消失的原因之一。当然这种消失是统计上的消失，或者说从淘宝村转变为电商村。随着微信、京东、苏宁、拼多多等电商平台的快速崛起，淘宝村的电商主体有了更多的选择，多平台经营策略日益受到青睐，在一定程度上削弱了淘宝平台的市场份额。中国电子商务研究中心监测数据显示[18]，2018年上半年中国 B2C 网络零售市场（包括开放平台式与自营销售式，不含品牌电商），天猫以 55% 的市场份额持续排名第一位，相较 2017 年同期占比略有回升。而自 2013 年至今，依托微信等移动社交平台逐步兴起的微商市场不断壮大，已成为一支不容小觑的电商力量。根据《2018 中国社交电商行业发展报告》[19]，2018 年中国社交电商市场规模预计达到 11 397.78 亿元，较 2017 年增长 66.73%，社交电商从业者规模预计达到 3 032.6 万人。尤其微商的"圈层文化"基因在很大程度上契合了部分网销商品（如珠宝、化妆品、特定农副产品等）的特质，已经成为电商营销的热门途径。近年来屡见报端的"微商村"从一个侧面说明，乡村电商产业发展水平的高低与是否成为淘宝村之间的联系正在弱化。

3）配套要素：公共基础设施供给不足

乡村基础设施和公共服务供给的长期不足，难以留住创业者，更难以吸引人才，这是淘宝村可持续发展的最大困境。电子商务发展带来的乡村人口的大量回流和村民经济上的富裕，迫切要求乡村的教育、医疗等公共服务提档升级。然而乡村公共服务发展的长期滞后，使得淘宝村在很大程度上只是承担生产、销售的基地，本身的生活服务功能则由于供需不匹配而逐渐转移、丧失，从而导致大量富裕村民基本选择去县城消费，在县城购房，将孩子送到县城乃至更大的城市读书[6]。长此以往，乡村的生活服务功能只会进一步转移，最终导致家园感的彻底丧失。作为互联网时代的新乡村典型，淘宝村得以快速发展固然离不开当地的产业基础与资源禀赋、电商平台的链接能力以及政府的政策支持与资金帮扶，但最为核心的动力是富于开拓精神的乡村创业草根[7]。随着淘村的快速发展，好的基础设施和公共服务已经成为发展的巨大瓶颈，不仅无法吸引人才，而且无法留住最初的创业者。而创业者的离开在某种程度上就是淘宝村核心动力的消失，进而直接影响淘宝村的生存。

近几年创业者因乡村基础设施和公共服务供给不足而离开淘宝村的现象已经普遍发生，直接影响着淘宝村的维系。从调研的淘宝村中可以看到两类情况：一类为部分淘宝村对于个别电商大户的依赖度很高，随着该电商大户基于生产、销售和生活等方面的综合考虑决定离开乡村，该淘宝村将立即面临消失的危机；另一类更为普遍的情况是淘宝村并未立即消失，但大量电商创业者会根据企业发展和个人生活的需要采用"产—销—居分离"策略，逐渐造成乡村发展的异化和多种风险的累积。短期来看，这种分离策略对淘宝村的指标考核干扰不大，但长期的资源流失最终将彻底破坏乡村转型升级的基础。乡村人居环境，尤其村庄基础设施和公共服务是乡村可持续发展的关键，这一观点已经得到广泛的共识。2019年中央一号文件第三条"扎实推进乡村建设，加快补齐农村人居环境和公共服务短板"的内容就非常切合当前中国乡村发展的实际，尤其是在初步实现产业兴旺的淘宝村。

4）行政区划：乡村撤并重构城乡关系

以村庄撤并为主要形式的行政区划调整是当前淘宝村消失的另一个主要原因，尤其是在东部沿海淘宝村分布较为密集的省份。长期以来自下而上县域经济的蓬勃发展，既为东部沿海地区淘宝村集群式的产生奠定了坚实的基础，也带来了城乡空间混杂、土地利用低效等问题，严重影响着区域的高质量发展。随着东部沿海地区新型城镇化进程的推进，理顺区域空间治理体系，实现土地集约化使用，推动城乡高质量发展，成为近年来发展的新要求。乡村撤并于是成为空间治理的一项重要措施得以推行。村庄撤并必然带来村庄名称和归属信息的变化，反映在数据统计中就会造成淘宝村"消失"的现象[20]。与此同时，很多城市在设立新城、新区的过程中会将部分邻近城镇的淘宝村纳入城市规划的建设范围，将"村"转变为"社区"，在一定程度上也造成不小的统计困难，影响最终的计算结果。

5）小结

基于对近五年淘宝村数据的综合分析，本书全面呈现了中国淘宝村的发展趋势和"增长下的消失"现象。一方面，淘宝村依然保持着强劲的增长势头，并在空间分布上出现格局性的调整，全国层面"东中西"梯度分布趋势逐渐显现，东部地区"北中南"集聚特征进一步强化，中部和东北地区成为近两年增长的新亮点。另一方面，虽然消失的淘宝村所占的比例并不高，但其所呈现的特征和产生的机制值得关注。每一条机制都将成为淘宝村甚至中国更广大乡村值得重视和完善的方面。日益激烈的市场竞争、不断完善的电商平台规则、长期滞后的乡村基础设施与公共服务发展以及村庄撤并等行政干预措施，这些机制不仅是导致淘宝村消失的主要原因，长远来看也是影响乡村振兴的核心机制。淘宝村更像是乡村振兴进程的急先锋，率先呈现了发展的机遇与挑战。

振兴道路千万条，人居环境第一条。没有乡村人居环境的改善，即使是已经率先实现产业兴旺的淘宝村，依然无法摆脱异化、消失的困境。改善乡村人居环境是一个系统工程，难度很大，需要通盘考虑、多方统筹，科学实用的乡村规划尤为重要。同时，作为城乡治理手段之一的村庄撤并在一定程度上是必需的、必要的，但在实际操作过程中需要尊重村民意愿、谨慎判断。这些在《中央农办　农业农村部　自然资源部　国家发展改革委　财政部关于统筹推进村庄规划工作的意见》（农规发〔2019〕1号）中其实已经做了明确的强调，要"发挥农民主体作用，充分尊重村民的知情权、决策权、监督权，打造各具特色、不同风格的美丽村庄"；对于村庄分类明确指出"对于看不准的村庄，可暂不做分类，留出足够的观察和论证时间"。从这个角度看，淘宝村完全可以成为乡村振兴的试验田，率先进行发展路径的探索与检验。

第2章注释

① 浙江义乌的青岩刘村、河北清河的东高庄村、江苏睢宁的东风村。
② 自2014年阿里研究院开始引入大数据等方法进行淘宝村的发掘，淘宝村数据的准确性大大提高，数据的可比性和研究价值相应更高。
③ 2014—2018年东部六省两市淘宝村数占总量的比例依次分别为98.11%、97.69%、97.71%、96.32%、96.47%。
④ 参见许昌网报道。张铮:《长葛有个"淘宝村"，阿里巴巴为其点赞!》，http://www.21xc.com/content/201901/21/c445511.html。
⑤ 一般选取城市最繁华的商圈作为市中心所在的点，上海选择南京西路作为市中心，南京选择新街口作为市中心，杭州选择龙翔桥作为市中心。
⑥ 15 km大约是上海市中心南京西路到虹桥国际机场的直线距离。
⑦ 40 km大约是上海市中心到奉贤区的直线距离。
⑧ 80 km大约是上海市中心到苏州市区的直线距离。
⑨ z得分表示标准差的倍数，间接反映一个数据集的离散程度。常用的99%的置信度对应于±2.58之间的z得分。
⑩ 在平均最近邻分析中，p值表示所观测到的空间模式是由某一随机过程创建而成的概率。p值越小，意味着所观测到的空间模式越不可能产生于随机过程。
⑪ 详见王盛:《我眼中的山东大（dai）集淘宝镇》，http://www.aliresearch.com/blog/article/detail/id/20377.html。
⑫ 详见《上半年我市电商交易额突破907亿元》，http://www.heze.cn/news/2017-07/15/content_287003.html。
⑬ 数据来源于《2013—2016年中国电视剧行业研究报告》。
⑭ 当地出台政策支持返乡人员建设科技孵化创新、中小企业、电子商务、商贸物流等

⑭ 各类返乡创业园，对于经评估认定为市级创业孵化示范基地、创业示范园区的给予每处60万元奖补，对经评估认定为市级示范创业大学的给予每处50万元奖补。

⑮ 淘宝村统计均以行政村为单位。近年来部分省市区频繁出现"村"转"社区"的更名现象，对研究造成了一定的干扰。从比较研究的连续性出发，将其作为同一统计单元进行测算。

⑯ 参考《新华日报》报道。详见徐冠英、汪晓霞：《走访"消失"的淘宝村：新业态的水土不服怎么破》，http://js.xhby.net/system/2018/07/14/030855079.shtml。

⑰ 参考网络报道。详见《探访山东"中国淘宝村"：从一夜暴富到一件衣服赚1块钱死撑，风光终难续》，《生活日报》，http://www.sohu.com/a/149467268_355191。

⑱ 参考中国质量新闻网—《中国质量报》报道。详见何可：《中国网络零售市场数据监测报告发布 电商"马太效应"加剧》，http://www.cqn.com.cn/zgzlb/content/2018-10/11/content_6328790.htm。

⑲ 参考2018中国互联网大会闭幕式报道。详见《2018中国社交电商行业发展报告》，光明网，http://it.gmw.cn/2018-07/13/content_29843765.htm。

⑳ 淘宝村的线上交易额根据阿里巴巴平台大数据统计计算。货物发送的村庄的名称和属地信息是最为重要的检索信息，村庄名称的更改或取消就会导致检索失效，造成统计上的"消失"。为了弥补这一算法上的缺陷，近两年阿里研究院也鼓励淘宝村上报数据，用于和平台统计数据进行校核。

第2章参考文献

[1] 单建树，罗震东. 集聚与裂变：淘宝村、镇空间分布特征与演化趋势研究[J]. 上海城市规划，2017（2）：98-104.

[2] 罗震东，朱查松，薛雯雯. 基于高铁客流的长江三角洲空间结构再审视[J]. 上海城市规划，2015（4）：74-80.

[3] 费孝通. 乡土中国[M]. 上海：上海人民出版社，2006.

[4] 陈刚. 菏泽"淘宝村"的金融基础设施建设[J]. 金融发展研究，2014（8）：67-72.

[5] 阿里研究院. 2016年返乡电商创业研究报告[R]. 杭州：阿里研究院，2016.

[6] 罗震东，陈芳芳，单建树. 迈向淘宝村3.0：乡村振兴的一条可行道路[J]. 小城镇建设，2019，37（2）：43-49.

[7] 罗震东，何鹤鸣. 新自下而上进程：电子商务作用下的乡村城镇化[J]. 城市规划，2017，41（3）：31-40.

第2章图表来源

图2-1至图2-9源自：笔者根据阿里研究院历年中国淘宝村研究报告整理绘制（其中地图底图源自标准地图服务网站）.

图2-10源自：单建树，罗震东. 集聚与裂变：淘宝村、镇空间分布特征与演化趋势研究[J]. 上海城市规划，2017（2）：98-104.

图2-11源自：笔者根据阿里研究院历年中国淘宝村研究报告整理绘制.

图2-12至图2-19源自：笔者拍摄.

图 2-20、图 2-21 源自：陈芳芳绘制.

图 2-22 源自：笔者拍摄.

图 2-23 源自：笔者根据阿里研究院历年中国淘宝村研究报告整理绘制.

图 2-24 至图 2-27 源自：笔者拍摄.

图 2-28、图 2-29 源自：罗震东，何鹤鸣.新自下而上进程：电子商务作用下的乡村城镇化[J].城市规划，2017，41（3）：31-40.

图 2-30 源自：笔者根据阿里研究院历年中国淘宝村研究报告整理绘制（底图源自标准地图服务网站）.

表 2-1 至表 2-3 源自：笔者根据阿里研究院历年中国淘宝村研究报告整理绘制.

表 2-4 至表 2-6 源自：曹义绘制.

表 2-7 至表 2-9 源自：笔者根据阿里研究院历年中国淘宝村研究报告整理绘制.

3 中国淘宝村的发展机制

淘宝村所代表的乡村电子商务产业的发展，是流空间与乡村地方空间持续互动的过程。在这一互动过程中，互联网、信息通信技术与地方特色要素的相互作用，塑造出全新的功能性节点，使得众多特色化乡村地区接入区域乃至全球分工网络，打破原有的中心地式的等级体系。淘宝村、镇的快速发展大大推动了乡村职能和规模的跃迁，部分甚至成为县域产业体系的核心环节，从而进一步重构了中国传统的城乡关系，展现出流空间超越地理限制重构地方空间的强大能力。流空间与地方空间的互动为淘宝村现象的产生与发展建构了很好的理论解释框架，然而要深入地揭示个体的淘宝村的产生与发展，则需要将理论框架进一步与中国的实践紧密结合。因为一个不容忽视的事实是，目前产生的 3 000 余个淘宝村的空间分布与产业类型均呈现出显著的差异性和多样性。特定要素相互作用的中微观机制即使在互联网时代依然十分重要，是它们在实实在在地促发乡村电商产业快速发展、形塑乡村电商空间格局。

3.1 综合发展机制

3.1.1 钻石模型

淘宝村的形成与发展过程是互联网时代电子商务对乡村地区物质空间和社会系统全面重构的过程。富于开拓精神的乡村创业草根，依托当地的产业基础与资源禀赋发掘特色产品，借助电商平台的链接能力，辅以政府的政策支持与资金帮扶，推动乡村电子商务产业的快速发展，使普通乡村逐步成长为淘宝村。创业草根、主营产品、支撑设施（平台赋能）和政府扶持是影响淘宝村发展的四大核心因素，而乡村治理是淘宝村能否实现升级转型的关键，这五者构成了淘宝村形成与发展的钻石模型[①]（图3-1）。

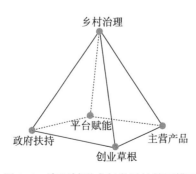

图 3-1　淘宝村形成与发展的钻石模型

1）淘宝村发展的四大核心因素
淘宝村是在互联网背景下对产

业生态系统和商业模式彻底变革基础上形成的具有独特系统性的新事物。不同于演化经济学等理论所认为的组织惯例在乡村产业发展中起决定性作用的观点[1]，本书认为四大核心因素的密切配合是淘宝村能够在中国井喷式发展的主要动因。

（1）创业草根：企业家精神与自组织性

大量淘宝村的形成过程表明，其最初都是由若干创业者率先尝试，取得成功后迅速扩散而成的。这些接触了先进知识和前沿技术的创业草根是互联网时代的乡村精英、时代英雄，最著名的如"沙集三剑客""军埔十二罗汉"以及2017年、2018年两届"中国淘宝村高峰论坛"所评选的"淘宝村优秀带头人"。他们开启了农村电商产业的发展历程，并在之后的产业成长和扩散过程中承担起带头人的责任，是推动淘宝村形成的核心动力。最初的开启过程与创业者的知识技能、个人经历以及商业头脑等因素密不可分，因而有一定的偶然性，正如保罗·克鲁格曼[2]所指出的，很多产业集群的形成，从根本上讲都是历史偶然事件开启了其积累过程。但是，促成这些偶然事件发生的正是他们身上所具备的鲜明的企业家精神。经济发展理论将其作为一种重要的生产要素，认为这是经济增长的动力源[3]。企业家精神彰显了创业草根的核心人格——敢为人先的创新精神和勇于试错的冒险精神。他们借助乡村的低生活成本，通过互联网不断试错寻找绝佳的成长机会。电商创业取得成功后，其令人目眩的财富效应会立即引发村民竞相模仿，进而促发产业的爆发式增长。

中国的乡村基本是以血缘、亲缘、友缘等关系为纽带的熟人社会，在相对封闭的空间中社会信任网络发达，具有明显的自组织性。通常在社会关系相对稳定和封闭的乡村地区，创业信息和缄默知识的传播扩散成本极低[4]。同村或邻村的学习者与早期创业者大都有着或多或少的血缘与亲缘关系，这一感情纽带在一定程度上充当了原始的信用筹码。因此农村熟人社会网络具有明显的自组织性，能够在乡村内部快速积累和传递创业动能。村民的创业成本在成功范例出现后会迅速降低，短时间内实现"一传十、十传百"的扩散效应。由于乡村电商产业的蓬勃发展，大量外出务工的人员纷纷返乡创业。以山东省曹县为例，2013年至今当地已有超过1.5万人返乡创业，仅在大集镇就有5 000多名外出务工农民、近200名大学生回乡创业，当地的企业经营者中有80%是35岁以下的年轻人。返乡人员带回了资金、技术以及先进的经营和管理理念，实质性地打通了由城到乡的生产要素流通渠道，改变了乡村地区长期以来资金、人才单向外流的尴尬境地，促进了当地淘宝网商的迅速壮大。创业者的企业家精神和农村社会网络的自组织性，构成了多数淘宝村初期发展的基本逻辑。

江苏省宿迁市耿车镇原是从事废旧塑料加工的典型乡镇，后来成为以家具产业为主导的淘宝镇，在这个变化过程中，电商大户邱永信是关键的创业带头人。他曾是大众村第一个从事废旧塑料加工的企业家，也是最早开始考虑发展转型的带头人。由于没有经验,他从茶几、隔板、方桌等简单的家具入手,凭借不断摸索和学习,加上以前从事塑料加工时积累的创业经验,邱永信逐渐掌握了电商销售的技巧和产品的生产工艺,生意越来越好。由于是村里最早的致富带头人,邱永信在村里有很高的威望和地位,也有带动全村转型的强烈责任感,于是便积极向周围的亲朋好友传授经验。在他的带领下,转型从事电商的村民越来越多,整个耿车镇不仅迎来了淘宝村的快速发展,2016年该镇9个行政村全部成为淘宝村,实现淘宝村全覆盖,更为重要的是实现了"垃圾王国"的绿色转型、生态转型,塑造了新时代的"耿车模式"[2]。

乡村的创业草根从时空两重视角大体可以分为两大类,一类可以称之为"转移"创业草根,一类可以称之为"新生"创业草根。所谓"转移"创业草根,他们在从事电子商务之前就已经是创业者,只是或者不在乡村或者不从事电子商务,但他们有着创业的基因,一旦发现更为有利的机会就会投身其中。所谓"新生"创业草根,他们在从事电子商务之前并不是创业者,更多的是以打工者(包括刚毕业的大学生)的身份存在,是乡村和电子商务帮助他们成为创业者。而无论是"转移"创业草根,还是"新生"创业草根,都有过城镇生活、工作的经历,是"城镇化的人"。他们的返乡在一定程度上将城市文明带进了乡村,通过他们这群"城镇化的人"推动乡村"人的城镇化",最终实现乡村的城镇化与现代化。人,在任何的发展故事中都是最核心的!

(2)主营产品:产业基础与模仿创新

发掘适合当地生产并在外部市场具有独特竞争力的产品类型至关重要。梳理全国淘宝村,可以发现主营产品主要有两种类型。在制造业基础较为坚实的地区,依托当地的实体市场和相关配套设施,可以较为容易地将当地产品的销售渠道由实体店拓展至互联网,从而带来淘宝村的迅速发展。而在制造业基础较弱的地区,由于产品的生产工艺和产业链的成熟度较低,必须依托当地资源禀赋和特色工艺,通过错位发展塑造蓝海产品,从而将本地产品通过互联网链接到广阔的外部市场。典型如山东省曹县大集镇的演出服饰、云南省鹤庆县新华村的手工银器[3]、河南省洛阳市孟津县的唐三彩与牡丹画等,都是在制造业并不发达的地区形成独具特色的蓝海产品。

在互联网高度发达的背景下,辐射能力强大的电商平台和不断完善的物流配送体系,使得实体空间对产品流通的阻碍明显减弱,产品发布、搜索与获取效率迅速提升。由此所带来的产品模仿、创新会使得蓝海产品的生命周期快速缩短。淘宝村同样如此,初始创业草根发掘新产品并在电商平台上获得成功后,其快速的财富积累极易在以熟人社会为特征的乡村地区形成示范效应,激发村民积极效仿,从而导致产品生产规模激增,价格逐渐被摊薄,从蓝海走向红海。由此可见,产品本身的高质量,通过研发投入持续推动产品的创新升级,对于所有企业都是至关重要的，淘宝村也不例外。

（3）支撑设施：多元创新与线上赋能

基础设施的叠加支撑为淘宝村的迅猛发展奠定了坚实的基础。近年来，随着中国基础设施投资尤其三农领域投资的逐年增加，乡村地区的基础设施建设状况明显提升，大大提高了人流、物流的交通运输效率。2015年中国铁路、公路及定期航线里程分别达到12.10万km、457.73万km及531.72万km，分别是1978年的2.3倍、5.1倍及35.7倍（图3-2）。尤其随着全国高铁建设的快速推进，区域城乡交通可达性明显提升，交易费用进一步降低，大大促进了区域城乡之间的分工与合作。近年来国家全口径三农领域投资都在3万亿元左右，2017年国家三农领域投资更是高达3.4万亿元，"村村通"工程、新农村建设、"美丽乡村"建设等一系列政府主导的乡村建设活动极大地改善了乡村地区的交通条件和硬件设施水平。乡村公路、电力、生活和饮用水、电话网、有线电视网、互联网等基础设施建设显著提升。基础设施条件的持续改善使得城乡之间的要素流动更为自由和便捷，为新型分工交易与生产消费系统的出现打下坚实的基础。

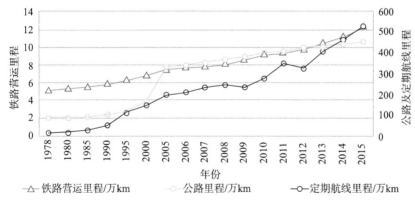

图3-2 1978—2015年全国铁路营运里程、公路里程及定期航线里程

以互联网为核心的信息基础设施的快速发展则进一步放大基础设施的综合效用。互联网作为一项重大技术革新，为电子商务的大发展奠定了坚实基础。近10年来，中国互联网普及率迅速提高，2007年全国互联网普及率仅为16%，截至2017年12月全国互联网普及率已达到55.8%，高于世界平均水平1.4个百分点，高于亚洲平均水平7.7个百分点。2017年，网民规模达到7.72亿人，其中城镇网民规模为5.63亿人，占全部网民总数的73.0%，城市网络普及率为71%；乡村网民规模为2.09亿人，占全部网民总数的27.0%，农村网络普及率为35.4%（图3-3）。虽然农村网络普及率约为城市的一半，且由于使用门槛较高，农村网民在商务金融类应用方面与城市地区差异较大，网络购物、旅行预

订、网上支付及互联网理财等应用的差距为20%—25%。但对于即时通信、网络音乐、网络视频等发展较早的基础类应用，城乡网民使用差异并不明显，差异率均在10%左右。农村地区线下支付比例则呈现显著上升态势，由2016年年底的31.7%提升至2017年的47.1%。截至2017年12月，中国网络购物用户规模达到5.33亿人，较2016年增长14.3%，占网民总体的69.1%；手机网络购物用户规模达到5.06亿人，使用比例由2016年的63.4%增至67.2%（图3-4）。巨大的市场通过互联网尤其移动互联网无缝链接到农村地区，使得各类流要素的交互变得更为便利，传统环境下农村进行"出口活动"的限制被显著降低[5]。移动互联网使得农村基本获得与城市同等的市场竞争机会，这是淘宝村区别于传统意义上的专业村的重要特征。例如在山东曹县大集镇，随着电子商务产业的蓬勃发展，农村基础设施进行了多轮升级。2013年开始对镇域主干道进行黑色化和拓宽拉直，2015年对电力系统进行更新、扩容，紧接着启动光纤入户工程，提升网络带宽。目前大集镇光纤入户超过5 000家，位居全省首位。一系列基础设施的叠加升级为农村电商的发展提供了巨大的支撑。

图3-3　2007—2017年中国网民规模、城乡网络普及率与互联网普及率

图3-4　2009—2017年中国网络购物用户规模、手机网络购物用户规模及其使用率

以互联网为核心的信息基础设施的快速发展孕育了中国具有全球影响力的电商平台企业，如阿里巴巴、京东等。如果说互联网彻底改变了人类的交往方式，那么电商平台则彻底改变了中国人的交易与支付方式，从而塑造了全新的商业模式。电商平台所营造的海量虚拟市场，不仅满足了持续升级的巨大消费需求，而且有效匹配了供需双方的诉求，使得众多个性化、小众型产品完成就地产业化。虚拟市场相较于传统市场降低了产品黏性，使得众多工业基础薄弱的地区拥有摆脱原有路径依赖、探索新产品、发展新产业的可能。而且作为综合型的服务中介，电商平台的强大辐射力不仅覆盖了销售环节，还将原料采购、生产加工、产品营销、物流配送、支付结算等一系列功能纳入新的商业系统，从而有效提高了各环节的衔接效率，降低了交易成本和创业门槛，为人们通过互联网创业提供了极大的便利，即所谓的"平台赋能"。随着电子商务的快速迭代发展，各大电商平台除了提供交易功能，还能提供多种信息、培训生产和运营技能、进行数据分析的综合服务。这些综合服务能够有效地解决创业草根知识的匮乏[6]，使得乡村创业者在依托熟人网络进行知识学习的同时还可以获得线上学习的巨大便利，形成双渠道学习机制，从而使得乡村电商产业的发展效率更高，创新与升级的速度也更快。

（4）政府扶持：政策制定与服务供给

淘宝村在其发展过程中大都获得来自各级政府的扶持。新结构经济学认为，政府和市场应在经济发展中共同作用，其中政府应供应具有外部性的公共产品[7]，而供应形式可以是以各类设施建设为代表的刚性公共产品，也可以是出台实施专门化政策、有针对性地调整体制机制等柔性公共产品。在淘宝村发展的不同时段，各级政府所发挥的职能有所不同。在乡村电商发展的初期，由于规模不大，一般不会引起上级政府的重视，更多的是基层政府发挥行政优势来支持电商产业发展。如为创业草根提供网店注册、创业贷款、技术培训等多方面的支持，甚至在一定程度上利用行政手段"保护"创业者的激情、"默许""包容"创业者的某些合理但不合法的行为，以促成电商产业的快速发展。在乡村电商快速发展阶段，淘宝村开始引起社会各界和高层领导的关注，尤其基于互联网的创新、创业与电商扶贫绩效逐渐得到中央政府的高度认可。2014年11月，国务院总理李克强莅临最早的三个淘宝村之一的浙江省义乌市青岩刘村调研④，并在2015年1月的达沃斯论坛上向全球介绍这个案例[8]。多方高度关注尤其中央政府的关注开始促使各级地方政府积极介入淘宝村的发展。在大量资金和政策的支持下，各类公共服务产品被持续供应到乡村，众多淘宝村在道路交通、信息通信、土地供应、公共服务设施等多方面获得优先支持。例如在淘宝村集中发展的广东省普宁市，当地为做好乡村电子商务发展工作，成立了由市长亲自挂帅的电子商务发展领导小组，下设普宁市电子商务发展办公室，制订了电子商务发展规划，以加强对各行业发展电子商务的协调和指导。当地政府还出台了《普宁市人民政府关于推进电子商务发展的若干意见（试行）》，扶持全市电子商务产业发展，并推出"普宁市创业担保贷款"项目，由政府贴息扶持，解决电商企业资金问题。此外，政府还经常性地组织中高端电商人才培训讲座，以及电商培训进农村宣讲活动，举办网商运营专业认证人才培训班，建设"普宁电子商务公共服务平台"线上电商培训系统，开展在线电商培训。

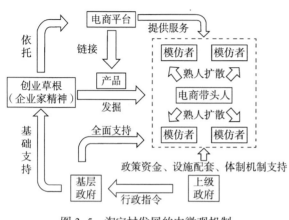

图3-5 淘宝村发展的中微观机制

四大核心因素的互动作用基本呈现了淘宝村发展的中微观机制（图3-5）。创业草根依托电子商务平台发掘主营产品的过程可能是众多偶然因素综合作用的结果，但其创业成功与否则必须由市场机制来决定。当创业者探索成功后，乡村的熟人社会网络会使电商产业迅速进入扩散阶段。相关设施的叠加支撑一方面大大消除了乡村"出口活动"的各类限制，另一方面通过线上赋能降低了创业者或网商群体的各类成本。在此过程中，乡村电商产业的发展得到了各级政府不同程度的支持，政府所提供的各类公共产品进一步扫清了产业发展的阻碍，加速了电商产业的扩张和升级。

2）四大要素相互作用的黏合剂——乡村治理

如果说创业草根、主营产品、支撑设施和政府扶持四大因素共同促成了淘宝村的形成和扩散，那么乡村治理则是推动淘宝村转型升级、跨越中等收入陷阱的关键[9]。毫不讳言，淘宝村的治理问题是决定其能否可持续发展的本质问题。

相较于普通村庄的"治理真空"状态[10]，淘宝村的治理参与主体更加多元化。近几年随着淘宝村的"异军突起"，各级政府对其关注度持续提升，不断投放建设资金和扶持政策，国家治理体系重心下沉。乡村本身由于产业的发展重新激活了村民的主体意识，不再对村庄事务持冷漠态度。而诸如上下游供应商、快递公司、金融信贷等外部市场主体的入驻，在一定程度上成为乡村治理的新力量。淘宝村的发展也引发了众多新闻媒体和专家学者的广泛关注和深度参与。可以说如今的淘宝村已经形成一个多元的参与主体群，乡村建设具有非常良好的基础和机遇。但由于各方权、责、利的不同，参与治理的能力和愿景存在差别，要实现合力共治，就必须推动建立现代化的治理机制。

多元化的参与主体和有效的沟通反馈机制是现代治理机制的核心要义，也是淘宝村治理发展的方向。在新的发展阶段，以富有号召力的村干部为代表的村两委成为村庄内部治理的组织核心，参与各项事务的决策和实施。借助电商产业发展而成长起来的乡村新经济精英逐步积累声誉和威望，成为传统长幼秩序机制外的治理中坚。他们一方面担负起产业发展的领路人角色，另一方面也凭借自身威望在乡村各项建设活动中发挥重要作用，激活村民的参与热情，动员广大基层力量，使村民成为美丽乡村营建的主体。在内部治理新局面之外，电商协会等协调组织的建立则可以有效弥补治理空缺并适时反馈治理诉求。由于主体是新农人，协调组织具有明确的乡村社会嵌入性，同时又吸纳供应商和服务商等外部治理主体，能够统筹协调各方利益，并在传统框架之外建立与政府的有效对话机制，促使政府及时调整各类要素的投放策略，修正政府的有限理性。随着国家治理体系在乡村的回归，乡村与政府的关系开始由松散变得更为紧密，政府的政策支持和资金投放从初期的产业配套设施建设，逐步转向公共服务设施的完善和生活环境的优化，建立持续改善式的高水平公共产品供应机制。

高度的治理协同和完善的公共服务产品供应在留住互联网乡村精英的同时也将吸引更多市场资本和社会力量参与进来，从而促进产业价值区段的提升和上下游链条的延展，实现产业的良性发展。实践证明精英组织、政府带动、市场推动、农民参与的乡村治理方式，能够促发乡村治理能力的全方位提升，唤醒基层社会对于乡村治理的参与自觉和国家治理体系对乡村社会的回归，实现外部市场与社会力量对淘宝村社会治理的黏性嵌入，为乡村的全面复兴[11]锚定基础。如果说乡村电子商务产业发展初期，村民依托宅基地上的自建房和庭院，混合居住、办公、加工、仓储等多种功能从事电商活动是淘宝村的1.0模式，而产业空间的规模化建设与配套设施的全面扩张是淘宝村的2.0模式，那么依托淘宝村的产业发展进行人居环境的全面优化和乡村治理体系的现代化转型则是淘宝村的3.0模式（图3-6），这无疑是乡村发展的最终目的和对城乡关系的深刻诠释。

3）典型案例：湖北省十堰市郧西县涧池乡下营村

（1）发展概况

十堰市郧西县涧池乡下营村是湖北省的第一个淘宝村。该村庄地处秦巴山区深处（图3-7），整个行政村约300户，共计1 000余人。从2010年开始，村里的年轻人依靠在网上销售当地特殊资源——绿松石产品，迅速将线上销售额从2013年的1 500万元做到2016年的7 000多万元。全村近一半村民从事电子商务活动，开设淘宝店、微店约500家，实现了4 G网络全覆盖，百兆光纤入户……短短几年间，下营村实现了经济发展和村民生活水平的显著提高。更值得称道的是，它已经主动从"发展电商"升级到"建设美丽乡村"的新阶段。如何将淘宝村转变为美丽乡村，这一在东部地区都还在探索的升级命题，大山深处的下营村已经开始行动并初见成效。下营淘宝村的发展过程是淘宝村形成和升级的典型案例，具有较高的研究价值。

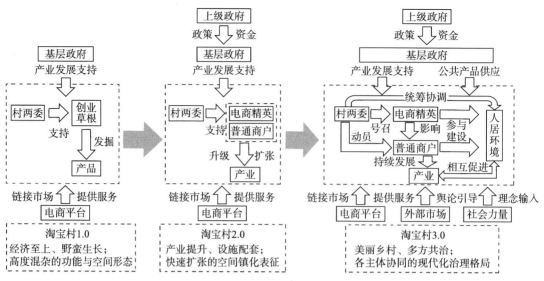

图 3-6 淘宝村的演进机制

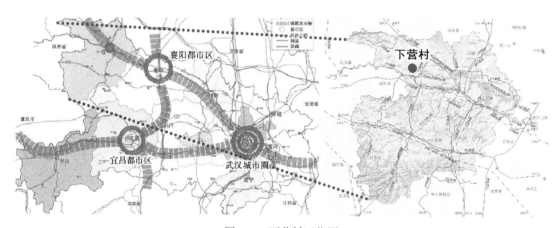

图 3-7 下营村区位图

（2）淘宝村的产生：四大因素缺一不可

下营淘宝村的形成和快速发展验证了淘宝村发展的四大核心因素组合——"主营产品（蓝海产品）+创业草根+政府扶持+支撑设施"。除了当地特色的绿松石产品，下营村的发展完全是大量创业草根群体与强大的互联网平台结合的产物，而政府的积极作为和扶持则进一步推动了淘宝村的快速发展。

① 特殊的蓝海产品

绿松石是下营村电商产业的主营产品。湖北省十堰市的郧阳区、郧西县和竹山县一带是全球著名的优质绿松石产地，而下营村就是郧西县著名的姚家坡绿松石矿所在地，具有特殊的资源禀赋。20世纪80年代国家就在此建设国营绿松石矿场，当地村民因此很早就参与矿山的开采。由于长期接触该行业，下营村村民具有丰富的矿石开采和分拣知识，熟悉绿松石的选料和加工过程。因此在改革开放之初就有村民肩挑背驮着自己的绿松石产品到北京、西藏以及广东等地区销售，在电子商务发展之前全村有超过200人在全国各地销售绿松石。2010年前后，村里的年轻人开始在淘宝网上销售绿松石，并迅速打开产品市场，迎来产业的爆发式增长。

② 草根的创业基因

由于长期接触绿松石行业，很多人在从事电商产业前就已经具有丰富的鉴定、加工和销售绿松石产品的经验。王韬是下营村公认的电子商务第一人，他在武汉上大学时学的就是电子商务专业。大学毕业后曾在十堰市区短暂工作，不久就到父亲在西藏开的绿松石专卖店帮忙。经过一段时间的观察和思考，王韬敏锐地意识到，通过网络主动寻找潜在客户比开设实体店更为有效，随后便开始尝试并一举成功。王韬的成功影响了堂弟王杰，2010年王杰果断回到下营村开设网店，并迅速致富。王家兄弟电商致富的事迹在村里立即引起了轰动，年轻后生纷纷前去取经，尝试开展电子商务活动。年轻人的回流和创业快速地推动着产业的规模扩大和品质升级。由于从事电子商务的基本都是本村的年轻人，他们不是亲戚就是一起长大的伙伴，所以经常聚集在一起讨论交流，了解彼此对于展示产品、提高网店搜索率的方式与方法。2014年，下营村自发成立电子商务协会，为广大网商提供信息共享、政策咨询、质量监督、技术培训等多方面的服务。

③ 复合的支撑设施

下营村充分利用互联网的长尾效应，将原本在线下属于小众商品、实体店铺难以经营的绿松石产品做成了一个具有高附加值的、就地集聚的产业，其扩大就业、促进扶贫、推动经济社会发展的综合效应非常显著。从平台类型来看，下营村人所依赖的阿里巴巴平台是全球最大的电子商务平台企业，2016年在中国电子商务零售市场中份额占比超过一半。同时中国最大的社交平台——腾讯所支持的微商近年来也快速发展，两大平台为网商带来了丰厚的流量红利。网络平台优势的发挥同样离不开各项硬件基础设施的支撑。最初村里网络环境较差，村民只有2 MB/s带宽，与客户交流时经常断线。2013年郧西县政府派专人协调此事，经过持续的设施升级，如今村民家中已经接入了百兆光纤。下营村还不断优化电力供应条件，数次改造提升电力系统，村里的变压器由原来的1台增加到6台，保证了电力供应。同时在村里主要电商大户的带动下，下营村多方筹集资金，改造提升连通外部的主要通道，保障产品的顺利运输。

④ 政府的有力扶持

下营村电商的快速发展离不开政府的引导和支持，其中基层政府的作用尤为显著。针对电商发展过程中的仓储物流、通信网络、电力供应、道路交通等方面的需求均给予了不同程度的解决。2012年以前，下营村仅有一家邮政（EMS）办理点，不仅速度慢，安全性也不高，很多网商要往返几十千米到县城发货。此后在郧西县、涧池乡两级政府的支持下，EMS、顺丰、申通等物流企业纷纷在涧池乡开设服务站，到下营村上门取货。2015年，针对绿松石销售资金流量较大、银行跨行转账手续费高、网银转账存在限额等对绿松石交易形成的金融制约，涧池乡专门召开"金融助力电商"下营淘宝村银企对接座谈会，为发展乡村电商提供实实在在的政策和资金支持。随着下营淘宝村产业规模的不断扩大，湖北省商务厅、交通厅以及十堰市相关部门也纷纷给予不同程度的支持，为下营村的电商产业升级和美丽乡村建设提供有效的帮扶。

（3）淘宝村的升级：乡村治理

立足于电商产业的快速发展，下营村进一步发掘生态和文化要素，着力打造集电子商务、文化旅游、乡村体验于一体的美丽乡村，尝试推动人居环境的持续优化。自2014年起，下营村便启动美丽乡村建设行动，郧西县政府也积极整合多方面资金，启动下营村美丽乡村升级版工程，全面提升村容村貌。为保证高标准的规划建设，当地特地邀请以"郝堂村"乡建而著名的乡村规划设计师孙君领衔中国乡建院团队进驻下营村进行美丽乡村建设（图3-8）。下营村在积极推动物质环境建设的同时，还积极尝试拓展农产品电商和地方文化建设。为此，下营村邀请台湾乌龙茶学会会长邱宽武先生驻村指导茶叶种植和研制，试图将茶文化与珠宝产业嫁接，构成下营村特有的乡村文化。

下营淘宝村的发展过程不仅是乡村经济的兴旺过程，同时也是乡村治理体系的建构过程。作为连接政府与村民的纽带，村书记刘庭州⑤在下营村电商发展过程扮演了关键角色。作为村里最早一批外出经商的成功者，刘庭州丰富的经历和对家乡的热爱使他在村里具有很高的威望和号召力。长期的绿松石从业经验使得刘庭州深谙这一宝石行业的特殊性，

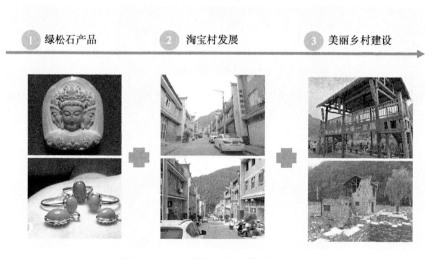

图3-8 下营村美丽乡村的升级之路

深知网商除了需要具备吃苦耐劳精神，能在互联网的陌生环境中赢得客户的信任至关重要，诚信经营与沟通能力尤其不可或缺。因此在下营村的电商发展过程中，他始终向年轻人强调"勤奋、诚信、沟通"的理念，使下营村网商能够不断积累、扩大稳定的客户群体。在下营村，从最初正确引导绿松石电商产业发展，到争取政府各方面支持，再到对美丽乡村的营建和产业转型路径的构想，以村书记为核心的村两委是乡村治理过程的重要参与者、决策者和实施者。

在下营村的乡村治理体系中，以蒋家明、庹涛[①]等为代表的年轻电商能人的积极加入，大大地增强了乡村治理主体的活力与能力。这些通过电商致富的年轻村民常常带头捐款修路、加固河堤、美化环境，并在征地拆迁等方面自觉配合村两委和施工单位的工作，完全没有乡村中普遍存在的公共事务消极漠视态度。由他们自发成立的电商协会，一方面发挥着产业经济组织的作用，另一方面成为广大电商从业者参与乡村治理的重要途径。村两委和带头人的积极有为必然带动各级政府的积极投入，从而获得乡村外部纵向治理力量的有效供给。2015年6月，湖北省商务厅厅长卢焱群专程来到下营村调研，对农村电商发展表示高度认可和支持。2016年，郧西县商务局出台了《郧西县电子商务进农村专项资金管理暂行办法》，在网络环境、仓储物流、电商培训等方面对电子商务进农村项目提供支持。2017年，郧西县还组织了电商平台资金申请申报工作，为乡村电商发展提供资金扶持。外部市场与社会力量的参与也在不同程度上推动乡村治理的现代化转型过程。负责下营村规划设计和营建的团队专门下派驻村设计师，在下营村进行长达两年的驻村陪伴式营建工作，不仅保证了建设项目的高标准实施，而且将较为科学、先进的经营与管理理念注入乡村。借助淘宝村的美名，大量领导、专家学者对下营村的调研考察以及相关媒体的调研报道，在将下营村介绍给外界的同时也将更加开放的世界带给乡村，点点滴滴地催化着乡村治理的进步。在如今的下营村，由各级政府、地方精英、外部力量和本地村民协同治理的新格局已现雏形。

3.1.2 边缘革命

"边缘革命"最早由诺贝尔经济学奖获得者罗纳德·哈里·科斯（Ronald H. Coase）与王宁共同提出，用以解释中国经济改革的实际发展路径。他们将中国经济改革过程中民间边缘力量所进行的自下而上改革称为"边缘革命"[12]。这一改革与政府主导的自上而下改革形成鲜明对比。四大边缘力量——家庭联产承包、乡镇企业、个体经济和经济特区——成为20世纪80年代中国经济转型的先锋力量[12]。土地家庭联产承包责任制首先在农村领域促成了巨大变化，极大地调动了农民的生产积极性。乡镇企业建立了初步的农村工业化，农民身份开始转换，大规模的农村劳动力开始转移。城市个体经济由小到大，促进了中国私营经济的发展，为停滞的国营经济树立了榜样。经济特区的设立和开放，则在更大的范围内引发了中国经济管理模式的创新，从引进资金、人才、观念到引进机制，全面推动了改革开放。所有这些都是中国社会主义经济中的"边缘力量"的"边缘革命"。科斯与王宁进一步富有洞见地指出"边缘革命"得以发生的机制：

> 政府能够容忍从草根阶层发起的经济试验，正是因为这些试验是在社会主义经济的边缘地带进行的，政府认为其很难对社会主义政权产生直接的政治影响。由于这些边缘力量被政府视为经济中的次要部分，只要不威胁社会主义的存在，这些边缘化的革命就能够享受一定程度的政治自由。一旦农民和城市中的无业居民拥有了发展私营经济的自由，他们会迅速抓住这个机会来证明自己比国营企业更加高效，让信奉实用主义的中国领导人意识到这些试验对社会主义更加有利，而不会造成危害。当这种非正统的实践被官方所认可时，他们不可避免地减弱了僵化的意识形态在中国的影响，拓宽了政治思想的疆域。[12]

电子商务推动的淘宝村的迅猛发展无疑是又一场非常重要的"边缘革命"⑦。非常巧合的是，这场新的"边缘革命"同样是从中国经济、社会发展最为薄弱的乡村开始的。大量的淘宝村、镇基本分布在都市区、城市区域格局中的边缘区位，最早返乡从事电商的创业草根群体基本属于城市的边缘人，而淘宝村的主营产品也多为低成本的蓝海产品。边缘区位、边缘人群和边缘产品，三重边缘属性使得淘宝村的兴起与繁荣充满张力，成为新时代"成色"十足的"边缘革命"典型，并迅速成为一支改变中国城乡经济地理格局的重要力量。

如同我们对时隔30多年的两场自下而上进程的比较，新的"边缘革命"既符合30多年前那场革命的众多特征，同时也必然具有新的时代特色。这一特色显然是信息通信、互联网技术以及电子商务带来的，正是它们为本来已经没有太多机会的乡村地区创造了产生新"边缘革命"的基础。

1）边缘区位的相对弱管制

经过30多年的发展，中国各级政府对国土空间的管制能力不断加强，尤其城镇地区与20世纪80年代乡镇企业大发展时的整体弱管制不可同日而语。在国土空间管制力度不断加强的大背景下，中国的大部分乡村地区由于发展相对落后，管制成本较高，所以依然保持着相对弱管制的状态。事实上在中国漫长的历史进程中，政府对乡村地区的管制总体上是相对松散的。从秦至清的统治精神一直是"大共同体"本位而非小共同体本位，整个社会结构体现为大共同体一元化控制与一盘散沙式的"无权者的小私有"[13]。清末以来，因为大共同体本位的动摇与小共同体权利的上升出现了明显的宗族化现象,进而形成一种"国权不下县,县下唯宗族,宗族皆自治,自治靠伦理,伦理造乡绅"[13]的对于传统乡村的认知范式。中华人民共和国成立后,开始实行苏联式的全盘计划经济体制,以城市中的单位制和乡村的人民公社建立起比传统中国更加强有力的对乡村地区的控制。然而随着人民公社的解体和市场经济体制的渐进式改革,政府对乡村地区的管制力度再次减弱,苏南乡镇企业的广泛出现正是源于这一"市场网络所及、国家控制弱区"。进入21世纪后,随着国家对于农业税的取消,乡村治理甚至一度出现"权力真空"现象。正是这种长期以来相对松散的地方管制,使得村民敢于因发展需求对原有房屋进行改扩建,甚至在农田上建设临时厂房等,基层政府往往无法管也不愿管。尤其在相对贫困落后的乡村,发展经济、脱贫致富是第一要务,空间管制也要因时、因地、因人制宜。正是这一边缘区位的相对弱管制,使得淘宝村初期的野蛮生长能够在一定程度上逃脱政府的规划管控和监察治理,进而使得自下而上的市场自发力量得以存活并不断繁荣。

2)边缘人群的低创业成本

在城乡之间要素流动相对自由的条件下,电商行业的相对低创业门槛与乡村地区的低成本创业环境相互契合,构成了极富竞争力的"双低"组合。以淘宝网为代表的网络销售平台为中小企业和个人创业者提供了低门槛的创业机会。早期淘宝卖家的普遍特点为店家规模小(近50%没有雇佣员工)、总体投入少(累计投入3万元以内)[14]。对于收入偏低、抗风险能力弱的乡村居民而言,这一低创业门槛尤为重要。而乡村地区的低成本创业环境主要体现在三个方面:首先是较低的时间成本。随着农业基础设施的改善以及科学种植技术的普及,农业的劳动生产率不断提升,乡村居民的农闲时间相对宽裕。乡村剩余劳动力除了外出务工,大量以"剩余劳动时间"的状态存在,为他们从事兼业活动提供了可能。电子商务对于时间投入的依赖性较高,以淘宝卖家为例,平均在线时间达9 h以上[14],因此较低的时间成本成为乡村居民参与电子商务活动的重要优势。其次是较低的生活成本。在参与电商创业的初期,往往需要经历一定时间的市场检验,逐步获得市场认同。自给自足的乡村生产、生活方式与居家创业的自由办公方式相互结合,削弱了经营性成本对于创业活动的倒逼压力。最后是较低的集群成本。从零散的个体电商到规模化的电商集群是电商产业的良性成长过程。电商集群虽然可能会带来同质化竞争,但是对于降低物流成本、塑造地区品牌、推动产业链延展和产品升级等方面拥有积极意义。乡村地区"熟人社会"的属性为产业的自发集群提供了优越的社会土壤,在以血缘、亲族关系为纽带的"圈子"社会中,信息扩散极快,交往的信任度较高,电商合伙人的招募成本也较低。优秀的创业草根成长为乡村电子商务带头人,或主动或被动地承担起电商集群建设的领路人角色,并能够很快促成乡村的电商集群。

电商的低创业门槛和乡村的低创业成本所形成的"双低"组合，成为创业草根带动乡村脱离传统农耕时代，"无中生有"地形成淘宝村的重要优势。江苏省沙集镇的板材家具产业、山东省曹县大集镇的儿童演出服饰产业、浙江省缙云县北山村的户外用品产业，都是在不具备产业基础的条件下，遵循相似的路径，形成亿元级新兴产业集群的典型。

3) 边缘产品的竞争力重塑

如果说边缘区位和边缘人群这两个方面与30多年前的"边缘革命"有着高度的相似性，那么新"边缘革命"与30多年前的"边缘革命"的最大差别在于互联网改变了乡村地区长期以来日渐边缘的可达性。从改变信息可达性到改变物流可达性，从而重塑了乡村产品的竞争力。地方特色农产品、地方传统手工艺以及上一轮乡村工业化所遗留的地方产业基础，都在互联网、电子商务的助力下找到了新的市场空间，获得了新的发展机遇。

（1）互联网+地方特色农产品

随着城市生活水平的快速提升，人们对于生态、健康农产品的需求不断增长，然而地方农特产品的"销售难"一直是抑制发展的重要问题。具有乡村根植性的农特产品与电子商务的结合，能够在满足城市消费需求的同时，充分实现生态农业的市场价值，改善传统农业生产经营的劣势地位，实现小农户与大市场的对接。传统的农业销售主要采取的是"产地收购—产地市场集散—销地市场—集散—商贩零售"的现货交易模式[15]，这种模式产销流通链过长、产销信息对接不畅，容易导致市场需求与生产供应不匹配、中介主体压低农业生产的利润空间、农产品流通损耗严重等问题。与此同时，分散的小农户不具备参与农产品交易的主动权，农产品销售的利润空间有限。电子商务利用信息整合的技术优势，能够解决农业生产与市场需求信息不对称的问题，缩小农产品中间流通环节，降低农产品销售的规模门槛。农户通过网络销售平台，能够直接介入农产品交易过程，既可以根据市场需求合理安排生产，也可以发布生产成果寻找市场客户。同时农户间可以通过相对灵活的自组织方式在物流环节上实现规模化，以进一步降低物流成本，提升小农户电商的市场竞争力。近年来农特产品的网络贸易已经呈现出快速增长的趋势，据阿里研究院统计，2014年阿里巴巴平台上经营农产品的卖家数量为76.21万个，完成农产品销售483.02亿元，较2013年增长669.83%[16]。农产品上行的障碍正在不断破除，依托本地农特产品优势，部分乡村已经从传统农业村变为具有地方品牌标识性的淘宝村。典型代表就是杭州市临安区的白牛村。村庄所在的昌化镇盛产山核桃，有山核桃产业基地2.6万亩。白牛村一直是周边地区山核桃、青蒲与水籽的交易集散地之一。2007年务工返乡的当地农民开始尝试将山核桃进行网上销售，并快速形成产业集群。在以山核桃为主营业务（销售份额占63%）的基础上，进一步拓宽其他本地的干果炒货。2013年全村网络销售达到1亿元，并形成了"山里福娃""青峰食品"等年销售千万元的品牌企业[17]。

（2）互联网+地方传统手工艺

地方传统手工艺是承载着中华悠久文明的重要载体，然而长期以来工业化所追求的规模化、集约化大大地压制着传统手工艺产业的发展，使得很多传统手工艺濒临灭绝。互联网电子商务的兴起重新彰显了以个性和品质为特征的传统手工艺的价值，众多个性化、小众型产品成为人们青睐的对象。而互联网长尾（Long Tail）效应[18]的存在则为众多特色产品、小微制造的发展提供了机遇。电子商务对于传统手工艺产业的复兴不仅孕育了一批淘宝村，而且描绘了一道淘宝村特色发展的靓丽风景线，其中许多位于中西部地区。由于生产技术水平、人才聚集程度、信息技术应用能力以及思想文化观念等多方面存在差距，中西部地区"无中生有"产生淘宝村的难度相对较大，大量淘宝村都是基于自身资源禀赋和传统工艺而形成的，产业发展具有明显的地方黏性，很难被工业化生产替代或模仿复制，因此抗风险能力相对较强。如湖北省郧西县的下营村（绿松石产品）、云南省鹤庆县的新华村（传统手工银器）、河南省孟津县的南石山村（唐三彩）等。中西部地区的淘宝村不仅是乡村振兴的鲜活样本，而且有效地活化了众多面临危机的民间传统技艺，为发掘传统文化、传承各类非物质文化遗产提供了有效途径。

（3）互联网+地方产业基础

县域范围内已有的非农产业基础，往往是乡村电商发展的重要支撑，大多也是上一轮自下而上城镇化进程的重要遗产。这些中小企业由于区位、资本和技术等各方面原因，发展一度面临巨大困境。与电子商务的深度结合，为这些身处困境的企业带来了新的机遇，激发出产业新一轮的发展活力。一方面，电子商务通过降低产品推广成本、拓宽产品销售渠道等方式，提升了产业的生产效率以及对接市场的能力，增加了中小企业的利润空间；另一方面，互联网环境下促发的多元化客户需求与中小企业灵活的柔性生产潜力相互契合，增强了中小企业的竞争优势。电子商务对于促进县域产业升级具有战略意义，尤其城郊乡村地区的电子商务精英依托临近货源地的地缘优势，通过代理销售的方式主动参与县域产业分工，成为县域产业链的重要延伸。电子商务创业者通过对消费市场的摸索，将县域产品进行整合、展示，逐步形成网络销售品牌。其中具有全网影响力的品牌电商更是实现了从自发分工到引领集聚的角色转变，推动以产品销售为引领的新产业集群。例如浙江永嘉县西岙村（文教玩具产业特色村）、河北高碑店市白沟镇（箱包制造特色镇）等拥有优势产业集群的村、镇，都通过与电子商务的结合，探索出本地乡镇企业转型发展的新路径，实现了从制造到设计、销售的产业链延伸[17]。乡村电子商务活动在相对便利地获得所需货源供给的同时，往往还会反向促进既有产业的升级和产业链的延展，进而带来区域产业格局的重构。

3.2 多元发展模式

淘宝村快速发展的过程中涌现出许多典型案例，它们不仅成为众多乡村地区效仿的榜样，也成为专家学者们津津乐道的、类似于30多年前那场自下而上进程中所出现的地域特色发展模式。梳理、总结目前涌现的、被报道的各种新地域特色模式，本书从淘宝村产生的主要推动力角度，将当前的模式大致划分为三类：自发成长模式、政府推动模式、政府+服务商模式。

3.2.1 自发成长模式

最早在乡村地区涌现出的淘宝村基本都是由自下而上的草根力量推动形成的。江苏省徐州市睢宁县沙集镇东风村和山东省菏泽市曹县大集镇丁楼村就是淘宝村自发成长模式的典型代表。电子商务的飞速发展如同魔法师的点金术一样彻底改变了黄淮平原上两个普通小村庄的发展轨迹，使它们从远近闻名的"破烂村""贫困村"蜕变为全国最早的淘宝村之一。互联网信息化不仅成就着无数创业草根令人目眩的财富神话，同时带动了更大范围的工业化和城镇化，使睢宁、曹县等地彻底摆脱传统发展路径，跨入电子商务产业的全新天地。

1）创业草根的先行尝试

无论是沙集还是大集，创业草根——"淘宝村优秀带头人"们的先行尝试如同火种一样点燃了电商发展的燎原之势。沙集镇家具电商产业最早源于以孙寒为首的"三剑客"的积极探索。从2006年离职回到东风村从事网上交易，到2007年萌生生产简易家具并进行网上销售的念头，不善言辞甚至略显腼腆的孙寒的大胆尝试，拉开了东风村家具电商产业的序幕。廉价时尚的仿制家具迎合了大量都市新落脚人群的需求，迅速带来可观的利润，由此打开了沙集区域的"地方机遇窗口"⑧。在孙寒创业的同时，大集镇丁楼村的任庆生也在筹划着他的儿童演出服饰网上交易。从过去外出打工、外地贩卖演出服饰，到发现儿童演出服饰这一蓝海产品，并成功地进行网上销售，同样腼腆、不善言辞的任庆生的尝试与突破点燃了大集镇演出服饰产业发展的导火索。

2）财富效应驱动的模仿扩散

当"网上卖货赚了大钱"的消息在乡村里迅速传播起来时，互联网电子商务所带来的财富效应便开始了它持续发酵的旅程。乡村社会是藏不住太多秘密的社会，无论是沙集的东风村还是大集的丁楼村、孙庄村，电商致富的巨大示范效应立即让整个村庄热闹起来。在乡土社会浓密的亲情友情关系网络之中，亲戚好友之间的知识传播就再简单不过了，于是网店如雨后春笋般开始迸发。网销、拿货、配送、收款，网店经营流程简单，加工工艺也不复杂，在高额的利润回报激励下，"东奔西跑，不如淘宝"成为人们的共识。经济实力强的电商大户，更是跳出自家院子在村外办起生产加工厂。一个"无中生有"的产业，一条不断完善的电商产业链，塑造了一个新经济时代的"明星村"。

3）迫于竞争压力的持续升级

大规模同质化网商的迅速崛起，必然加剧产品的同质化竞争，导致利润率的显著下降，在一定程度上形成"内卷化"⑨。市场规律是简单的，当整个行业的总需求基本不变，供给不断扩大的结果必然导致利润被大大摊薄，形成生产增长快速但利润增长缓慢的情况。沙集的"专利风波"其实就是对自发成长模式的粗放发展敲了警钟。随着产业规模的不断扩大，缺乏品牌、恶性竞争的发展模式必将难以为继。于是有远见的网商逐渐转向产品专业化和高质量品牌化发展之路，产品类型逐渐从相对低端向附加值更高的类型转移，生产模式也逐渐从家庭作坊式的前店后厂转向更为自动化、规模化的电商园区。竞争的巨大压力迫使电商产业持续升级，不断提升市场竞争力。

4）有为政府的积极干预

市场发育到一定阶段必须有政府的积极干预，有形之手和无形之手在电商产业的发展过程中同样缺一不可。在乡村电商发展前期，由于空间管制的缺失，很多农民把作坊设在自家庭院里，或者在房前屋后的宅基地上兴建厂房，有的甚至建到农田里，私搭乱建现象严重。规范企业的市场与空间行为，为产业发展提供更好的空间供给是有为政府必须承担的责任。沙集模式在这一方面走在前列。睢宁县地方政府不仅对沙集镇的产业体系进行了有效整合，同时在沙集镇积极规划"电商特色小镇"（图3-9），打造"一城两园一带"，即电子商务城、电商产业园和电商物流园及徐淮路电商产业带，推动沙集电商产业"园区化""品质化"，形成更加集约、高效的产城空间。

图3-9 沙集镇电商特色小镇鸟瞰效果图

3.2.2 政府推动模式

政府推动模式主要指各级政府通过多种手段直接培育淘宝村的模式。通常政府在乡村电商发展的初期就主动介入，通过一系列强有力的行政手段全方位地推动产业快速发育，并针对淘宝村成长过程中所出现的各种阶段性问题提供有针对性的服务，持续为淘宝村的发展保驾护航。在政府推动模式中，政府不是姗姗来迟的支持者和监管者，而是淘宝村产生和发展的主动参与者和直接推动者。这一模式最典型的案例就是广东省揭阳市揭东区锡场镇军埔村。

军埔村是2013年阿里研究院公布的首批14个淘宝村之一。2012年，锡场镇政府向揭阳市政府的一次例行报告中提及军埔村的一小批年轻人正在从事电子商务经营活动。这一报告引起了市领导的重视，认为这可能成为农村发展的新经济增长点。2013年6月，揭阳市市长重点到军埔村进行调研。随后市政府明确提出将大力支持当地电商发展，并陆续出台一系列政策，集中优势资源打造电商人才、电商服务、电商产业、电商文化、电商制度的"五大高地"[⑩]，强力推动军埔村电商产业快速成长。经过持续的培育，2017年军埔村年销售额高达40亿元，拥有网店超过3万家、实体店300多家[⑪]，成为具有强劲生命力和带动力的电商"明星村"（图3-10）。政府的主动介入和有效推动措施主要包括基础设施建设、资金与政策扶持、人才培养培训、配套服务完善以及发展平台搭建等多个方面。

图3-10 揭阳军埔电子商务村

1）基础设施建设

良好的道路交通条件与信息通信设施是乡村电商发展的基本保障。揭阳市政府对军埔村基础设施建设十分重视，政府积极协调联通、电信等公司，全力支持军埔村信息网络建设，使军埔村成为广东省第一个宽带光纤到户的农村，也是粤东地区网速最快、宽带资费最低的村落[19]。各大通信运营商相继进入军埔村兴建基站，设置自助服务终端，开设便利服务。随着产业规模的扩大，政府规划建设了"军埔电子商务一条街"（图3-11），有效地改善了村庄内部的交通条件，成功吸引了大量电商企业集聚，

图3-11 军埔电子商务一条街

形成产业集群效应。

2）资金与政策扶持

为支持军埔村电商产业的发展，揭阳市先后出台了《军埔村电子商务企业贷款风险补偿暂行办法》《军埔村电子商务企业贷款贴息暂行办法》等政策措施，积极解决电商企业融资难问题。揭阳市政府为军埔村电商企业提供政府贴息贷款 1 000 万元，惠及数十家电商企业；制定《军埔村创业引导基金实施办法》等系列文件，为符合资格的电商户提供房租、网络等补贴和减免。集中的扶持政策和资金支持不仅解决了电商企业融资难的问题，还大大激励了农民进行电商创业的热情。

3）人才培养培训

人才短缺是淘宝村产业可持续发展和转型升级的主要制约因素之一。军埔村电商产业规模的快速扩展使得电商专业人才的缺口越来越大。为解决这一问题，政府拨款在军埔村兴办军埔电商培训学校（图 3-12），开设覆盖全市、辐射周边的免费电子商务培训班，为乡村网商提供专业培训服务。这一举措有效地促进了农村剩余劳动力的转移，为电商产业的发展提供了有力的人才保障。随着培训规模的扩大，政府牵头成立电商培训机构大联盟，打造面向全国的免费电商培训基地。除此以外，政府还积极促成中央直属机关青年联合会、北京大学光华管理学院和军埔村青年网商结对，建立可持续的人才培养机制。

图 3-12　军埔电商培训学校

4）配套服务完善

完善的配套服务是保障农村电商产业健康发展、加速产业转型升级的重要支撑。揭阳市政府在提高政务服务水平与引进产业配套服务两方面均做出很大的努力，为军埔村的发展提供了高质量的配套服务。揭阳市通过制定专门的工商注册登记流程、设立专门的注册窗口，使得所有手续和资格认证能够一次性办理完毕。政府组织成立的军埔村电商服务中心，整合了工商、电信、设计、金融、招商等多种服务功能，为军埔村广大网商提供一站式服务。至 2016 年，全村就有 5 家金融机构、15 家快递公司进驻，7 家快递公司在周边建立区域分拨中心。

5）发展平台搭建

面对行业竞争加剧、经营秩序混乱等问题，政府积极引导乡村网商"抱团"发展。政府牵头成立军埔村电子商务协会，积极发挥协会的协调带动作用，避免各家企业因同质化造成恶性竞争。引导、推动电商企业抱团发展，形成诚信经营、依法经营的行业氛围。除此之外，政府还积极搭建国际平台，引导、促进军埔电商村进行国际交流，发展跨境电商。

3.2.3 "政府+服务商"模式

随着中国县域电商进入"多方协同发展"新阶段[20]，淘宝村发展的第三条路径——"政府+服务商"模式开始浮现。"政府+服务商"模式是指以县级政府为主体向市场购买公共服务，电子商务服务商通过"陪伴式"服务，有效配置公共资源，二者共同推动淘宝村形成和发展的新型模式。"政府+服务商"模式常见于中西部经济相对欠发达地区。由于产业基础和创新观念弱于东部沿海地区，中西部地区难以依靠乡村自身力量自下而上地推动电商产业发展，因此不仅需要政府营造电子商务氛围，推动产业专业化与规模化，还需要专业化机构进行全程陪伴式培训、引导与扶持，构建良性发展的生态系统。

河南省洛阳市孟津县是目前"政府+服务商"模式应用最为成功的案例（图3-13）。孟津县政府自2016年开始与洛阳闪迅电子商务有限公司（以下简称闪迅公司）展开合作，至今已成功培育出3个淘宝村（2016年1个，2018年2个），既有基于传统手工业形成的淘宝村，如平乐牡丹画淘宝村（洛阳市首个淘宝村）与南石山唐三彩淘宝村，也有利用"电商+扶贫"，促进特色农产品（袖珍西瓜、仙桃、葡萄、草莓等）上行形成的淘宝村，即送庄镇东山头村（洛阳首个特色农产品淘宝村）。"政府+服务商"模式主要呈现以下两个方面的特点：

图3-13 孟津县送庄镇特色农产品电商孵化基地

1）多层级政府推动

电商环境的营造离不开政府的财政支持。孟津县业已形成省级示范补贴、县级推动发展的模式。同时河南省通过开展农村综合示范县工作，向示范县定向提供专项补贴来推动淘宝村建设，调动各县积极性。孟津县自2017年被评定为示范县，可连续三年获得500万元专项资金补贴，该项资金成为推进淘宝村培育工作的重要保障。孟津县作为主要的实施主体，通过组建人员、出台政策、建立制度三个手段推进电子商务进农村工作。

在基础设施方面，搭建起县、镇、村三级电商服务和物流配送体系，支撑电商产业集聚发展。目前孟津县已建成1个县级农村电子商务公共服务中心、2个镇级电子商务服务站、92个村级各类电子商务服务点,基本形成"一县一仓配、一镇一中心、一村一站点"的电商服务格局。在制度建立层面,成立了电子商务推进办公室,推出"12510"⑫电商发展工程等具体措施。县级农村电子商务公共服务中心是整合县域资源、对接政企、联合产业协作的重要机构,既可作为特色产品、产业展示交流空间,又可依托该中心建设电子商务实训及创业孵化基地。镇级综合服务站与村级服务点则具备政策宣传、网上代买代卖、生活缴费、金融服务、快递收发和其他增值服务等功能,解决电子商务进村"最后一公里"⑬问题。领导小组为降低创业门槛,提升农民创业热情,积极拓宽创业资金支持渠道,推出小额贷款与创业奖励政策(包含贫困户创业奖补),进一步提升农民返乡创业热情。

2)服务商陪伴式培育

服务商的工作有两个重点:第一是根据乡村产业发展情况选择培育对象,第二是在培育对象村庄进行陪伴式服务(图3-14)。闪迅公司通常与地方政府共同考察、选择有产业基础的村庄作为培育对象,然后有针对性地制定整体培育方案,派遣小型精英团队驻扎村庄,开展两个阶段的陪伴式服务:第一阶段为半年集中式陪伴运营,即"1个月全面培训、3个月孵化和2个月资源整合";第二阶段为半年至两年不等的差别化陪伴运营,包括24 h解决村民问题、分类差别化培育网店以及进行整体运营的数据分析等。

图3-14 对村民进行日常辅导的服务商

在电商培训方面,实行差异化辅导,分电商创业班、电商精英班等多种类型,重点教授实操性电商知识,培养村民网商意识,解决乡村电商人才匮乏困境。在网店运营方面,根据活跃程度将村民的网店划分为标杆店铺、重点店铺和活跃店铺三级,进行差异化的深度指导与孵化。重点打造标杆店铺,利用闪迅公司的美工、视觉、运营、推广、活动、客服等各类专业化资源,专人专店运营,培育本地电商龙头企业,增强示范效应。对于重点店铺和活跃店铺则分别予以方案辅助与助力发展。在整个服务商陪伴式培育运营期间,服务商借助自建的大数据平台,对各店铺进行数据收集、储存与加工,实时、有效地结合市场需求,优化淘宝村电商产业发展策略。

在服务商陪伴式培育运营体系中可以进一步整合地理品牌营销、产品品质提升与美丽乡村营建等功能。通过注册地域品牌商标,对本地特色产品进行统一认证、统一品牌、统一包装、统一标准与统一管理,并利用政府网站、新媒体等宣传渠道推广,提高品牌知名度。线下营销服务可以利用农村电子商务公共服务中心建设展销中心,宣传地方特色产品,同时基于互联网产业,推动农、文、旅结合。而服务商团队与规划设计团队的结合,更有利于淘宝村规划建设特色小镇和美丽乡村。

3)典型案例:河南省洛阳市孟津县平乐镇平乐村

平乐村为河南省洛阳市孟津县平乐镇镇区所在村,位于洛阳市北郊,距洛阳市中心城区 12 km,邻近洛阳北郊机场、洛阳北站等大型交通设施,交通便利。平乐镇和平乐村均因东汉明帝为迎接西域进贡之飞燕铜马所筑的"平乐观"而得名,毗邻汉魏洛阳故城遗址,与旅游胜地白马寺直线距离不足 4 km。在河南洛阳"千年帝都,牡丹花城"的文化熏陶下,平乐村创立了平乐牡丹画品牌。凭借"一幅画、一亩粮、小牡丹、大产业",平乐村目前已成为全国唯一的"牡丹画生产基地",也是农业部(现农业农村部)发布的中国"美丽乡村"文化传承型模式的典型。2016年平乐牡丹画产业实现"+互联网"的突破,被阿里研究院认定为"中国淘宝村",成为洛阳市的第一个淘宝村。

平乐牡丹画发轫于郭泰安先生。20 世纪 80 年代,郭泰安结缘洛阳牡丹花会(现改名为中国洛阳牡丹文化节),开始创制平乐牡丹画。因平乐村南邻"中国第一古刹"白马寺,郭泰安很早就将牡丹画作为旅游纪念品在白马寺等景区销售,颇受游客喜爱,收入可观。渐渐地一批村民开始效仿学习牡丹画绘制。20 世纪 90 年代初,郭泰安联合十几位当地村民建立"汉园书画院",推动平乐本地牡丹画技艺的交流切磋和推广,并公益性地开设牡丹画培训班,培养农民画师,由此,平乐牡丹画产业逐渐成形[21-22]。同时一批知名度较高的画家主动走出平乐,积极与西安、上海、济南等大中城市的客户建立稳定的销售联系。在同村村民先行示范作用和经济效益的带动下,本地村民尤其是妇女学习牡丹画技艺的积极性日益高涨,通过亲朋的传、帮、带逐渐培养、集聚了一大批针对不同市场的专业牡丹画从业人员。围绕绘画创作的装裱、包装、销售等配套产业也开始发展。

2007年平乐村被河南省文化厅授予"河南文化产业特色村"称号。同年平乐镇政府组建发展牡丹画产业领导小组,领导小组基于原汉园书画院成立了平乐牡丹书画院,以协会的形式对画院进行统一管理⑭。镇政府每年设立专项培训资金,举办 3—4 期公益性牡丹画培训班,每名画家每年帮带 10—15 名新学员,并奖励在牡丹画对外销售中做出突出贡献的销售能人以及创业开办工作室和展厅的商户。镇政府还积极利用中国洛阳牡丹文化节(已入选国家级非物质文化遗产名录),举办全国农民牡丹画展,提升平乐牡丹画的影响力与知名度,实现文化技艺、文化节庆、文化品牌、文化产业共生共荣,实现经济、社会、文化多重增益。

为了进一步规范产业发展,提升产业质量,发挥规模效应,平乐镇政府在省、市、县三级政府的扶持下,开始搭建实体产业发展平台。2010 年,平乐镇围绕牡丹画创作销售,以创建综合文创产业基地为建设目标,在镇区东侧规划建设"中国平乐牡丹画创意园区"。园区占地 90

亩，建筑面积为2.9万m²，由美术馆综合楼、石刻文化园、200套画家创作楼、25亩牡丹写生基地等板块构成。目前中国平乐牡丹画创意园区已有农民画师1 000多人，其中省级会员15人，市级会员60余人，一级画师39人。近年来平乐镇牡丹画年销量40多万幅，带动就业5 000余人，综合收益达1.2亿元[15][16]（图3-15至图3-18）。

图3-15 中国平乐牡丹画创意园区

图3-16 自发参与艺术活动的村民

图3-17 创作中的农民画家

图3-18 平乐电商孵化基地内景

2016年孟津县政府积极把握电子商务产业的新机遇，购买闪迅公司的综合服务，共建平乐牡丹画电商孵化基地。服务商自2016年3月起派遣团队驻扎平乐，提供"全天候"、陪伴式的电商服务，手把手地为村民提供包括店铺装修、日常运营、渠道创新在内的一揽子服务。通过"政府＋服务商"的模式，平乐村在原有牡丹画实体产业的基础上，仅用半年时间就达到了"中国淘宝村"的认定标准。村民返乡创业的热情由此被点燃，以自产自销（典型分工是父母作画、子女销售）、代销等形式进行网络销售。2018年线上活跃店铺有150余家，有效而持续地提高了乡村电商在营销全环节的竞争力，逐渐形成了"公司＋画师＋基地"的产业化运营模式。当前平乐村正在谋划从淘宝村1.0模式向2.0模式升级，打响了"电子商务""创意平乐""生态旅游"三张名片。规划围绕平乐牡丹画产业，联动平乐正骨医术、平乐水席（乡村特色餐饮）、平乐太仓毛笔等地域资源，打造平乐淘宝特色小镇。

3 中国淘宝村的发展机制 | 123

4）**典型案例：河南省洛阳市孟津县朝阳镇南石山村**

南石山村属河南省洛阳市孟津县朝阳镇，是中国唐三彩的发源地。南石山村基于出土的唐三彩文物，创新唐三彩烧制技艺（入选国家级非物质文化遗产名录），大力发展唐三彩手工艺品产业，先后被评为"河南省特色文化村""河南省特色景观旅游名村""中国唐三彩文化第一村"，产品曾被当作国礼赠送外宾。文化振兴带动乡村振兴，2017年中国洛阳三彩小镇（朝阳镇）入选全国第二批特色小镇。2018年南石山村唐三彩产业加强与互联网融合，以"政府+服务商"模式推动电子商务发展，成功实现"中国淘宝村"的飞跃。

俗语说："生在苏杭，死葬北邙。"洛阳以北的邙山，自东周以来即为历代帝王及达官贵人的殡葬风水宝地，而南石山村正处北邙腹地，出土文物众多[17]。1905年陇海铁路修建时，恰于南石山村挖出唐三彩，自此开启了南石山村的"黄金时代"。随着考古学家、收藏家以及文物贩子大量涌入，村民开始陆续参与出土的唐三彩文物的修复活动。1920年前后，当地村民高良田在长期修补文物的过程中创造了唐三彩仿复制技术，弥补了失传的唐三彩技艺空白。高超的"造假"技术结合南石山村独有的高岭土制造的工艺品具有极高的仿真度，甚至流于黑市被疯狂抢购，南石山唐三彩"造假"能力闻名遐迩。

在南石山村近百年的唐三彩文化中，有过辉煌也有过衰落。21世纪初高水旺大师担起重任，凭借其精湛的手工艺技术、过人的胆识，再次将传统手工技艺带出乡村，走向大众。高水旺成立洛阳九朝文物复制品有限公司，不仅生产高端、中端、低端仿品，还致力于文化传承，收学徒传授技艺，更自费400多万元建起1 000多 m^2 的唐三彩传承保护基地。张家彩窑创始人张二孬大师尽管小学都没毕业，但传承祖上五代的烧窑技艺和唐三彩文物修复技艺，深耕唐三彩创作，研制出开细片与"蜻蜓之翼"效果等核心技术。秉承"一辈子只做好一件事"的信念，张大师痴情唐三彩文化，自己设计、建设唐三彩展示、体验基地，致力于宣扬以唐三彩为主要代表的传统文化，共建中小学生文化教育基地。

与平乐牡丹画村一样，南石山村也是"政府+服务商"模式成功实践的典型案例。2018年5月，孟津县政府与闪迅公司再次合作，依托南石山村"三新"讲习所，共建电商培训基地[18]。服务商为本地72家企业教授电商基本知识，指导村民建立唐三彩淘宝店，辅助店铺运营（图3-19）；同时为提升网销效率，减少产品运输破损率，积极研发、升级物流包装，使用木架固定、外裹气柱减震等新措施。目前南石山村村民已开网店128家，活跃店铺68家，包括5家标杆店铺、20家重点店铺和43家活跃店铺，年交易额突破3 000万元[19]。

电子商务对于传统手工艺产业的促进不仅止于扩大生产，同时能够将多样化、个性化的消费需求及时反馈生产端，驱动生产技术创新与创意升级。在南石山村可以看到，一方面随着生产技术升级，煤窑、柴窑开始被气窑、电窑替代,全村72家企业全部完成"煤改气"工作。气窑和电窑的温度火候更便于掌控,大大提高了素胎正品率。另一方面创意升级,除原有仿古唐三彩产品外,新工艺三彩开始与当代艺术结合,衍生出多个细分市场,例如唐三彩汽车挂饰、汽车摆件等小饰品就颇受欢迎,线上销量占比高达85%。目前南石山村年产唐三彩工艺品约170万件,产品种类包括唐三彩仿古产品、新工艺产品等3 500余种,工业总产值达1.5亿元,全国市场占有率近95%[20](图3-19)。

图3-19 正在塑形的工艺师(左)和正在接受电商培训的村民(右)

3.3 产业组织环节

信息通信与互联网技术的持续发展与普及,使得乡村电子商务产业这一镶嵌于乡村社会网络中的新经济业态重构了城乡产业生态系统。乡村电子商务产业看似简单,实际上集聚了创业网商、加工制造商、原材料供应商、第三方服务商(物流、金融、摄影美工)以及平台电商等多元经济主体。他们之间通过建立多样化的合作关系维系整个系统的运行,折射出信息时代经济系统的高度复杂性与协同性。电商行业的相对低创业门槛与乡村地区的低成本创业环境所构成的极富竞争力的"双低"组合,激发了乡村居民的创业热情和天分,建构了新的社会经济生态系统,织补了面向利基市场的复杂价值循环网络。随着乡村电子商务交易规模的持续扩大,分工和专业化将自发产生。实力强劲的网商会在强化核心运营环节的基础上,对各类支持性服务商进行整合,通过线上或线下等多种途径带动设计研发、摄影美工、金融信贷等专业服务的发展与"双重集聚",推动乡村电子商务产业集群的升级。

乡村电子商务产业各环节的衔接与组合关系是多主体之间相互作用的结果。通常一个电商产业集群以生产商和网商为主体,同时包括物流配送、摄影美工、教育培训、网店托管、金融法律、知识产权等各类第三方服务商,它们共同构成分工合理、衔接有序的价值网络。为了获取竞争优势，电商产业集群往往会根据市场规则和产业类型合理配置不同分工的规模与空间关系，从而实现生产加工、销售运营、物流配送、仓储管理等众多环节的高效衔接。集群中的企业也常常会通过技术培训、服务外包等环节优化自身竞争优势，探索建立柔性生产机制，应对市场的不确定性。基于乡村电子商务产业的主要运行流程，本书认为研发、生产、运营、物流和配套服务五个环节是其组织机制中的关键（图3-20）。

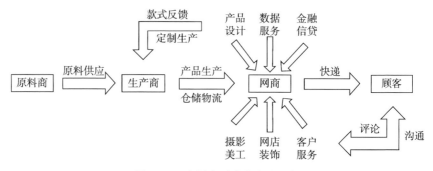

图3-20 乡村电子商务产业组织

3.3.1 研发环节

研发环节是整个电子商务产业系统的最前端，有实力的网商和生产商都拥有自己的研发环节。他们通过对网络销售反馈信息以及行业前沿信息的收集、分析，调整、改进主营产品的质量与设计，形成所谓的"爆款"（销量领先的单品）以快速占据市场份额，提升销售收入。研发环节与整个产业链的各个环节都相互关联，因为任何一个环节的改进都将促进系统整体效率的提升。相比于成熟的电子商务产业，乡村电子商务产业往往缺乏高水平的设计和研发人员，尤其在产业初创阶段产品研发环节非常薄弱。这一时期所谓的研发就是创业草根在综合分析市场已有产品和相关信息的基础上，进行复制、模仿和微改进。如果产品销售成功，创业者才有可能通过销售后的信息反馈进行针对性的试验和工艺改进，完成新产品的设计和生产。当产业发展到一定规模后，迫于竞争和知识产权等多方面的压力，电商企业常常会在政府的帮助下与第三方专业研发机构合作，或在大中城市直接设立研发中心来实现自身研发环节的提升，从而保持自己在行业中的引领和主导地位。典型如江苏省宿迁市宿城区耿车镇，为推动家具电商产业的持续快速发展，2017年与苏州工艺美术职业技术学院合作举办首届"中国·宿城家具创意设计大赛"。大赛吸引了大量优秀设计人员参与，地方政府专门设立专利申请代办点，当地企业可以一次性买断获奖作品的知识产权。通过设计大赛、与高校以及研究机构合作，这一地区家具产品的质量得到了较大的提升，获批专利数量迅速增加。

有效的产品研发离不开对于市场资讯的全面掌握，科学的数据分析能为市场研判提供有力的技术支撑。信息时代就是数据时代，数据分析对网络商铺的运营至关重要。有效的数据分析能够为经营者提供丰富的行业信息，快速捕捉消费热点，精准预测未来的消费形式，并对产品研发、融资、库存等环节提供有效的信息反馈，从而大大提高网店盈利水平。一方面，通过行业排名、市场份额等数据信息，网店可以了解自身所处的地位，目标客户的需求信息，同类产品的市场需求偏好，热销商品的款式、风格，从而对自身商品进行及时调整，适应行业竞争与客群需求。另一方面，可以通过数据分析了解同行业的竞争格局，对标商家或竞争对手的产品定位，从而及时调整自身的发展策略，有针对性地进行新产品研发，进而形成错位发展，避免同质化竞争。当前主流的电商平台已不仅仅是简单的商品交易中介，而是将采购、生产、销售、物流、财务结算等众多功能整合在一起的"一站式"综合服务商。数据分析不仅限于对外部数据的收集，对于自身页面数据的分析也是前端环节的重要部分。例如点击量、浏览时间、跳失率等数据可以有效反映网店流量、顾客浏览深度和流动频率，进而分析店铺展示存在的问题。同时通过分析买家的评论可以直观反映用户对店铺和产品的认可程度，快速了解商家服务、配送速度、商品质量和价格等关键信息，从而及时调整产品的经营策略，并对相关环节给予及时改进建议。

3.3.2 生产环节

生产和销售环节是电子商务产业最基础的组成部分，两个环节分离与组合的高度自由化是电子商务产业的鲜明特征。对于乡村电子商务产业而言，由于参与者大多是资金相对有限的农民，同时开展生产和销售对资金和经营水平的要求相对较高，因此他们中的大多数会选择从开网店开始，不直接进行生产，主要是到其他生产商处拿货，甚至通过生产商代发货物。这样的选择使得初期投入很少，且不容易留库存，运营风险极小。当网商利润达到一定程度以后，通常会扩大投资，建立家庭作坊。家庭作坊是乡村电子商务最普遍、最广泛的生产空间。村民利用自己的宅基地，将原本以居住为主要功能的房屋进行简单改造，形成具有生产加工、货物仓储、客服销售等功能为一体的混合空间，工序简单、投入较少。小型家庭作坊（图3-21）一般会根据自己对市场的判断，选择生产一类产品进行主打销售，打造"爆款"；也可以从

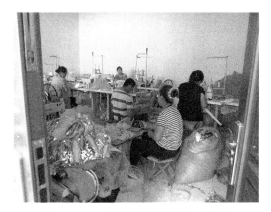

图3-21 山东曹县大集镇的家庭作坊

图 3-22　山东曹县大集镇的规模化生产车间

加工厂或者其他家庭作坊批发相关产品进行搭配销售,丰富网店产品种类。

家庭作坊属于乡村电子商务产业发展的初级阶段。随着市场规模的扩大,建立大中型生产工厂成为必然趋势。规模化生产能够有效降低产品的单位损耗,提高产品的生产效率和职能,同时有效带动周边地区的纯网商群体的发展。典型如曹县大集镇,通常规模较大的服饰加工企业(图 3-22)除了满足自己销售外,往往可以带动上百家分销网店。以规模较大的庆生表演服饰有限公司为例,其自主销售的产品只占生产产品的 1/3,其他均通过周边的淘宝卖家分销,甚至批发给外地的卖家。大集镇目前中等以上规模的生产企业有数百家,每家企业通常能够容纳 20—100 个劳动力,于是形成了可观的就业吸纳能力。随着生产规模的快速扩大、本地劳动力成本的不断上升,大集镇的企业开始扩大分工范围,委托邻近的河南省商丘市的工厂进行代工,从而大大提升产品供给能力。对于服饰生产销售来说,收益和风险往往随规模的增加而增加。不同的生产者可以基于自身对收益预期和风险控制的考量,选择合适的分工环节和生产规模。

由于乡村电子商务经营的产品大多是依托当地特色资源和工艺的轻工业产品,生产加工的环节常常可以分散化、计件式解决,允许乡村居民更加灵活、分散地进行生产。例如演出服饰产业,生产的主要环节包括选样、打板、裁剪、缝纫、包装等,通常选样和打板只需进行一次,主要耗费人力的环节就在于裁剪、缝纫和包装(图 3-23)。这就使得工厂和广大乡村居民之间形成一种更为灵活的生产网络。工厂大多愿意聘用附近村民进行生产,对上班时间没有严格要求,提供加工设备,支持工人将裁剪好的材料带回家缝纫。由于都是乡村中的"熟人",生产商和村民之间普遍相互信任,薪酬采用计件工资制。这种灵活的生产管理方式,一方面能够为生产商节省生产空间和工人福利支出,另一方面能够满足乡村居民尤其是妇女照顾家庭的需求,利用零碎时间进行生产。这种方式既释放更多可用劳动力,又给予乡村居民可观的工资性收入。

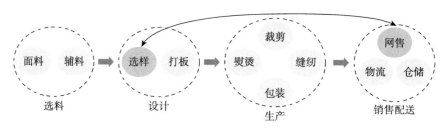

图 3-23　大集镇演出服饰电商产业环节细分

3.3.3 运营环节

网店运营环节是电子商务产业的中枢环节,主要负责商品品类的管理、摄影美工、网店陈列、渠道管理、客户服务、活动策划等。摄影美工是产品在上架之前的准备工作,在产品的摄影美工过程中,应尽可能呈现产品全貌,向顾客展现产品的精彩细节,并尽可能做到画面美观,通过"高颜值"提高消费者购买欲。美工的另一个作用是进行页面设计,精美的店铺页面设计不仅能够提升网店的整体格调,而且能够塑造鲜明的店铺风格,强化顾客对店铺的印象,刺激顾客的购买欲。相比于传统的销售方式,电子商务的产品展示是通过网页的形式来实现的,因此除了保证产品图片的精美,做好产品基本信息的介绍对网店产品的销售至关重要。当前,顾客对于淘宝商品信息的获取大部分是依靠搜索关键词完成的,基于数据分析识别顾客对于主营产品品类的关键词检索偏好,调整商品信息的介绍,有针对性地选取关键词,同样可以促进网店浏览量的提升。

营销是各个行业都不可缺少的。在产品同质化竞争严重、可识别度相对较低的乡村电商领域,更需要有效的营销方法来提升产品吸引力,增加店铺销售额。营销活动不仅可以增加短时间内的销售收入,也可以有效提高店铺的知名度,甚至可以帮助店铺形成品牌文化。为了提高店铺的订单转化率,不少网商会进行促销活动,例如上新促销、节假日促销、双十一大促等。在普通的促销活动之外,市场推广也是必不可少的。通过外部合作进行活动策划,研究制定各种推广手段,分析竞争对手的推广方式和效果,进行网络媒体传播,是多数大型网商维持市场份额的必备手段。以阿里巴巴为例,作为全球最大的电商运营平台,旗下拥有淘宝、天猫、天猫超市、聚划算等众多子平台,为了吸引顾客,适当的产品推广必不可少。例如淘宝网常见的推广工具——淘宝直通车,其费用与买家点击量成正比,因而点击量的实际转化率至关重要。卖家必须设置足够热门、贴切且遵循日常使用规律的关键词,才能精准锁定潜在买家。除了电商平台本身的推广方式,利用外部推广渠道,如微博、微信、抖音、快手、小红书、蘑菇街以及搜索引擎等方式,也可以使买家迅速获取店铺的相关信息。当前在很多特色淘宝村,越来越多的网商尝试通过直播平台,打造粉丝经济,进行品牌传播,增加产品销售量。典型如河南省镇平县石佛寺镇的玉石直播、湖北省郧西县下营村的绿松石直播、江苏省沭阳县耿圩镇的花木直播(图3-24)、河南省镇平县侯集镇的金鱼直播等,通过淘宝直播平台获得非常显著的销售业绩。

客户服务是运营环节的另一个重要领域。客服人员需要熟悉店铺产品与相关知识,接受潜在买家的咨询服务,促进产品营销、处理售后问题等。客服人员的服务态度是顾客购物体验的重要组成部分。由于网络购物明显区别于实体店购物,交易双方只能通过阿里旺旺以及微信等社

图 3-24 《新闻联播》报道的沭阳花木直播（2019 年 5 月 20 日）

交软件进行沟通，因此客服人员及时、专业、热情的解答和服务是影响客户选择的重要因素。良好的客户服务会带来数量众多的回头客，而老顾客往往是店铺口碑的免费宣传员，甚至积极的建议者，能够进一步扩大店铺的客户范围、提升产品质量。

3.3.4 物流环节

物流的基本功能包括包装、运输、装卸、配送以及物流信息管理等。这些功能的有效组合可以科学高效地实现产品配送，因此在电商领域里有着"物流决定命运"的说法。当前大多数电子商铺都会使用第三方物流进行产品配送，产品的物流成本直接关系到产品的盈利水平。在整个产品流通过程中，物流是占用时间价值最大的环节。由于物流技术、配套设备和管理上的不完善，物流领域往往成为电商系统中浪费最严重、消耗最多而又成效不大的一个管理盲点，物流领域也被称为管理上的"黑暗大陆"。近年来，各大电商平台纷纷加强供应链的整合深度，物流环节的绩效显著提高。一方面，网站积极为客户推介物流供应商的合作服务，使客户拥有更多选择；另一方面，物流企业直接在网站后台接受和处理客户的订单，并根据买家和卖家的地址，自动计算快递费用，实时更新物流订单状态，使物流作业更加高效、用户关系更加友好。

物流环节基本是乡村电子商务发展初期的主要痛点。中国大部分乡村地区地域广阔、人口分散，交通设施不完善，物流系统长期滞后。在乡村电子商务发展的初期，大部分物流公司只能覆盖到县级城镇，乡镇和乡村地区基本无法送达，严重地阻碍了乡村电商的发展。例如在曹县大集镇，电子商务发展初期，网商只能将货物集中送往县邮政局发货，不仅成本高、耗时长，而且选择很少。物流产业是市场化程度较高的行业，一旦市场形成巨大需求时，物流企业就会纷纷进入。同样是大集镇，经过 6 年的快速发展，庞大的网商群体和快递单量吸引了申通、圆通、顺丰、韵达等 20 多家快递企业入驻（图 3-25）。韵达快递甚至将曹县东南分拣中心设置在大集镇。从 2013 年开始，大集镇每年"六一"

期间的单日收货多达数十吨，申通快递在丁楼配送站的年快递费总额超过300万元。据曹县商务局最新报道，2019年"六一"销售季大集镇快递单日峰值突破35万单，"六一"销售旺季预计完成电商交易额35亿元。市场的强大力量使得快递企业的布点完全不受行政层级影响，主要根据实际需求量进行空间布点。目前大集镇域已经形成两个相对集中的快递集散中心、多处物流集散点，直接面向网商的上门收发件等多种便捷服务均得到很好的应用，极大地提高了产品的运输效率。

图 3-25　山东曹县大集镇的快递网点

3.3.5　配套服务环节

围绕主营产品的生产和销售，大量配套服务行业开始在淘宝村集聚，如金融、培训、摄影美工、设计等。配套服务业布局相对灵活，除就地提供服务之外，还可通过相关企业的合作网络委托外地企业完成，使得淘宝村进一步融入区域甚至全国、全球的产业链。例如大集镇电子商务公共服务平台（图3-26），提供与电子商务有关的大量服务，包括网页制作、商品拍摄、模特提供、活动推广等业务。平台公司的总部设在山东省济宁市，驻村的网点只负责接收订单，制作过程基本由总部负责。

乡村电子商务的发展同时推动了乡村金融的创新与发展。大集镇淘宝资金互助部的前身是农村专业合作社，为大集镇农民提供农业种植相关的资金服务。淘宝村的快速发展使得为本镇乡村创业者提供小额贷款成为合作社最重要的职能，专业合作社也因此改名为淘宝资金互助部。大集镇农民缴纳200元入会后即具备存款与贷款资格，存款利率与银行相同，年底会有相同比例的分红。入社、退社、存款、取款自由。贷款需要夫妻双方身份证、结婚证、户口本，以及两位担保人的身份证与户口本。贷款

图 3-26　山东曹县大集电子商务公共服务平台

期限为一年，资金不仅可以用于淘宝，还可以用于农业生产，申请后基本当天即可以拿到资金。目前贷款额度为入股金额的10倍，最高5万元，大型企业不超过10万元。如遇情况困难者，可先贷款，以贷款金额的10%作为入股额度（实得90%）。淘宝资金互助部自2014年成立一年时间内，发展社员400余人，贷出资金700余万元，帮助了200多户淘宝商家。

乡村电子商务的快速发展对传统的经营理念和方式均造成巨大冲击，基于网络的服务外包蓬勃兴起。对于大量电商从业者，除了核心的销售环节，其他环节均可以通过不同限度的服务外包完成。服务外包使整个产业链分工更加专业化、精细化，不仅可以帮助网店经营者更加专注主营业务、快速响应市场需求，而且可以使产品生产商专注产品研发、加速产品创新，最终实现产业链的整体升级。当前在各大电商平台上聚集了大量的第三方资源，构建了相互依存的产业生态系统，支持各方的共同发展。以服装类电商产业为例，淘宝平台集合了打板设计、摄影美工、网店托管、物流、金融信贷等多种第三方服务资源，基本解决了创业草根专业知识不足的困境。对于非日常性的生产性服务，越来越多的商家直接通过网络平台连接，找外部企业寻求合作与支持。例如小额贷款直接通过蚂蚁微贷，根据店铺经营状况评估贷款额度，信誉度高的商户往往可以贷到10余万元的额度。基于网络的服务外包将看似孤立的乡村产业发展纳入了更为广阔的生产体系之中，一方面重构了社会分工体系，另一方面重塑了城乡产业关系，呈现了流空间与地方空间互动的全新场景。

第3章注释

① 虽然很多朋友认为这一图像根本不是钻石，称其为"棱锥模型"（Prism Model）更为合适。但我们认为形似是次要的，为了强调这些要素的组合对于淘宝村的产生与发展的重要意义，我们更愿意借用波特的钻石模型（Diamond Model）来命名。

② 参见何聪、王伟健、姚雪青：《江苏宿迁："耿车模式"有了升级版》，人民网，2019年5月23日，http://leaders.people.com.cn/n1/2019/0523/c58278—31098828.html。

③ 银器作为贵金属本身价值较高，但由于当地丰富的银矿资源，并且唐代就已是云南银器手工艺中心，至今已有上千年历史，村内集聚了大量的匠人，使当地在看似高端的市场中找到了独特的发展空间。

④ 参见《李克强现身"网店第一村"》，http://www.gov.cn/guowuyuan/2014-11/19/content_2780969.htm。

⑤ 2018年当选"中国淘宝村高峰论坛"评选的"淘宝村杰出推动者"。

⑥ 蒋家明当选2017年"中国淘宝村高峰论坛"评选的"淘宝村优秀带头人"，庹涛当选2018年"中国淘宝村高峰论坛"评选的"淘宝村优秀带头人"。

⑦ 参见梁春晓：《改革开放和互联网都是货真价实的边缘革命》，阿里研究院，2018

年6月29日，http://www.aliresearch.com/blog/article/detail/id/21517.html。

⑧ 参见陈之琰：《沙集故事："淘宝第一镇"的十年乐与路》，天下网商网，2016年11月14日，http://i.wshang.com/Post/Default/Index/pid/248326.html。

⑨ "内卷化"代表了一种发展的状态或模式，它表达了一种"路径依赖"，即一旦进入某种状态或形成某种模式，其"刚性"特征将不断地限制和约束进一步的发展，从而无法自我转变到新的状态或模式。简而言之，内卷化所描述的实际上是一种不理想的变革（演化）形态，也即没有实际发展（或效益提高）的变革和增长。详细参见Geertz C, "Agricultural Involution: the Process of Ecological Change in Indonesia"(University of California Press, 1963)。

⑩ 参见《揭阳实施"互联网+"五大措施打造军埔"电商第一村"做法与启示》，http://www.gzxz.gov.cn/gzsxz/xzdt_dcyj/201609/67a8308d491d4a169815dd83f78c5013.shtml。

⑪ 参见《广东省揭阳市军埔电商村的考察报告》，http://wemedia.ifeng.com/80626176/wemedia.shtml。

⑫ "12510"即1个县级农村电子商务公共服务中心；2个电子商务产业园区，即孟津县田园综合体电子商务园区、孟津县跨境电子商务园区；5个淘宝村，即平乐"牡丹画"淘宝村、送庄"特色果蔬"淘宝村、朝阳"唐三彩"文化艺术淘宝村、会盟双槐"黄河名优特产"淘宝村、依托浙商工业园建立的"特色工业品"淘宝村；成功培育10家传统经营企业向电子商务企业转型升级。

⑬ "最后一公里"为通常固定说法，故未改为最后1 km。

⑭ 参见章志刚、李亚娟、李娜、王久臣：《文化传承型美丽乡村建设：中国牡丹画第一村平乐村案例》，http://theory.people.com.cn/n1/2016/0802/c401815—28604187.html，2016-08-02。

⑮ 参见梅占国：《孟津平乐村农民画师巧手绘 牡丹花"开"别样红》，《洛阳日报》，2019年2月14日，http://xianqu.lyd.com.cn/system/2019/02/14/030994066.shtml。

⑯ 参见河南省商务厅：《电商进农村推动产业转型升级 淘宝村创建推动产业提质增效》，http://www.hncom.gov.cn/topic/show/105495.aspx，2018-11-05。

⑰ 参见《"古董"现做现卖利润暴涨400元 仿品曾卖2万元》，《半岛都市报》，http://news.bandao.cn/news_html/201003/20100315/news_20100315_911038.shtml，2010-03-15。

⑱ 参见中国孟津网：《朝阳镇："三新"讲习拓思路 网上淘出致富路》，http://www.zgmj.gov.cn/today/c/121/86694.html，2018-10-31。

⑲ 参见闪讯电商学院：《磨剑五年，精益求精：闪迅县域电商精品案例》，http://www.lyshanxun.com/wap.php?r=means%2Ftdview&id=581，2018-11-28。

⑳ 参见闪讯科技：《触"电"南石山，三彩"焕"新颜!!》，http://www.lyshanxun.com/index.php?r=means%2Fkjview&id=569，2018-08-24。

第3章参考文献

[1] NELSON R, WINTER S. An evolutionary theory of the firm[M]. Cambridge:

Harvard University Press, 1982.

[2] 保罗·克鲁格曼.地理和贸易[M].张兆杰,译.北京:北京出版社,2002.

[3] 庄子银.企业家精神、持续技术创新和长期经济增长的微观机制[J].世界经济,2005,28(12):32-43.

[4] HAGERSTRAND T. Innovation diffusion as a spatial process[M]. Chicago: University of Chicago Press, 1968.

[5] 藤田昌久,保罗·克鲁格曼,安东尼·维纳布尔斯.空间经济学:城市、区域与国际贸易[M].梁琦,译.北京:中国人民大学出版社,2011.

[6] 洪卫,崔鹏.交易平台、专用知识与柔性生产关系的实证研究:基于曹县淘宝村调研[J].中国流通经济,2017,31(1):122-128.

[7] 林毅夫.新结构经济学:重构发展经济学的框架[J].经济学(季刊),2011,10(1):1-32.

[8] 周程程.李克强达沃斯再赞淘宝村,2015年继续力推大众创业[J].办公自动化,2015(4):6-7.

[9] 罗震东,陈芳芳,单建树.迈向淘宝村3.0:乡村振兴的一条可行道路[J].小城镇建设,2019,37(2):43-49.

[10] 甘庭宇.转型时期的乡村治理机制问题[J].农村经济,2014(11):17-21.

[11] 申明锐,张京祥.新型城镇化背景下的中国乡村转型与复兴[J].城市规划,2015,39(1):30-34,63.

[12] 罗纳德·哈里·科斯,王宁.变革中国:市场经济的中国之路[M].徐尧,李哲民,译.北京:中信出版社,2013:70-98,219.

[13] 秦晖."大共同体本位"与传统中国社会(上)[J].社会学研究,1998,13(5):14-23.

[14] 阿里巴巴(中国)网络技术有限公司,北京大学中国社会与发展研究中心.谁在开网店?:淘宝个体店家的社会与执业特征研究[R].北京:北京大学中国社会与发展研究中心,2012.

[15] 陈德宝.农产品流通电商化新模式构建[J].商业时代,2013(32):23-24.

[16] 阿里研究院.阿里农产品电子商务白皮书(2014)[R].杭州:阿里研究院,2015.

[17] 阿里巴巴(中国)有限公司.中国淘宝村[M].北京:电子工业出版社,2015.

[18] 克里斯·安德森.长尾理论[M].乔江涛,译.北京:中信出版社,2006.

[19] 李育林,张玉强.我国地方政府在"淘宝村"发展中的职能定位探析:以广东省军埔村为例[J].科技管理研究,2015,35(11):174-178.

[20] 阿里研究院.2015年中国县域电子商务研究报告[R].杭州:阿里研究院,2016.

[21] 佚名.平乐村,中国牡丹画第一村[J].村委主任,2010,16(6X):51.

[22]《乡村科技》编辑部.平乐村:牡丹画画出大产业[J].乡村科技,2014(19):39.

第3章图表来源

图3-1 源自:笔者绘制.

图3-2 源自:笔者根据《中华人民共和国年鉴:2016》数据绘制.

图3-3、图3-4源自：笔者根据中国互联网络信息中心第41次《中国互联网络发展状况统计报告》数据绘制.

图3-5、图3-6源自：罗震东, 陈芳芳, 单建树.迈向淘宝村3.0：乡村振兴的一条可行道路［J］.小城镇建设, 2019, 37（2）：43-49.

图3-7源自：笔者依据十堰市相关规划图纸改绘.

图3-8源自：罗震东, 陈芳芳, 单建树.迈向淘宝村3.0：乡村振兴的一条可行道路［J］.小城镇建设, 2019, 37（2）：43-49.

图3-9源自：江苏省城乡规划设计研究院：《睢宁县沙集电商小镇概念规划》, 2018年.

图3-10至图3-19源自：笔者拍摄.

图3-20源自：单建树绘制.

图3-21、图3-22源自：笔者拍摄.

图3-23源自：陈芳芳绘制.

图3-24源自：2019年5月20日《新闻联播》视频截图.

图3-25、图3-26源自：笔者拍摄.

4 中国淘宝村的综合分类

中国幅员辽阔、区域差异巨大。沿海与内陆诸省由于自然禀赋、经济基础、文化传统以及社会背景等多种因素的差异，涌现出的淘宝村有着各自独特的发展逻辑，形成了多种类型。为了更好地识别、研究并引导淘宝村的发展，需要对全国的淘宝村进行分类。

4.1 "区位＋产业"的两维视角

经济地理的两个基本维度，即空间区位和产业经济是影响淘宝村产生和发展的最重要因素。淘宝村作为乡村经济在互联网作用下的特殊阶段产物，直接放大了村庄作为"生产经营单元"的属性。特定的产业基础与淘宝村初始的路径选择存在极其密切的关联，而淘宝村的经济形态与本地社会经济之间的相互作用共同促成了不同淘宝村的演进差异。如果说产业经济是决定淘宝村发展的主要内源性因素，那么空间区位则是深刻影响淘宝村产生、发展的外源因素。尤其淘宝村与周边城市、镇联系水平的差异在很大程度上决定了淘宝村持续发展和转型的动力来源。基于此，本书选取这两种决定淘宝村类型的主要影响因素，构建"区位＋产业"的复合分析框架，为淘宝村的综合分类提供理论支撑。

对淘宝村进行分类的前提是淘宝村发展的多样性，具体展开的基础则是多样性中蕴含的共性特征。前者决定分类的必要性，后者保证了分类的可行性。考虑到淘宝村分类兼具理论性和实践性双重诉求，因此在选择分类标准时尽可能遵循并保证以下基本原则：

（1）可比性原则。对淘宝村的分类应充分考虑区分度的影响，确保在分类归纳后能有效进行比较和针对性论述。

（2）实践性原则。分类的参考标准应能与淘宝村发展实践切实联系，规避因过于抽象化的描述而产生歧义，做到可落地、易落地。

（3）科学性原则。分类研究活动应重视选择相对成熟的科学理论作为支撑，确保后续论述言之有物。

（4）政策性原则。进行分类时尽量结合国家相关法律法规以及部门规范等大众接受度、认可度较高的文件进行，确保分类成果形成后容易进行政策转化。

4.1.1 基于空间区位的分类

空间区位是经济地理学以及区域经济学研究的核心。20 世纪 60 年代，美国地理学家约翰·弗里德曼（John Friedmann）通过对发展中国家空间发展的长期研究，提出核心—边缘（亦作"外围"）理论，成为增长中心理论的重要构成[1]。威尔斯、海特等人进一步提出区域经济发展的梯度转移理论，认为区域经济的发展潜力取决于地区近期经济部门，尤其是该区域主导产业在工业生命周期中所处的阶段，基于不同区域发展阶段的差异性，将由高到低形成从先进技术、中间技术到传统技术的三档经济阶梯，生产活动将从高梯度地区向低梯度地区转移[2-3]。1991 年保罗·克鲁格曼（Paul R. Krugman）发表《收益递增与经济地理》一文，集成并发展了迪克斯特和斯蒂格利茨的垄断竞争假设，构建了"核心—边缘"模型，正式将空间因素纳入了主流经济学。上述理论借助不同案例、理论阐释了区域发展水平的时空分布，共性地指出了城乡不平衡发展的机制，即在某一区域内，占据核心区位优势的空间单元由于能够更易获得发展机会，从而可以领先于周边地区，率先达到更高的经济社会发展水平。继而通过生产要素的近距离流动等方式，推动优势空间单元进一步辐射周边其他空间，从而逐步带动一定范围内的空间单元协同发展。

淘宝村作为农村电子商务发展的集中性空间载体，首先是一个兼具行政、经济、社会多重属性的行政村，其发展与所在地的空间区位息息相关。空间区位对淘宝村的影响主要体现在两个方面。一方面，淘宝村所处的城乡区位决定了淘宝村接受城镇经济、社会辐射的强弱；另一方面，城乡区位在很大程度上仍将影响淘宝村线下运行的便捷程度，尤其是人才流动的可能性。同时在中国现行的行政制度下，大部分省市城镇体系的发展呈现明显的"单中心、等级化"特征。不同行政等级的城市拥有不同程度的要素资源支配能力，其对于周边区域的影响往往差别较大。

虽然当前研究尚缺乏从空间区位视角对乡村进行的分类，但基于空间区位对小城镇进行分类研究的成果已经不少。沈迟依据小城镇与所在区域范围内大、中城市的区位关系，将其分为大都市边缘型、地域中心型和孤立型三类[4]。袁中金通过对国内 1 800 个中心镇的分析，将小城镇归纳为城镇密集地区的小城镇、大城市周边地区的小城镇和边缘地区的小城镇三类[5]。借鉴上述研究的思路，本书以空间区位为主要划分标准，根据淘宝村受邻近增长极（城市、镇）影响的强弱，大致可以将淘宝村分为城市近郊型淘宝村、城镇边缘型淘宝村以及独立发展型淘宝村三类。

（1）城市近郊型淘宝村：位于或邻近城市建成区，或位于与城市建成区有便捷交通联系的近郊地区，发展过程中始终受到城市辐射影响的淘宝村。其大体包括城中村、城边村和非镇区的城郊村。

（2）城镇边缘型淘宝村：位于或邻近城镇建成区，或位于与城镇建成区有便捷交通联系的周边地区，发展过程中得益于城镇功能外溢的淘宝村。其大体包括镇区所在村以及邻近的镇边村。

（3）独立发展型淘宝村：位于远离城镇的乡村地区或特殊地形地区，更接近自然生态，发展过程中受到周边城镇影响较弱的淘宝村。

需要说明的是，此处所指的"城市"特指县城（县级政府所在地的镇）、县级市及以上等级市的中心城区，"城镇"特指县城以外的建制镇或乡级政府所在地的集镇，所谓独立发展就是指与上述两类城镇均不空间邻近。

4.1.2 基于产业经济的分类

淘宝村不同于大部分乡村，甚至不同于新经济背景下的其他新乡村[6]的最主要特征在于其围绕电子商务所展开的实体产品生产与交易。淘宝村虽然是新经济的产物，但实体产品的生产和交易依然遵循相应的经济发展规律。产业经济要素对淘宝村发展的影响主要体现在两个方面。一方面，地方产业经济基础是淘宝村产生、发展的四大核心因素之一。淘宝村所根植的大部分乡村地区大多处于工业化初期或者中期，依赖优势资源形成的资源密集型或劳动密集型产业是乡村电子商务产业开展的重要支撑。另一方面，不同产业的发展规律与空间组织演化在很大程度上决定着淘宝村不同的升级与可持续发展进程，需要有针对性地引导和应对。就产业结构演进的规律而言，不同产业从资源密集型、劳动力密集型向资本、知识密集型升级的路径并不相同，与之伴生的经济规模、就业规模的变动特征也必然存在差异，不分类甚至分阶段分析、引导是不可能的。

关于产业经济的分类最常见的就是三次产业的划分。1935年新西兰学者费希尔从世界经济史的角度，首次提出了"三次产业"的分类构想，将以从事农业和畜牧业生产为主的阶段划为初级生产阶段，以大规模工业生产为标志的阶段划为第二生产阶段，以发展服务业为主的阶段视作第三生产阶段[7]。三个发展阶段中对应的支柱产业，依次即为第一、第二和第三产业。这种产业分类法较好地解释了经济增长和发展，赢得了统计学界的认可，各国相继将其吸纳为相关工作的参照标准。第二次世界大战后为统一各国的统计标准，联合国经济和社会事务部统计司分别于1948年（第一版）、1959年（第二版）和1979年（第三版）颁布了通用的产业划分标准——《所有经济活动的国际标准行业分类》，并于2008年发布最新的修订版[8]。这一行业划分方法实际上是直接指导统计实践的行业分类法，因此又称之为"标准产业分类法"。中国的产业分类基本沿用该法，以同质性为原则，将社会经济活动按层次编码，划分为门类、大类、中类和小类四级。2012年颁布第三次修订的《国民经济行业分类》(GB/T 4754—2011)时，进一步明确了三次产业认定的范围[①]：(1)农、林、牧、渔业（不含农、林、牧、渔服务业）为第一产业；(2)采矿业（不含开采辅助活动），制造业（不含金属制品、机械和设备修理业），电力、热力、燃气及水生产和供应业，建筑业为第二产业；(3)除第一产业、第二产业以外的其他行业为第三产业，即服务业。三次产业分类法凭借贴近实际、易于操作的特点，成为现今指导世界各国产业分类的主流方法。

相较于基于空间区位视角的淘宝村分类研究的稀缺，基于产业经济视角的淘宝村类型研究已经形成相对丰富的成果，并主要根据三次产业分类法展开。其中围绕农业、农产品的讨论最为丰富。曾亿武在探讨农产品集群的形成机制时，以农产品、淘宝村两个基本概念为基础，将农产品淘宝村界定为"以农林牧渔业的初级产品或以这些初级产品为直接原料的农副产品加工业所加工后的产品为第一主营产品的淘宝村"，并根据"由10个或10个以上农产品淘宝村相邻发展构成""电子商务交易额达到或超过1亿元""网商、服务商、政府、协会等密切联系、相互作用"三项标准判定，截至2016年，全国已产生江苏省沭阳县、浙江省临安市两处农产品淘宝村集群[9]。关于商贸环节的讨论主要继承批发市场的相关研究，而涉及淘宝村制造、加工职能的研究大多基于特殊门类或制造业自身流程展开。基于国际通用的三次产业分类法，结合当前相关研究的思路与方法，本书根据主营产品和服务类型将当前淘宝村分为农贸型淘宝村、工贸型淘宝村和纯贸易型淘宝村。

(1) 农贸型淘宝村：网络主营商品以农、林、牧、渔等农产品为主的淘宝村，常见如从事花木、生鲜、炒货等农产品初级生产并销售的淘宝村。

(2) 工贸型淘宝村：网络主营商品以工业制成品或手工艺产品为主的淘宝村，常见如从事服装、家具、箱包等产品加工并销售的淘宝村。

(3) 纯贸易型淘宝村：自身不从事或很少从事生产加工，主要从事网络商贸服务的淘宝村，典型如大型专业批发市场周边的淘宝村。

4.1.3 "区位 + 产业"视角下的综合分类

理论上由空间区位与产业经济两个维度所构成的矩阵可以形成九种分类。结合长期的淘宝村调研和多因素综合分析，本书认为矩阵两端的类型，即城市近郊的农贸型淘宝村和独立发展的纯贸易型淘宝村并不存在，且未来出现的可能性也极低，不具备统计学上的代表性。因此，最终将淘宝村的综合分类确定为七大类（表4-1）。

表 4-1 淘宝村综合分类

淘宝村类型	城市近郊型淘宝村	城镇边缘型淘宝村	独立发展型淘宝村
农贸型淘宝村	—	城镇边缘农贸型	独立发展的农贸型
工贸型淘宝村	城市近郊工贸型	城镇边缘工贸型	独立发展的工贸型
纯贸易型淘宝村	城市近郊纯贸易型	城镇边缘纯贸易型	—

4.2 城市近郊型淘宝村

城市近郊型淘宝村位于城市建成区边缘或与城市建成区有便捷交通联系的近郊地区，基本处于中心城区的强辐射范围内，部分村庄甚至已经融入城市建成区，很难在空间上识别城乡的边界。根据民政部相关统计，截至 2017 年年底，除台湾地区外，全国共有地级行政区划单位 334 个，县级行政区划单位 2 851 个[②]（其中包涵市辖区 962 个、县级市 363 个、县 1 355 个、自治县 117 个），大量县级市建成区或县城周边是城市近郊型淘宝村广泛分布的地区，尤其是经济发达的珠江三角洲、长江三角洲的县级及以上等级中心城市的周边。中西部地区的省会城市或产业基础良好的大城市周边也有零星分布。邻近中心城区的区位是该类淘宝村发展的主要优势，相较于其他乡村更易获得产业转移、技术资金投入以及合作开发等机会。同时由于邻近城市建成区，这类村庄可以充分利用城市基础设施与公共服务的"外溢效应"，获得一般村庄难以获得的城镇化红利。

4.2.1 城市近郊工贸型淘宝村

1）基本概况

城市近郊工贸型淘宝村是较为常见的淘宝村类型，尤其在东部沿海省份的县级市或县建成区周边。在沿海六省的省会城市中，除南京、济南两市外，石家庄市、杭州市、福州市、广州市均在其下辖县市区中心城区周边发现数量可观的工贸型淘宝村。福州、广州两市更是出现位于主城区及相邻地带的工贸型淘宝村。据不完全统计，全国副省级及以上城市中约有一半以上周边均发现淘宝村，杭州、广州、宁波、青岛周边下辖县市区甚至出现一定规模的淘宝村集群（表 4-2）。

表 4-2 2018 年副省级及以上城市"淘宝镇（村）"分布一览表

省份	城市	"淘宝镇"（主营产品）	淘宝村
黑龙江省	哈尔滨市	暂无	暂无
吉林省	长春市	暂无	暂无
辽宁省	沈阳市	暂无	暂无
	大连市	暂无	暂无

续表 4-2

省份	城市	"淘宝镇"（主营产品）	淘宝村
北京市（直辖）		长阳镇（主营：批发零售）	略
天津市（直辖）		崔黄口镇、王庆坨镇（主营：地毯、乐器）	略
山东省	济南市	暂无	暂无
	青岛市	通济街道、移风店镇、胶西镇（主营：鸟笼、暖宝宝、劳保防护用品、服装等③）	略
江苏省	南京市	暂无	暂无
上海市（直辖）		暂无	暂无
浙江省	杭州市	笕桥镇、九堡镇、高虹镇、清凉峰镇、於潜镇、三墩镇、昌化镇、党山镇、党湾镇、宁围镇、闻堰镇、新街镇、新塘街道、义桥镇、益农镇、良渚街道、乔司街道、塘栖镇（主营：服装、生鲜农产品等）	略
	宁波市	庵东镇、附海镇、观海卫镇、横河镇、龙山镇、桥头镇、逍林镇、新浦镇、长河镇、掌起镇、周巷镇、宗汉街道、高桥镇、古林镇、西店镇、姜山镇、低塘街道、朗霞街道、梨洲街道、泗门镇（主营：金属制品、电气机械、纺织制品等）	略
福建省	厦门市	灌口镇（主营：机械配件、汽车配件、服装等）	略
广东省	广州市	江高镇、人和镇、太和镇、钟落潭镇、大石街道、南村镇、石基镇、花东镇、花山镇、狮岭镇、新塘镇（主营：皮具、服装、鞋业、化妆品、汽车零配件等）	略
	深圳市	暂无	暂无
湖北省	武汉市	暂无	暂无
重庆市（直辖）		暂无	白鹤村、金竹村、云篆山村
四川省	成都市	暂无	林湾村、土地村、顺江村、瑞云社区、渭水社区
陕西省	西安市	暂无	水磨村

就产品门类而言，城市近郊工贸型淘宝村的生产活动主要集中在轻工产品领域，与日常生活密切相关，如服装、鞋业、箱包、家具等行业（图4-1），少量淘宝村涉及医疗设备、仪器仪表以及其他专业化产品的产销。在这些行业门类中，从事服装纺织加工的淘宝村数量最多，且高度密集分布于浙江、广东两个纺织业大省。这些淘宝村一方面依托线下传统优势，迅速占领线上市场份额；另一方面加速品类生产的细化与深化，催生出一批更为专业的淘宝村，如服装类目下细分的针织衫（广东省汕头市潮南区峡山街道沟头村）、牛仔裤（广州市增城区新塘镇白江村）、童装（浙江省湖州市吴兴区织里镇大港村）等。

图 4-1　长江三角洲电商企业相应类别产业集群（见书末彩图）

2）发展模式与驱动因素

城市近郊工贸型淘宝村生成的动力主要源于中心城区的产业外溢带动或转移。这些淘宝村大多临近中心城市的特定产业区，村民或者从事相关产业的配套环节，或者直接参与加工制造，长期以来积累了丰富的专业知识和人脉资源，转战电子商务更多的是一个"+互联网"的过程。典型如杭州市萧山区以纺织服装为支柱的淘宝村，毗邻杭州中心城区的优势区位，扎实的产业基础（萧山纺织的经济贡献度长期以来一直位居浙江块状经济之首）和周边产业有力的上下游支持（绍兴市的轻纺原料、萧山本地的花边技艺等），使得这些淘宝村的发展显著领先于周边地区。同时由于相关产业发展历史较为悠久，加之位于城市近郊的区位，这类淘宝村的生产空间大都经过一定的规划与治理，工业园区、专业市场以及专业街区为常见载体，但整体景观面貌较为混杂。

城市近郊工贸型淘宝村大多集中分布在东部沿海地区。由于区域经济较为发达，乡村工业化与城镇化进程起步较早。随着中心城市的扩张与持续影响，这类位于城市边缘的乡村人口已率先实现就业非农化，通常在城乡之间近距离通勤、二元兼业[10]，具有较为开阔的视野和灵活的经济头脑。与此同时，城市近郊较为发达的乡镇企业也为乡村劳动力的就业与创业提供大量机会。城市近郊工贸型淘宝村的发展完全符合前文所论述的"边缘革命"的相关特征，相对弱管制、低创业成本和地方产业基础与互联网、电子商务的结合，释放出巨大的活力。同样由于临近中心城区，这类淘宝村获得的公共服务相对较好，虽然依然保持着村的建制和性质，但无论是生活方式还是发展理念都与普通乡村完全不同，一定程度上可以说已经城市化了。

值得注意的是，在这类淘宝村同时体现了城市"扩散效应"对周边乡村的正、负双向影响。在给乡村地区带来经济繁荣的同时，城市综合影响力的压倒性优势和长期以来要求乡村服务城市的增长逻辑也制约了淘宝村及其所在乡镇发展质量的提升。因此这类淘宝村在一定程度上存在着产业结构单一、经济发展韧性差、产品知识技术含量低，以及承接产业转移过程中的生态环境恶化问题。

城市近郊工贸型淘宝村由于其加工制造业的属性，通常很难在发达的中心城市建成区边缘出现。在京津沪渝四大直辖市中，上海至今未发现符合条件的淘宝村。即使出现于广州、杭州等副省级城市中心城区边缘的淘宝村，随着相关产业的发展与空间规制的加强，也开始逐渐转型甚至消失。中心城区边缘的优越区位对于工贸型淘宝村既是优势又是挑战。凭借优越的区位淘宝村可以率先发展，形成领先优势，但发展的过程中若不能持续创新、升级，形成核心竞争力，也很容易被新的城市功能置换，或被更具"边缘气质"的空间替代。

3）典型案例：广东省广州市番禺区南村镇里仁洞村

里仁洞村地处广州市番禺区南村镇西南部，包括9个自然村，吸引外来人口近4万人。现状番禺大道、新光快速路、兴业大道、金山大道4条城市主干道穿境而过，与广州中心城区相距18 km，周边有303等多路公交班次直通十三行、沙河、站西等服装批发市场。依托地区制造业基础形成的里仁洞村是国内最早成型、最具影响力的淘宝村之一，也是城市近郊工贸型淘宝村发展的代表（图4-2、图4-3）。

里仁洞村原属广州市近郊的传统农业村。20世纪90年代，里仁洞村虽仍以农业生产为主，但改革开放后一系列制度改革激活了里仁洞村发展的热情，开始在女装制造加工业

图4-2 里仁洞村区位示意

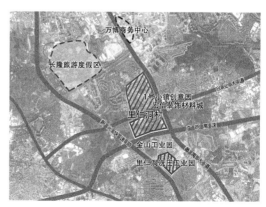

图4-3 里仁洞村周边环境示意

试水。1993年番禺大道的正式通车大大改善了里仁洞村的对外交通条件，这条北通广州市中心区，南连南沙区的城市快速路正式推开了里仁洞对外贸易的门户。凭借良好的交通区位、低廉的土地成本和富裕的农村劳动力，里仁洞开始吸引大量外来服装企业入驻，沿村内主要道路两侧开店、设厂（图4-4）。产业集聚所带来的巨大空间需求迅速推动了乡村空间的城镇化，以服装加工制造为特色的乡村工业逐渐替代传统农业成为该村的主导产业，里仁洞村于是成为广州市一个"半城郊地带专业化的生产场所"[11]。

2010年前后，作为广州亚运会筹备工作的重要一环，广州市政府开展了针对"城中村"的改造。里仁洞村在经历了统一的城镇化改造后，建成区空间品质显著提升，基本完成建设用地转化和功能分区。几乎就在同一时期，里仁洞村的电子商务开始萌芽。毗邻中心城市的良好区位、发达的大宗商品物流配套、扎实完善的服装产业基础、相对低廉的运营成本赢得了一大批潮汕籍服装商人的青睐，迅速驻扎在里仁洞新村从事电子商务经营活动。以"三通一达"为代表的快递公司随之集中进驻里仁洞（图4-5）。在随后的两三年间，里仁洞村的乡村电子商务开始井喷式发展，在2013年左右达到顶峰规模，汇聚起一批与电子商务经营相关的产业及配套服务业，基本实现了里仁洞村产业结构的"退二进三"。2015年前后，"里仁洞村内的自主女装品牌，曾一度垄断淘宝网和天猫网销售排行总榜的前10名"[12]。

图4-4　里仁洞村新兴大道　　图4-5　里仁洞村街旁快递收发点

电子商务所带来的爆发式增长强烈地冲击了里仁洞村既有的空间与产业结构，问题与困境随之而来，电子商务产业和乡村都开始进入调整期。一方面，巨大的产业空间需求与有限的空间供给导致电商运营成本大幅上涨；另一方面，激烈的同质化竞争将电商经营拖入内卷化的窠臼，经营利润被快速摊薄，相关的负面报道开始出现。成本与收益的"一升一降"严峻地挑战着这一辉煌的城市近郊工贸型淘宝村的生存。经历一轮残酷的淘汰与转型，里仁洞村的电商规模在短暂的大幅缩减后重新回升，尤其以注册企业为经营主体的电商比重显著上升，2016年至今保持了较高水平的动态稳定。然而里仁洞村的空间品质与广州市番禺区的城市升级需求相去甚远，尤其随着中心城市空间资源的日益稀缺、空间价值的不断攀升,类似里仁洞这样的城中村势必面临二次改造④。随着开发强度的大幅提高,空间品质与公共服务水平必将大幅提升,里仁洞村原有的低成本优势也将一去不返,电子商务产业必将面临一次新的洗牌。

4.2.2 城市近郊纯贸易型淘宝村

1)基本概况

通过网络渠道进行商品交易是所有淘宝村的必备功能与核心特征,它们之间最主要的差别就在于是否直接从事商品的生产。纯贸易型淘宝村是不直接从事商品生产的淘宝村,它们的发展主要依托实体专业市场的强大供给。充分利用实体专业市场所拥有的商品资源、物流集散以及综合服务职能,形成纯网商集聚的空间。由于实体专业市场通常选址在城市或城镇,因此纯贸易型淘宝村大多位于市区或镇建成区的边缘,城中村、城边村或镇边村为常见类型。在最早发现的三个淘宝村中,就有一个是纯贸易型淘宝村,即义乌市的青岩刘村,可见纯贸易型淘宝村是淘宝村类型中一支不容小觑的力量。

由于纯贸易型淘宝村与实体专业市场关系密切,因此其空间分布特征与实体专业市场的空间分布特征具有较高相关性。中国专业市场的空间分布呈现东、中、西南递减的梯次,在全国尺度上表现出较强的集聚性[13]。城市近郊纯贸易型淘宝村大多数集中于东部沿海省份及中西部中心城市近郊,与当地经济发展水平正相关。从经营产品来看,城市近郊纯贸易型淘宝村主要从事日用消费品相关的批发,最常见的就是服装、日用小商品等,产品通常体积较小、价值较高,适宜网络营销。最具代表性的如义乌市(小商品)、普宁市(内衣)、常熟市(服装)、海宁市(皮草)等。由于实体专业市场强大的要素组织能力和商品规模,常常可以带动一批纯贸易淘宝村的发展,淘宝村与实体专业市场之间往往形成非常紧密的相互依存关系。

2)发展模式与驱动因素

城市近郊纯贸易型淘宝村形成的基础是城市强大的商品集聚与流通功能的外溢。实体专业市场是高效汇集信息、刺激产品迭代、沟通城乡联系的重要场所,依托其形成的淘宝村是互联网时代新的分工与集聚的产物。尤其邻近生产端的实体专业市场往往具有产品定价权,能够为周边淘宝村提供最新、最有价格竞争优势的产品,从而推动更多网商群体在淘宝村集聚。典型如广州市白云区,大批轻工制造企业的集聚发展形成了以皮具、服装、化妆品、汽车零配件为主营产品的专业零售商圈。据《广州日报》2016年报道,该区规模以上的专业市场达186个,相应地白云区淘宝村的生产、经营业态基本与专业市场保持高度一致。

以浙江省为代表的东部沿海地区是纯贸易型淘宝村最为集中的地区,尤其城市近郊纯贸易型淘宝村对相邻城市具有很强的依赖性,部分淘宝村甚至已与城市建成区融为一体。一方面，由于纯贸易型淘宝村不直接或很少直接从事加工制造，因此货源市场、销售市场的支持必然来自邻近城市。另一方面，通过专业市场进行创业的网商群体需要邻近乡村提供低成本的孵化空间。网商群体在专业市场周边的空间集聚所带来的多维邻近性不仅创造了浓郁的创新、创业氛围，同时为乡村发展方向的选择提供了复合信息与机会，让乡村进一步融入城市的功能体系之中。淘宝村与实体专业市场的互动，在一定程度上重构了产业空间组织，塑造了更加具有竞争力的新空间单元。关于这一方面的论述将在第5章"中国淘宝村的空间演化"中重点展开。现实中还存在一些中转色彩浓厚的城市近郊纯贸易型淘宝村，虽然与中心城区并不直接邻近，但毗邻国道、省道等高快速干道，对外交通体系发达，在一定程度上保持了互联网冲击下的"成本洼地"优势，也具有一定的可持续发展能力。

中西部地区的城市近郊纯贸易型淘宝村常常出现在省会以及高等级中心城市周边。相比于区域整体经济发展水平、基础设施建设的相对薄弱，省会以及省域高等级中心城市周边往往具有较好的条件，一方面是便利的交通和商贸流通条件，另一方面是城市本身所形成的巨大消费市场。因此，纯贸易型淘宝村往往成为实践中更易推广的乡村电商发展模式。典型如2017年领先新疆全区率先跻身淘宝村名单的乌鲁木齐仓房沟村，依托1991年开业的月明楼一级批发零售市场，该村逐渐成为乌鲁木齐近郊的土特产批发集散地，近年来在线上、线下均保持一定规模的批发业务⑤，网上销售的主要产品是产自伊犁的黑蜂蜂蜜以及糖酒、干果等副食品。

3）典型案例：浙江省义乌市江东街道青岩刘村（图4-6、图4-7）

图4-6 青岩刘村区位示意　　图4-7 青岩刘村周边环境示意

历史上的义乌没有杭嘉湖平原的肥沃，山地丘陵养育了义乌剽悍的民风。据传戚继光曾路过义乌，目睹了义乌几千民众为了保护自己的矿藏与永康人民大规模械斗的场面，当时就被义乌民众的剽悍所折服，当即连夜请示上级允许他在义乌征兵四千,于是就有了勇猛的义乌兵,有了义乌兵名留青史的抗倭事迹。将义乌人的这种剽悍放到和平年代,便孕育出义乌人敢打敢拼、敢于走出故乡的拼搏精神。义乌第一代走出家门的农民因为"鸡毛换糖"的故事而出名,他们在冬春农闲时间,肩挑担子,手摇拨浪鼓,走街串巷,用自家土产的红糖块交换鸡毛。品质高的鸡毛用来做鸡毛掸子,品质低的鸡毛就被当作肥料增强土地的肥力。这一现在看来原始的货物交换行为在当时却有着重要的意义,不仅推动了当地红糖制造业、鸡毛掸子零售的发展,而且更为重要的是货物交换这种形式启迪了处在紧张人地环境下的义乌劳动人民——种地不是唯一出路,商品的交换和流通也是一种出路。鸡毛换糖,是义乌人民敢打敢拼且极具智慧的体现,也是义乌商业的最初基因。当义乌县政府发现鸡毛换糖这种非正式经济形态有利于激发经济活力后,很快就予以认可。而正是这种认可为此后政府对于小商品买卖这种市场行为的宽松灵活态度奠定了基础。

20世纪70年代末,义乌人民发现售卖小百货比鸡毛换糖更有市场,于是自发组织集市,每个周一、周四、周日,供销社前的空地就变成了集市所需要的广场。由于灵活的地方政府和工商行政管理部门采用"明管暗放"的政策,义乌第一代小商品市场出现了。虽然当地政府抱着积极的态度,但在那个年代,政治意识形态的冲突依然不可避免。义乌小商品就在这种夹缝中展现了自己的生命力,破土而出。1982年义乌县委书记谢高华经过大量调研后做出了一个"冒天下之大不韪"的决定——开放义乌小商品市场,允许农民通过经商来致富。在一条臭水河上用水泥板搭起了简易摊位,政府将原来流动的摊位统一集中,在街两边排成两排,让商贩们名正言顺地做生意。义乌从此走上了一条"兴商建市"的道路,义乌的发展也开始驶入快车道。回顾义乌小商品市场建立的历史,其中最重要的还是其重商文化基因,敢于走出一条常人不敢走的路,在夹缝中求得生存。

在义乌小商品市场调研的时候一定会看到这样一句话:小商品的世界,世界的小商品。作为一个地处浙江中部山区丘陵的小城,义乌创造了一个世界的奇迹,号称世界"小商品之都"。在义乌小商品市场会发现各式各样的外国商品,走在街头会发现大量身着不同服饰的外国客商,出去吃饭更能体验多种异域美食,大量"四层半"构成的城区中已经崛起一个中央商务区(CBD)(图4-8)。义乌已经完成了全球视野的升级,各种

图4-8 义乌市中央商务区

文化交汇在一起，形成了独特的城市与人文景观。线性同时又不断更新的老义乌人思维活络，敢于下海的文化依然可见，五湖四海的其他文化也慢慢进入义乌的文化体系中并且被接纳。义乌人在当下这个阶段不仅传承了老一辈的文化，而且完成了文化与思想上的创新。开放共存、互惠互利成为这个商业城市的主基调，并且为义乌下一步转型发展奠定了思想基础。

义乌在发展过程中也遇到了很多问题。经营档次低，技术含量低，产品品牌附加值低，人力资本日益增加，新兴国家的商品竞争，人民币汇率压力，等等，同时信息化时代的到来也极大地冲击着传统制造业与商业。电子商务、"互联网+"的不断发展进一步挤压着传统商业的发展空间。如果不能改革创新，接纳新模式和新方法，那迟早要被淘汰。面对这些问题，义乌人拿出了自己的改革措施，以品牌设计打造高档产品；结合线上线下，致力于打造电商平台、文创平台、一站式金控平台及新型供应链平台；通过互联网整合线上线下市场的人流、物流、资金流、信息流，为市场经营户掌握市场供需变化提供数据支撑，同时也紧紧抓住进出口市场，进一步扩大进出口贸易的规模。

图4-9　青岩刘村党群服务中心

在这一系列问题和对应措施下，义乌人以其之前积累的经验、开放共存文化以及信息时代敏锐的嗅觉重新走在时代的前沿，完成了信息时代的蝶变。最典型的代表就是李克强总理口中的"网店第一村"——青岩刘村（图4-9）。青岩刘村作为最早被认定的三个淘宝村之一，目前的发展已经进入成熟期。虽然在村子里依稀还能看到一些村民的自留地，但在自留地的四周，却是各式小楼以及停满了汽车的停车场。同时村子周边已经拥有齐全并且高质量的基础设施与配套设施，医院、小学、中学纷纷建立起来，青岩刘村已经驶入城镇化的快车道。在电商以及淘宝村发展上，青岩刘村已经将孵化机制演化成产业链，浓厚的电商氛围+各种扶持与配套政策，优良高效率的政府服务+全程指导，以及环境优越的电商双创园等，让青岩刘村成为电商发展的沃土。

图4-10　义乌经典的"四层半"建筑

青岩刘村也拥有独一无二的支持淘宝村发展的空间。它的空间已经不像一个普通浙中地区乡村的样貌，统一样式的"四层半"小楼呈行列式分布，基本就是城市居住小区的样子（图4-10）。但这种"四层半"小楼却暗藏天机，小楼一般都有地下室，功能在竖向上高度复合，生产、仓储、配套服务、居住都在其中得到解决。每一栋楼在物理空间上都是普通的,但各种创新、创业功能的填充使得它们独特而合适。在一定程度上,"四层半"的形式"完美地"满足了村民与租客的需求。

作为全国最早出现的淘宝村之一,青岩刘村早已不是纯粹意义上的一个从事网上交易的城边村了,它更多地充当着电商孵化工厂的角色,并在更大的时空格局中开启了电商文化输出之路(图4-11)。电商创业的经验已经被精明的义乌人商品化,而青岩刘村的升级转型也就自然而然了。

图4-11 青岩刘创业孵化中心

在淘宝村出现的第10个年头,先发的淘宝村带头人和推动者们已经意识到信息时代各种"流"的意义和价值。村庄不需要留住每一个创业者,村庄就是创业者走向成功的跳板,而新鲜血液的不断流动必定会让村庄充满活力、永葆青春。或许这就是淘宝村最终存在的方式和意义。

4.2.3 小结

城市近郊型淘宝村总数较多,出现时间较早,乡村电商从萌芽期开始便始终与城市保持密切联系。淘宝村的发展受所毗邻城市的影响很深,区位优势是其领跑于周边地区的主要原因。城市对这类淘宝村的作用也有着鲜明的两重性:积极的一面,城市强大的要素资源支配能力为淘宝村的发展提供了大量支持,尤其是新技术、信息、投资等乡村通常稀缺的要素的导入,使乡村能够较早、较稳定地获得发展机遇,率先实现产业兴旺。尤其在城市参与全球产业分工的过程中,城市近郊型淘宝村往往通过承接城市的产业转移与功能外溢,实现工业化与城镇化的跨越式发展。而城市能级的强弱在一定程度上直接影响近郊型淘宝村的发展选择,纯贸易型淘宝村相较工贸型淘宝村体现出更为明显的城市依赖性。

相对消极的一面,城市的产业政策与空间政策会对淘宝村的生长形成制约,在一定程度上会产生挤出效应。长期以来乡村在城乡关系中处于弱势地位,毗邻城市的淘宝村更不例外,在发展的方方面面都必须服从、服务城市的需求,缺乏一般乡村所拥有的相对自主性。同时,由于大多数淘宝村仍以"创业低门槛、运营低要求"为主要特征,单位土地面积创造的价值有限,往往无法达到发达的中心城市对于单位土地产出的期望,加之发达中心城市近郊往往存在多种经济发展选择,淘宝村如果不能及时升级、转型,往往面临被城市"驱离"的风险,尤其是城市近郊工贸型淘宝村(表4-3)。

表 4-3 城市近郊型淘宝村特征总结

类型	城市近郊工贸型淘宝村	城市近郊纯贸易型淘宝村
数量	较多，较早出现的淘宝村类型之一	较多，较早出现的淘宝村类型之一；数量与所依靠的实体专业市场的能级有关，通常能级越高，数量越多
规模	以中小集群为主	与实体专业市场的能级有关，通常能级越高，淘宝村集群规模越大
优势动因	区位优势、产业基础	产品优势、配套服务
典型产品	日常消费类工业制成品	日用消费品、农特产品
主要特征	电商分户加工+专业工业园集中生产；受比较成本和规划定位影响，对创新、品质、专业服务等高质量要素有一定的要求	围绕区域性专业市场
电商作用	拓展销售渠道，扩大影响；数字驱动新的生产分工；吸收剩余劳动力	拓展销售渠道，扩大影响；数字驱动新的生产分工；吸收剩余劳动力
代表案例	广东省广州市番禺区里仁洞村	浙江省义乌市江东街道青岩刘村、广东省普宁市池尾街道、江苏省常熟市虞山镇

4.3 城镇边缘型淘宝村

中国量大面广的小城镇和基础雄厚的民营经济为毗邻小城镇的淘宝村的发展奠定了坚实的基础，城镇边缘型淘宝村是中国淘宝村构成中占比最大的一类。虽然没有城市近郊型淘宝村的区位优势明显，但毗邻城镇并有效地获得城镇的支持是这类淘宝村发展的重要支撑。城镇边缘型淘宝村同样主要集中于乡镇经济发达的沿海地区，尤其在长江三角洲、珠江三角洲、京津冀、山东半岛、厦漳泉以及潮汕地区最为密集。中部及东北地区大城市周边具有一定产业基础的小城镇，也为淘宝村的发育提供了良好的条件。由于上述地区人口密集、经济发达、城镇密度高且分布相对均匀，因此城镇边缘型淘宝村在空间上基本形成连绵发展态势，产业之间的分工协作程度较高，涌现出一批知名的"淘宝产业集群"。

4.3.1 城镇边缘农贸型淘宝村

1）基本概况

农贸型淘宝村发轫于农业产业化，大多以特色农业种植、农副产品加工为基础，以市场认可度较高的龙头农产品、特色农产品为主营产品。虽然中国是农业大国，但现阶段由于农产品标准化、检验检疫以及冷链物流等环节的限制，农产品上行的难度依然较大，在一定程度上限制了农贸型淘宝村的大量产生。当前农贸型淘宝村的地域分布一方面与特色农产品的产地密切相关，另一方面与农产品的市场化与规模化程度高度相关，因此这类淘宝村虽然分布范围较广，但整体上仍以东部沿海地区居多。在 2018 年阿里巴巴农产品电商十强县（表 4-4）中，东部地区占据六席，其中福建、江苏、浙江、河南四省的县市中均有农贸型淘宝村涌现，尤其福建安溪、江苏沭阳已经形成农贸型淘宝村集群。而城镇边缘农贸型淘宝村依靠农产品产地资源和毗邻小城镇的良好区位，往往成为农贸型淘宝村中率先发展或者规模较大的类型。

表 4-4　2018 年阿里巴巴农产品电商十强县

序号	省	市	县	国家地理标志产品
1	福建省	泉州市	安溪县	安溪铁观音
2	江苏省	宿迁市	沭阳县	—
3	福建省	南平市	武夷山市	武夷岩茶、红茶
4	江苏省	苏州市	昆山市	阳澄湖大闸蟹
5	云南省	文山壮族苗族自治州	文山市	文山田七
6	河南省	许昌市	长葛市	长葛蜂胶
7	广西壮族自治区	玉林市	北流市	广西肉桂
8	福建省	宁德市	福鼎市	福鼎白茶
9	浙江省	金华市	义乌市	义乌红糖
10	四川省	成都市	蒲江县	蒲江雀舌

城镇边缘农贸型淘宝村主营产品多以本地特色农副产品为主，最典型的如安溪铁观音、沭阳花卉苗木、赣南脐橙、阳澄湖大闸蟹、临安山核桃等，基本覆盖了种植业、养殖业以及林业中消费市场广大、宜储存、宜长途运输的门类。就产品价值而言，生鲜类目下阳澄湖大闸蟹（江苏省苏州市相城区消泾村等）、珍珠（浙江省绍兴市诸暨市山下湖村等）等单位价值较高，快递物流成本承受力较强。大部分农产品利润提升空间相对有限，亟须加强品牌化、标准化建设。

2）发展模式与驱动因素

在以农业为主导的广大乡镇地区，小城镇往往扮演着非常重要的角色，是城乡统筹的重要节点和广大农村地域的生产、生活服务中心。农贸型淘宝村的产生不一定源于小城镇的作用，但城镇边缘农贸型淘宝村的产生与发展在很大程度上得益于毗邻城镇建成区的区位优势。在产生环节上，城镇边缘农贸型淘宝村有可能是利用当地农产品资源和交通区位优势自发形成的淘宝村，也有很大一部分就是因为毗邻城镇建成区，由镇区的农产品批发市场带动产生的。这类淘宝村的产生机制有些类似于城市近郊纯贸易型淘宝村。城镇建成区的农产品批发市场往往是网商主营产品和交易信息的重要来源。随着城镇边缘村庄居民向网商的转变，以及外来网商在城镇边缘村庄的集聚，围绕实体专业市场的淘宝村就形成了。由于主营产品是本地农产品，因此城镇边缘农贸型淘宝村不仅可以从农产品批发市场获得产品，而且会在市场需求的拉动下利用自身土地资源进行农产品种植/养殖和加工，以提高利润率和抗风险能力，从而形成较为综合的农贸型淘宝村。

在发展过程中，城镇建成区较好的交通物流条件、公共服务配套常常为城镇边缘农贸型淘宝村提供支撑，城镇和淘宝村之间日益形成互相支撑、融为一体的格局。淘宝村最初大多以单一农产品电商起步，空间需求并不紧迫。随着电子商务的快速发展，产品种类不断丰富、交易规模不断扩大，淘宝村的产业链条开始延伸，并逐渐形成加工和配套服务能力，此时村庄的空间供给基本无法满足快速增长的需求，毗邻的城镇建成区无疑是承接相关生产以及配套服务功能的首选空间，尤其是物流集散功能。典型如沭阳县新河镇，随着城镇边缘农贸型淘宝村的蓬勃兴起，新河镇逐渐形成市场一条街、物流一条街以及与花卉苗木产业相关的设计、展示空间的集聚。

城镇边缘农贸型淘宝村常常具有三次产业融合的发展趋势。一方面，依托本地特色农产品资源，通过"以家庭为单位的手工作坊生产＋合作社协同生产＋半工业化或全工业化的品牌标准化生产"的生产组合，将传统种植／养殖与轻加工业融合，培育具有地方特色、低成本、高附加价值的品牌产品。另一方面，面向大中城市日益增长的乡村消费需求，通过设施化、精细化、工厂化等手段加速传统农业升级，通过信息技术、旅游休闲等的植入培育具有观光体验功能的新乡村空间和三次产业复合联动的新乡村业态。当前在长江三角洲、珠江三角洲等发达的城市区域，已有相当数量的城镇边缘农贸型淘宝村在扩大线上销售份额的同时，积极培育线下经济增长点。尤其一些依托景区、名产形成的农贸型淘宝村在一定程度上已经成为文旅亮点，典型如杭州龙井景区的梅家坞（主营茶叶）、杭州临安区的白牛村（主营炒货）等。

3）典型案例：浙江省杭州市临安区昌化镇白牛村

白牛村位于浙江省杭州市临安区昌化镇西部，距昌化镇区（全国重点镇、首批省级中心镇）仅4 km，毗邻102省道，交通条件优越（图4-12、图4-13），属于临安区规划建设的精品村。白牛自古繁华，因唐黄檗禅师驱赶白牛的传说得名，原为徽杭古道必经之地，古街曾商埠云

图4-12　白牛村区位示意

图4-13　白牛村周边环境示意

集，渡口更是货帆川流，曾有私营店铺40余家，主营浙江昌化县和毗邻的淳安县以及安徽宁国市和绩溪县等地的食盐生意，称之为白牛桥市，历来为昌化地区的商贸集镇之一⑥。1957年，由于新安江水库的建设，一批水库移民迁居于此[14]，丰富了白牛村的人口构成。2007年，原白牛村与邻近的沥溪、高犁两村合并，形成如今白牛村的行政范围。

白牛村有近500年的山核桃种植历史，为淘宝村的出现奠定了坚实的产业基础。由于山核桃对生长环境（种植海拔、土质等）的特殊要求，以昌化白牛为界，以西为临安山核桃种植和生产加工的重要集聚区。21世纪以来随着国人物质生活水平的不断提高，人民群众对健康休闲食品的需求日益增长，山核桃一时间成为"网红"产品。在临安农特产品"东竹西果"中，炒货的比重不断攀升，山核桃成为当地农民增收的主要渠道。随着乡村电子商务的蓬勃发展，当前白牛村的坚果炒货业已经从相对单一的山核桃加工，逐步发展完善成集山核桃、扁桃仁、碧根果、松子等10余个炒货品种于一体的综合食品加工业，拥有坚果炒货加工证（食品生产许可证）的企业达260余家，在全国市场占有较高的份额。

白牛村的电子商务起步较早，发展非常迅速。2007年外出经商的村民尝试将家中滞销的山核桃上网销售，首月即大获成功。随后在标杆的示范引导下，一时间网上经销在白牛村蔚然成风。依托良好的交通区位和本地丰富的山货资源，白牛村通过"定点山核桃种植农户供应＋炒货企业加工＋电商从业人员经营销售"的模式，快速推进全村电商产业的发展。根据阿里研究院的调查，2012年白牛村电商年销售额为7 300万元人民币，2013年该数额上升至1.5亿元。同年阿里研究院、中国社会科学院信息化研究中心授予白牛村首批"中国淘宝村"称号，同时白牛村获评"杭州市电子商务进农村试点村"。2014年白牛村全村电商销售总额突破2亿元，并有力地带动了省道沿线周边村的电子商务产业。2015年1月20日，时任国务院副总理汪洋和阿里巴巴集团董事局主席马云实地调研白牛村，并给予了很高的评价⑦。

随着白牛村电子商务产业的快速发展壮大，原有的村庄空间与格局日益无法满足产业发展的需求，迫切需要结合昌化镇的发展进行整体规划建设。借助白牛村的"网红"效应，临安区规划以白牛村为中心，辐射昌化、龙岗两镇，建设一个集创业、孵化、培训、仓储、物流多功能于一体的电商特色小镇。电商小镇规划形成"一园一城一楼三基地"：一园即电商产业园，利用昌化镇占地25亩的闲置厂房改建，集电商公共服务、培训基地、仓储物流、分装等服务配套于一体；一城即电商城，集文化体验、产品展示和销售于一体；一楼即电商孵化大楼，集电商公共服务、中小微电商户孵化区、金融服务等功能于一身，加快白牛及周边中小微电商户孵化；三基地分别为仓储基地、物流基地和创意体验基地⑧。

作为典型的城镇边缘农贸型淘宝村，白牛村的发展与昌化镇的发展密切相关。如果说白牛淘宝村的产生更多地依靠创业草根利用本地资源自发从事电商创业，那么随着产业的不断发展升级，城镇的作用和价值日益凸显，城乡融合一体发展的趋势非常明显。尤其电商特色小镇的建设，既是淘宝村升级的主要载体，也是城乡融合发展、特色发展的重要空间，大大增强了城镇的综合服务能力。周边村庄在白牛村和昌化镇的综合辐射带动下，纷纷从事电子商务，一时间临安特色生鲜农产品相继触网，引发了临安农特产品网销量的爆发式增长，同时推动了临安农业、工业和生态旅游的三产融合。

4.3.2　城镇边缘工贸型淘宝村

1）基本概况

城镇边缘工贸型淘宝村是当前淘宝村中总量最多的一类，广泛分布于北起京津冀、南至珠江三角洲的东部沿海地区。这类淘宝村除了具有邻近城镇的区位优势，大多具有坚实的产业基础，甚至就位于传统的制造业集群之中，本身具有完整的供应链和产品品牌，产业规模较大，企业具有长期的线下运营经验。电子商务的发展是传统产业"+互联网"的过程，通过网络拓展了产业的营销渠道，推动了线下线上的互动。由于产业基础雄厚，淘宝村的主营产品基本来自当地产业集群，具有鲜明的地域特色。典型如生产箱包的河北省高碑店市白沟镇，加工羊绒制品的河北省清河县，制鞋的福建省莆田市，盛产紫砂壶的江苏省宜兴市丁蜀镇，生产电器、电子元器件的浙江省乐清市，生产内衣、家居服的广东省普宁市，玩具之都汕头市澄海区，等等。

由于与传统产业集群密切相关，城镇边缘工贸型淘宝村的密集分布区以浙粤苏三省为最。而这三个省份恰恰就是20世纪80年代乡镇企业"异军突起"的主要区域，分别诞生了"温州模式""珠江模式""苏南模式"。随着乡镇企业的发展转型，一大批民营企业、小微企业在这些地区发展壮大，形成乡镇经济的主要支撑，甚至轻工产品出口的主要来源。大量城镇边缘工贸型淘宝村正是立足于这一基础。当地健全的市场机制、发达的产业配套，为草根创业提供了非常优越的条件。只要出现电子商务创业成功的"火种"，就会迅速蔓延开来，涌现出一大批城镇边缘工贸型淘宝村。典型如第2章案例重点介绍的广东省普宁市，淘宝村快速裂变式产生的基础就是当地强大的产业集群。

城镇边缘工贸型淘宝村不仅是淘宝村中数量最多的类型，也是涵盖产品类型最全的类型，所从事的产业涵盖了纺织（含家纺）、服装（女装、童装）、五金工具、箱包、家具、模具、玩具、电器配件等近乎全部日用轻工产业（图4-1）。城镇边缘工贸型淘宝村特色产业的主导性十分突出，由于长期深耕于特定领域，细分门类产品丰富，常常具有较高的市场占有率。当前这类淘宝村的发展仍以低成本为主要竞争优势，行业竞争非常激烈。生产组织多呈现家庭作坊、中小企业和不同尺度的工业园混杂的状态，产业与空间的进一步转型升级存在较大挑战。在产业集群较为发达的地区，部分淘宝村已经开始尝试数据驱动的创新升级，探索移动互联网时代的"及时生产"模式，为进入"数字经济"时代奠定了基础。

2）发展模式与驱动因素

城镇边缘工贸型淘宝村大多依托乡镇经济、民营经济的集群化基础发展而成，多为劳动密集型产业。由于集群化有助于降低成本，城镇边缘工贸型淘宝村多呈连片发展的态势。在以市场化带动工业化的广东、浙江和以工业化带动市场化的苏南地区，都形成了一批影响力较大的淘宝村集群。在大量的城镇边缘工贸型淘宝村中，有一部分非常著名的"无中生有"的淘宝村，它们的出现与当地的产业基础没有关系，但它们的发展与壮大却与城镇形成了融合一体、不可分割的态势，其中最典型的就是江苏省睢宁县沙集镇东风村。作为最早的三个淘宝村之一，东风村条件最差、最没有产业基础，完全是"互联网+"推动的产业发展与升级，并最终形成一个年产值过百亿的家具产业集群。

在2018年十大淘宝村集群（见前表2-3）中，除义乌以外其他九大集群中均有大量城镇边缘工贸型淘宝村。其中温岭、乐清、慈溪、永康、瑞安、普宁六个县市的淘宝村均建立在当地强大的产业基础上，属于"+互联网"类型，且全部位于长江以南；另外三个县区市，曹县、睢宁县和宿城区均为"无中生有"、在"互联网+"推动下形成产业集群的，且全部位于长江以北。

随着互联网经济的快速发展，不仅与生活相关的日用消费品需求不断扩大，与生产相关的工业用品需求也快速上升，成为支撑淘宝村发展的新动力。典型如浙江省乐清市，眼光敏锐的网商感受到工业品销售将是线上销售的下一个风口，于是自2017年开始陆续将天猫店、京东店的主营产品从民用电器扩展为断路器等低压电器产品。据乐清市商务局统计，近年来乐清的五金工具、小型断路器、开关插座、工业电器等产品网上销售逐年增长，年销售额增幅在40%左右。2018年乐清市淘宝村数量的快速增加就得益于工业品网上销售的迅猛增长，其中著名的柳市镇和北白象镇分别以65个淘宝村和9个淘宝村入选淘宝镇[9]。

3）典型案例：广东省汕头市潮南区陈店镇

陈店镇位于汕头市潮南区西北部，毗邻揭阳市下辖的普宁市，交通、区位条件非常优越，更为优越的是区域强大的产业基础。汕头市潮南区是"全国服装（内衣家居服）产业知名品牌示范区"，全国最大的内衣家居服生产基地。据统计，全国80%的家居服、40%的女性内衣以及35%的面辅料产品由该区制造，每年生产销往全球各地的内衣家居服多达10亿件[10]。陈店镇就是潮南区内衣生产制造的集聚地之一，素有"广东内衣专业镇""中国内衣名镇"之称，形成了颇具规模的产业集群。全镇织布、绣花、花边、肩带等配套工厂超百家，凡内衣文胸生产所涉及的所有工序配件产品均能在陈店就地取材。镇上的陈贵路是粤东有名的内衣电商"网批一条街"，在这条约 1 km 长的街道上，聚集着上千家专营文胸产品和配件的网批商店。依靠强大的优势传统产业，陈店镇的淘宝村发展非常迅速，2017 年有 4 个（潮南区有 30 个），2018 年为 7 个（潮南区有 38 个），均为从事内衣加工销售的城镇边缘工贸型淘宝村（表 4-5）。

表 4-5　2017 年汕头市潮南区淘宝村及其主营产品

城镇	淘宝村	主营产品
陈店镇	范溪村	内衣、塑料丝花
	浮草村	内衣、电子电器
	新溪西村	内衣、塑料制品
	洋新村	内衣
成田镇	1 个淘宝村	数码配件
两英镇	3 个淘宝村	针织服装、塑料制品
胪岗镇	4 个淘宝村	家居服、化妆品、文化用品
司马浦镇	4 个淘宝村	家居服、电子配件、旅游用品
峡山街道	14 个淘宝村	内衣、酒店用品、电子配件

在与电子商务结合的过程中，陈店镇的产品分销模式也完成了三次升级。其最初模式为传统采购商或网商直接从生产厂家拿货然后分销，逐渐出现专业居中调配的网批商，近年来实体网批超市如恒信行金伴内衣世界（图 4-14）等开始出现。网批商的发展壮大与网批超市的出现进一步疏通了内衣生产与销售的沟通渠道，完善了买、卖双方的信息交流途径，有效地提高了整个产业的周转效率，进一步促进了网商的发育与集聚。据地方政府统计，截至 2017 年年底陈店镇从事内衣文胸产业人数约 8 万人，内衣文胸业产值约 93 亿元，占全镇工业产值的 70%。内衣行业有注册商标 1 590 件、7 件省著名商标、78 家规模上的龙头企业。省著名商标企业广东彩婷生态圈服饰股份有限公司于 2017 年在新三板挂牌上市。

电子商务的蓬勃发展倒逼着陈店镇不断升级转型。为满足网商经营的新需求，陈店镇先后规划、建设了沟湖都市电商大厦、电商创业培训基地等基础设施，并进一步整治优化以陈贵路为代表的"网批一条街"（图 4-15 至图 4-17）。同时积极加强和物流企业、各类推广平台的联系，通过联合设立电商教育机构的方式，为乡村电商从业者提供包括运营、美工、客服等环节的一条龙培训服务。2017 年 8 月，广东省发展改革委发布《关于公布特色小镇创建工作示范点名单的通知》，陈店镇成功入选广东省首批特色小镇创建示范点名单。结合特色小镇的建设，陈店镇规划以电商产业园为抓手，向产业链的上下游延伸，增加时尚内衣制造业两端的价值比重。围绕内衣加工制造，开拓纺织辅料供应、产品设计研

图 4-14　网批企业——恒信行金伴内衣世界

图 4-15　陈店镇的"网批一条街"

图 4-16　陈店镇夜间加工场景

图 4-17　沟湖都市电商大厦

发、现代物流配送、潮汕文化体验等新领域（图 4-18）。

4.3.3　城镇边缘纯贸易型淘宝村

1）基本概况

城镇边缘纯贸易型淘宝村与城市近郊纯贸易型淘宝村具有基本相似的产生机制，区别主要在于市场能级所引致的淘宝村集群的密度。截至 2017 年已在河北省唐山市、辽宁省海城市、山东省青岛市、河南省南阳市等地发现一定数量的城镇边缘纯贸易型淘宝村，大多以散点形式分布，个别地区形成了拥有 3 个以上淘宝

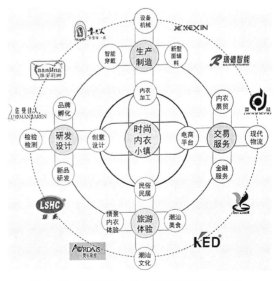

图 4-18　陈店镇内衣小镇规划的产业生态

4　中国淘宝村的综合分类 ｜ 157

村的商贸型淘宝镇。城镇边缘纯贸易型淘宝村带有鲜明的中心地色彩，大多区位良好、交通便利，邻河（内河航运）、邻路（国省干道）、邻站（铁路站点或机场）的交通指向性十分明显，更重要的是邻近城镇物品集散交易中心，同时周边乡镇加工制造业发达。如位于京津唐"金三角"中心地带的唐山市玉田县鸦鸿桥镇，得益于发达的河运系统，开市时间能远溯至明成化年间，至清道光年间已成为颇具地域影响力的商贸重镇——"京东第一大集"。1994年京沈高速公路的开通使鸦鸿桥镇在河运中转的基础上再添陆路集散的便利，鸦鸿桥镇小商品市场综合实力跃居全国第四位，并集聚一大批小商品生产厂家[①]。2018年，鸦鸿桥镇通过认定，成为唐山第一个"淘宝镇"，该镇下辖的河西、西轩湖甸、新风三个村于同年荣膺"中国淘宝村"称号。

从销售的产品类型来看，城镇边缘纯贸易型淘宝村主要以劳动密集型的工业消费品为主，如玉器（河南省南阳市镇平县石佛寺镇石佛寺村）、服装（辽宁省鞍山市海城市西柳镇东柳社区）、鞋业（山东省青岛市胶州市三里河街道花园村）、小商品（河北省唐山市玉田县鸦鸿桥镇河西村）及日用百货的批发零售等。这些淘宝村所依托的交易中心大多经历了从零散销售到专业市场再到综合化市场的渐次升级过程，经营日益规范。伴随电子商务的发展与成熟，大部分商户采用"实体+网络"双轨销售的模式，并以多平台经营来进一步增强市场竞争力，在相关产业领域具有较大的辐射力。

2）发展模式与驱动因素

与城市近郊纯贸易型淘宝村类似，城镇边缘纯贸易型淘宝村多依托区域性专业市场或规模相对较小的综合市场发展而成。这些专业市场往往具有悠久的历史，集聚了一大批贸易人才，形成了一定厚度的"重商"文化。正是这种文化和这些人才，为这些历史悠久的专业市场找到了进入信息时代的窗口，完成了实体专业市场的信息化转型。发展较为可持续的实体专业市场常常与当地乡镇工业形成紧密关系，形成具有一定定价权的产地型商品市场，在"+互联网"的过程中不断扩展市场辐射范围、优化产业分工体系，最终形成具有全国竞争力的地域产销综合体，甚至开始全球跨境贸易。与此同时，没有地方产业支撑的大量销地型专业市场在持续发展的过程中面临较大挑战。随着电子商务的加速发展，销地市场在产品价格上的优势将被大大压缩，即使面向地方的市场范围也会受到网购的大幅挤压，早期形成的淘宝村有可能面临被淘汰的风险，这在"淘宝村消失的多元机制"一节已有论述。

受限于空间单元的行政层级与资源调动能力，位于城镇的实体专业市场的品质整体不高。空间组织上马路市场、摊棚市场较为普遍（图4-19、图4-20），专业性与生活性功能较为混杂，在一定程度上存在安全隐患。同时由于实体专业市场往来人流、物流较大，导致淘宝镇、村的交通基础设施和公共服务设施基本处于超负荷运行状态，社会管理的难度也较大。因此，城镇边缘纯贸易型淘宝村的发展必须在城镇总体层面统一规划、统筹安排，同时进行制度层面的探索和创新，让行政治理能力匹配乡镇的城镇化发展。

图 4-19　石佛寺摊棚批发市场

图 4-20　石佛寺马路市场

3）典型案例：河南省南阳市镇平县石佛寺镇

石佛寺镇地处南阳盆地西北部，毗邻镇平县城，对外交通便利，东依 207 国道，南临 312 国道，距南阳火车站、姜营机场等交通节点仅 0.5 h 车程。石佛寺镇是南阳（镇平）玉雕发源地，也是目前中国最大的玉雕产品生产、加工和销售集散地，被誉为"中国玉雕之乡"。强大的玉器市场与综合加工能力使得石佛寺镇区所在的石佛寺村和贺庄村分别于 2015 年、2016 年被认定为"中国淘宝村"。

依托独山玉资源，镇平地区玉器加工自宋元时代已传入，清朝中叶渐具规模，民国初年已达到相当水平。改革开放以来，玉雕产业得到了空前发展，产业原料相继汇集国内外玉料近 100 个品种等，产品主要有饰品、摆件和保健品三大系列十大类近 1 000 个品种。普通玉雕产品摆件类占全国产销量的 70% 以上，挂件类占 40% 左右。自 1992 年开始，石佛寺镇先后建成了贺庄摆件市场、榆树庄玉镯市场、石佛寺翠玉玛瑙精品市场、玉雕湾工业区四大玉雕专业市场（图 4-19 至图 4-21），一方面强化本地"从原料到市场"的完整产业链，另一方面从玉石向仿古物件拓展。玉石产业呈现出多梯度、多品种、全加工的发展态势，相关配套齐全，国际国内联系网络发达。2017 年全镇拥有玉镯、人物、花鸟、山水、炉薰等各类玉雕产品专业市场 7 个，从

图 4-21　室内市场——玉博苑

业人员 5 万余人，各类玉雕加工企业（户）1 万多家，年产销各类玉雕产品 2 300 多万件[12]。伴随玉器市场影响力的不断扩大，产业分工不断深化，围绕市场形成了一批功能互补的专业村（表 4-6），其中以市场为主要职能的石佛寺村和贺庄村则率先成为淘宝村。

表 4-6 南阳石佛寺镇玉雕专业村及主要分工

玉雕专业村落	主要分工	玉雕专业村落	主要分工
大仵营村	玉花鸟和玉白菜加工	新村	原石和加工
小仵营村	阿富汗玉白菜加工	苏寨村	按摩手球加工
贺庄村	摆件市场	贾寨村	水晶球加工
榆树庄村	手镯批发	罗营村	坠饰挂件加工
石佛寺村	综合市场	田庄村	玉兽加工
单营村	加工市场	常营村	玉雕印章加工

移动互联网时代的到来为石佛寺玉石产业发展提供了新的助力。在线下市场经历了 2013 年前后的销售顶峰后，网络销售为中小商家提供了新的渠道，推动了新一轮的销售高峰。尤其网络直播的兴起不仅助推石佛寺玉器销售量的扩张，也带来了产业发展的一次升级。相比于传统的图文展示，视频直播为买卖双方提供了即时深入互动的可能。由于玉石等珠宝类消费品属于非标产品，具有较为灵活的议价空间，且普遍具有较高的附加值，非常适合视频直播这种灵活、有趣的"内容生产"式营销方式。一时间兼职、全职的"主播"（图 4-22）和"走播"（持手机在市场中进行移动直播的主播）遍布石佛寺镇的各大市场，不仅创造或曰重新定义了一类职业，而且创造出了一种基于互联网技术的全新空间类型和服务模式。在石佛寺镇区，以最高端的玉石市场——真玉天地为代表的专业商城，已经开始调整空间组织形式和管理模式，将原本用于传统展销的商铺空间大幅压缩，为新的基于移动互联网的视频直播提供充足空间（图 4-23）。由此，一个传统的交易市场似乎正在向一个商务中

图 4-22 淘宝直播基地工作中的"主播"

图 4-23 石佛寺真玉天地直播基地之淘宝珠宝

心转变。2019年3月,真玉天地直播基地作为淘宝直播全国首个官方基地获得"2018年度优秀供应链"殊荣。据统计,入驻真玉天地直播基地的各类直播企业共计200余家,直播年销售额达5亿元以上。

4.3.4 小结

城镇边缘型淘宝村出现较早、数量庞大、类型多样,多以集群形式见诸于广大城镇经济发达地区。其中工贸型淘宝村集群规模普遍较大,尤其在东部产业基础良好的城镇密集地区基本呈连绵分布态势。纯贸易型与农贸型淘宝村数量相对较少,通常以散点和小型集群的形式出现。

城镇边缘型淘宝村鲜明地体现出东部地区与中西部地区淘宝村在数量和发展类型上的差异。与城市近郊同类型淘宝村相比,由于小城镇的影响力相对有限,城镇边缘型淘宝村在内生因素的影响下,呈现出更为自主、多元、独立的发展路径。尤其在东部地区,该类淘宝村的形成多依托民营经济、乡村集体经济长期形成的产业基础,带有鲜明的"自下而上"特色。然而,无论在东部还是中西部以及东北地区,小城镇对该类淘宝村的推动作用都非常明显,不仅提供相对便捷的基础设施和公共服务设施,还能够有力地满足淘宝村发展升级过程中所需的教育培训、空间拓展等要求,城乡融合、一体化发展程度普遍较高(表4-7)。

表4-7 城镇边缘型淘宝村特征总结

类型	城镇边缘农贸型淘宝村	城镇边缘工贸型淘宝村	城镇边缘纯贸易型淘宝村
数量	较少,但在农贸型淘宝村中比重较大	总量最大,在所有现状类型中占据主导地位;为较早出现的淘宝村类型之一	较少
规模	以散点分布为主,部分地区形成小规模集群	普遍以集群形式存在,集群规模普遍较大。东部密区形成连绵带,中西部优势区位形成面状集中区	沿海省份部分形成小规模集群("淘宝镇"),其余多为散点形式分布
优势动因	基于本地资源和产业禀赋	产业基础(民营经济、乡镇企业、乡村集体经济传统等)	基本为市场指向型、交通指向型(枢纽、通道)
典型产品	种植、养殖和农副产品加工并重;高单位价值、具有一定加工;消费市场相对稳定	产业多为内生型,常见以传统制造业为主,从事工业品的批量生产	主要从事日用消费品、生产资料和农副产品零售批发;经营产品以生活消费品为主,市场服务半径相对有限
主要特征	以家庭为单位的手工作坊生产+合作社协同生产+半工业化	电商分户加工+专业工业园、混合工业园集中生产;产业准入门槛相对较低	围绕区域性专业市场
电商作用	拓展销售渠道,扩大影响;吸收剩余劳动力	拓展销售渠道,扩大影响;数字驱动新的生产分工;吸收剩余劳动力	拓展销售渠道,扩大影响;吸收剩余劳动力
代表案例	杭州市临安区昌化镇白牛村、宿迁市沭阳县新河镇解桥村	徐州市睢宁县沙集镇东风村、汕头市潮南区陈店镇洋新村	南阳市镇平县石佛寺镇石佛寺村、唐山市玉田县鸦鸿桥镇河西村

4.4 独立发展型淘宝村

独立发展型淘宝村指空间分布上远离城镇、相对独立，发展过程中受到周边城镇影响较弱，往往通过自发"触网"形成的淘宝村。创业草根在独立发展型淘宝村的产生与发展过程中扮演着非常重要的角色。由于独立发展型淘宝村的区位往往并不占优势，城镇资源要素通常很难流入，淘宝村的发展主要依靠创业草根发掘本地传统资源，如特色农副产品、传统手工艺产品，实现线上"突围"。因此，独立发展型淘宝村的电商发展水平通常与产品的可替代性以及市场需求程度紧密相关。

4.4.1 独立发展的农贸型淘宝村

1）基本概况

独立发展的农贸型淘宝村的产生具有较强的偶然性和不确定性。总体上中西部以及东北地区依托特定农产品的特定产地，比较容易形成这类淘宝村。相比而言，东部地区这一类型相对较少，虽然存在一些距离城镇建成区相对较远的独立发展的农贸型淘宝村，但它们的发展基本处于一个大的产业集群中，与城镇以及城镇边缘农贸型淘宝村均有着密切的产业联系。典型的如沭阳县从事花卉苗木电商的淘宝村。由于是源自特定产地的特定农产品，这类淘宝村的主营产品普遍具有强烈的地方特色，由东北至西南，基本涵盖山货、地方食品、水果、花卉苗木等多种门类的农副产品，具有较高的地区辨识度，很多就是地理标志性产品。

由于物流价格、冷链设施、保鲜技术、产品营销和运营人才等多方面的限制，农产品上行一直是乡村电商产业发展的难题，这也导致独立发展的农贸型淘宝村的发展速度相对较慢，急需配套网络和服务的进一步升级、完善。由于远离城镇，通常独立发展型淘宝村的基础设施建设都相对滞后，对外联系强度偏低。在现状农产品供应链并不健全的大背景下，分散的跨区域配送使得农产品交易成本占总成本的比重较高，物流成为重要的制约瓶颈。根据阿里研究院数据分析，2016年阿里巴巴零售平台销售额最高的十类农产品依次为坚果、茶叶、滋补品、果干、水果、肉类熟食、饮用植物、绿植、水产品、奶制品，网购蔬菜的热门产品为番薯、姜、蒜、土豆[15]，大部分为易于保鲜、运输的门类。同时由于中国农产品的标准化程度较低，产品品质不稳定，在一定程度上限制了农产品网络销售的扩展，进而影响农贸型淘宝村的形成。

2）发展模式与驱动因素

独立发展的农贸型淘宝村的产生与当地农产品的特色以及农产品商品率的提高密切相关。通过分析该类淘宝村的主营产品可知，在主体属性中特色影响排序第一位。农产品特色不仅与大众对品质的认知息息相关，还与市场销售潜力直接挂钩。特色越鲜明、附加值越高的农产品，拥有越为广泛的市场，甚至存在跨境贸易的可能。农产品商品率的提高则为电子商务的发展奠定了基础，尤其为创业草根进行创业提供了产品基础。特色农产品的上行路径一旦被创业草根打通，市场就会突破地域限制，形成巨量需求，带来农产品电商的繁荣，进而发展出第三方交易平台、农产品电子拍卖、期货交易、订单农业和以"线上宣传为辅、线下贸易为主"等众多电商销售形式。由此，大大降低了农产品经营主体进入虚拟市场的门槛，使大量小农户获得直接面对消费者或终端经销商的机会。

由于现阶段中国大部分乡村的生产组织化程度较低，农贸型淘宝村的发展在"小生产"和"大市场"衔接的过程中，填补了诸多空白。回顾农贸型淘宝村近10年的发展，通过农村电商带头人盘活乡村资源，成立专业协会、专业合作社以及股份合作社等管理单元，有力地推动了农业生产的专业化，提升了当地农产品生产交易的组织化水平。独立发展的农贸型淘宝村，地方根植性往往更强，在促进农业结构调整、带动农民增收等方面发挥着积极的带动作用。随着乡村电子商务的发展，农贸型淘宝村的发展模式也日趋多元化，农旅电商、B2B模式等新业态也开始出现。

基层地方政府的扶持对于农贸型淘宝村的形成具有非常重要的作用。许多中西部地区地方政府将培育淘宝村作为加快"脱贫攻坚"、实现"乡村振兴"的重点工程，积极引入专业的电商运营团队助力农村电商的发展，取得了一定的成效。近年来随着短视频以及直播等互联网平台的快速发展，部分乡村青年通过多种媒介、多个平台进行农产品的营销，收到了意想不到的效果。以河南省南阳市镇平县侯集镇向寨村为代表，通过直播平台对观赏鱼等进行营销，在价格之外赋予养殖产品更多的文化内涵，直接推动了农产品的差异化、特色化发展，有效地助力了淘宝村的升级。

3）典型案例：河南省南阳市镇平县侯集镇向寨村

向寨村位于镇平县侯集镇南部，是享有"中国金鱼之乡"美誉的观赏鱼养殖专业村。据统计，截至2018年，侯集镇锦鲤产量占全国份额的60%，其中向寨一个村就占据全国总量的40%。向寨村四周均是鱼塘，养殖水域面积达8 000余亩，养殖户有300多家，几乎家家户户都养殖锦鲤，而且80%的村民从事与锦鲤养殖相关的工作（图4-24、图4-25）。向寨村锦鲤的销售市场，国内主要为河南、江苏、北京、上海、广东、重庆、江西、福建等省市，对外出口主要面向日本和东南亚的部分国家和地区。

向寨村的金鱼养殖可以追溯到20世纪80年代初，当地迥异于江南水乡的气候条件使得向寨村在"从无到有"发展金鱼养殖产业的过程

图 4-24　向寨村村民自营的鱼塘

图 4-25　长彦观赏鱼基地养殖内景

中经历了诸多考验。向寨村所在的南阳盆地并无水产养殖的传统，因此1983年当南下经商的村民李光治首次引进金鱼在邻近集市推广销售时并未受到大家的重视。20世纪90年代中期，当村干部将金鱼养殖作为增收渠道在村民中进行推广时，收效依然相对有限。直到进入21世纪以后，金鱼养殖的经济收益开始日益显著时，村民们才陆续加入挖塘养鱼的行列。由于向寨村远离城镇，处于较为传统的农业地区，经济发展最大的优势就是挖塘进行金鱼养殖所需的土地成本较低。但在线下实体经济时代，向寨村的观赏鱼养殖在很长一段时间内主要以"走量"为主，靠低价、论斤批发至北京、上海、杭州等地。

进入21世纪，地方政府开始主动规范金鱼产业、提升地方品牌。由侯集镇政府牵头，一方面组织金鱼经销经纪人成立金鱼养殖协会；另一方面筹措资金着手建设金鱼批发市场。在政府的有力扶持下，侯集镇陆续在全国大中城市设立近50个销售窗口，与全国10余处大型水产市场建立稳定的供销联系，通过统一价格标定、统一长途直销的方式[16]，不仅有效地规避金鱼市场潜在的无序竞争威胁，而且奠定了以"神游"品牌为代表的侯集金鱼在同产业市场中的优势。2003年侯集镇被中国特产之乡组委会正式命名为"中国金鱼之乡"。2006年前后，向寨村村民开始探索养殖利润回报更高的锦鲤。同时伴随着村民外出子女的返乡交流，互联网销售开始进入向寨村村民的视野。

为了推进向寨村布局线上产业集群，2017年地方政府积极引入专业服务商闪迅公司开展淘宝村的建设工作。针对活鱼物流运输环节的难题——利用传统的手提袋灌水充氧，通过皮筋、绳索扎口收束，无法解决气密性和安全性问题，专业服务商首先重新设计、定制高强度的充氧鱼袋和全套封装设备，一举将锦鲤线上销售的存活率提高到90%以上。农产品上行路径打通后，服务商积极培训村民进行网络销售，并协商引入七大物流公司进驻向寨村，迅速推动了向寨村网络销售的爆发（图 4-26、图 4-27）。2018 年，向寨村成功入选当年"中国淘宝村"，同时成为全国第一个可能也是唯一一个进行活物电商贸易的淘宝村。

图 4-26　村民任亚非家养殖基地（分拣环节）　　图 4-27　村民任亚非家养殖基地（包装环节）

4.4.2　独立发展的工贸型淘宝村

独立发展的工贸型淘宝村基本依靠内生力量自发形成，由于产生难度很大，所以数量不多。除江苏宜兴（紫砂壶）、浙江龙泉（宝剑）、福建德化（瓷器）、安徽泾县（宣纸）等传统手工艺产品重镇，大多数独立发展的工贸型淘宝村分布于中西部省份，并与各级历史文化名村、传统村落以及非物质文化遗产集中区的分布具有一定关联。

此类淘宝村的主营产品具有鲜明蓝海特质和较强的地方根植性，大体可以分为三类：第一类产品完全是乡村草根利用"互联网+"发现的蓝海产品，典型如山东省曹县大集镇丁楼村、孙庄村率先进行生产、销售的儿童演出服饰；第二类产品为立足独特地方资源进行深加工形成的特色产品，典型如湖北省十堰市郧西县涧池乡下营村的绿松石配饰和工艺品；第三类产品为传承传统手工艺形成的特色产品，由于中国传统手工艺历史悠久、类型多样，因此这类产品也最为丰富多彩（表 4-8），典型如云南省大理白族自治州鹤庆县草海镇新华村的银器，河南省洛阳市孟津县朝阳镇南石山村的唐三彩、偃师市缑氏镇马屯村的大鼓、开封市兰考县堌阳镇范场村的民族乐器、许昌市建安区灵井镇霍庄村的社火道具等。这类匠心独具的传统手工艺大多世代相传，具有百年以上历史传承。虽然难以进行大规模批量生产，但其所蕴含的地方独特性使得它极难被其他地区模仿。电子商务重新激活了这些曾经被工业化、规模化生产挤压的濒临失传的地方手工艺，在一定程度上推动了传统文化的复兴。

表 4-8　全国非物质文化遗产特色产品与淘宝村一览表

省区市	淘宝具有特色的非物质文化遗产产品	代表性手工业淘宝村（产品）
黑龙江省	赫哲族鱼皮画等 5 种	—
吉林省	长白山人参、查干淖尔冬捕等 8 种	—
辽宁省	玉雕、玛瑙雕、满族刺绣等 10 种	—
内蒙古自治区	桦树皮制品、地毯织品等 6 种	—
北京市	布鞋、绢花等 15 种	—
天津市	杨柳青木板年画、泥塑等 5 种	天津市静海区子牙镇潘庄子村（乐器）
河北省	草柳编、锣鼓、漆器等 6 种	石家庄市藁城市梅花镇屯头村（藁城宫灯）
山东省	木板年画、核雕等 8 种	滨州市博兴县锦秋街道湾头村（草柳编）
江苏省	苏绣、宜兴紫砂壶（制作）等 21 种	无锡市宜兴市丁蜀镇川埠村（紫砂壶）
上海市	黄杨木雕、绒绣、面人等 12 种	—
浙江省	东阳木雕、龙泉宝剑锻造等 16 种	丽水市龙泉市剑池街道南秦村（青瓷、龙泉宝剑）
安徽省	彩陶、宣纸制作等 16 种	宣城市泾县丁家桥镇李元村（文房四宝）
江西省	手工制瓷技艺、徽州三雕等 5 种	景德镇市昌江区石岭村（瓷器）
福建省	漳州木板年画等 8 种	福州市闽侯县上街镇建平村（根雕木艺）
广东省	粤绣、端砚制作等 20 种	—
海南省	黎族织绣、椰雕、黎族树皮等 5 种	—
广西壮族自治区	壮族织锦、陶器烧制等 5 种	—
云南省	白族扎染、普洱茶制作等 16 种	大理白族自治州鹤庆县草海镇新华村（银器）
贵州省	苗族织锦、彝族漆器等 9 种	—
湖南省	竹刻、苗族银饰等 4 种	益阳市桃江县桃花江镇株木潭村（竹凉席）
湖北省	糖塑、木雕等 4 种	十堰市郧西县涧池乡下营村（绿松石制品）
河南省	唐三彩烧制、汴绣等 8 种	洛阳市孟津县朝阳镇南石山村（唐三彩）、洛阳市偃师市缑氏镇马屯村（大鼓）、开封市兰考县堌阳镇范场村（民族乐器）
陕西省	面花、牛羊肉泡馍等 8 种	—
山西省	剪纸、布老虎等 15 种	—
甘肃省	毛纺织制作技艺等 3 种	—
青海省	灯彩、银铜器制作等 8 种	—
四川省	草编、自贡扎染等 9 种	—
重庆市	竹编、豆豉酿制等 9 种	—
西藏自治区	藏族唐卡、藏香等 11 种	—
宁夏回族自治区	回族服饰等 2 种	—
新疆维吾尔自治区	锡伯族刺绣、印花布织染技艺等 6 种	—

典型案例：河南省许昌市建安区灵井镇霍庄村。

霍庄村位于河南省许昌市建安区灵井镇，是一个典型的平原乡镇（图4-28）。不同于广袤中原大地上传统的农耕村落，霍庄从事舞狮、龙灯、旱船、花灯、戏服等传统社火戏剧道具的生产和销售已有百年历史（图4-29），有着"社火戏剧之乡"的美誉⑬。如今借助互联网电商平台，霍庄村社火道具的商品类型已拓展至上千种，产品远销全国各地及欧美、东南亚等地区，为全球华人营造节日氛围、怀念故乡风俗提供重要道具。

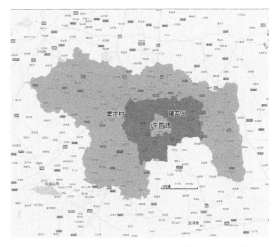

图4-28 许昌市建安区灵井镇霍庄村区位图

霍庄的淘宝村发展之路并非一帆风顺。霍庄村过去主营胡须、头饰，采取家庭自产自销的形式。这种"小作坊里搞生产，销路要靠自己闯"的传统模式一直饱受生产规模过小、销售渠道不畅的限制⑭。由于利润有限，年轻人不愿传承这一传统手艺，手工产销社火道具逐渐成为中老年人的专利。转机发生在2012年——在外求学的本村青年首先"触网"，尝试在淘宝网上开店售卖产品，并逐步在本村推广。互联网开辟了社火道具销售的新渠道，使一度难以为继的传统手工业重新焕发生机（图4-30）。

图4-29 各家各户分包的狮头、花轿、扇子等道具

图4-30 半机器半手工生产的绣花鞋

目前全村共 700 余户,有电商 500 余家,带动本村和周边村庄从业者数千人。村民家门口挂起的"淘宝商户"牌子,成为当地最常见的标识。在"家家开网店,社火卖全国"的喜人局面下,霍庄也从贫困村转型成为产值数亿元的淘宝村[15]。

电子商务把早些年的"忙年底"变成了"忙全年",需求的大幅增加推动了生产方式的转型升级,也引入了新的营销管理手段。借助阿里旺旺等聊天工具,商户得以迅速获取前沿信息,并根据买家反馈及时调整产品线;借助后台管理软件,商户可以高效、便捷地了解库存情况,监控商品成交量和交易额;借助抖音、快手等短视频平台以及淘宝直播,商户对社火道具的制作流程进行推广,取得了良好的宣传效果[16]。互联网的浸润与链接让小乡村与外界构建了沟通的桥梁。霍庄村与专注生产大鼓的洛阳偃师马屯村、专注演出服饰生产的曹县大集镇等淘宝村、镇跨越地理障碍,形成错位发展、互利合作的关系。一个淘宝村、镇之间的社会分工网络悄然形成。

霍庄自发逆袭成为"社火电商巨头"后,上级政府也开始在发展电商方面给予大力支持,具体举措包括组织村民开展电商技能培训、学习产品营销方法,引入专用光纤,为电商打造快速通道,联系物流快递企业入驻等[17],村里还出现了电脑维修商店等相关配套服务设施。如火如荼的淘宝经济也吸引了不少年轻人加入这场乡村振兴之路,成为淘宝店铺运营管理的主力。在村内随处可见的特色墙画上(图 4-31),"弘扬传统文化,发展戏剧经济""走进文明和谐、诚信经营戏剧示范村"等标语彰显了村民对融入网络科技大潮、继承与坚守传统民俗文化的自豪感。

图 4-31 电子商务带来的乡村职能转变与文化复兴

4.4.3 小结

独立发展型淘宝村是现状数量较少的一类淘宝村,多以散点的形式分布于全国各地。由于数量较少，因此从统计学角度看区域之间尚不具备明显的差异。由于当前大多数独立发展型淘宝村的形成和发展基本依靠内生驱动，因此乡村电商的起步难度较大。地方资源或手工艺的独特程度对于相应产品的网络销售具有较大影响。

随着电子商务产业的深化发展，专业服务商群体日益壮大，"政府＋服务商"模式逐渐成熟。越来越多具有独特产品资源或独特手工艺传统的乡村可以在政府、服务商和村民主体的共同推动下走上电子商务的发展道路。因此，可以预见在淘宝村的进一步发展升级的过程中，将会有越来越多的传统手工艺得到"复兴"（表4-9）。

表4-9 独立发展型淘宝村特征总结

类型	独立发展的农贸型淘宝村	独立发展的工贸型淘宝村
数量	较少	较少
规模	除早期代表（沭阳花木）已发展为集群外，多以散点形式分布	除早期代表（曹县儿童演出服饰）已发展为集群外，多以散点形式分布
优势动因	优势或特色农产品资源	蓝海产品，独特资源禀赋，传统手工艺
典型产品	以种植、养殖为主，易于保鲜、运输的门类	内生型产业，地方特色鲜明，代表性门类为传统手工艺制品
主要特征	以家庭单位的手工作坊式的生产为主＋合作社协同生产	以电商分户加工为主；对特色要素（如传统技艺、专业人员、资源禀赋等）较为敏感
电商作用	拓展销售渠道，扩大影响；营销宣传，吸引外部投资	拓展销售渠道，扩大影响；激活手工业潜力，产生新经济增长点；宣传渠道，吸引外部投资
代表案例	南阳市镇平县侯集镇向寨村、宿迁市沭阳县新河镇春生村	菏泽市曹县大集镇丁楼村、十堰市郧西县洞池乡下营村、许昌市建安区灵井镇霍庄村、大理白族自治州鹤庆县草海镇新华村

第4章注释

① 参见国家统计局《三次产业划分规定（2012）》。

② 参见中华人民共和国民政部，http://xzqh.mca.gov.cn/statistics/2017.html（访问时间：2019年2月）。

③ 参见《青岛农村电商哪家强？淘宝村、镇六成在即墨》，2017年11月25日，http://news.163.com/17/1125/14/D43HGHE400018AOP.html。

④ 据《南方都市报》报道，2019年7月16日番禺里仁洞村旧村庄更新改造项目招商主体成员代表会议召开，根据股东代表大会表决结果，越秀地产获得里仁洞项目旧改资格。从越秀地产关于里仁洞村改造的相关资料了解到，里仁洞村拟改造面积约为172 hm²，现有建筑面积约为221万 m²，改造后总建筑面积约为349万 m²，越秀地产将从中获得约150万 m²的土地储备。里仁洞村改造将结合越秀地产现有产业基础及发展趋势，构建智能科技＋信息商务双轮驱动，届时计划引进现代高端服务业总部企业、智能科创优质企业及信息商务精品企业，为里仁洞新社区注入强劲发展动力。资料来源：http://finance.sina.com.cn/roll/2019-07-17/doc-ihytcerm4322034.shtml。

⑤ 参见 http://news.ifeng.com/a/20171219/54292095_0.shtml（访问时间：2019年2月）。

⑥ 参见商务部市场体系建设司:《浙江省临安市白牛村强基础聚产业推动农村电子商务发展》, 2016年8月11日, http://scjss.mofcom.gov.cn/article/ncscn/dzswn/ncdx/wlxs/201608/20160801377196.shtml。

⑦ 参见雷灵倩等:《中国"淘宝村"昌化白牛村》,《钱江晚报》, 2015年11月13日, http://qjwb.zjol.com.cn/html/2015-11/13/content_3203624.htm?div=-1。

⑧ 参见《白牛村真的挺牛》,《杭州日报》, 2017年9月15日, https://hzdaily.hangzhou.com.cn/hzrb/2017/09/15/article_detail_1_20170915A055.html。

⑨ 参见刘丽娟:《乐清上榜县域电商销售百强,排名第十五》, 乐清人民政府网, 2019年1月11日, http://www.yueqing.gov.cn/art/2019/1/11/art_1322069_29372355.html。

⑩ 参见陈志深、杨立轩:《潮南内衣站上"微笑曲线"两端》,《南方日报》, 2017年12月26日, http://epaper.southcn.com/nfdaily/html/2017-12/26/content_7692570.htm。

⑪ 参见《玉田鸦鸿桥镇成为我市首个"淘宝镇"》, 玉田人民政府网, 2018年11月15日, http://www.yutian.cc/show.php?contentid=2539890。

⑫ 参见《石佛寺镇玉雕产业发展情况》, 中华玉网, 2017年12月26日, http://news.jades.cn/article-5163.html。

⑬ 参见《许昌县霍庄村:网络营销把社火卖到国外去》, http://blog.sina.com.cn/s/blog_135ed2bd50102va4q.html。

⑭ 参见《[砥砺奋进的五年]"互联网+"推动精准扶贫 贫困村转型"社火淘宝村"》, http://toutiao.chinaso.com/gmw/tth/20170522/1000200033057801495438178792843597_1.html。

⑮ 参见《贫困村转型淘宝村,河南一村庄年收入2亿,日发货近万单》, http://k.sina.com.cn/article_6371834509_17bca7a8d027008fu9.html。

⑯ 参见《〈霍元甲〉等大制作影视剧不少道具来自霍庄村》, https://www.henan100.com/news/2018/814446.shtml。

⑰ 参见《灵井镇霍庄村:大力扶持电商家门口就业促脱贫》, http://mini.eastday.com/bdmip/171214095559615.html#。

第4章参考文献

[1] FRIEDMANN J R. A general theory of polarized development[M]//HANSEN N M. Growth centers in regional economic development. New York: The Free Press, 1972.

[2] WELLS L T. The internationalization of firms from developing countries[M]. Cambridge, MA: MIT Press, 1977.

[3] 胡苏迪. 科技金融中心的形成机理与发展模式研究[D]. 南京:南京师范大学, 2017.

[4] 沈迟. 分类指导:有效促进我国小城镇发展的关键[J]. 小城镇建设, 2006(12): 75-78.

[5] 袁中金. 中国小城镇发展战略研究[D]. 上海:华东师范大学, 2006.

[6] 朱旭佳,罗震东.从视觉景观生产到乡村振兴:网红村的产生机制与可持续路径研究[J].上海城市规划,2018(6):45-53.

[7] 费希尔.安全与进步的冲突[M].北京:中国人民大学出版社,1997.

[8] 联合国经济和社会事务部统计司.所有经济活动的国际标准行业分类修订本[Z].4版.纽约:联合国,2008.

[9] 曾亿武.农产品淘宝村集群的形成及对农户收入的影响:以江苏沭阳为例[D].杭州:浙江大学,2018.

[10] 罗震东,夏璐,耿磊.家庭视角乡村人口城镇化迁居决策特征与机制:基于武汉的调研[J].城市规划,2016,40(7):38-47,56.

[11] 张嘉欣,千庆兰.信息时代下"淘宝村"的空间转型研究[J].城市发展研究,2015,22(10):81-84,101.

[12] 周嘉礼.广州市里仁洞"淘宝村"的空间演变研究[D].广州:华南理工大学,2017.

[13] 张旭亮,宁越敏.我国专业市场与城市经济发展的空间规律和关联分析[J].经济地理,2009,29(7):1121-1126.

[14] 范丹,吴莲翠.集聚视角下农村电商产业发展路径及动力研究:以临安白牛淘宝村为例[J].生产力研究,2018(4):53-58.

[15] 阿里研究院.从"客厅革命"到"厨房革命":阿里农产品电子商务白皮书(2016)[R].杭州:阿里研究院,2017.

[16] 杨文磊,李家峰.河南镇平:小小金鱼壮大优势致富产业[J].中国水产,2003(1):35-36.

第4章图表来源

图4-1源自:杨卓,罗震东,耿磊.传统抑或创新的空间?基于B2B电子商务的长三角产业空间特征研究[J].上海城市规划,2018,1(3):97-104.

图4-2、图4-3源自:傅哲宁绘制.

图4-4、图4-5源自:笔者拍摄.

图4-6、图4-7源自:傅哲宁绘制.

图4-8至图4-11源自:笔者拍摄.

图4-12、图4-13源自:傅哲宁绘制.

图4-14至图4-17源自:笔者拍摄.

图4-18源自:陈店镇人民政府《陈店镇内衣特色小镇规划》,2017年.

图4-19至图4-27源自:笔者拍摄.

图4-28源自:周玉璇绘制.

图4-29至图4-31源自:笔者拍摄.

表4-1至表4-3源自:笔者绘制.

表4-4源自:https://baijiahao.baidu.com/s?id=1621075081787458334&wfr=spider&for=pc.

表4-5源自:笔者根据2018年实地调研资料整理绘制.

表4-6源自:吕军义.南阳石佛寺镇玉雕产业集群形成机制研究[D].开封:河南大

学,2016.

表 4-7 源自:笔者绘制.

表 4-8 源自:笔者根据淘宝"非遗"(非物质文化遗产)地图、历年淘宝村名单综合整理绘制.

表 4-9 源自:笔者绘制.

5 中国淘宝村的空间演化

城镇化最为显著、直观的变化就是空间的演化。新自下而上城镇化进程虽然总体上是一场集约的空间城镇化过程，但淘宝村、镇层面的空间演化依然显著，并且呈现出新时代的新趋势。在这一新进程中，不仅可以看到与上一轮自下而上城镇化进程相类似的机制，如不同产业类型、空间区位以及发展阶段对于淘宝村、镇空间扩展的影响，而且可以观察到互联网时代产业地域分工与空间组织的重构趋势，以及创新知识在城乡空间传播、扩散的路径。发生在淘宝村、镇层面的新空间演化，或许就是信息时代空间变革的一角，而深入剖析这一角或许可以管窥全貌。

5.1 淘宝村空间演化特征

淘宝村的实质是乡村产业的一次爆发式增长，产业的蓬勃兴起必然要求空间载体予以匹配，而空间只是城镇化过程的投影与结晶[1]。以淘宝村、镇为代表这一场新自下而上城镇化进程虽然同样是产业空间扩张带动生活空间升级进而推动整体空间重构的过程，然而在这一过程中流空间的扩展与地方空间的升级、优化同时存在、互相促进，大大改变了传统中国乡村城镇化的空间面貌与过程。总结淘宝村的空间演化特征主要有以下三个方面：空间功能日趋多元、空间结构快速重构、空间密度显著提高。这三个总体演化特征又因淘宝村区位的差异呈现出不同的具体空间表征。因此在阐述淘宝村空间演化整体特征的同时，本书将结合淘宝村的分类研究，尤其根据空间区位将淘宝村分为独立发展型淘宝村、城镇边缘型淘宝村和城市近郊型淘宝村三种类型，分别探讨其空间演化的具体特征。

5.1.1 空间演化总体特征

1）空间功能日趋多元

电子商务作用下的乡村城镇化进程在空间功能的多元性（图5-1）上与传统乡村工业化模式存在显著差异。传统乡村地区空间较为均质且功能单一，以居住和农业生产功能为主，大量乡村地区甚至尚未完全实现基本公共服务设施的有效覆盖。上一轮自下而上城镇化是乡村工业化带动的空间城镇化，基本模式是通过大力发展以加工制造为主的乡镇企业实现居民就业方式的非农化,遵循三次产业的发展演进次序,其中服务于第二产业的空间占据绝对主体地位。随着居民收入的提高,生活性服务业空间开始出现,但总体上呈现出功能单一、品质较低的特征。由于乡镇工业大多只承担产业链上相对低端的加工制造功能,形成所谓的"两头在外",所以镇村层面生产性服务业基本缺失。

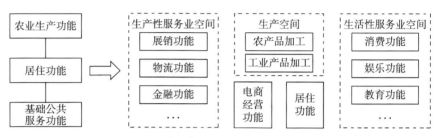

图 5-1　淘宝村功能形式多元化示意图

电子商务引发的新一轮自下而上城镇化进程打破了三次产业依次升级的演化路径,开辟了信息化带动城镇化的跃迁式发展路径。尤其淘宝村、镇空间突破了传统路径下以第二产业为主的单一功能,呈现出三次产业联动、功能日趋多元混合的特点。随着电商产业链的不断完善升级,不仅是生产加工空间,生产性服务业空间、生活性服务业空间也陆续在乡村地区涌现。网上交易功能是淘宝村空间演化过程中出现最早的也是最为基础与核心的功能,且在所有淘宝村普遍存在。在淘宝村发展的初期,村民只需要一台电脑一根网线即可在家中开始电子商务经营活动。自有宅基地的低成本甚至零成本优势,大幅减少电子商务创业初期的空间成本投入,大幅降低创业的门槛。村民借助网络销售平台,以产品自销或代销等多种方式参与电子商务活动,实现了就业方式从第一产业向第三产业的跃迁。电商产业空间的出现在一定程度上标志着第三产业功能成为淘宝村的主导功能。随着电商交易的不断扩展,必然对物流、仓储、设计、金融等配套服务功能产生大量需求,吸引相关生产性服务业不断向淘宝村集聚。同时随着销售规模的快速增长产业链也必然向上下游的延伸,带来生产空间的扩张。不同产品类型的空间响应存在一定差异,农贸型淘宝村的加工制造空间需求通常小于工贸型淘宝村,而在纯贸易型淘宝村,相关商贸服务与物流空间的需求通常较大。

随着淘宝村、镇产业的蓬勃发展,生活空间的量和质两方面的需求必然随之产生。电子商务产业的繁荣,一方面增加了农民的收入,缩小了城乡收入差距,造就出一批富裕的草根企业家;另一方面吸引大量青年返乡创业,形成客观的消费群体。这些新富群体和返乡青年的生活消费基本是城市化的,有着完全不同于其纯农民的父辈、祖父辈的多元消费需求。因此在大量淘宝村、镇可以观察到许多消费性、服务性空间的涌现，典型如不同档次的餐馆、宾馆、KTV（配有卡拉 OK 和电视设备的包间）、超市、银行等等，中小学、幼儿园、医疗诊所、公园等公共服务设施也不断完善，生活性服务业的空间丰富度不断提高。

2）空间结构快速重构

乡村电子商务的发展使淘宝村的空间功能日趋多元，原本相对均质的、适应传统农业生产的空间组织在信息时代的产业发展规律作用下逐渐形成全新的结构。淘宝村快速成长的产业空间成为主导村镇空间结构演变的主要变量，并且在大部分淘宝村、镇形成了围绕实体专业市场的生产性服务业空间和生活性服务业空间交织互促的格局。由于淘宝村、镇的生产和生活高度融合，两类服务业空间大多融合共生，在广大乡村地域形成具有一定辐射强度的服务中心，改变了传统乡村单一、均质空间结构，"中心—边缘"的空间组织结构开始浮现。

在淘宝村的这一"中心—边缘"空间结构中，大体也会形成具有一定"梯度"的圈层。由大量展销门店所构成的实体专业市场和为广大网商群体提供各类服务的生产性服务业空间通常占据村、镇空间中相对居中、交通便捷的位置，常常形成极具地方特色的"淘宝一条街"，同时也造就淘宝村、镇中级差地租最高的区段。由于展销服务功能是实现大量纯网商与生产企业对接的最主要功能，因此集聚展销服务功能的实体专业市场就自然成为淘宝村产业空间的核心，相关生产性服务业通常依托实体专业市场布局。目前淘宝村、镇层面的生产性服务业主要涉及金融、物流、美工设计等。集网上交易、仓储甚至加工于一体的电商经营空间是电商从业者最主要的活动载体，通常在淘宝村内围绕"淘宝一条街"广泛存在、分散布局。随着电子商务的蓬勃发展，纯粹的加工制造空间通常会从淘宝村中剥离，进入城镇相对集中的产业园区，或者在更大的地域空间中分散，在一定程度上形成淘宝村、镇产业空间的最外围。伴随着淘宝村、镇人口的快速增长、收入的不断提高，生活性服务业的需求被迅速引致，富裕起来的乡村居民日益增长的生活消费需求成为生活性服务业空间快速增长的持续动力。土地级差效应在大量淘宝村、镇的浮现，使得生产性服务业空间和生活性服务业空间往往高度融合，一起形成更为综合的中心（图 5-2）。

3）空间密度显著提高

各级政府对于乡村建设用地的严格管控以及创业草根初始创业成本的有限，使得大量淘宝村在

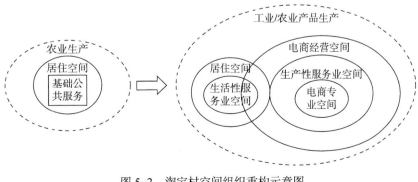

图 5-2 淘宝村空间组织重构示意图

5 中国淘宝村的空间演化 | 175

图 5-3 自发加密的淘宝村建成空间

发展之初基本没有空间的扩张，乡村既有建设用地的存量更新以及空间功能的混合与密度的提高是最主要的发展途径。淘宝村原有的居住空间基本被赋予电商经营、仓储物流、生产加工、配套服务等多重功能，而且随着产业功能的不断扩展，居住和生活空间被大幅压缩。由于全国各地淘宝村的空间管控力度、建筑形式、风俗文化、产品门类存在较大差异，淘宝村、镇的空间形式和风貌不尽相同，但伴随着空间利用复合程度的显著提高，几乎所有淘宝村的空间建设密度都显著提高（图5-3）。空间功能的复合与密度的提高，在有效集约成本的同时降低了草根创业的门槛，符合产业自发发展的一般规律，在一定程度上有效地提高了经济运行的效率，助推了农村电子商务产业的快速崛起。

5.1.2　独立发展型淘宝村

独立发展型淘宝村由于空间分布上远离城镇、相对独立，发展过程中受到周边城镇影响较弱，因此村庄空间演化的自发升级特征更为明显，基于市场自发的"有序"往往与相关空间管制存在一定冲突，主要表现为存量空间多元更新、生产空间近域扩张、服务空间中心集聚三方面特征。

1）存量空间多元更新

乡村电子商务所推动的产业化需要相应的空间来承载。远离城镇的独立发展型淘宝村由于产业多为自发产生、自成体系，因此与产业相匹配的承载空间也多为自发形成，并逐渐向多元综合、较为完整的空间体系演化。中国大部分远离城镇的村庄基本都位于经济相对落后的城镇化边缘地区，农村家庭往往拥有面积较大的宅基地，自建房屋和庭院往往面积较大、闲置较多。乡村电子商务的早期发展在很大程度上正是基于这些富余空间所提供的"零成本"载体，利用乡村自建房作为生产、办公和仓储空间，与生活居住功能高度兼容。

独立发展型淘宝村所形成的存量空间多元更新特征，一方面是由于这类村庄普遍拥有面积较大的存量空间，另一方面也源于各级政府对于乡村建设空间的严格管控。由于这类村庄远离城镇、经济落后，因此通常不在自上而下的城镇化规划的重点发展区域，虽然空间管控的力度相对较弱，但试图获取新增建设用地的难度也非常大。因此，在电商产业发展初期，利用自建房和宅院进行生产和销售活动，既是创业草根最好的选择，也是唯一的选择。山东省曹县大集镇南部的淘宝村就是典型代表。在产业发展的初期阶段，村民依托自家住宅，将原本只有居住功能的房屋简单地改造为具备手工生产、网络销售的混合空间，足不出户地进行演出服饰的生产、加工等活动。走进曹县大集镇丁楼村，墙面上粉刷着各类电商发展标语，一栋栋村民居住的楼房都挂上了招牌，关于演出服饰的店铺鳞次栉比，热闹非凡。

2）生产空间近域扩张

村庄存量空间的多元更新毕竟无法满足蓬勃兴起的电商产业的空间需求。随着生产规模的快速扩大，有限的居住空间既无法满足扩大再生产的要求，同时多种功能的混合也暴露出诸多安全隐患，迫使发展壮大的网商群体开拓新的增量空间。富有远见的电商大户往往率先将生产、展示空间搬离村庄内部的住宅，在交通要道沿线建设临时建筑性质的厂房，作为更加规模化、专业化的生产、仓储空间；在城镇甚至县城中区位优越的地段开办门店，作为展示和运营空间。网商群体的自发空间行为，推动了淘宝村空间的扩张和重构。

无论是农贸型还是工贸型，独立发展型淘宝村的产业通常具有较强的地方根植性，因此生产空间通常呈现近域扩张的特征。一方面，特色农产品的生产与加工具有很强的地方根植性；另一方面，为电商企业从事生产加工的农户通常不愿意长距离通勤。因此当淘宝村的存量更新改造日益不能满足产业快速增长的空间需求时，选择邻近村庄的县乡交通干道沿线进行空间扩张是自发城镇化进程中最自然的行为，在一定程度上体现了市场的"自发秩序"。然而这种自发的邻近扩张往往是没有建设用地许可的，在严格的空间用途管制与"善意""包容"的地方治理体系中，这类建筑的性质和形式只能是"临时建筑"。但正是这些临时建筑的快速、低成本投入，满足了淘宝村产业扩张期的空间需求，迈出了淘宝村发展进程中的重要一步，为产业集群的形成奠定了基础。曹县大集镇丁楼村的发展就是这样的历程，当村庄存量空间无法满足发展需求后，电商大户纷纷选择在邻近的桑万路两侧建设厂房（图5-4）。从2013年与2015年的遥感影像图可以清晰地看到，孙庄村和丁楼村之间的交通要道上出现了一条明显的生产空间集聚带（图5-5）。村民自发地在公路沿线建设厂房的热潮，也让地方政府迅速重视产业园区的规划，着手在空间层面为淘宝村产业的进

图5-4 丁楼村桑万路两侧的临时建筑

一步升级提供支撑。

图 5-5 大集镇孙庄村、丁楼村遥感影像变化图

3）服务空间中心集聚

伴随着生产空间的近域扩张，独立发展型淘宝村的生产服务空间呈现出鲜明的集聚态势。由于远离城镇，独立发展型淘宝村基本无法借用城镇的服务资源，因此在产业规模不断扩大的过程中，生产性服务业就会在市场规律的作用下自发涌现。除了空间自发置换所形成的生产服务业集聚，部分富有远见的淘宝村会在交通或区位条件较为优越的地段，自发规划建设综合性服务业集聚中心，形成集公共服务、展示销售、金融服务、快递物流等多种功能为一体的"淘宝一条街"。这种不断完善的服务空间和浓厚的创业气氛，使得淘宝村开始具备电商特色小镇的雏形。在曹县大集镇，紧邻丁楼村的孙庄村就在村干部的带动下，依托本村相对优越的交通条件和位于多个淘宝村地理中心的区位，自发规划建设"淘宝一条街"（图 5-5），集聚了阿里农村服务站、大集镇电子商务公共服务平台和淘宝资金互助部等生产性服务设施，全方位服务区域电商产业的发展。

淘宝村不断扩展的产业规模和显著的财富效应迅速吸引大量外出务工人员甚至外出求学的学子返乡创业。人才的回流不仅加速了电商产业的发展升级，同时带动了乡村地区更大规模、更高层级的消费需求，催生出众多综合服务空间。在空间规模效应的作用下，淘宝村的综合服务空间与生产服务空间呈现出显著的交织集聚态势。时任曹县大集镇党委书记的苏永忠认为，返乡的务工青年和大学生们完全改变了大集镇的乡村面貌。一方面，大集镇服饰产业集群初具规模，与电子商务产业相关的产业链已经形成，并辐射周边城镇；另一方面，相关配套服务业迅猛发展，宾馆、加油站、银行、KTV甚至驾校都已开在淘宝村（图5-6），"淘宝一条街"的地价或者铺租已经接近曹县县城。

5.1.3 城镇边缘型淘宝村

图 5-6 淘宝村涌现出的特色酒店

城镇边缘型淘宝村通常位于或邻近城镇建成区，发展过程中得益于城镇功能的外溢，与城镇发展具有紧密联系。由于这类淘宝村的发展往往和城镇的发展密不可分，因此其空间演化特征主要呈现为产业空间镇域重构、专业市场快速发育和城镇服务能级提升三个方面。

1）产业空间镇域重构

邻近城镇建成区并且从事工业品加工贸易的淘宝村往往会带来镇村联动升级的空间城镇化，产业空间的镇域重构通常就发生在这一空间城镇化过程中。电商所引致的工业化率先推动乡村空间的城镇化。随着产业升级、规模扩张，乡村存量空间无法提供更大规模的场地和更高水平的服务供给，与乡村相邻近的小城镇价值立即凸显出来，并逐渐成为产业升级的主要载体。尤其当淘宝村的电子商务产业经历过激烈的市场冲击和行业竞争之后，跳出村庄发展的意愿通常会越来越强烈。由于邻近城镇建成区，新生产空间的扩张往往会在淘宝村与城镇之间的地带发生，既与原产业空间保持邻近，又能利用城镇的建设用地和公共服务设施。通常这类新增空间主要表现为地方政府规划建设的产业园区，功能往往高度复合，集生产加工、展销、物流、居住以及相关公共服务等多种功能于一体。产业园区的建设通常会进一步推动淘宝村建成空间与城镇建成区形成连绵的城镇化态势，城乡之间的界线将逐步消失。

江苏省睢宁县沙集镇就是这一模式的典型代表。作为国内最早出现淘宝村的地区之一，沙集镇的电子商务首先是从邻近镇区的东风村的家庭作坊开始，以农宅作为"门店"，在后院以及宅后土地临时搭建厂房，形成典型的"前店后厂"的空间格局。随着东风村生产和销售规模的不断扩大，木材加工、机械销售、物流快递等商家不断进驻，东风村老街形成了"淘宝一条街"。然而村庄的空间和能级毕竟是有限的，零散的空间和落后的基础设施无法满足产业不断升级的要求，尤其是在经历了激烈的"专利风波"和行业竞争后，沙集镇电商的升级转型意愿越来越强烈。产业化和城镇化开始跳出村庄，寻求更大的发展。在各级政府的支持和引导下，沙集镇开始进行产业和空间的规划和建设。一个集生产、居住、物流、公共服务等功能为一体的电子商务创业园开始在沙集镇区与东风村之间的农地上崛起。总建筑面积为 5.1 万 m^2 的 12 栋标准厂房，1.2 万 m^2 的电子商务大楼，占地 6 000 m^2 的物流分拨中心一期于 2015 年开始投入使用，沙集镇的空间规模和结构也因此发生了根本性的变化。从遥感影像图中可以清晰地看到，短短 4 年的时间内，东风村的生产空间经历了从无到有的过程，镇区与东风村之间已经在相关规划的引导下连片发展，沙集镇区规模也因此大大扩展了（图 5-7）。

图 5-7　江苏省睢宁县沙集镇区、东风村遥感影像变化

沙集镇东风村属于典型的城镇边缘工贸型淘宝村，产业化尤其加工制造业对于空间的需求比较强烈，所引致的空间城镇化进程也最为明显。相比起来，城镇边缘型淘宝村中的纯贸易型淘宝村和农贸型淘宝村的空间演化路径就明显不同。由于实体专业市场和电商配套产业通常在城镇建成区聚集，这两类淘宝村所引致的空间城镇化的主要载体是镇区。通常纯贸易型淘宝村和农贸型淘宝村一般不会产生明显的工业化进程，因此不会引致单个乡村明显的空间扩张需求，但电子商务产业规模的扩大会引起实体专业市场的扩大和配套服务功能的集聚与升级，从而促进镇区的规模扩张与结构重组。

江苏省沭阳县新河镇就是这一模式的典型代表。作为全国著名的花木之乡，当地村民从 20 世纪 80 年代起就开始从事苗木种植行业，在植物栽培、选种育苗、盆景制作等方面积累了丰富的经验。苗木种植与电子商务的结合开始于当地花农的主动尝试，"互联网＋"的财富效应使得大量苗木种植户纷纷效仿。良好的花卉苗木种植基础与城市中产阶级快速增长的园艺消费需求，使得新河镇在短短几年内迅速涌现出一批以花卉苗木为主营产品的淘宝村。然而不同于大集、沙集等地的工业品电商，农产品电商的发展没有乡村工业化的阶段，因此也就没有村庄建成空间的扩张、集聚过程。村民基本利用宅后、宅边的自留地搭建苗圃，形成实验田和展示空间，同时在远离村庄的大田进行规模种植，通过网络销售、快递上门取件，构成完整的小型家庭产销单元。大量围绕电子商务的综合服务功能不可能在各个淘宝村分散布局，只能在中心镇区集聚，并不断升级。一方面，巨量的花卉苗木销售，推动了实体专业市场（图5-8）、物流快递以及创业服务等功能在镇区的集聚和扩大，并培育出一批不从事种植，主要依托专业市场专门从事销售的网商。如"快递一条街"（见前图1-17）的形成极大地推动了新河镇电子商务能级的提升。另一方面，随着花卉苗木销售规模的不断扩大，与花卉苗木销售相关的产品，如花盆、花肥、胶带、纸箱甚至泥土的制造业和商贸业也开始在镇区

图 5-8　新河镇的花卉苗木专业市场

聚集，不仅提升了产业整体的配套服务能力，而且延长了产业链。电子商务的蓬勃发展同时影响着城镇的吸引力和开放度，近年来这里不仅有大量外地网商前来"淘金"，甚至杭州等地的花卉苗木供应商也开始进驻专业市场。

2）专业市场快速发育

电商产业空间镇域重构的根本动力是电商产业的快速有序扩张，随着产业规模的扩大，有利于提高交易效率的实体专业市场开始快速发展。这一伴随着电子商务产业而发展的专业市场是一种新型的实体专业市场，是将生产企业与网商群体紧密联系在一起的平台。一方面，生产企业在实体专业市场开设门店进行展销和批发，并同步在网络交易平台发布产品信息或者预售信息给市场；另一方面，网商群体通常为淘宝卖家，则在实体专业市场采购自己所需产品进行网络零售，或者自创品牌、自主设计，通过网络平台或者实体市场联系生产企业进行定制加工。实体专业市场在生产企业和网商群体之间充当媒介，并推动了网商群体和生产企业的专业分工。新型实体专业市场的出现，在一定程度上可以认为是电子商务产业链发展成熟的标志。

广东省汕头市潮南区陈店镇就是新型实体专业市场快速发育的典型。陈店镇地处广东省汕头市潮南区，是潮南区内衣生产制造的集聚地之一，形成了颇具规模的产业集群。恒信行金伴内衣世界就是"网批一条街"上的一家内衣"超市"（见前图4-14、图4-15）。从2015年年底开始试水电商，通过线上线下联合运营，不仅将内衣供给全国各地的实体店，更是提供给淘宝、天猫、京东等多个平台的网店。恒信行独创的"内衣超市"模式明显提高了采购商尤其是网络零售商的效率。超市一楼主要是各种款式内衣的样品，虽然琳琅满目，令人眼花缭乱，但编码清晰有序，采购者只需在一楼看好样式，到二楼依据指引在指定货架上拿货即可。这种专门服务于网络零售商群体的专业超市更像是特定产品的仓储空间，便捷且高效。内衣超市与产业链上游的众多内衣生产企业均建立

紧密协作关系，承担着更为综合的网络批发商功能，以其更加丰富、齐全的产品种类为网络零售商提供"一站式采购"的便利，从而大大提高交易效率。

3）城镇服务能级提升

城镇边缘型淘宝村的蓬勃发展深刻地影响着城镇的吸引力和开放度。随着产业规模的扩大、实体专业市场的繁荣，淘宝村与其邻近的城镇必然成为吸引大量外地网商前来"淘金"的载体。伴随着人才资源的回流，资金、技术等各种资源要素将重新在城镇空间集聚，进而形成推动城镇综合服务功能升级的巨大需求和动力，推动更为显著的城镇化进程。城镇边缘型淘宝村的空间演化与独立发展型淘宝村的空间演化最重要的差别就在于，城镇化的重心由乡村转移到了城镇，同时城乡一体化的程度大大提升。城镇综合服务功能提升也是多方面的，主要由生产性服务业的快速发展以及生活性服务业的集聚组成，两者相辅相成、互促发展，直接提升城镇在区域内的能级，塑造新兴的功能性节点。

5.1.4 城市近郊型淘宝村

城市近郊型淘宝村大多位于或邻近城市建成区，发展过程中始终受到城市的辐射影响，通常为邻近县城或者中心城区的城中村、城边村。特殊的区位和土地条件使得这类淘宝村的空间演化与前述两种类型的淘宝村存在明显的差异。总体上，这类淘宝村呈现出城乡空间一体化、公共服务均等化、空间高密度混合的特征。

1）城乡空间一体化

相比于城镇边缘型淘宝村，城市近郊型淘宝村的城乡空间一体化趋势更加明显。一方面，这些淘宝村的空间区位更邻近成熟的城镇化地区，本身就属于高度城乡一体化的区域，其利用既有产业基础和设施所实现的电子商务产业的快速发展，进一步强化了村庄与城区之间的分工与联系。另一方面，城市近郊型淘宝村相比于邻近的城市建成区基本属于一块"成本洼地"，为"落脚"城市的外来人口提供了可能的创业空间。随着大量外来人口的进驻和产业的蓬勃兴起，淘宝村的土地价值日益凸显。内生的、强劲的空间开发与扩张动力必然引起政府和开发商的高度关注，城乡一体的规划建设是体现政府意图和市场意愿的理性选择。

观察大量城市近郊型淘宝村，尤其位于珠江三角洲、浙南、闽东南地区的城市近郊型淘宝村可以看到，村庄自下而上的空间更新与扩张动力十分强劲。土地开发强度快速上升、空间功能高度混合，原有单一的、以居住功能为主的传统乡村空间早已不复存在，高密度的空间城镇化正在发生。面对淘宝村空间的"野蛮生长"，地方政府大多通过规划手段进行管控和引导，积极推动城乡空间的一体、有序发展，业已在道路交通、公共服务设施以及相关基础设施方面取得一定的成效。然而囿于中国城乡之间差异的土地管理制度，以及不同地区迥异的乡村治理传统，城市近郊淘宝村的空间秩序依然呈现"半城半乡"的状态，并未完成向成熟城镇化空间转型的进程。

2）公共服务均等化

城市近郊型淘宝村相对便捷的区位和低廉的生活成本，常常集聚大量外来创业和务工人群，他们对医疗、教育、文化休闲等公共服务的需求远远超过单一乡村的供给能力。随着电子商务产业的蓬勃发展和人口的进一步集聚，淘宝村公共服务设施的不足更加凸显，迫使地方政府将这一地区的发展置于优先位置。与此同时，城市近郊型淘宝村相对完善的交通基础设施和高密度的空间使用模式也为各类公共服务设施的布局奠定了良好的基础，市场力量往往愿意进入。因此，随着城市近郊型淘宝村人口的不断集聚、居民收入的不断增长，城市各类公共服务设施向郊区扩散的进程也将加速，强有力的政策支持和资本进入将有效地推动淘宝村公共服务的城乡均等化发展。

广州市番禺区南村镇里仁洞村就是城市近郊型淘宝村发展变化的典型。由于距离广州市中心城区很近，相对高端的消费需求完全可以通过广州市完善的服务体系得以满足，因此电商产业兴起前的里仁洞村集聚的公共服务功能主要以生活性服务业为主，重点满足当地居民的日常生活、消费需求。电子商务产业的兴起与繁荣使里仁洞村发生了翻天覆地的变化，公共服务设施水平快速提高，原本服务于城市居民的各类公共服务设施在这里随处可见。电商产业集聚迅速带旺当地人气，主要街道不仅挤满为电商产业配套的网批、制版、设计、快递等店铺，越来越多的商贸服务业空间也如雨后春笋般涌现，使得村里的主干道——新兴大道成为当地最具人气的商业街（图5-9）。便利店、手机卖场、服装店、餐厅等各色商店开遍了整条街，一到夜里消夜、娱乐活动便火了起来，新兴大道上车水马龙、人声鼎沸。而且随着广州中心城市"三旧"改造的推进，里仁洞村的公共服务设施将进一步完善与升级[①]。

3）空间高密度混合

城市近郊型淘宝村普遍呈现高密度的土地混合使用模式，市场力量自发塑造的空间也基本处于相对无序的状态。城市近郊或曰城乡接合部地区通常是政府规划管控比较薄弱的地带，经济效率优先的市场机制常常是这一地带淘宝村早期空间自组织的基本规则。而稀缺的土地资源与混乱分散的土地权属使得高密度、功能高度复合的空间利用方式成为市场的最优选择。在电子商务兴起之初，村民通

图5-9 里仁洞村新兴大道商业街

过宅基地改造等方式，让渡部分居住空间以满足新增的生产、销售、仓储、物流等产业空间需求，通过空间的混合使用开展电子商务经营活动。然而城市近郊的乡村土地资源毕竟有限，难以持续扩大产业空间，于是提高土地开发强度和功能混合程度就成为城市近郊型淘宝村应对产业快速发展需求的必然选择。与此同时，迅速增长的外来人口产生了巨大的住房需求，也相应地带来了公共服务设施和基础服务设施等方面的需求，从而进一步增加了淘宝村空间使用的混杂程度。电商产业的快速发展和政府监管的相对薄弱使得城市近郊型淘宝村的空间演化基本处于高度市场化、自由化的状态，生产、生活、生态等功能被迫在有限的空间内"见缝插针"地成长，最终使得村庄空间呈现"杂乱有序"的状态。

广东省普宁市的大量城市近郊型淘宝村就是空间高密度发展的典型代表。火爆的电子商务产业使得这一城乡接合部的土地开发需求异常旺盛，普宁市区周边的淘宝村随处可见刚刚完工或是正在建设的、高达十二三层、配置电梯的村民自建房。这些"楼宇"的功能基本都是复合的，居住、商业、商贸、生产加工和仓储功能"垂直"混合（图 5-10）。随着电商产业的蓬勃发展，普宁市每年都有大量外出务工青年返乡创业，当地房屋的租金也水涨船高，进一步刺激更多村民投资改造房屋以满足市场需求。据普宁市电商办统计，每年外出务工青年返乡创业人数以超过 30% 的速度增长。普宁市池尾街道有名的"池尾网批一条街"更是吸引了上千名在广州、深圳打拼的年轻人返乡创业[2]，沿街两侧高密度的村民自建房已经完全打破了传统意义上的乡村风貌（图 5-11）。人口的不断集聚必然进一步引致大量公共服务设施、基础设施的空间发展需求，从而进一步提高村庄空间的功能混合程度，带来一定的消防、治安等方面的隐患。

图 5-10　普宁当地淘宝村的农民自建房

图 5-11　不同时代乡村房屋的并置

5.2 市场与淘宝村的关系

专业市场和淘宝村都是极富中国特色的具有时代意义的产物。20世纪80年代起专业市场在中国迅速发展，以义乌小商品市场为代表的一批专业市场不断壮大，逐渐成长为具有全国甚至国际影响力的专业市场[2]。近年来随着电子商务的蓬勃发展，传统实体专业市场普遍受到强烈的冲击[3-4]，"专业市场消亡论"[3]所预言的萎缩现象似乎正在悄然发生。然而，深入研究淘宝村、镇产生与发展机制，发现真实的世界并非预言那样简单。一方面，大量的淘宝村、镇的产生源于邻近实体专业市场的区位优势，典型如义乌小商品市场、普宁服装批发市场、常熟服装批发市场、清河羊绒制品市场等，这些具有全国甚至国际影响力的专业市场周边纷纷涌现出大量淘宝村、镇，两者形成了高度紧密的关系。另一方面，在那些不邻近实体专业市场的淘宝村、镇，随着产业的进一步专业化、集群化发展，新的实体专业市场被不断地培育出来，典型如大量淘宝村、镇中自发形成的"淘宝一条街"，以及新生的实体专业市场，如沭阳国际花木城等。根据阿里研究院的统计数据[4]，2017年全国十大淘宝村集群（表5-1）中每一个都存在着发展势头良好的实体专业市场。无论是实体专业市场还是淘宝村、镇，都是微观经济活动顺应电子商务产业发展规律后在地理空间上的再组织。因此，深入研究实体专业市场与淘宝村、镇之间的互动发展关系，既有助于理解互联网时代经济活动的空间重构机制，更有助于理解淘宝村、镇产生发展的规律，进而清晰产业规划与空间管控的重点。

表 5-1　2017年全国十大淘宝村集群名录

排序	县（市）	省	淘宝村数/个	主营产品
1	义乌	浙江	104	小商品
2	温岭	浙江	75	鞋
3	曹县	山东	74	演出服
4	瑞安	浙江	54	鞋
5	普宁	广东	52	家居服
6	睢宁	江苏	51	家具
7	晋江	福建	48	鞋
8	慈溪	浙江	44	家电
8	永康	浙江	44	健身器材、五金用品
9	沭阳	江苏	41	花木
10	乐青	浙江	40	电工电气产品

5.2.1 互联网时代的分工与空间组织

通过比较不同的经济学理论流派，本书选择以分工思想为基础的新兴古典经济学来分析比较传统时代和互联网时代的分工演化路径，进而理解产业空间组织重构的内在机理。20世纪80年代，以罗森、贝克尔、杨小凯、博兰、黄有光等为代表的经济学家，运用超边际分析方法，在一个新的分析框架下，对现代经济理论进行重新组织，将古典经济学中关于分工和专业化的思想变为决策与均衡模型[5]，创立了新兴古典经济学学派。新兴古典经济学最核心的命题即分工的好处与分工产生的交易费用之间的两难冲突。杨小凯借鉴"冰山运输成本"[6]模式提出了交易效率的概念，用于构建新兴古典经济学的一系列解释框架，对斯密、阿林·杨格的分工思想进行了极具开拓性的发展。斯密—杨格定理指出，"分工取决于市场规模，而市场规模又取决于分工，经济进步的可能性就存在于上述条件之中"[7]。新兴古典经济学引入交易效率，将上述理论解释为分工水平和市场容量同时被交易效率决定，即随着交易效率提高，分工水平和市场容量将同时提高。

新兴古典经济学在分析城镇化问题时，提出决定一个城市地价最重要的因素是分工网络的大小。分工网络的大小由交易效率决定，后者取决于交易的地理模式。而交易的地理模式对交易效率的影响，又取决于专业化分工的水平。地理上集中的交易能够降低每个人交易的行程，城镇化就是将一个大的交易网络集中到一个小地理空间来降低交易费用、提高分工水平的过程。合理的交易的地理模式能够有效降低交易费用，发挥分工的网络效应，促进分工深化。因此，交易效率、交易的地理模式以及分工水平相互依赖。交易的地理模式就是分工的空间组织模式，基于此，本书建构基础分析框架（图5-12）。

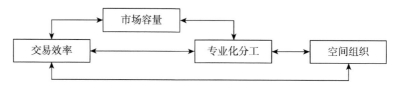

图5-12 专业化分工与空间组织的基础分析框架

互联网时代最重要的物质变革是将互联网、物联网等信息网络变成了影响人类生产、生活的最重要的基础设施之一。尤其随着电子商务的快速普及与物流网络的不断完善，地理空间所塑造的交易成本正快速下降，交易效率和市场容量因此发生巨变，从而深刻地影响传统时代的专业化分工与空间组织模式。信息基础设施对于时空间的压缩和信息对称度的提高，一方面将大幅降低交易费用、改变交易模式，最终提高交易效率；另一方面将快速扩大线上市场规模，塑造新的线上、线下市场结构，引致专业化分工水平和组织结构的变化，进而深刻影响空间组织的区域集聚或是分离。基于专业化分工与空间组织分析框架，本书试图构建传统时代和互联网时代的专业分工与空间组织分析框架（图5-13），为实体专业市场与淘宝村的互动发展关系奠定解释基础。

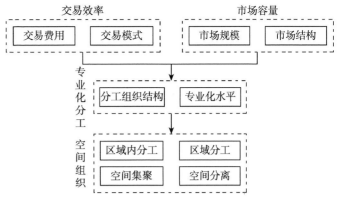

图 5-13　专业化分工与空间组织分析框架

1）传统时代的专业分工与空间组织

传统时代因时空距离而产生的外生交易费用是影响交易效率的主要因素之一，因而通过地理空间的集聚降低交易费用是提高交易效率、深化分工的有效途径——实体专业市场应运而生。这些实体专业市场集聚了大量交易服务中间商[8]，依托中间商的中介效应[9-10]组织生产与销售环节的对接和匹配，构建了"生产—分销—零售—消费"的完整产业分工链条和空间组织模式，从而充分发挥各个环节的专业化优势。通常最终产品生产企业将产品汇集到专业市场，分销商以加价的方式获取产品并组织产品的零售。生产企业与专业市场的空间关系基本取决于产品类型，可以集聚也可以分散。但专业市场与分销商的空间关系基本是分离的，分销的等级体系特征也较为明显（图5-14）。

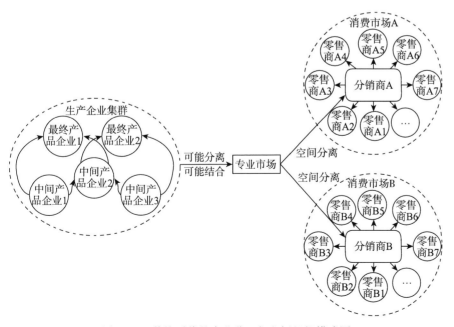

图 5-14　传统时代的专业分工与空间组织模式图

在生产环节中，生产企业之间的专业化分工不断加深使得生产的中间环节、中间产品种类数不断增加，总的产品数量和产品丰富度不断提高，形成了互补型产业集群和共生型产业集群两种主要的生产企业集群类型[11]。前者是指生产企业为降低中间产品的交易费用，替代企业垂直一体化组织形式而产生的产业集群；后者是指集群内部企业基本从属于同一产业，并以竞争、合作的形态共存，由于企业之间存在产业内分工和产品的差异，同时分工深化引致了消费多样化程度提高，因而进一步细分市场，并通过空间集聚获得经济外部性和规模经济，从而产生共生型产业集群。虽然生产企业集群与专业市场的空间邻近便于生产与销售环节的专业化分工，但是由于产品类型的不同，以及企业对交易费用和分工好处的权衡，生产企业集群有可能选择围绕专业市场分布，也可以在更具综合比较优势的空间布局。

销售环节专业化的加深使得交易服务中间商，即分销商得以出现。分销商面对的是与传统时代等级化的城镇结构相对应的、等级化的、分散的消费市场，因此分销商作为加价中间商[12]需要从专业市场获取产品，然后通过各自的销售网络组织零售，最终将产品传导至终端消费市场，完成整个交易。分销商的上游是作为产品供给端的少数专业市场，下游则是数量众多、与消费市场地理格局紧密结合的零售商。由于分销商与零售商之间的交易次数明显大于其与专业市场的交易次数，因此分销商大都选择靠近各自零售网络所在的消费市场，空间上基本与专业市场分离，从而显著降低组织销售的交易费用。随着专业化程度的加深，等级化的分销模式逐渐形成，比如"中国区总代理—华东区总代理—苏州市总代理"之类的等级化组织。专业市场与分销商、零售商的空间分离是传统时代产业空间组织的最主要特征，生产和销售的信息反馈基本处于不充分的状态。

2）互联网时代的专业分工与空间组织

互联网时代电子商务技术的成熟和广泛运用迅速突破时空限制，改变传统交易模式，大幅度地降低外生交易费用，从而引起产业分工与空间组织方式的深刻变革。一方面，在电子商务的推动下，物流环节与销售环节逐渐脱离，形成全新的物流产业部门，专业化程度不断提高，从而大大降低产品运输费用，提高交易效率。另一方面，互联网时代的市场容量发生着结构性变化，电子商务平台的迅速发展逐渐将地理空间中零碎、分散、分割的市场需求集中起来，形成了遍及全球的、多元多样的海量市场。传统时代受限于地理区位的等级化市场结构逐渐向更加扁平化、网络化的市场结构转变。这一交易效率与市场容量的巨变必然导致全新的专业化分工和空间组织模式。以"生产者—网商—消费者"为特征的新产业分工链开始出现，网商的集聚与新型专业市场的出现成为互联网时代的新趋势。

互联网时代典型的交易模式，是利用电子商务平台和专业的物流产业部门将产品传递给分散的消费者。交易效率的不断提高促进了纯粹网络销售环节的出现和快速增长,并开始快速的替代、整合实体销售环节。网商群体作为新时代的交易服务中间商迅速壮大,导致销售环节(分销与零售)的市场主体、交易方式和空间组织都发生着巨变。一方面,由于地理空间对于网络销售的约束很小,销售环节基本可以与消费市场在空间上分离。另一方面,随着网商作为交易服务中间商的角色的进一步专业化,对于产品来源的把控日益成为生存的根本,这就使得网商产生更有效地接近产品的需求。在网络销售过程中,产品的外观、质量和功能是影响销售情况和口碑的关键。能够面对面查验产品,并通过电子商务平台判断消费者需求和市场发展趋势后,能够与产品发生直接、有效的对接甚至提出特定要求,逐渐成为网商提高交易效率的主要途径之一,于是不断向产品供应端集聚成为网商空间组织的普遍趋势。

网商向产品供应端的集聚推动了新型专业市场的产生。初级阶段的网商往往就是产品生产者,或者网商常常靠近生产企业及其集群。然而随着产业的发展和市场容量的扩张,产品的需求类型和规模迅速扩张,进而引致生产企业数量和纯网商数量的激增,双方用于搜索、配对的交易成本也随着联系次数的激增而显著增加。此时,邻近生产企业集群的新型实体专业市场所拥有的优势逐渐凸显出来。一方面,生产企业可以以最低的交易成本在专业市场上销售产品,并得到网商群体有效、及时的市场信息反馈,优化生产环节;另一方面,网商群体可以以最低的价格在专业市场获得所需的产品,形成网络零售的价格竞争优势,并且能够要求生产企业按需生产。在这一新型实体专业市场中,有效整合生产企业和网络零售商的网上批发环节(网络批发商)迅速形成,并且成为降低生产环节与网络销售环节之间交易费用的重要构成。网络批发商群体,其中部分就是最终产品企业的销售部门,它们在实体专业市场内的集聚,向上可以集聚多元的产品资源,向下能够集聚众多网络零售商群体,形成完全不同于传统时代的产业分工和空间组织模式。这一模式基本是围绕新型专业市场展开的,新型实体专业市场往往邻近生产企业集群,网商群体则依赖于新型实体专业市场生存,生产和销售结合得更加紧密了(图5-15)。

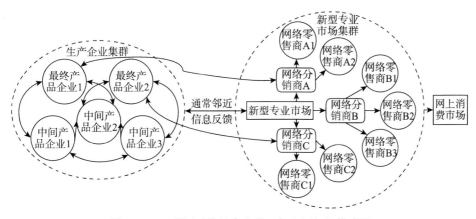

图 5-15　互联网时代的专业分工与空间组织模式图

5.2.2 实体专业市场与淘宝村的互动发展机制

实体专业市场与淘宝村、镇的互动发展机制正是互联网时代产业分工与空间组织模式的鲜活反映。实体专业市场在淘宝村、镇的形成与发展过程中扮演着非常重要的角色，存在着紧密的互动发展关系。一方面，大量淘宝村的产生源于邻近既有的实体专业市场；另一方面，随着淘宝村产业的不断发展将孕育一批新型实体专业市场。

1）实体专业市场催生淘宝村

面对互联网时代电子商务的影响，大量中间分销型专业市场难以为继，而具有邻近生产企业集群或者产品原产地优势的实体专业市场纷纷走上与电子商务融合发展的转型升级道路。在这一转型升级的过程中，长期发展形成的相对稳定的产品供应环节并未受到太大的影响，生产环节仍向实体专业市场供货，而传统的、通过实体空间组织的分销、零售环节则逐渐被替代。利用互联网和电子商务平台进行组织，适应互联网时代要求的职业网商开始承担起传统的分销和零售环节。与此同时，高速发展的物流网络和第三方物流部门不断解放销售环节，使得销售环节的专业化程度进一步提高，网商群体开始逐步取代传统分销商、零售商的角色。

销售环节专业化程度的提高进一步带来分工的深化。个体网络零售商由于受到销售规模和销售水平的限制，其能够销售的产品数量和种类有限。随着产品种类和市场规模的不断扩大，负责筛选并有针对性地向网络零售商提供产品的网络批发商应运而生。网络批发商的出现有效地节省了网络零售商反复搜索产品所产生的交易费用，进一步提高了销售环节内部的交易效率，促使整体产业链条的周转更为流畅。由于当前电子商务并未完全取代传统的分销、零售环节，实体专业市场的分工演化因此呈现出一个逐渐演化的过程（图5-16）。

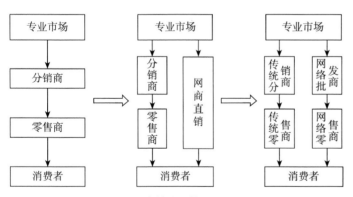

图 5-16 互联网时代传统实体专业市场的分工演化

网络零售商和网络批发商向实体专业市场的集聚，不仅改变着专业市场的分工模式，而且改变着市场及其周边区域的空间组织模式，新的空间单元开始在市场周边涌现。当网络批发商占据实体专业市场的主体空间后，为了进一步提高交易效率、降低信息搜索和产品对接的交易费用，网络零售商开始在实体专业市场的周边集聚，尤其邻近实体专业市场的乡村地区成为网商集聚的重要空间。这些乡村基本位于城乡接合部，交通便捷、建成空间充裕、租金低廉，是最适合网商群体生存和创业的低成本空间[11]。随着网商群体在这些乡村的集聚与发展，乡村的功能和形态被迅速地改变，互联网时代的新村、镇——以淘宝村、镇为代表的电商村、镇开始大量涌现，并与实体专业市场构成更大的产业分工体系。

2）淘宝村发展孕育实体专业市场

当大量以贸易为主的淘宝村在实体专业市场周边涌现时，以工业制成品和农产品的加工与销售为主导的淘宝村则在孕育着新型实体专业市场。在淘宝村发展的初级阶段，家庭作坊是最为普遍的产业空间。产品生产和网络销售基本是以家庭为基本单位、以血缘及亲缘联系为基础纽带的产销一体模式，凭借最低的成本组织和简单的劳动分工进行创业。随着电子商务产业的迅猛发展，生产和销售的规模不断增长，家庭作坊式的产销一体模式开始随着专业化分工的深化而升级。一方面，生产和销售环节开始分离，与此同时各环节内部分工的专业化水平迅速提高，生产企业和纯网络零售商开始出现。乡村中大量不从事产品加工的村民开始借助网络销售平台，以代销的方式参与电子商务活动，形成"农户＋网络零售商"的本地兼业新模式。这一乡村网商群体的不断发育在推动生产加工环节快速成长的同时，开始引致大量物流、仓储、美工、设计、金融以及人才培训等服务需求，从而进一步促进加工制造业、生活服务业甚至生产服务业的融合发展，为实体专业市场的产生奠定了坚实的基础。

淘宝村、镇产业发展的高级阶段是实体专业市场的产生。在淘宝村发展升级的过程中，由于路径依赖的存在，部分生产企业习惯选择自建网络销售部门来组织产品销售。然而随着产业整体规模的扩大，生产企业和网络零售商的数量与规模快速扩张，两者之间直接互相搜索和匹配的成本也迅速上升。于是，生产企业和网络零售商开始出现新的分化，一部分生产企业开始专注于加工制造，一部分则派生出网络批发商功能。与此同时，部分资源整合能力强、实力雄厚的网络零售商开始升级为网络批发商。淘宝村、镇中网络批发商的出现与自发的空间集聚基本奠定了新型实体专业市场的雏形。这一市场的发育为生产环节与网络销售环节提供了有效的对接渠道，并进一步推动生产企业扩大产业规模，并专注于研发和制造环节的升级。而生产企业的升级使得产品更具竞争优势，也就使得网络零售商更具竞争优势，于是销售规模将进一步扩大，市场占有率也将进一步提升，一个良性的、互惠的产业生态系统就形成了（图5-17）。由于新型实体专业市场的出现能够为乡村居民创业提供更加便利的条件，于是大量乡村居民开始演化为纯网络零售商，当这一影响开始波及相邻乡村时，新的淘宝村将被孵化出来，上一节所论述的历程将再次呈现。

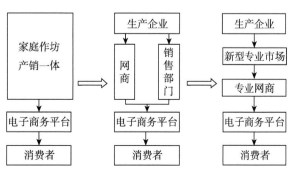

图5-17 互联网时代淘宝村的分工演化

3）实体专业市场与淘宝村、镇的互动趋势

通过实体专业市场和淘宝村、镇互动机制的论述可以看到，在互联网时代的产业分工与空间组织模式中，生产和销售环节存在着"双重集聚"趋势。一方面，通过互联网和网络批发商，生产企业与网络零售环节之间激发出更加紧密的信息联系，形成流空间的加密和强化，即"虚拟集聚"；另一方面，为了降低交易成本、提高交易效率，生产企业和网络零售环节在地理空间上都倾向于"邻近"实体专业市场，形成地方空间上的"实体集聚"。同时，两种集聚互相促进，虚拟集聚会引致更多的实体集聚需求，而地理空间的真实邻近则会进一步促进交易的发生，加密虚拟集聚的程度。这一"双重集聚"趋势反映在淘宝村、镇的发展演化上，就呈现为"裂变式"的空间增长特征[13]，和围绕实体专业市场构建的更加紧密的生产、销售一体化集群。

（1）实体专业市场催生淘宝村：浙江省义乌市

传统时代的义乌小商品市场不断自我革新、寻求突破，发展至如今的第五代国际商贸城阶段，形成了极为庞大的交易规模和国际影响力，是全球最大的小商品批发市场。互联网时代电子商务的急速发展对义乌专业市场集群产生了一定的冲击，然而义乌小商品市场与强大的生产企业集群的高度邻近⑤使得产品本身具有极强的根植性与竞争力，不仅能够抵挡电子商务的冲击，而且能够迅速顺应交易模式的变革，形成线上、线下融合的新型实体专业市场。义乌小商品市场的发展、转型与升级同时为义乌乡村电子商务的发展提供了良好契机。从邻近小商品市场的青岩刘村开始，淘宝村如雨后春笋般涌现。据统计，2018年义乌淘宝村数量达到134个，淘宝镇数量达到8个，是全国最大的淘宝村集群⑥。邻近生产企业集群的实体专业市场在新一轮电子商务创业浪潮中成为产业链的核心。新生的网商群体逐渐取代传统的分销商和零售商。而围绕专业市场所形成的淘宝村、镇则成为互联网时代推动实体专业市场转型升级、持续发展的重要动力。

① 义乌小商品市场催生淘宝村集群

义乌小商品市场所拥有的数量庞大、种类丰富、成本低廉的小商品为网商创业提供了良好的产品供给基础。据统计，义乌国际商贸城共有180多万种商品⑦，几乎涵盖了玩具、饰品、针织品、办公用品、服装、进口产品、五金、箱包等所有生活需求类商品，是国际性的小商品流通、信息交换和展示中心。由于邻近生产企业集群，义乌小商品市场不仅产品种类丰富而且价格具有竞争优势。这两方面的优势对于初创期的网商非常重要，不仅能够降低创业的试错成本，而且将大大降低起步期的原始资本投入。与此同时，小商品市场带动的商贸业的繁荣推动了涵盖仓储、物流、金融等一系列配套服务产业的完善，大幅降低了在义乌开展电子商务产业的门槛，从而吸引了更多创业者向义乌集聚。而创业期的高成本敏感度使得创业者必须在义乌寻找最优的创业空间，即一方面靠近小商品市场以降低用于产品搜索和各类配套服务的交易费用，另一方面具有可承受的租金和日常生活成本。于是，毗邻义乌小商品市场，同时租金和生活成本相对较低的乡村地区成为网商群体创业的最佳选择之一。

作为被最早发现的三个淘宝村之一，义乌市江东街道青岩刘村就是依靠其良好的区位优势和成本优势实现乡村电子商务快速发展的。青岩刘村距离义乌国际商贸城直线距离仅有 5 km，同时紧邻义乌工商职业技术学院[8]、江东货运市场——义乌第一大物流市场和江东客运站，在电商人才、客货运方面更具区位优势。青岩刘村作为城郊村，通过旧村改造形成大量规划整齐、配套完善的"四层半"民居（图 5-18），这些存量空间相对较低的租金和高度灵活的使用方式为网商群体提供了理想的创业空间，青岩刘村也成为义乌中心城区电商创业的"成本洼地"。2007 年，青岩刘村第一家淘宝店铺"邻家实惠小店"的开张开启了青岩刘村的电商时代。到 2015 年，青岩刘村网店数达 3 200 多家，全年销售额近 45 亿元。户籍人口仅 1 700 多人的青岩刘村吸引了 2 万多名外来人口，电商从业人员更是多达 2.5 万人[9]。青岩刘村 3 200 多家网店销售的产品种类繁多，覆盖了服装、饰品、礼品、玩具、日用百货等，其中大部分网店卖家主要从义乌国际商贸城进货。随着青岩刘村电子商务产业规模的不断扩大，各类快递公司针对青岩刘村制定了专门的价格体系，进一步强化了这一区域的成本比较优势。青岩刘村的模式在义乌是可以复制的。随着电子商务产业规模的不断扩大，网商的集聚规模也不断扩大，"双重集聚"效应使得单个乡村的空间远远不能满足发展的需求，于是新的淘宝村开始在以义乌小商品市场为中心的圈层状地域里"裂变式"地陆续涌现。尤其在 2014 年以后，义乌淘宝村数量呈爆炸式增长，从当年的 5 个淘宝村快速增长到 2015 年的 37 个、2016 年的 65 个、2017 年的 113 个、2018 年的 134 个，稳居全国首位[10]。

图 5-18 义乌青岩刘淘宝村

② 淘宝村助推义乌小商品市场电子商务转型

与电子商务融合发展是义乌小商品市场持续发展的必由之路，然而从传统时代已经高度成熟、固化的交易模式转向适应互联网时代的电子商务交易模式并非一个一蹴而就的过程，其间必然伴随着转型的阵痛。对于传统的批发商和分销商群体而言，尽管能够意识到电子商务模式的兴起会对原有的发展模式产生冲击，甚至已经确实感受到影响，但只要在电子商务产生的冲击下还能够保持可以接受的盈利水平，路径依赖就会存在，利用电子商务实现转型的动力就不足。只有在电子商务产生的冲击大到盈利空间被挤压殆尽，传统模式难以为继时，传统的批发商和分销商才会被迫寻求转型。因此，对于义乌小商品市场而言，专业市场的转型动力并不主要来自于传统的批发商和分销商群体，网商群体的兴起所形成的推动甚至倒逼在一定程度上更为直接。

以淘宝村为代表的乡村电子商务集群为传统专业市场的电子商务转型提供了强大的驱动力。在新生的网商创业群体迅速形成并在淘宝村、镇集聚的过程中，他们完全摆脱传统批发商和分销商群体所依赖的路径，以竞争者的姿态强势进入义乌小商品市场的交易体系之中，成为专业市场实现电子商务转型的主要推动者。随着淘宝村集群规模的不断扩大，大量电子商务产业人才被培育，大量电子商务企业被孵化，他们逐渐取代传统分销商的角色，成为新时代义乌小商品市场体系的主体。在一定程度上，淘宝村、镇的快速发展加速了义乌小商品市场与电子商务融合发展的进程，进一步强化了义乌小商品市场在互联网时代的持续发展能力。与淘宝村数量的飞速增长相呼应，义乌市电子商务产业的规模不断扩大。2013 年义乌电子商务年交易额达到 856 亿元，首次超过实体市场 683 亿元的年交易额，并保持着快速增长的态势⑪。2017 年义乌全市电子商务交易额已高达 2 220 亿元，同比增长 25.4%⑫（图 5-19）。目前义乌内贸网商密度位居全国第一位，外贸网商密度居全国第二位，义乌在各大电子商务平台的网商账户总数超过 27 万户，位居全国电子商务发展百佳县首位⑬。

图 5-19　2013—2017 年义乌电子商务与小商品市场年交易额变化

（2）淘宝村孕育实体专业市场：山东省曹县

地处鲁西南一隅的山东省菏泽市曹县的淘宝村集群是"从无到有"型淘宝村的典型代表之一。曹县乡村电子商务兴起于 2010 年的大集乡，以儿童演出服饰这一蓝海产品切入电子商务市场，在当地实现了从传统农业生产向电子商务产业的跃迁式发展。儿童演出服饰原本是十分分散、零碎且高度不稳定的需求，电子商务平台实现了这些需求的整合，从而彻底改变了传统时代的市场规模和结构，推动了一个新产业的形成。与此同时，乡村电子商务的低准入门槛、乡村熟人社会的有效传播和电商创业初期巨大的财富效应，使得从事电商产业的村民数量迅速增长，并快速集聚形成规模。2013年曹县大集乡下辖的丁楼、张庄两个村同时被评为"淘宝村"，大集乡成为当时唯一一个发现两个淘宝村的乡镇。随着演出服饰电子商务产业的蓬勃发展，淘宝村内的新型实体专业市场开始自发形成，进而推动了曹县的淘宝村、镇同样呈现出"裂变式"快速增长态势。2018年曹县以113个淘宝村、11个淘宝镇名列全国十大淘宝村集群第二位，成为当前中国最大的演出服饰产销集群，其中大集镇[14]的32个行政村全部成为淘宝村，实现了淘宝村全覆盖[6]。

① 淘宝村电子商务产业的分工演化

淘宝村的产生与发展升级不断推动着曹县地区专业化分工的深化，演出服饰及相关产业的分工水平不断提高。一方面，家庭产销一体化模式迅速朝向生产与销售深度分工，甚至分离的模式演化；另一方面，生产加工和网络销售的分工环节不断增多、各环节专业化程度不断加深。家庭作坊是曹县村民创业初期最为常见的组织模式，村民充分利用宅基地的存量空间，通过简单改造，使其成为生活、生产、经营等多种功能高度混合的空间，大大降低电子商务创业的成本。家庭作坊大多以家庭为单位组织包括产品设计、生产、网店经营、销售和售后服务等整个产销环节。参与其中的村民通常"身兼数职""样样精通"，基本上每个环节都参与其中，然而由于个人专业化水平较低，生产效率通常不高[15]。随着电商产业的蓬勃发展，家庭作坊模式有限的生产能力和相对低效的分工组织必然难以满足不断扩大的生产需求，专业化的服装加工企业应运而生，2012年前后大集镇的演出服饰企业开始大量涌现[16]。

专业化、规模化生产大幅提高了产品的产量和丰富度，使得服装加工企业在满足自身的销售需求以外，开始出现通过专业网商进行分销的需求。曹县淘宝村生产企业数量的快速增长为网商群体的大规模集聚提供了充足的产品供给。据调查，曹县一家服装加工企业至少能带动100余家分销网店，最多的甚至可以带动近500家网店。网商群体通常根据各自对市场的预判，选择合适的服装加工企业备货、销售。由于这些专业网商群体长期专注于网店经营和销售，网络销售的专业化水平不断提高，销售能力甚至超越许多生产企业自营的网店。网商专业化水平的提高必然带来整个产业分工的进一步加深。随着生产规模的不断扩大，服装加工企业内部生产和销售部门开始逐渐分离，部分企业的销售部门逐渐被市场化分工所取代，从而更加专注于研发和生产；部分企业的销售部门逐渐分离为更加专业化的网络批发商，不从事零售只向网络零售商供货。曹县淘宝村电子商务产业分工的不断深化，推动了产业规模的高速扩张，从业人数持续增长。当前，曹县活跃网店数量超过5万家，电子商务产业从业人员为5万余人，带动就业近15万人；开通阿里国际站以及其他跨境平台的企业达到110家，跨境电商年交易额达到2.1亿美元，2017年全年乡村电子商务销售额超过100亿元[17]。

② 淘宝村新型实体专业市场的浮现

演出服饰产业产品更新速度快、种类丰富，使得服装加工企业和网商群体之间需要频繁的对接以适应不断变化的市场需求。随着曹县淘宝村电子商务产业的不断扩大和分工演化，生产和销售环节开始分离，网络批发与网络零售开始分离，于是降低生产企业、网络批发和网络零售等不同环节交易主体之间的交易费用、提高交易效率的需求迅速生成。有需求就会有供给，紧邻大集镇最早的淘宝村——丁楼村的孙庄村在颇有远见的村干部的带动下，选择毗邻孙庄村、丁楼村的县道闫青路两侧，通过腾挪集体建设用地自发规划建设"淘宝一条街"（图5-20），出租店铺给电商大户、物流快递公司以及配套服务商，率先形成辐射曹县以及周边县、市的演出服饰专业市场。孙庄村"淘宝一条街"的形成同时引致丁楼村的电商大户开始在毗邻孙庄村的县道桑万路两侧形成"前店后厂"的空间集聚，一方面解决村内生产、仓储空间不足的问题，另一方面形成网络批发功能的空间集聚，进一步延伸、强化了"淘宝一条街"的新型实体专业市场职能，有效地推动了淘宝村的升级和电子商务产业的扩散。

图5-20 曹县大集镇"淘宝一条街"专业市场

"淘宝一条街"在形态上与传统的马路市场并无太大差别，然而在功能上呈现出明显的专业性和时代性。孙庄村和丁楼村共同塑造的这一专业市场以闫青路和桑万路的十字路口为中心，分别向东、向南两个主要方向延伸400—600 m，道路两侧陆续兴建的大量店铺和兼具生产与仓储功能的临时厂房，与传统时代专业市场发展初期较为类似。虽然尚未形成高度专业化的功能分区，但新型实体专业市场所具有的要素和功能相当齐全。随着实体专业市场的形成，当地稍具规模的演出服饰加工企业纷纷在市场设立门店，以降低生产企业和网商群体互相搜索的成本。由广大村民以及外来人口构成的庞大的网商群体则充分利用专业市场的集聚效应，更加高效地选择产品并广泛地获取不断更新的市场信息进行创业。网商群体向实体专业市场的集聚使得大量服务于网络销售环节的配套产业开始集中布局，于是"淘宝一条街"除了服装加工企业的展销空间外，还拥有淘宝资金互助部、电子商务公共服务平台、快递服务点等多种配套产业，逐渐发育成为复合了快递物流、金融服务、包装设计、辅料批发、产品展销等多样化功能的新型实体专业市场。随着电子商务产业的持续繁荣，大集镇的实体专业市场吸引了大量的返乡青年和外来者前来创业，成为全国电子商务产业最具活力的区域之一。市场现有店铺基本供不应求，租金逐年上涨，远超当地平均水平，甚至成为曹县店铺平均租金最高的区域。

5.3 创新知识的扩散与升级

5.3.1 理论框架建构与经验研究方法

1）淘宝村创新知识扩散与升级的理论框架

基于演化经济地理学、多维邻近性及其与创新知识网络之间的协同演化，本书构建多维邻近性与淘宝村创新知识产生、扩散与升级互动作用的理论框架（图5-21）。理论框架逻辑如下：

（1）创新主体结合当地知识基础搜寻新惯例，新惯例在市场选择过程中成功后，形成淘宝村创新知识。

（2）淘宝村创新知识借助社会邻近性、制度临近性、组织邻近性、地理邻近性、认知邻近性在乡村地域扩散。由于乡村地区的"熟人社会"性质，社会邻近性在其中发挥尤其重要的作用。

（3）淘宝村创新知识的扩散导致同质化竞争，迫使淘宝村创新知识不断升级，"再创新"过程反过来加速创新知识的扩散。

（4）淘宝村创新知识的扩散和升级更新区域知识基础，反馈到创新主体之中，并改变原有多维邻近性的程度。

结合淘宝村创新知识的特性及乡村地域状况，扩散与升级过程的理论推演如下：

（1）在淘宝村创新知识扩散过程中，隐性知识与显性知识通过不同的邻近性得以扩散。地理邻近性、制度邻近性能够有效促进显性知识的扩散，社会邻近性、组织邻近性能够有效促进隐性知识的扩散。由于淘宝村创新知识的低门槛特性，认知邻近性在扩散过程中并不发挥关键作用。

（2）由于淘宝村创新知识中关键的隐性知识主要通过社会邻近性和组织邻近性在"干中学"的实践中扩散，创新知识的扩散在地理空间上会形成一定程度的极化分布效应。由于淘宝村创新知识对认知邻近性的要求较低，因此创新知识在发明人之间会呈现出均衡分布的态势。

（3）淘宝村创新知识的扩散和升级将提高创新主体之间的认知邻近性和社会邻近性程度。

（4）并不复杂的创新知识难以形成较强的地理根植性，有可能形成"最快的第二名超过第一名"，即学习能力强的模仿者后来居上的现象。

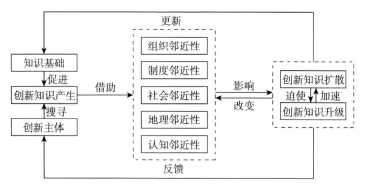

图 5-21 多维邻近性与淘宝村创新知识产生、扩散与升级的互动理论框架

2）经验研究对象——睢宁县沙集镇与宿城区耿车镇

淘宝村创新知识扩散研究主要以江苏省北部徐州、宿迁两市交界的"沙集—耿车"区域为研究对象，分析创新产生后在沙集—耿车区域内发生的典型创新知识扩散案例。淘宝村创新知识升级研究主要以"沙集—耿车"所在的"睢宁县—宿城区"区域为研究对象，通过分析两者 2011 年起的专利数据呈现创新知识升级历程。

沙集镇位于徐州市睢宁县东南部，是徐州市中心镇和睢宁县商贸重镇，东距宿迁市中心 12 km，西距睢宁县城 15 km，镇区距高速公路出入口仅 1 km。其镇域面积为 66 km²，人口为 6.4 万人，耕地面积为 5.1 万亩，辖 13 个行政村、4 个社区（图 5-22）。沙集镇被誉为"中国家具电商产销第一镇"，沙集镇东风村是 2009 年发现的最早的三个淘宝村之一，也是 2013 年全国首批 20 个淘宝村之一。中国社会科学院信息化研究中心主任汪向东研究员将沙集镇依托电商发展家具产业的模式命名为"沙集模式"，在国内有着极高的知名度。自 2016 年起，沙集镇 13 个行政村和 4 个社区全部成为淘宝村。耿车镇与沙集镇一河之隔，位于宿迁市最西端，行政隶属于宿城区，是 20 世纪 80 年代费孝通先生提出的"耿车模式"的发源地。其镇域面积为 35.01 km²，下辖 2 个社区和 7 个行政村，人口为 3.8 万人，2016 年起 7 个行政村和 2 个社区全部成为淘宝村，是全国最早实现淘宝村全覆盖的 8 个乡镇之一。沙集镇所在的睢宁县位于江苏省西北部、徐州市东南部，下辖 3 个街道和 15 个镇，县域总面积为 1 773 km²，2016 年人口为 102 万人，2018 年县生产总值为 590 亿元。2018 年睢宁县全县共有 92 个淘宝村、10 个淘宝镇。耿车镇所在的

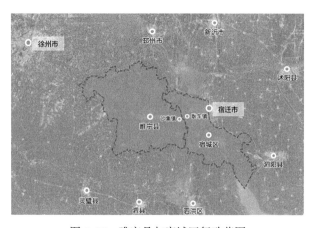

图 5-22 睢宁县与宿城区行政范围

宿城区是宿迁市的中心城区，下辖6个街道、10个乡镇、1个省级经济开发区和1个省级现代农业产业园，区域总面积为854 km²，2017年人口为82万人，区生产总值为315.62亿元，2018年宿城区共有61个淘宝村、10个淘宝镇。

沙集—耿车区域是中国淘宝村发育最早的区域之一，也是全国淘宝村发展最为成熟的区域之一，区域内的东风村与大众村均为2013年首批中国淘宝村，两镇自2016年起均实现淘宝村全覆盖。起源于东风村的电商家具产业现已成为睢宁县和宿城区广大乡村地区的支柱产业之一，短短10年内重塑了睢宁—宿城区域的产业结构，形成了具有百亿规模的淘宝村产业集群，集群内部创新知识网络较为成熟。由于县域电子商务产业与实体产业的关联度较高，为了减少区域原有产业基础对淘宝村扩散的影响，研究必须选取相对缺乏产业基础的区域作为研究对象。沙集—耿车区域"无中生有"的电商产业发展与区域原有的产业基本上没有联系，能够有效排除原有产业禀赋对创新知识扩散和升级的影响，是不可多得的研究案例。

3）数据来源与处理

睢宁县和宿城区历年淘宝村名单来自阿里研究院公布的2013—2018年中国淘宝村研究报告。淘宝村创新知识扩散的定性案例来自实地调研与相应文献，家具电商发展情况来自向当地政府搜集的工作报告等文件。

家具产品专利申请数据来自国家知识产权局专利数据信息。选取2011—2018年睢宁县和宿城区外观专利申请信息。2019年3月5日通过爬取网站信息得到4 383条原始数据，通过《国际外观设计分类表（第8版）》筛选家具类产品信息得到2 176条有用专利数据，数据内容包括专利名称、申请日、设计人、外观设计洛迦诺分类号、申请人地址等详细信息（图5-23）。

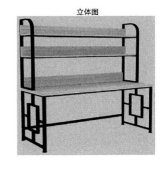

图5-23 国家知识产权局网站上的专利信息

5.3.2 淘宝村创新知识的扩散过程

1）从"耿车模式"到"沙集模式"

演化经济地理学中的路径依赖理论和区域多样化理论为分析区域发展路径转变提供了有力的解释框架。路径依赖理论认为区域发展存在多种可能的路径，历史中的偶然因素导致其中一种路径成为现实，路径的自我强化作用会不断加强成为现实的发展路径，最终形成区域发展路径的锁定效应，被锁定的区域需要足够的外部冲击才能解除这种锁定状态。波斯玛（Boschma）等从区域产业技术相关性和产业全球结构的刚性程度出发，区分了四种区域多样化发展路径，分别为复制过程、移植过程、拓展过程和跃迁过程[14]（表5-2）。沙集—耿车区域颇具戏剧化的发展历程完美地诠释了上述理论观点，这一历程就是在偶然事件的作用下，移植型的"耿车模式"被拓展型的"沙集模式"取代的过程。

表 5-2　区域多样化过程的四种路径及其相应特征

过程	相关性	部门	风险	体制运作	主要角色	空间逻辑
复制	相关	统制型	低	保持	原有区域主体	本地化的
移植	不相关	统制型	中	创造（区域性）	统制型主体、政府	全球到区域
拓展	相关	利基型	中	创造（全球性）	新进入者	区域到全球
跃迁	不相关	利基型	高	创造（所有层面）	宽泛来源	全球到全球

（1）"耿车模式"的路径创生

"耿车模式"的路径创生是历史偶然因素和地方政府积极作为的共同结果。耿车镇作为苏北欠发达地区的普通农业乡镇，新中国成立后一直和我国大量的普通乡镇一样刀耕火种、默默无闻，无常的政治运动所造就的偶然事件给后来响彻大江南北的"耿车模式"埋下了伏笔。1969年来自南京的干部杨洪生被下放到耿车乡（1987年建镇）五星大队三小队劳动，当地人称他为"杨蛮子"。下放劳动过程中他发现宿迁当地有许多塑料废弃物，由于他有塑料制造专业背景，便建议所在的生产队将之收集起来进行再加工。随后生产队购买小型塑料加工机器，生产圆珠笔笔帽等工艺简单的塑料制品[15]，很快取得了相当可观的经济回报。然而由于当时的意识形态和集体所有制因素，塑料加工产业并没有迅速扩散至周围村镇。

改革开放以后，随着国家宏观政策的日趋稳定和工作重心的转移，产业发展所受到的政策束缚日渐减少，废旧塑料加工产业开始在耿车乡逐渐蓬勃发展起来。20世纪80年代，整个五星村把塑料加工作为支柱产业，全村有115户专门从事废旧塑料收购、加工[15]。耿车乡其他村陆续开始效仿五星村发展废旧塑料产业。1983年徐守存到耿车乡就任党委书记，在发现不少村民从事废旧塑料、废旧金属等的加工与销售活动后，他随即带领镇村干部前往浙江一带考察相关产业。经过考察比较，他认为废旧塑料回收加工产业投资少、工序简单、作业时间不受限制，适合像耿车这样缺乏工业基础的地区，于是决定引导干部群众从起点较低的家庭经营开始，逐渐创办多家塑料厂，生产塑料桶、塑料盆等生活用品。在这一过程中大众村党员邱永信率先进行尝试，形成模范带头作用。乡政府也多方努力，鼓励乡村能人创办私人企业[18]，产业开始进入快速发展阶段。1986年5月13日，全国政协副主席、著名社会学家费孝通先生到耿车乡考察，充分肯定了耿车乡"四轮（乡办、村办、户办、联办）驱动、双轨（集体经济和个体私营经济）并进"的发展模式，将之命名为"耿车模式"，与"温州模式""泉州模式""苏南模式"并称当时区域经济发展的样板。

（2）"耿车模式"的成熟与隐忧

由于废旧塑料产业具有低成本、低风险、低技术等特征，在鼓励乡镇企业发展的大环境下，这一产业很快得以扩散，在当地形成明显的自我强化效应。到1987年年底，耿车镇全镇13家镇办企业总产值为1 454万元，19家村办企业产值达到1 000万元，户办、联户办企业多达4 569家，总产值达3 300万元，全镇从事第二、第三产业的农户共7 500户，占全镇总户数的91.9%，从业人数达1.1万人[15]。以废旧塑料为主的废旧物资回收加工业成为支撑"耿车模式"的主要产业。20世纪90年代中后期，在国家扶持再生资源回收利用产业的政策下，耿车镇积极成立耿车工业园区、新华工业园区和湖稍工业园区，试图将废旧塑料产业园区化、标准化。耿车镇一度成为华东地区最大的再生资源回收加工集散地。截至2015年年底，在耿车全镇1.1万户、3.8万人中，就有3 471户、2.5万人从事废旧塑料收购、加工，加上外地来耿车生产的商户，有6 978户家庭在耿车吃"垃圾饭"。最高峰时加工户达8 000多户，从业人员近10万人，当年废旧塑料交易量约为150万t，生产加工近300万t，产值达80亿元。周围乡镇如沙集、蔡集等也都在耿车的带动下发展废旧塑料产业，废旧塑料产业成为区域支柱产业。

随着废旧塑料产业的蓬勃发展，弊端也日益显现。由于没能在科技、管理、环保等方面实现升级，耿车镇的废旧塑料产业一直锁定在回收、分拣、清洗、破碎、造粒的产业链低端环节，造成严重的乡村环境污染，当地人形象地称之为"海陆空"立体式污染。邱永信所在的大众村全村超过70%的人从事废旧塑料加工，污染十分严重，被当地人戏谑地称为"破烂村"[19]。2012年环保部将耿车列为全国八大重点环境整治区域，要求尽快治理。2015年仅耿车镇所在的宿城区和宿迁经济技术开发区接到的环境污染信访举报就有918件，其中废旧物资回收加工引起的信访数量占比超过50%。据初步测算，废旧塑料产业发展所造成的环境污染所需的治理成本将多达10亿元以上。

（3）"沙集模式"的路径创生

20世纪90年代至2000年初期，受"耿车模式"的带动，沙集镇的废旧塑料加工业呈现迅速发展之势，并逐渐成为沙集的支柱产业。沙集镇放弃废旧塑料产业拥抱电商产业的路径转变同样源于偶然事件和关键人物的作用，这一类似耿车的"杨蛮子"的人物就是沙集镇东风村的孙寒。得益于大胆探索、敢于突破常规的性格[20]，孙寒发现在网上销售易于组装和物流运输的板式家具的利润回报极为可观，无意中开创了一个前所未有的利基（Niche）市场，随后这一商业模式便在亲戚朋友中快速扩散。2008年国际金融危机爆发，沙集镇的废旧塑料产业受到巨大打击，产品滞销、利润下降，在家具电商产业高额利润的激励下，许多原本从事废旧塑料加工的家庭逐渐涉足家具电商产业。到2009年沙集的废旧塑料加工迅速被快速兴起的家具网销超过，当年有网店400余家，家具销售额达1亿元，沙集镇开始进入依托互联网改造传统乡村的新时期。家具电商的发展同时催生了木材板材供应、物流、木工机械、五金配件等产业链上下游企业，并带动了金融、电力、电信等配套设施的完善。

2009年沙集镇东风村被阿里研究院认定为最早的三个淘宝村之一。2010年中国社会科学院汪向东研究员通过对沙集镇网销家具产业的深入调研，首次提出"沙集模式"，认为沙集的发展是一种草根农户自发在市场化电商大平台创业，信息化带动工业化，以订单拉动电商生产和市场生态的农村电商发展模式[16]。信息技术与乡村发展的巨大认知反差，电子商务的显著财富效应与脱贫效果，一时间使得"沙集模式"成为炙手可热的全国热点，东风村也被誉为"中国淘宝第一村""新时期的小岗村"，时任总理温家宝批示"要注意总结沙集的经验"。"耿车模式"主导的沙集—耿车区域30余年的产业发展路径，被"沙集模式"完全超越。"耿车模式"与"沙集模式"更为实质性的差异其实就是乡村经济依靠传统工业化转型，还是依靠信息化和工业化融合转型的差异，这或许就是工业化时代和信息化时代的代际差异[17]。

（4）内外合力下"耿车模式"的转型

面临日益严峻的环保压力和不断下降的利润回报，耿车镇自2006年起便开始探索转型之路。耿车镇大众村两委先后到华西村等地考察，但认为其发展模式不适合耿车当地的情况。2008年前后，得知一河之隔的沙集镇村民在网上销售简易家具，投资少回报高，便开始组织、动员村民开设网店。曾经的废旧塑料加工带头人邱永信率先站出来响应，和儿子邱杰一起从山东临沂购买了家具生产设备，在网上注册淘宝店，就此开启大众村的电商转型之路[18]。2013年大众村从远近闻名的"破烂村"转变成为全国首批20个淘宝村之一。

2016年在电商产业发展的基础之上，宿迁市委、市政府决定全面启动废旧物资回收加工综合整治。依靠村镇干部和党员的带动作用，耿车镇关停废旧塑料加工厂、卖掉废旧塑料机器设备，仅用6个月时间，取缔废旧物资回收加工经营户3 471户、交易货场59个，拆除地磅61个，拆除机器设备2 100台（套），清理外运废旧物资40余万t，整治沟渠15条50 km^2、汪塘120个78万m^2、村庄95个，清运垃圾10余万t，清理违法用地 995 亩[19]，彻底取缔了低端的废旧塑料产业。与此同时，全镇大力发展电商家具产业，2016 年年底全镇 9 个村居实现淘宝村全覆盖，生产总值突破 23 亿元大关，拥有网店 2 569 家，涵盖九大类 150 余个品种。其中实体家具生产企业 567 家，年销售额超过 200 万元的店铺 384 家，物流服务商 43 家，逐渐形成了以家具、多肉植物、塑料精加工制品生产和网销为主的电子商务产业发展模式（表 5-3、表 5-4）。

表 5-3　2015 年沙集镇各村电商产业数据统计表（截至 2015 年 8 月）

村庄名	企业/家	从业人员/人	商城/个	网店/家	销售额/万元
东风村	352	5 076	218	1 690	110 635
沙集村	223	4 106	168	1 311	60 308
和平村	135	1 308	63	469	10 070
兴国村	118	1 263	56	590	11 635
仝圩村	102	1 739	12	165	6 916
丁陈村	100	2 371	43	286	16 716
三丁村	87	1 372	13	191	5 390
夏圩村	77	1 428	120	510	20 900
沙圩村	76	1 170	0	161	5 200
朱庙村	54	1 065	87	234	10 100
商湖村	53	508	54	159	4 590
杨瓦村	45	1 182	11	150	6 180
魏集村	44	968	21	372	8 635
陆园村	38	492	40	127	4 390
大顾村	33	347	0	69	2 180
余圩村	23	287	0	65	1 500
蔡吴村	6	141	0	12	430
全镇合计	1 566	24 823	906	6 561	285 775

表 5-4　耿车镇转型户发展统计表

现转型项目	户数/户	厂房面积/m²	占该镇原有废旧塑料加工户数比例/%	用工人数/人
塑料精深加工	32	41 000	0.92	261
板材家具	489	137 300	14.09	2 885
三来一加	30	21 800	0.86	273
电商	1 398	302 400	40.19	6 264
养殖	42	—	1.21	186
种植	28	—	0.81	127
其他：饭店、商店服装店等	28	—	0.81	271
本地务工	85	—	2.45	450
外出务工	138	—	3.92	720
总计	2 270	502 500	65.26	11 437

2）沙集—耿车区域淘宝村空间扩散

随着互联网的日益普及，地理空间对于人类交流的阻碍正变得日益微弱，人们一度甚至认为"地理已死"（Geography is Dead）。然而，即使在移动互联网普及的今天，地理空间的影响也并未消失，只是影响的方式正在发生巨变。淘宝村作为电子商务作用下的新经济地理现象，其空间扩散与分布依然呈现明显的地理空间规律。从睢宁县与宿城区淘宝村的空间分布演变可以看到，从2013年的东风村和大众村2个淘宝村，到2018年的153个淘宝村，虽然数量上迅速增长，但空间上仍然主要分布在睢宁县城区和宿迁市城区之间的区域（包括沙集镇、耿车镇、邱集镇、高作镇、凌城镇、蔡集镇、王官集镇和睢宁城区8个统计单元）。截至2018年，这一区域的淘宝村数量占两县、区淘宝村总量的比重虽然有所下降，但依然高达66%（图5-24、图5-25），呈现出明显的"裂变式"集聚发展状态。

淘宝村的扩散过程本质上是淘宝村创新知识在不同的村落之间扩散并被采纳和付诸实践的过程。以沙集—耿车区域为例，家具电商创新知识的扩散导致了区域产业的深刻变迁，带来了淘宝村的井喷式发展。对淘宝村创新

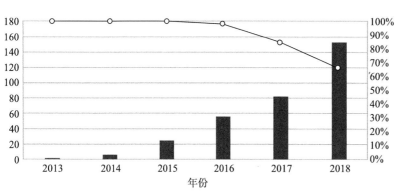

图5-24　2013—2018年睢宁县—宿城区淘宝村数量及占比变化

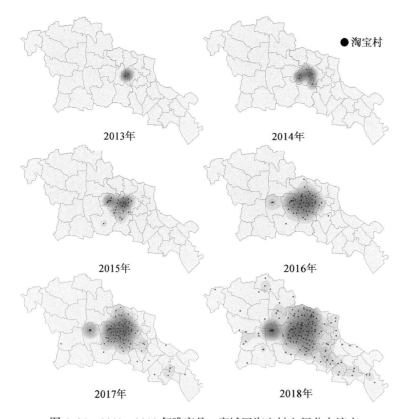

图5-25　2013—2018年睢宁县—宿城区淘宝村空间分布演变

知识扩散的研究能够从微观个体层面解释淘宝村的形成机制及发展路径。

3）多维邻近性视角下淘宝村创新知识的扩散

（1）社会邻近性："熟人社会"网络中的隐性知识扩散

社会邻近性是淘宝村创新知识扩散的核心驱动力，社会邻近性程度取决于乡村内部的社会结构。秦晖指出乡村社会结构在不同历史时期有着不同的特征，自秦至清大体上都属于"大共同体本位"的社会结构，清末以来，因为大共同体本位的动摇与小共同体权利的上升出现了明显的宗族化现象，进而形成一种"国权不下县，县下唯宗族，宗族皆自治，自治靠伦理，伦理造乡绅"的对于传统乡村的认知范式[20]，其后历经人民公社运动的进一步组织化与改革开放后的宗族复兴，中国不同地域乡村社会结构呈现出很大的不同。贺雪峰从经济分异和宗族力量两个维度对中国乡村进行了划分，指出苏北农村大多属于经济上中高度分化的分裂型村庄，即一个村庄内存在众多同姓的小亲族结构，同姓之间大多以五服为限，不同姓氏存在较为激烈的竞争关系[21]。处于苏北农村腹地的沙集—耿车区域正是如此，从村庄名称上看，虽然多数淘宝村村名中都含有某一姓氏，但村庄内多为多姓杂居。虽然这样的分散化结构不如华南、浙东、闽东南的村庄有着更强的宗族关系纽带，但仍然有着较高程度的社会邻近性。这样的乡村社会结构属于瓦茨（Watts）和斯特罗加兹（Strogatz）提出的小世界网络[22]，相比于普遍"对门不相识"的城市社区（接近于随机网络），以及秩序严整的等级化科层部门（接近于规则网络）（图5-26），村庄内部能够保持较高的信息传递效率，而不同村落之间因为婚姻、亲戚、同学产生的紧密社会网络能够保证信息在村庄之间的顺利扩散。

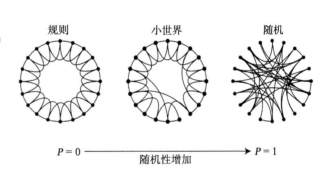

图5-26 瓦茨和斯特罗加兹提出的"小世界"网络结构

注：P表示随机性。

基于亲戚关系的扩散是沙集—耿车区域淘宝村创新知识扩散的最重要途径，这是由乡村地域特殊的社会结构所决定的。以家具电商最先兴起的沙集镇东风村为例，当孙寒成功探索出家具电商的商业模式之后，这一模式便最先在他的社会关系网络中扩散。除了最先一同探索新商业模式的朋友，他也教了自己的两个妹妹。而耿车镇第一户从事家具电商产业的邱永信更是如此，在学习从事家具电商的初期，虽然他已经选择从茶几、隔板、方桌等简单的家具入手，但是仍然遇到了许多诸如客户沟通、网店装饰、产品展示等方面的问题。由于自己儿媳妇的哥哥在沙集镇从事家具电商产业，这些问题便主要借助于儿媳妇的社会关系予以解决。当邱永信学会以后，不少沾亲带故的村民便直接到邱永信家里和工厂学习。淘宝村创新知识就在这样的过程中逐渐在村庄内部和不同村庄之间扩散。

基于朋友关系的扩散是沙集—耿车区域淘宝村创新知识扩散的另一个重要途径。最先从孙寒处学习家具电商知识的便是孙寒的朋友。例如家在孙寒对门的王朴便是在孙寒的帮助下学会了注册、设计、批量生产、拍照上传、销售、使用支付宝付款等整个流程，从而成功进入家具电商行业。孙寒的好友王跃则是 2006 年去孙寒家串门时发现孙寒在开淘宝店，便向其学习家具电商知识。王朴学会之后又教会了他的弟弟，弟弟又教给别的朋友。刘兴利夫妻教会了自己的兄弟以及邻居。外地人施卫中教会了十几个前来投奔自己的老乡。耿车镇湖稍村的王赞则是通过在驾校中认识的沙集镇的年轻人开始学习家具电商知识的。耿车镇大众村的邱雨是通过自己的小伙伴学会的，而小伙伴则是在东风村的一位亲戚那里学的，邱雨自称对他帮助最大的是沙集镇东风村的刘兴利……这样的案例在沙集—耿车区域不胜枚举。

多数文献采用创新扩散理论中的"S"形曲线对淘宝村创新知识在每个村里的传播扩散过程予以解释，即在初始阶段，掌握家具电商知识的人数较少，所以能够传授电商知识的人也较少，因此扩散速度相对较慢，而随着掌握家具电商知识的人数增加，电商知识的扩散呈现指数型增长并在一定范围内达到上限，类似细胞在既定资源的限定空间内裂变式繁殖。如果考虑知识传授者在传授知识时做出的权衡，即传授知识对自己造成的竞争压力、舆论压力等负面影响与不传授知识带来的社会关系受损之间的权衡，可以更好地解释前期扩散速度较慢，而后期快速扩大的现象。因为当掌握电商知识的人数较少时，知识拥有者更倾向于保密不教别人，只有在极其紧密的社会关系中（如亲兄弟姐妹、铁哥们儿）才会如实传授。随着掌握电商知识的人数逐渐增加，求教者能够有更多的机会从掌握电商知识的人那里学会电商知识，传授知识的负面影响将小于不传授知识导致的社会关系受损，此时掌握电商知识的人相较前一阶段也会更为愿意传授电商知识。传授对象也会逐渐扩大至与自己的社会关系弱于前一阶段的人群，于是创新知识的扩散速度会快速提高，也就是指数型增长的指数在一定阶段内会随着掌握电商知识人数的增多而逐渐增大。

乡村地区高度的社会邻近程度也会导致主体之间缺乏制度意识和市场理性。例如在初始阶段东风村所有的网店都和孙寒卖几乎一模一样的家具，连照片、产品参数和说明都是直接从孙寒的网上拷贝下来的，严重的同质化竞争导致利润率大幅降低。据统计，在沙集电商兴起的初期，电商的利润高达 100%—300%，而随着市场竞争的加剧，利润率持续下降，目前利润空间已降至 20% 左右，同时普遍存在家具质量不合格的现象。据 2017 年 6 月江苏省工商局的抽样检查，睢宁县被抽检的 16 件家具均不合格，其中甲醛大多数超标 10 倍以上。2008 年孙寒等人为此曾出面将所有电商户集聚在一起签订了一份"保密协议"，要求所有电商户不再继续发展下线。但这一纸协议并没有起到预先设想的作用，几乎所有人都难以在亲戚上门求教的时候拒绝传授相应的知识和技术。

（2）制度邻近性：有为政府的宣传推广与积极扶持

随着淘宝村的影响力及正面效应越来越大，各级政府均将淘宝村发展列入重点工作计划，在政区范围内积极宣传推广这一发展模式。政府的有效介入促进了淘宝村创新知识中显性知识的传播与扩散。以睢宁县为例，在组织制度方面，睢宁县成立了全县农村电子商务发展工作领导小组，各镇、街道及重点村均设立了电商服务机构，形成了县、镇、重点村的三级电商组织架构；在宣传推广方面，睢宁县通过标语、口号、传单、微博、微信、腾讯QQ等多种方式大力宣传电商模式，使"在外东奔西跑，不如回家淘宝"的观念深入人心；在政策支持方面，从2011年起，睢宁县先后出台"加快电子商务发展意见""电子商务万人培训方案"等多份政策文件规范和引导电商产业发展；在基础设施方面，投入近3亿元实施"800里（1里=500 m）农路、297座农桥"及"光纤到户"工程；在知识培训方面，睢宁县自2014年起开始实施"电子商务万人培训"活动，每年培训人数均超过1万人次，同时与淘宝大学合作设立全国首家县市级电商培训中心。上述措施有效地推动了睢宁县其他乡镇淘宝村的发育。

在乡镇方面，仅一河之隔的沙集镇与耿车镇分属两个地级市，无论"耿车模式"还是"沙集模式"都使它们成为苏北地区备受关注的明星乡镇，因此政府层面一直存在竞争甚至对立的意识。作为电商产业的后发者，耿车镇实施了"3399工程"，即全镇9个村居有1/3村居的支部书记能讲授电商课程，1/3的村委会主任能从事电商，9个村居每个村明确一名支部副书记分管网络创业工作，9个村居均评选一名红色电商达人。同时联合相关企业开办淘宝大学，要求每个村居每年培训人数不得少于200人次，通过"免费基础培训+收费精英教程"的模式向农民快速教授开设网店的知识和技巧[21]。而沙集镇周边的其他乡镇，为了扶持本地网商发展，同时吸引沙集网商和相关从业者，出台了一系列强有力的政策，在创业初期补贴、创业带动就业补助、场地用房补贴等方面进行扶持，致使部分原来落户沙集的电商配套企业被周边乡镇挖走，一些电商大户也前往周边乡镇设立分厂生产[22]，从而导致创新知识进一步扩散。

与之形成鲜明对照的则是与睢宁县和宿城区交界的安徽省泗县。三地均位于黄淮平原，泗县东北部乡村距离沙集镇与耿车镇的直线距离仅15 km左右，与睢宁县邱集镇、凌城镇这两个淘宝村发展较好的乡镇直接接壤，空间上没有任何阻隔。基于地理邻近的知识溢出，泗县东北部应该也有从事家具电商的村庄，但截至2018年泗县依然没有形成一个淘宝村。在相关研究报告和网络搜索中，也未发现泗县近几年出台过任何旨在促进淘宝村发展的政策和措施。泗县的案例在一定程度上验证了制度邻近性，尤其地方政府"积极有为"对淘宝村创新知识扩散的重要作用。

（3）组织邻近性：员工的衍生与电商协会的知识溢出

在沙集—耿车区域淘宝村创新知识的扩散过程中，组织邻近性分为两个层面：组织内邻近性和组织间邻近性。前者的主要形式是员工在企业内学到核心技术后单干，从而衍生出更多的同类型企业；后者的主要形式是通过电商协会的统一组织和交流培训向更多的村民传授基本的电商知识。例如沙集"三剑客"之一的陈雷转型生产钢木家具后，请来自己的一位亲戚帮忙打理网店销售以及生产业务，亲戚学会所有技术之后却将技术、管理、业务和顾客一同带走并自立门户，当地钢木家具厂也在很短的时间内出现了几十家。而耿车电商大户邱雨也经历过类似的情况，员工一旦学会核心技术后便开始自立门户，因此他采用家族企业的方式，关键技术部位全部由自己家人掌控，从而保证规模能够做到全镇前列而不陷入分裂。这种通过原有员工不断衍生（Spin off）进而形成产业集群的方式就是组织邻近性的体现。

电商协会则为电商企业间的交流合作提供了平台，提高了原先各自为政的电商企业之间的组织邻近性。2013 年，睢宁县率先成立全省首批、苏北首家县级电子商务协会，之后又相继成立物流快递协会、家具协会、微商协会等行业组织。2015 年宿城区率先在全市成立了电商商会及大众、耿车、大同、五星、新华五个村级电商分会，为会员提供学习培训、政策咨询、交流合作、市场信息、维权融资等方面的服务。截至 2018 年 11 月，耿车镇电商协会会员已经达到 337 人[19]。电商协会的发展为企业之间的知识溢出、分工协作与抱团发展构建了合适的组织环境。

（4）认知邻近性：低门槛进入与区域商业底蕴

在沙集—耿车区域淘宝村创新知识扩散过程中，认知邻近性居于较为次要的位置。一方面，因为家具电商知识较为简单，并不需要高学历和较深的文化程度即可上手。在淘宝村创新知识形成阶段，孙寒与陈雷在上海考察家具市场并确定模仿对象时，便挑选了与沙集—耿车区域当地技术条件具有认知邻近性的简易板式家具，而放弃了其他工艺更为复杂、外观更为精美的家具类型。在创新知识扩散阶段，曾向孙寒学习电商知识的王朴文化程度并不高，电脑打字采用"一指禅"的方式，这并不妨碍他进入家具电商行业并取得成功，这进一步激发了其余同样学历不高、心存疑虑的村民[23]。同时，村民基本上都是采取最为保险和稳妥的策略，即先从其他具有生产能力的电商大户那里拿货销售，在积累了一定的经验、资金和技术之后再进入生产环节，成本与风险都极小，因此使得淘宝村创新知识能够在乡村区域快速扩散。但过高的认知邻近性在一定程度上也会导致区域创新能力的缺乏。

另一方面，由于沙集—耿车区域较为深厚的区域商业底蕴，村民的商业嗅觉和行动力都较为优秀。从地理条件上讲，宿迁市京杭大运河以东的区域土壤条件良好，气候温和，如沭阳县就被誉为"中国花卉之乡"，历来是南北花木互移适应性栽培的最佳过渡带，区域传统倾向于耕田务农、种植花木，而京杭大运河以西的土壤条件较次，区域传统倾向于走街串巷、行商坐贾。改革开放后，沙集—耿车区域率先以"耿车模式"闻名,基本上家家户户都有做生意的经验,且积累了一定数量的资金。因此,当一种新的利润回报远高于废旧塑料产业的商业模式出现时,区域内的村民能够迅速地抓住商机。同时由于存在较为浓厚的商业氛围,进入家具电商产业对当地村民来讲是一件自然而然的事情。

（5）地理邻近性：日常接触中的潜移默化与近域协作

演化经济地理学认为地理邻近性本身既不是创新知识扩散的充分条件也不是必要条件,但地理邻近连同其他邻近性一起能够显著促进创新知识的扩散。地理邻近性对于社会邻近性、认知邻近性也有影响,日常近距离的接触能够在潜移默化中提升主体之间的社会邻近性与认知邻近性,从而有利于创新知识的交流和扩散。胡垚等指出在传统集群理论提出的集聚正面效应中,地理邻近性带来的规模经济和范围经济在淘宝村产业集群中并不显著,但是由于地理邻近而带来的主体间互动和学习效应则十分显著[23]。以"三剑客"之一的夏凯为例,其注册网店的时间比孙寒早一个月,但由于他并不在东风村居住而是住在县城附近,因此并没有带动村民形成淘宝村。可见互联网并没有削弱淘宝村创新知识溢出的地理根植性。再如,与东风村搭界的沙集村村民沙根侠因为经常看到运输车到东风村拉货物才对家具电商有所了解,入行后没有遇到什么困难便达到了年销售额800万元左右的规模,这或许也可以视为地理邻近性在知识溢出中的作用。

同时由于这一区域只有沙集—耿车拥有规模大、价格低的大型物流中心,而其他乡镇如蔡集镇、王官集镇、埠子镇都必须依赖沙集—耿车的物流服务,因此物流服务半径也是制约淘宝村创新知识在更大范围内扩散和实践的限制因素。加之,多数商户采取"专业化生产+多样化销售"的策略,因此越是在地理上邻近家具生产厂商或由其构成的实体专业市场就越容易实现网店经营的成功。综上,较高程度的地理邻近性能够通过促进知识溢出、提供专业服务和实现网店多样化经营战略而促进淘宝村创新知识的扩散。

5.3.3 淘宝村创新知识的升级过程

1）沙集—耿车区域创新知识的构成

罗杰斯在《创新的扩散》一书中提出,创新在传播和采纳过程中会出现"再发明"的现象,这一现象表明不应再把创新知识看作固定不变的内容,在许多情况下创新知识的采用者会积极地对创新知识进行改造以适用于自己的特定状况[24]。在沙集—耿车区域淘宝村创新知识扩散过程中,"再发明"现象表现为淘宝村创新知识的升级过程。淘宝村创新知识一般分为两类,即关于如何使用电子商务开展沟通、销售、售后服务等市场交易行为的知识与生产特定产品或提供特定服务的知识,在沙集—耿车区域即"电商知识+家具知识"。如前文所述,关于电商的知识是一些常规性的知识，从业 1—2 年都能学会，且自主创新的余地和空间相对较小，而家具知识则不然。随着同质化竞争的日渐加剧和更高利润的刺激，家具生产的工艺和家具产品种类在"干中学"过程中不断创新。

在沙集—耿车区域淘宝村的发展过程中可以清晰地观察到家具生产工艺的升级。初期的家具产业往往以家庭作坊形态为主，多采用手工制作的生产工艺；随着生产规模的逐渐扩大，生产工艺逐渐采用半自动、半手工的生产方式；而随着生产规模的进一步扩大，家庭作坊纷纷转型为现代化的园区工厂，并采用全自动化的生产线进行专业化大生产，工艺也不断升级。家具产品类知识能较多反映不同主体的创新行为与能力，且能通过国家知识产权局专利申请信息进行定量分析研究。沙集镇的电商从业者在经历了"专利风波"[24]后，通过申请专利保护知识产权的意识得到空前强化，因此专利申请状况能够较好地反映当地家具产品知识的创新状况。本书选择国家知识产权局公布的 2011—2018 年"睢宁县—宿城区"区域家具类产品专利数据来研究区域家具知识的创新与升级。

2）家居产品创新知识的时空分布

（1）家具产品创新知识的历时性特征

在专利数量方面，2011 年以前睢宁县—宿城区区域几乎没有家具类外观专利申请数据。2011 年经历过"专利风波"之后，区域知识产权保护意识逐渐增强，专利申请数量逐渐增大。2012 年专利数量仅为 39 项，2017 年就增加到 733 项，为 2012 年的 18.8 倍，2018 年专利数量出现下降，为 611 项，总体上表现出先迅速上升后逐渐平稳甚至下降的趋势（图 5-27）。

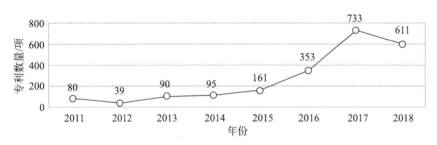

图 5-27　2011—2018 年睢宁县—宿城区外观专利申请数据

在专利产品细分领域，不同类型家具产品的历年占比有所不同，总体上表现出产品门类多样化发展的趋势。"桌子及类似家具"和"存放物品用家具"两类产品占比从 2011 年的 79.3%，下降到 2018 年的 68.8%，总体上始终维持在 70% 左右，占据主导地位。其中"存放物品用家具"从 2011 年的 48.8% 下降为 2013 年的 32.2% 后，又上升至 2018 年的 38.2%，总体上下降了 10% 左右，而"桌子及类似家具"则从 2011 年的 30.5% 上升为 2013 年的 43.3% 后，又下降为 2018 年的 30.7%，总体占比基本没有变化。"床"类产品从 2011 年的 17.1% 上升为 2012 年的 28.2% 后，持续减少为 2018 年的 7.3%，总体上减少 10% 左右。"其他家具及家具部件"则从 2011 年的不存在上升至 2018 年的 10.0%，"座椅""组合家具""镜子及框架""挂衣架""小装饰品、装饰、花瓶和花盆""陈列和销售设备"等总体上都有小幅度的上升（图5-28、图5-29）。

（2）家具产品创新知识的空间分布特征

在专利数量方面，空间分布的中心由沙集—耿车区域转变为高作—睢宁城区区域。2011年专利数据由于偶发的"专利风波"事件不纳入分析。2012年沙集镇和耿车镇分别获得专利24项与10项，是所有乡镇和街道中专利数量最多的空间单元，2018年两镇分别拥有103项和15项。与此同时，高作镇和睢宁城区分别获得专利197项和112项，大幅超过沙集—耿车区域的数量，成为睢宁县—宿城区区域家居产品创新知识分布的核心区域，呈现出后来居上、"最快的第二名超过第一名"的现象（图5-30）。

从不同类型的家具产品来看，各类主要产品的专利均呈现在某一区域集中分布的态势，反映出区域

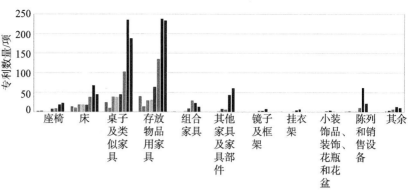

图5-28　2011—2018年睢宁县—宿城区各类外观专利申请数据

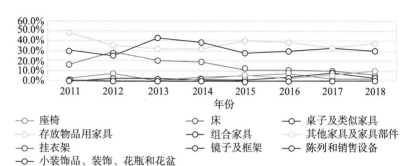

图5-29　2011—2018年睢宁县—宿城区各类外观专利申请数据比例

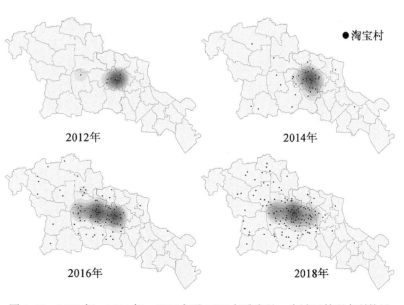

图5-30　2012年、2014年、2016年及2018年睢宁县—宿城区外观专利数量

分工与极化集聚的特征㉕（图5-31）。占据主导地位的"桌子及类似家具"和"存放物品用家具"的专利主要分布在东西向的"睢宁城区—高作—沙集—耿车"主轴线上，呈现出最为明显的空间集聚分布特征。"床"类家具主要分布在沙集镇，"其他家具及家具部件"主要分布在高作镇—睢宁城区区域，"组合家具"主要分布在沙集镇—高作镇区域，"座椅"主要分布于沙集镇和睢宁城区，"陈列和销售设备"主要分布于高作镇—睢宁城区区域。

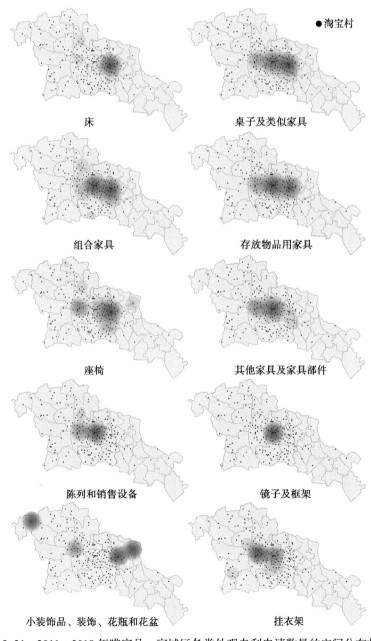

图5-31　2011—2018年睢宁县—宿城区各类外观专利申请数量的空间分布状况

（3）家具产品创新知识分布的均衡性特征

从发明人方面来看，2 176项专利共涉及1 114位发明人，且每项专利都仅有一位发明人，分布较为均衡。第一名王丽（"专利风波"中的当事人妻子）拥有70项专利，第二名程怀宝拥有59项专利，第三名丁元生拥有24项专利。其他拥有10—20项专利的有15人，有733人仅拥有1项专利，专利数量在发明人之间分配的基尼系数为0.405，去除王丽之后的基尼系数为0.386（图5-32）。按照联合国开发计划署以基尼系数为0.4划分相对合理分配和差距较大的分配状况，睢宁县—宿城区区域创新知识在发明人之间的分配差距相对均衡，并没有出现严重的两极分化状况（表5-5）。

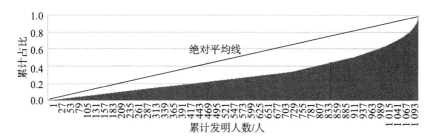

图5-32　2011—2018年睢宁县—宿城区各类外观专利数量在发明人之间分布情况

表5-5　2011—2018年专利数量在发明人之间分布的基尼系数

统计项	2011—2014年	2015年	2016年	2017年	2018年
样本量/人	137	100	212	441	417
基尼系数	0.353	0.345	0.339	0.332	0.272

从空间分布方面来看，2011—2018年睢宁县—宿城区各类外观专利共分布于200个空间统计单元中。按照各个统计单元专利数量计算得到的基尼系数为0.691，表现出高度集聚的空间分布特征（图5-33）。从历年基尼系数变化来看，2011—2014年基尼系数高达0.592，其后先下降后逐渐升高至原来水平，空间集聚程度呈现出先下降后上升的趋势（表5-6）。

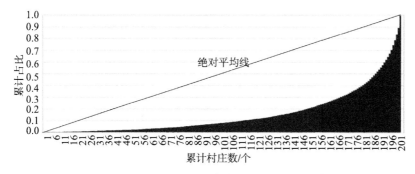

图5-33　2011—2018年睢宁县—宿城区各类外观专利数量在村庄之间分布情况

表 5-6 2011—2018 年专利数量在村庄之间分布的基尼系数

统计项	2011—2014 年	2015 年	2016 年	2017 年	2018 年
样本量 / 个	41	51	86	132	128
基尼系数	0.592	0.497	0.570	0.598	0.591

综合以上分析,家具产品创新知识在空间上呈现逐渐集聚的态势,而在发明人之间则逐渐均质化。也就是说,家具电商创新知识并不会无差别地弥漫在整个区域空间中,更可能的情形是,在空间集聚地区的发明人之间趋于均匀分布。

3)多维邻近性视角下淘宝村创新知识的升级

利用专利数量数据进一步深入分析社会邻近性、制度邻近性、组织邻近性、认知邻近性与地理邻近性对于淘宝村家具产品创新知识的影响。由于因变量为连续变量,故采用多元线性回归模型,回归方程如下:

$$Y(i) = a + \alpha X_{i1} + \beta X_{i2} + \gamma X_{i3} + \delta X_{i4} + b$$

其中,$Y(i)$ 为第 i 个村庄在研究期内的专利数量;X_{i1} 为村庄 i 所在的镇与沙集镇的社会邻近性;X_{i2}、X_{i3}、X_{i4} 分别为村庄 i 与东风村的制度邻近性和组织邻近性、认知邻近性与地理邻近性;a 为截距项;b 为随机扰动项;α、β、γ、δ 为待估计参数。

(1)多维邻近性的衡量

限于数据的可获得性及单个村庄数据的偶然性,研究采用不同村庄所在的乡镇与东风村所在的沙集镇专利申请人的姓氏结构相似程度表征该村庄与东风村之间的社会邻近性。所有申请人分属 131 个姓氏,根据本书的定义,村庄 i 与东风村之间的社会邻近性为

$$X_{i1} = 1 / \sum_{k=1}^{131} |N_{ik} - N_{ok}|$$

其中,N_{ik} 为村庄 i 所在乡镇第 k 个姓氏在本乡镇所有专利申请姓氏总数中所占的比例;N_{ok} 是沙集镇第 k 个姓氏在沙集镇所有专利申请姓氏总数中所占的比例。

制度邻近性以是否属于同一行政区来衡量,研究区域中睢宁县和宿城区分属徐州市和宿迁市,家具电商的发源地东风村属于睢宁县沙集镇。组织邻近性以是否属于同一电商协会来衡量。由于睢宁县和宿城区的电商协会均由政府主导成立,与行政区划的覆盖范围相同,因此将制度临近性和组织邻近性做合并处理,将之分为三个等级,其中沙集镇除东风村之外的其他村庄与东风村属于同一镇区,制度邻近性和组织邻近性程度最高,睢宁县村庄与东风村属于同一县域,其制度邻近性和组织邻近性程度次之,宿城区的村庄与东风村相比属于不同的市域,其制度邻近性和组织邻近性程度最低。

与社会邻近性的衡量相似,本书采用不同村庄专利类型构成与东风村专利类型构成的结构相似程度表征村庄与东风村之间的认知邻近性。根据《国际外观设计分类表(第8版)》及研究区域专利申请的特殊性,研究选取座椅,床,桌子及类似家具,存放物品用家具,组合家具,其他家具及家具部件,镜子及框架,挂衣架,小装饰品、装饰、花瓶和花盆,陈列和销售设备 10 类专利类型为统计指标,根据研究的定义,村庄 i 与东风村之间的认知邻近性为

$$X_{i3} = 1/\sum_{k=1}^{10}|N_{ik} - N_{ok}|$$

其中,N_{ik} 为村庄 i 第 k 个专利类型在本村庄所有专利总数中所占的比例;N_{ok} 是东风村第 k 个专利类型在东风村所有专利总数中所占的比例。

地理邻近性的衡量以村庄距离东风村的直线距离的倒数来定义,如下所述:

$$X_{i4} = 1/D_{io}$$

其中,D_{io} 为村庄 i 与东风村之间的直线距离,单位为千米,值越大与东风村之间的地理邻近性程度越低。

(2)分析结果及解释

通过数据整理和统计产品与服务解决方案(SPSS)软件分析,得出结果如表 5-7 所示,多维邻近性的显著性均小于 0.05,具有统计学意义。其中社会邻近性、认知邻近性和地理邻近性与专利数量呈显著正相关,制度邻近性和组织邻近性与之呈负相关。从标准化系数来看,社会邻近性和认知邻近性对于专利的解释程度最高,表明在专利上,两者的作用比地理邻近性、制度邻近性和组织邻近性更重要。

表 5-7 多维邻近性与专利数量多元线性回归模型分析结果

模型		未标准化系数		标准化系数	t	显著性
		B	标准误差	Beta		
常数项及各自变量	常量	−1.802	3.252	—	−0.554	0.580
	社会邻近性	17.317	5.352	0.422	3.235	0.001
	制度邻近性和组织邻近性	−31.947	11.030	−0.338	−2.896	0.004
	认知邻近性	8.392	1.403	0.394	5.983	0.000
	地理邻近性	18.771	7.828	0.181	2.398	0.017

注:因变量——专利数量。B 为未标准化的回归系数;Beta 为对自变量进行对中(Centering)和测度变换(Rescaling)处理之后得到的回归系数;t 为根据回归系数与标准误差计算而来对回归系数的显著性进行 t 检验的数值。

从回归分析结果来看,社会邻近性与专利数量呈显著的正相关关系,表明创新知识的升级与扩散一样也得益于社会邻近性(图 5-34)。从

2011—2018年专利申请人数量">10人"的乡镇与沙集镇的社会邻近性变化程度来看，2017年以前，符合要求的乡镇与沙集镇的社会邻近性程度均呈显著的上升趋势，表明社会邻近性的上升与创新知识的升级一同进行。2018年，邱集镇、梁集镇、庆安镇与沙集镇的社会邻近性程度继续上升。

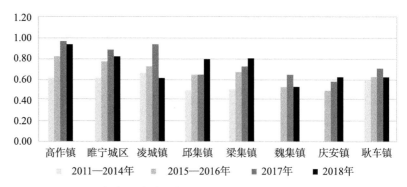

图 5-34 2011—2018年专利申请人数量>10人的乡镇与沙集镇社会邻近性程度变化

制度邻近性、组织邻近性与专利权数量呈负相关，这一结论不同于其他实证研究的结果[25]。这是因为紧邻沙集镇的高作镇和耿车镇的村庄的专利数量较高，而沙集镇除东风村和沙集镇区外其他村庄专利申请数量并不突出，而高作镇与耿车镇的村庄与东风村的制度邻近性和组织邻近性程度都低于沙集镇的村庄，从而造成制度邻近性和组织邻近性程度与专利数量出现负相关关系（图5-35，表5-8）。高作镇与耿车镇均紧邻沙集镇则显示了地理邻近性的作用。

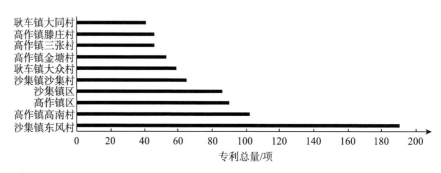

图 5-35 专利总量前10位的村庄

表 5-8 专利数量与制度临近性偏相关分析结果

控制变量			专利数量	制度邻近性
地理邻近性 & 认知邻近性 & 社会邻近性	专利数量	相关性	1.000	-0.206
		显著性（双尾）	—	0.004
		自由度	0	189

回归结果表明，认知邻近性与专利数量呈现正相关关系。但不同于社会邻近性的历年变化趋势，专利申请数量">15项"的乡镇与沙集镇之间历年认知邻近性程度变化趋势较为无序（图5-36）。其中，邱集镇、魏集镇、庆安镇、耿车镇与沙集镇的认知邻近性程度表现出明显的上升趋势，高作镇、梁集镇表现为先上升后下降的趋势，睢宁城区表现为先下降后上升的趋势，凌城镇的波动较大。认知邻近性变化的微观基础是基层政府采取的促进创新的行为和个体网商持续的创新行为㉖。

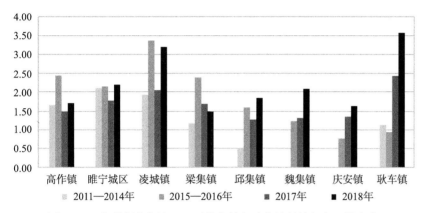

图5-36 专利申请数量>15项的乡镇与沙集镇的认知邻近性变化

回归结果显示，地理邻近性对于专利数量也有着显著正效应，即距离东风村地理距离越近，相应村庄的专利数越大。从专利数量与地理距离散点分布图（图5-37）上来看，在距离东风村14 km以上的研究区域中，108个统计对象中除了魏集镇区以外（31项专利），不存在其他拥有14项以上专利的村庄，而在14 km以内的研究范围内，86个统计单元中有28个拥有14项以上专利，且总体上均匀分布态势明显。这说明地理邻近性存在一定的尺度效应，超出一定的地理范围，创新知识的扩散与升级便难以有效率地进行。而在一定地理范围内，地理因素便不再起到决定性的影响作用，也就是说当创新知识弥漫在一定地理范围内时，对于这一范围内的人而言，创新机会是均等的。

以家居产品专利申请数量增长情况表征淘宝村创新知识的升级过程，其中社会邻近性、认知邻近性、地理邻近性与专利数量呈正相关关系，制度邻近性和组织邻近性呈现负相关关系。通过分析社会邻近性和认知邻近性的历年变化看到，随着创新知识的升级，睢宁县和宿城区其他乡镇与沙集镇的社会邻近性和认知邻近性大体呈现上升趋势，表明社会邻近性和认知邻近性与创新知识升级过程存在相互作用的演化动态。通过对地理邻近性的分析，显示在睢宁—宿城区域内，创新知识弥漫在距离东风村直线距离14 km以内的区域中，区域内的创新机会对所有村庄是均等的。当然，现实中淘宝村创新知识的升级由于乡村人才、技术的缺乏有可能陷入认知锁定的困境，社会邻近性和认知邻近性的持续上升也有可能导致"邻近性悖论"现象的出现，表现为缺乏经济理性的默许抄袭现象，以及知识基础高度重叠带来的创新动力不足等。淘宝村只有充分借助外部先进知识的输入，诸如通过设计外包、科研外包等方式，才能实现淘宝村创新知识的持续升级。

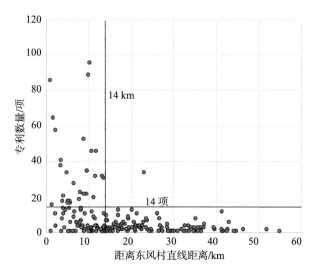

图 5-37　各统计单元专利数量与距离东风村距离散点图

第 5 章注释

① 据《南方都市报》报道，2019 年 7 月 16 日番禺里仁洞村旧村庄更新改造项目招商主体成员代表会议召开，越秀地产获得里仁洞项目旧改资格。从越秀地产关于里仁洞村改造的相关资料了解到，改造后的里仁洞村将较现状增加 11 所学校，重新配置公共服务及市政公用设施共计 19.25 万 m^2，其中包含独立设施用地 10.88 万 m^2。该村现有市政设施仅 14 处，改造后拟建设市政公共服务设施共计 175 处，比现有增加 161 处。资料来源：http://finance.sina.com.cn/roll/2019-07-17/doc-ihytcerm4322034.shtml。

② 2005 年联合国组织、世界银行与摩根士丹利联合发表《震惊世界的中国数字》，其中总第 40 条提到"义乌有全球最大的小商品批发市场"。

③ "专业市场消亡论"并非指专业市场这一经济现象整体上会消亡，而是指在西方发达国家发生的，随着工业化进程的演进，许多作为个体的专业市场逐渐衰落的历史事实。

④ 资料来源于阿里研究院《中国淘宝村研究报告（2017 年）》。

⑤ 义乌市场上销售的小商品绝大部分都是在义乌市及其周边区域内生产制造的。强大的生产制造能力是义乌小商品具有全球竞争力的根本原因。义乌虽然是商贸之都，但在义乌的三次产业结构中，第二次产业的比重是最高的。

⑥ 数据来源于阿里研究院《中国淘宝村研究报告（2018 年）》。

⑦ 数据来源于《探访义乌国际商贸城:"双十一"提前过 力抓自主品牌》,http://www.chinanews.com/cj/2015/11-14/7623580.shtml。

⑧ 这是以培训、孵化电子商务人才著称的学校。

⑨ 数据来源于《"中国网店第一村"青岩刘打造中国电商网红孵化基地》,http://finance.huanqiu.com/roll/2016-10/9592798.html。

⑩ 数据来源于阿里研究院《中国淘宝村发展报告(2014—2018年)》。

⑪ 数据来源于《2013义乌电子商务交易额首超实体市场》,http://www.jhnews.com.cn/jhwb/2014-04/15/content_3193381.htm。

⑫ 数据来源于《义乌有望书写电商新传奇》,http://www.jhnews.com.cn/2018/0812/822129.shtml。

⑬ 数据来源于中国社会科学评价研究院等《中国电子商务发展指数报告(2017)》。

⑭ 由于电子商务产业的蓬勃发展,2015年大集乡"撤乡设镇",成为建制镇。

⑮ 以曹县电子商务起步阶段的创业者之一周爱华为例,她的第一笔儿童演出服饰订单就是亲自购买布料,设计样板,请女儿做模特拍照发给客户,客户下单36套的订单之后,周爱华再请来亲戚朋友帮忙,根据样板进行制作,完成了全村第一笔淘宝订单。资料来源:《走进曹县大集乡丁楼村:"山东淘宝第一村"探秘》,http://news.caoxian.tv/newsshow-3424.html。

⑯ 2010年曹县电商带头人之一的任庆生在经营家庭作坊期间,接到了广东一所高校求购上千套演出服的订单,然而因为生产能力的限制,难以在对方要求的时间内完成订单,无奈只能放弃这笔生意。这一事件促使他决定兴办专业服装加工企业,创立自己的庆生服饰品牌。2017年他的企业已拥有超过700 m²的车间,组织了近百位员工进行演出服饰加工。资料来源:《菏泽"农村淘宝第一人"带出"中国淘宝村"》,http://heze.dzwww.com/news/201702/t20170217_15551686.htm。

⑰ 数据来源于《网店遍地开花! 电商成为曹县新型经济发展的"引爆点"》,http://heze.sdnews.com.cn/xwzx/201712/t20171209_2324037.htm。

⑱ 1983年1月中央一号文件为私办企业开了绿灯,但社会仍然对此存有疑虑。《印象耿车》中记载,红卫村的王成聿在创办联户企业时,村里甚至还有人编了顺口溜说:"王成聿你莫神,大牢缺个人。"王成聿因担心政策有变,偷偷跑到北京观察了三个月。后来徐守存安排秘书以乡党委的名义给他写信,明确表态支持王成聿办自己的企业。王成聿这才回到家乡,先后办了几个加工厂,并成立了宿迁县第一家"姓农"的公司。

⑲ 2018年10月29日团队拜访邱永信先生。邱永信是耿车镇大众村第一个率先从事废旧塑料回收加工产业的,随着废旧塑料产业的不断发展,高度污染的生活环境已经严重影响到了当地人的日常生活。他对我们讲:"外人到家看到那堆塑料,饭都吃不下去。我有个同学当时在山东,我邀请他到我家玩玩儿。来了一看,老同学之间有啥讲啥,他跟我讲:'同学啊,你这儿太脏了,你怎么能生活下去呢,废水都渗到井里了,水怎么能吃呢?'一听他这么讲话,我就不能把他留在家里吃饭了,开车到骆马湖吃饭。我不知道他怎么感觉,我一到骆马湖,那感觉一天一地,脑子非常清醒。在家里围着塑料圈子,这个味儿难闻啊。"

⑳ 据《中国淘宝第一村》"七访剑客"一节中记录的孙寒本人的口述。他从小便不守规矩，高中因爬墙头出来上网被开除回家，未读过一天大学，辍学后一直在外打工、当保安、卖化妆品、做群众演员和黄酒搬运工。后来他伪造了一张南京林业大学文凭，应聘到县移动公司做业务员。因为倒卖公司做促销活动的手机、电话卡赚取差价，被公司开除。后因手上还有30张福利充值卡，希望变现，就在网上试着卖，成功卖出后开始在网上代卖义乌小商品，每个月可以赚取千把块钱的收入。2007年试图代理卖净水器，未果。同年，与陈雷一同去上海考察家具市场，发现瑞典宜家家居简约时尚、工艺简单，颇受白领青睐，买了一套出纳架，自己略做修改，改螺丝固定为卡扣设计以利于拆卸组装和物流运输，其后在本地找到木匠着手仿制，自家人负责用砂纸仔细打磨，一天很容易就能挣三四千元。为了解决家具供不应求的问题，便利用前期积累投资七万元购买机器及原材料，开办了自己的家具厂。

㉑ 根据《耿车镇2017年度全民创业工作总结》整理。

㉒ 根据《沙集镇网销家具产业发展调研报告》整理。

㉓ 东风村党支部副书记兼淘宝人王甫君说："到2006年，我们村的孙寒、陈雷带头开了网店，卖些花架子、鞋架子、书架子什么的。东西也不怎么好，摆在那里还会晃来晃去。这可是个新奇事儿。做梦也想不到，邻居们都不信，也没有见过家里来过一个买的，怎么卖的？可他卖出去了。真是时代在发展，啥事都不一样了。我们见过逮鱼的渔网，见过网棉被的被网，那都是能看见的。这个看不见的互联网，能卖东西也能买东西，老天爷，说瞎话似的。孙寒说，这就叫网店，这就叫淘宝。大家看他这样能挣钱，也都开始跟他学，开店的人就多了。"资料来源：《中国淘宝第一村》和实地访谈整理。

㉔ "专利风波"是指2011年沙集镇网商徐松通过将网上销售的家居产品申请专利，以此收取专利费而导致的沙集镇家具电商产业发展陷入困境的事件。徐松投资30多万元，共申请900多项专利，其中获得授权的有200多项。后经当地政府和电商协会出面协调，徐松将专利贡献出来由大家共用。这一事件也引起了当地网商对于知识产权保护的重视。

㉕ 沙集镇的家具大多为床、衣柜、组合家具等大件物品，于是耿车镇大众村便逐步将产品重点转向小件家具用品，探索一户一品新思路。每家商户根据自身特长向定制化鞋柜、宿舍用品、花盆隔板、桌上书架等专业化方向发展，材质也从单一的板材转向实木和新材料。同时，耿车镇还与家具设计院校开展了产学研深度合作。

㉖ 沙集镇的产品从最初的简单仿制家具生产走向自主设计，从土生土长走向品牌创建，离不开网商群体的创新行为。例如，专利拥有数量位居前列的程怀宝积极研究当地淘宝大户的成功经验和灵活的做法，主动学习淘宝大学的教学视频，利用互联网提升自己的认知水平和创新能力。孙寒推出了烤漆、雕花等工艺创新。在款式上，聘用设计师推出了自主设计产品；在包装上，试验采用新型材料，以确保长途运输更安全。陈雷则把淘宝家具加工由木条、板式、实木向钢木结构发展，2014年又增加水性漆新家具。刘兴利将自己的生产工艺从手工加工向半机械加工过渡，最终升级为全自动的加工设备，并采用了数控雕刻机。在产品方面，设计出了一款适合国人的新款母子床，成为东风村一年销售6.5亿元母子

床的前身。王跃每月开发两三种新型产品。资料来源:《中国淘宝村优秀案例精选》《中国淘宝第一村》及访谈记录。

第5章参考文献

[1] 曼纽尔·卡斯特.网络社会的崛起[M].夏铸九,王志弘,等译.北京:社会科学文献出版社,2003.

[2] 杨思,李郇,魏宗财,等."互联网+"时代淘宝村的空间变迁与重构[J].规划师,2016,32(5):117-123.

[3] 马斌,徐越倩.论专业市场与电子商务的互动发展:以浙江省为例[J].商业经济与管理,2005(3):15-19.

[4] 蔡泽.传统专业市场的电子商务化[J].中国市场,2011(10):75-76.

[5] 杨小凯,张永生.新兴古典经济学与超边际分析[M].北京:社会科学文献出版社,2003.

[6] SAMUELSON P A. The transfer problem and transport costs: the terms of trade when impediments are absent[J]. Economic Journal, 1952, 62(246): 278-304.

[7] 阿林·杨格.报酬递增与经济进步[J].贾根良,译.经济社会体制比较,1996(2):52-57.

[8] SPULBER D F. Market microstructure: intermediaries and the theory of the firm[M]. Cambridge: Cambridge University Press, 1999.

[9] 陆立军,赵永刚.网络拓展、品牌嵌入与专业市场适应性:基于义乌"中国小商品城"的实证分析[J].中国软科学,2012(7):115-125.

[10] 陆立军,俞航东,陆瑶,等.集聚型中间商:对专业市场交易中介效应的理论解释[J].产业经济研究,2012(4):1-9.

[11] 汪斌,董赟.从古典到新兴古典经济学的专业化分工理论与当代产业集群的演进[J].学术月刊,2005,37(2):29-36,52.

[12] 庞春.为什么交易服务中间商存在?内生分工的一般均衡分析[J].经济学,2009,8(2):583-610.

[13] 单建树,罗震东.集聚与裂变:淘宝村、镇空间分布特征与演化趋势研究[J].上海城市规划,2017(2):98-104.

[14] BOSCHMA R, COENEN L, FRENKEN K, et al. Towards a theory of regional diversification: combining insights from evolutionary economic geography and transition studies[J]. Regional Studies, 2017, 51(1): 31-45.

[15] 宿城区耿车镇人民政府.印象耿车[M].南京:江苏人民出版社,2018.

[16] 叶秀敏,汪向东.东风村调查:农村电子商务的"沙集模式"[M].北京:中国社会科学出版社,2016.

[17] 陈恒礼.中国淘宝第一村[M].南京:江苏人民出版社,2015.

[18] 解维俊,高红冰.中国淘宝村优秀案例精选[M].北京:电子工业出版社,2017.

[19] 中共耿车镇委员会.耿车电子商务发展情况报告[R].宿迁:宿迁市宿城区耿车镇人民政府,2018.

[20] 秦晖. 传统十论: 本土社会的制度、文化及其变革: 名家专题精讲 第二辑[M]. 上海: 复旦大学出版社, 2003.

[21] 贺雪峰. 村庄类型及其区域分布[J]. 中国乡村发现, 2018(5): 79-83.

[22] WATTS D J, STROGATZ S H. Collective dynamics of 'small-world' networks[J]. Nature, 1998, 393(6684): 440-442.

[23] 胡垚, 刘立. 广州市"淘宝村"空间分布特征与影响因素研究[J]. 规划师, 2016, 32(12): 109-114.

[24] 罗杰斯. 创新的扩散[M]. 唐兴通, 郑常青, 张延臣, 译. 5版. 北京: 电子工业出版社, 2016.

[25] 贺灿飞. 演化经济地理研究[M]. 北京: 经济科学出版社, 2018.

第5章图表来源

图5-1、图5-2源自: 陈文涛绘制.

图5-3、图5-4源自: 笔者拍摄.

图5-5源自: 罗震东, 何鹤鸣. 新自下而上进程: 电子商务作用下的乡村城镇化[J]. 城市规划, 2017, 41(3): 31-40.

图5-6源自: 笔者拍摄.

图5-7源自: 罗震东, 何鹤鸣. 新自下而上进程: 电子商务作用下的乡村城镇化[J]. 城市规划, 2017, 41(3): 31-40.

图5-8至图5-11源自: 笔者拍摄.

图5-12至图5-17源自: 陈文涛绘制.

图5-18源自: 笔者拍摄.

图5-19源自: 笔者根据浙江省义乌市市场监管局统计数据绘制.

图5-20源自: 笔者拍摄.

图5-21、图5-22源自: 乔艺波绘制.

图5-23源自: 国家知识产权局网站.

图5-24、图5-25源自: 笔者根据阿里研究院历年中国淘宝村研究报告整理绘制.

图5-26源自: WATTS D J, STROGATZ S H. Collective dynamics of 'small-world' networks[J]. Nature, 1998, 393(6684): 440-442.

图5-27至图5-37源自: 笔者根据国家知识产权局网站相关信息绘制.

表5-1源自: 阿里研究院, 2017年.

表5-2源自: BOSCHMA R, COENEN L, FRENKEN K, et al. Towards a theory of regional diversification: combining insights from evolutionary economic geography and transition studies[J]. Regional Studies, 2017, 51(1): 31-45.

表5-3源自:《沙集镇电子商务产业发展情况调研报告》, 沙集镇政府工作文件, 2015年.

表5-4源自:《耿车镇废旧物资回收加工综合整治工作转型发展情况排查表》, 耿车镇政府工作文件, 2016年.

表5-5至表5-8源自: 乔艺波绘制.

6 中国淘宝村的治理转型

根据全球治理委员会（The Commission on Global Governance）在《我们的全球伙伴关系》（*Our Global Neibourhood*）中的定义，治理是指各种公共的或私人的个体和机构管理其共同事务的诸多方式的总和。它是使相互冲突的不同利益得以调和并且采取联合行动的持续过程。这既包括有权迫使人们服从的正式制度和规则，也包括各种人们同意或以为符合其利益的非正式的制度安排[1]。将治理概念应用在乡村社会，乡村治理可以界定为由正式组织（乡镇政府和村两委）、市场主体、村民等乡村社会中各种利益相关者和责任主体共同作用于乡村政治、经济、社会发展建设的过程[2]，包含各主体的治理参与行为以及对乡村发展的作用影响。

经济基础决定上层建筑，淘宝村电子商务的蓬勃发展在剧烈重构乡村经济结构的同时必然推动乡村治理的变迁。乡村治理变迁就是指应对不同社会环境时，乡村公共事务的治理模式发生改变的过程。治理变迁本质上是一种转型的过程，所以一般与"治理转型"概念不做严格区分。乡村治理变迁或曰转型主要从治理主体、治理行为以及治理效应这三方面来观察。围绕淘宝村的治理转型，本章首先以时间发展为脉络来观察电子商务驱动下治理变迁的过程，然后对当前淘宝村出现的治理困境进行梳理总结，最后提出淘宝村治理转型的可能路径。

6.1 淘宝村多元化治理格局形成

电商创业所带来的显著的财富效应促使乡村社会各主体间的利益加速分化、重组，从而推动乡村治理结构发生巨大变化。其直观地表现为，以乡镇政府为顶端、村级政治组织为中间、广大村民为基层的金字塔式层级结构的解体。传统乡村治理的"真空"困境在一定程度上得到缓解，乡村治理格局开始向多元主体共治转变。在淘宝村不仅实现了乡村内外治理结构的双向重构，并且催生出协调沟通内外的中间治理层级。

6.1.1 基层政府治理重心转移

由于乡村电子商务显著的财富效应和脱贫绩效，不仅为沉寂的乡村经济注入新活力，而且为地方政府发展经济、脱贫攻坚找到了抓手，因此迅速成为各级政府的工作重点。上至中央政府、省级政府，下至县、乡基层政府，均将发展乡村电子商务作为推动区域发展、增加财政收入、解决三农问题，进而实现农业升级、农村发展和农民增收的重要手段。尤其淘宝村近年来的迅猛发展和不凡绩效，更是吸引了各级政府和社会各界的广泛关注。中央政府从2015年开始密集出台大量与农村电商相关的政策，鼓励乡村电商的发展。2017年的中央一号文件专辟一节阐述"推进农村电商发展"。2018年、2019年连续两年的中央一号文件以及中共中央、国务院印发的《乡村振兴战略规划（2018—2022年）》，均将开展电子商务进农村综合示范，建设具有广泛性的农村电子商务发展基础设施，作为培育农业新产业、推动"产业兴旺"的重点。在中央大力鼓励发展的背景下，基层政府对乡村电商的发展更是给予高度关注，积极干预、介入乡村治理活动，与乡村的关系由相对的松散状态变得再度紧密起来。典型如山东省曹县大集镇丁楼村，在电商发展之前是一个典型的空心村，大量村民外出务工，乡村治理长期处于"真空"状态。2013年4月大集乡（2015年2月撤乡设镇）新一届乡党委书记苏永忠在乡村消防安全检查中发现了乡村电商这一新兴经济发展模式，经过乡党委、乡政府的认真思考，决定将治理的重心从集镇转向淘宝村，通过积极介入乡村治理事务推动乡村电商快速健康发展。大集乡政府职能开始由传统的提供农业生产服务转向提供电商发展服务。基层政府行为的这一转变在大量淘宝村均有所体现。广东省揭阳市军埔村、浙江省义乌市青岩刘村以及江苏省睢宁县沙集镇东风村等著名淘宝村所在的基层政府均出台一系列政策措施，诸如基础设施投入、技能培训、土地供给、资金配套、税收返还等，鼓励、扶持乡村电子商务产业的发展。虽然各地基层政府推动乡村电商发展的具体行动各有特色，但基本在乡村治理中发挥着统筹全局的作用。

1）运用正式权力来促进乡村电商发展

乡村电子商务的发展尤其是自发成长模式的淘宝村的发展基本以创业草根的小打小闹起步，通常均缺少有序的发展计划与正式的制度安排[①]。同时大部分村民的互联网技能水平和乡村基础设施的发展水平均较为滞后，乡村电商发展的软、硬环境通常较差。基层政府必须运用正式权力针对乡村电商发展的主要痛点展开务实工作。由于山东省曹县大集镇政府的工作非常具有代表性且富有成效，本书将其总结为以下几个方面：

（1）创设正式制度与机构。建立"农村淘宝"项目执行领导小组，成立大集镇淘宝产业发展服务办公室，专项负责与乡村电商发展相关的事务。将大集镇淘宝产业发展服务办公室（见前图2-15）直接设置在淘宝村，以便更好地开展乡村工作，解决村民电商发展难题。

（2）出台乡村电商扶持优惠政策。一方面，对村民注册公司、商标等给予相应的税收减免及现金奖励。比如注册公司一项，政府不仅免除费用，而且派专人负责帮村民注册公司，村民只需将申请材料交给政府即可。另一方面，对乡村电商发展中存在的突出问题提供政策上的帮扶，如鼓励人才引进，鼓励物流快递发展等（表6-1）。

表6-1 2013年大集乡颁布的鼓励电子商务经济发展的优惠政策

编号	优惠政策
1	电商或加工企业注册公司专人办理、费用全免
2	对电子商务企业给予税收奖励。对缴税超10万元、5万元的企业，分别给予"电子商务先进单位"称号，按所缴税额的20%、10%作为奖金返还
3	对以电子商务形式实现年销售额首破500万元、100万元的经营主体、加工业务量超百万元的加工户分别给予10 000元、5 000元资金奖励
4	对有天猫店铺的淘宝商户或电商企业给予一次性奖励金5 000元；对拥有注册商标的电商企业和商户给予奖励金2 000元
5	对电商企业从外引进年薪在10万元以上且聘用时间超过1年（含1年）的高级管理人才、高端营运人才、核心技术人才，按其个人所得税地方实得部分全额奖励
6	对物流配送（包括快递行业）公司的新建或改造提升项目，按现代物流业发展政策给予奖励或补助
7	对淘宝企业及网店实行扎口管理，不经淘宝产业发展领导小组批准，任何单位和个人不得向淘宝企业及网店乱检查、乱收费

（3）提供电商培训服务。组织聘请淘宝大学专家，免费为村民开展电商培训。2015年一年便组织了五期电商培训班。

（4）开展空间治理解决空间需求。随着电商规模的扩大，村民宅基地内的生产、仓储以及办公空间日益难以满足需求，急需更大的发展空间。乡镇政府一方面积极利用村庄原有集体建设用地，如养殖场用地、村头废弃地等来搭建厂房；另一方面加紧规划建设电商产业园，集中解决电商大户的空间需求。产业园区选址在镇区以北更靠近省道和高速公路的区位，有效减少穿越镇区的交通量，缓解交通拥堵情况。园区内同步规划建设商铺、物流站点、电商服务大楼等功能性空间，以提升土地利用效率。为了推动园区尽快形成集聚效应，政府对入园企业给予相应的政策优惠和奖励。

（5）组织开展基础设施建设工作。在电商发展初期，整个大集镇只有一条县级道路，且路况很差，坑洼泥泞。镇政府第一时间出资修缮贯穿镇域南北的主要对外道路——桑万路，将道路宽度从5 m加宽到9 m，大大改善了镇区南北向的交通拥堵情况。大集镇在电商发展之前，乡村信息基础设施供给几近于无，且一直存在供电不稳的问题。经过乡镇政府的沟通，2014年5月曹县电力局对大集镇进行整体线路改造。在销售旺季时，典型如"六一"儿童节前的一个月，镇政府组织架设电力专线以保障淘宝村的电力供应。为了确保村民网络稳定，镇政府积极推进光纤入户工作，使大集镇的光纤入户率竟然达到全省最高，从2013年的1 314户发展到2015年的3 800户。

2）运用非正式权力激励村民从事电商

乡镇政府通过正式权力促进乡村电商发展只是政府参与乡村治理的一个方面。在实际的日常操作中，为了缓解长期的官民对立，乡镇政府在扶持电商发展的工作中，必须采取大量基于非正式权力的行动策略，通过极富"人情味"地使用权力[3]来重塑政府形象，提高村民对政府的信任度，从而更好地支持、配合政府工作的开展。同样是大集镇，以下几件典型事例可以充分反映非正式权力的运作方式与绩效：

（1）镇书记亲自走访淘宝商户，召开电商大会，并向村民发放个人名片，做出"只要有难题就可找他求助"的承诺。由于坚持身体力行，收到了很好的效果②。

（2）政府工作人员亲自到乡村为电商经营户挂上"电子商务先进单位"等称号牌，表明政府扶持电商的决心，消除村民对政府可能"吃拿卡要"或是禁止经营的担忧。

（3）在2014年春节外出务工农民返乡之际，镇书记亲自到火车站给村民发放《致返乡村民的一封信》，鼓励村民返乡创业。此举树立了政府的正面形象，拉近了政府与村民间的距离。

（4）镇政府亲自出面与快递企业沟通协商。电商发展初期快递业务在乡村层面不仅滞后，而且定价较为混乱，乡镇政府的协调和规范有效地推动了快递业务的有序发展。

6.1.2　村级治理能力的激活

提升村民的参与主动性和参与能力是实现乡村善治的首要前提。乡村电商的发展在迅速改变村民经济收入和协作关系的过程中激活了村庄内部的治理力量。村民利益主体意识和权力主体意识迅速觉醒，在经济利益的驱动下，一改过去"疲软散乱"的状态，开始主动地参与乡村治理事务中。村级治理可以从村民和村两委两个主体的行为策略来观察。

1）村民利益格局重组

电商发展会在乡村形成一条从加工生产、网络销售、打包快递到售后服务的完整产业链，不仅能够吸纳大量农业剩余劳动力向第二、第三产业转移，同时能够给外出务工人员提供返乡创业、就业的机会，进而形成一个电商大户带动，大量村民分别扮演网商、生产商和配套服务商等角色的本地化分工网络。虽然村民在这一网络中承担着不同的分工，有着不同的利益诉求，但也围绕乡村电商产业的健康可持续发展形成利益共同体。由于与切身利益息息相关，村民开始主动行使自己的政治权力，参与乡村治理事务中，尤其是与电商发展相关的事务。在这一过程中，电商经济精英凭借其在乡村较高的经济社会地位，开始进入乡村治理的核心，进而成为乡村政治精英。例如2014年10月在大集镇丁楼村村两委的换届选举中，村民积极行使民主选举权，选举本村最早开始电商创业并热心带领村民从事电商致富的任庆生为村书记。在从事电商之前,任庆生仅仅是村里的一个普通电工,且长期在外打工,对于乡村治理事务基本很少参与。

随着乡村电子商务的发展,村民不仅积极争取个人利益,也会通过抗争性行为来维护乡村集体或电商群体的整体利益。当大集镇政府规划利用镇区北部的闲置老厂房建设电商产业园区时,不少从事电商的村民纷纷向镇政府反馈意见,指出大集的淘宝产业发源于镇域南部,淘宝产业集群也主要位于镇域南部,产业园区设在镇域北部非常不利于产业的集聚发展。村民的主动参与虽然未能改变电商产业园区的最终选址,但对基层政府的公共决策以及进一步的发展规划形成了深远的影响(图6-1,表6-2)。

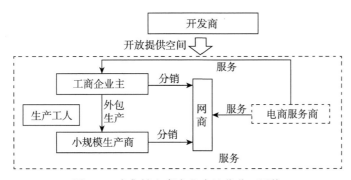

图6-1 大集镇电商产业本地化分工网络

表6-2 大集镇电商分工中主要利益主体的诉求分异

主要利益主体	主要利益诉求	共同利益诉求
网商	提高产品价格和销量	道路设施; 信息基础设施建设; 电商扶持政策; 金融支持……
工商企业主	企业的健康发展(提高生产管理水平、高技能人才招聘、产品质量升级、品牌化等)	
小规模生产商	扩大生产规模,开拓新的生产仓储空间	
生产工人	更多的产品、更高的产品生产单价工资	

2)村两委治理逻辑转变

在传统的乡村治理事务中,村两委主要承担包括调解纠纷、组织灌溉、援助、文化娱乐和宗族活动等职能,乡村电子商务的兴起明显转变了村两委的工作重心和治理逻辑。一方面,村级组织的行政化特征随着乡镇政府工作重心的进一步下沉而表现得更为明显。另一方面,由于乡镇政府、村两委和村民有着发展乡村电商的共同利益诉求,村两委能够较好地承担"当家人"和"代理人"的双重身份,积极配合乡镇政府工作,执行促进乡村发展的具体任务,包括配合开展道路、通信等基础设施的建设工作,以及开展电子商务培训组织工作等。同时村两委作为村民与乡镇之间的衔接层级,承担着重要的沟通协调职能,既向上沟通、反映村民的意见和诉求，又向村民传达上级政府的相关政策和通知等。

大量淘宝村村两委尤其是村党支部书记在乡村电商发展过程中往往扮演着非常重要的角色。2018年当选"中国淘宝村杰出推动者"的大集镇孙庄村党支部书记孙学平就是一个典型。孙书记不仅经常通过村里的广播来通知、号召、组织村民，到电商家中了解情况，并及时与镇政府交流、沟通，还积极组织、推动服务电商发展的创新性工作来助力淘宝村的发展升级。在孙书记的领导下，孙庄村自发投资建设"淘宝一条街"，不仅形成服务大集镇淘宝产业集群的综合中心，而且自下而上地推动了大集镇乡村电商配套服务的升级。于2018年同时当选"中国淘宝村杰出推动者"的十堰市郧西县涧池乡下营村党支部书记刘庭州同样是淘宝村发展升级的关键人物。从最初正确引导绿松石电商产业发展，到争取政府各方面支持，再到对美丽乡村的营建和产业转型路径的构想，以刘庭州为核心的村两委始终是乡村治理过程的重要参与者、决策者和实施者。

6.1.3 新兴治理主体的崛起

虽然村级治理能力的激活和政府治理重心的下移大大优化了乡村治理结构，但面对乡村电商快速发展过程中存在的诸多问题，这一二元治理结构依然是不充分的，第三方更为职业的组织或团体的加入更有利于淘宝村治理能力的提升。中国乡村长期以来的经济、社会凋敝，使得大部分乡村除了村两委几乎没有其他类型的组织。为了进一步推动政府、社会以及村民的合作互动，保障电商行业健康可持续发展，淘宝村往往会建立电商商会或者行业协会，希望通过此类组织共享市场信息、降低生产成本、增强电商产业抵御风险的能力[4]。2012年沙集镇在优秀电商带头人孙寒的组织下建立电子商务协会，试图解决网商各自为政的局面，规范市场秩序。协会的具体事务包括组织培训，与当地工商部门协调处理投诉问题以及维权，积极引导会员进行产品创新，培育产权意识，向银行争取贷款优惠政策以及帮助会员解决资金难题等③。2016年沙集镇电子商务协会就和沙集镇政府、农商行联手为沙集就业创业群众提供全新的贷款扶持政策。大集镇政府于2013年牵头成立了大集镇表演服饰协会，全镇的表演、摄影服饰加工企业、淘宝商户自愿参与成为会员。义乌市青岩刘村更是在首届"中国淘宝村杰出推动者"刘文高的带领下成立江东电子商务协会，开展了大量创新性工作，譬如开办"网货超市"，给一些暂时没有实力的小网商供货，同时也帮助网商开辟市场。电商协会的出现有利于加强电商企业间以及企业与政府间的沟通、协调、协作和交流，促进企业技术进步，规范乡村电商发展，这是对乡村治理体系的积极发展。

为了实现对乡村电商的扎口管理，加快推动其发展，淘宝村所在乡镇大多会成立专设的电商领导小组。大集镇便成立了淘宝产业发展领导小组，作为乡镇政府意愿的表达者，成为乡村治理中的另一个新兴主体。大集镇还在孙庄村"淘宝一条街"设立淘宝产业发展服务办公室，帮助村民开设网店，帮助企业进行公司免费注册，并为企业统一制定联系牌等。作为电商领导小组的办公地，村民可以随时向有关工作人员反映电商从业中遇到的任何问题以及所需的帮助。淘宝产业发展服务办公室使得村民与镇政府之间的沟通更具时效性与准确性，为村民提供了一种便捷、高效的治理参与方式。自下而上运作的电商协会和自上而下运作的电商领导小组共同构成了政府与村民间重要的中间治理层级。

电商驱动下的乡村治理多元化重构是一个自下而上的过程，其形成机制可以从内外两个方面来揭示，即利益结构重组的推动作用和升级需求的倒逼作用。一方面，电商产业分工在重塑村民经济关系的同时从根本上重组了乡村的利益结构。尤其随着产业的不断发展壮大，传统以农业生产为核心的、单一的利益结构开始解体，在共同经济利益的推动下以电商产业为核心的新利益共同体开始形成。电商从业村民参与乡村治理的积极性不断提高，开始通过政治选举、精英代理、媒体舆论、庇护型表达以及抗争性表达等方式来实现自身的利益表达[5]。另一方面，中国广大乡村的发展基础非常薄弱，保持电商经济健康与可持续的土地、信息通信、交通等要素与设施的供给往往不足，乡村电子商务发展所需的人才和智力资源、金融支持、政策扶持也常常短缺，软、硬两方面的缺陷已经成为制约乡村电商升级发展的主要因素，急需各级政府给予扶持，转变外部治理的重点和方式。在这一转变过程中，中央政府对于乡村电子商务显著的扶贫和致富绩效的高度认可④，加速了地方政府"服务电商"导向的治理体系重组。尤其县市和乡镇两个层级政府的政策支持和专项扶持彻底改变了传统的乡村外部治理特征。由此，内外两方面的作用使得淘宝村的治理格局呈现出由传统一元主宰向多元化共治转变的趋势（图6-2）。

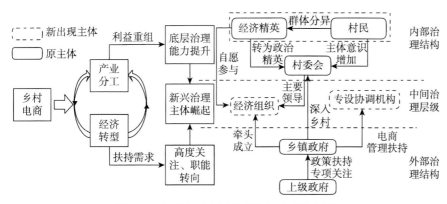

图6-2　电商驱动乡村治理格局多元化机制

6.2 淘宝村非均衡治理格局变迁

随着乡村电商产业的持续快速发展，从业人员日益增多，日趋饱和的产品市场使得大部分村民网商之间竞争不断加剧，利润不断被摊薄，创新升级的压力持续增大。产业发展的紧张态势必然会传导到乡村治理体系中，不同利益主体的诉求开始转变、分化，最初围绕乡村电子商务形成的利益共同体将相继解体，新的利益关系或曰利益联盟将重新建立。在新的非均衡治理格局中，乡村治理与电子商务发展需求间的巨大张力日益凸显。

6.2.1 增长主义惯性下政府治理的失衡

政府在乡村治理体系中始终扮演着非常重要的角色，尤其乡镇政府在淘宝村发展中常常起着掌舵的作用，因此政府的治理理念与治理实践往往直接影响乡村治理的发展与升级。面对电子商务这一新兴的、市场属性非常明显的产业，乡镇政府在产业发展的不同阶段所采取的治理措施应当是不同的。最大限度地激发村民参与产业发展、脱贫致富，最大限度地服务市场参与主体并规范、维护发展秩序，应当是政府治理的核心理念。然而中国大量的地方政府仍处于长期以来的增长主义[6]惯性之中，尤其是经济相对欠发达的地区，地方经济社会发展的长期滞后在一定程度上固化了政府的治理理念，自上而下的经济增长要求成为基层政府执政的首要目标。乡村电子商务的发展，对于这类长期处于"压力型"体制下的乡镇政府来说，最大的作用莫过于对地方经济的带动和政府声誉的提升，即政府出政绩的重要着力点。因此在中央政府积极发展农村电商的政策指引下，大力扶持电子商务成为大量具有一定电商产业基础的县乡政府施政的重点。许多基层政府的工作报告直接将做大做强电商产业作为未来五年的首要目标，例如提出"在XX年年底全镇实现淘宝村全覆盖，三到五年的时间，将电商产业园区建成省级、国家级的示范园区""把电商产业发展作为根本、核心和总抓手"。

政府鼓励、支持电商发展无可厚非，但在以经济指标增长为第一要务的增长主义惯性下，政府的治理理念很容易单一，进而导致治理实践的失衡。有学者就指出中国基层行政具有运动式治理的特征，即一段时间内集中绝大部分行政力量来完成某一件重要工作，其他工作则被放置一边，其表现是基层权力主体得花费大量的行政力量完成各种"整治"和中心工作，对一些不甚重要的（但对于民众而言却有可能是必需的）行政事务应付了事[7]。这种运动式的治理和增长主义的逻辑基本是耦合的，在大量淘宝村的发展中就有体现。同时，运动式治理常常会运用非正式权力来实现治理目标，一些半强制性的做法往往会加剧乡村治理中的矛盾。而乡村发展的多元目标一旦让位于单一的、经济指标的增长，乡村发展必然出现严重的"偏科"现象。

（1）地方政府过于看重地方经济和电商发展统计数据上的增长，对电商的扶持力度非常大，因此也不可避免地走入"唯数量论"的误区。调研中的许多乡镇政府在年度工作计划中甚至明确提出乡村电商增长的具体目标数字，基本不考虑从事电商的村民的实际需求，忽视乡村电商在产品自主设计、差异化发展方面的能力提升，只是追求数字上的快速增长。政策实施的结果是越来越多的村民在政府的宣传鼓励下进入电商行业，却因为产品严重的同质化而陷入低价竞争的"集体困境"。

（2）基层政府空间规划意识的缺失，导致淘宝村空间环境整体失序。在增长主义理念下，基层政府对于城乡空间发展的综合性和整体性认知往往不足，最为关心的只有生产空间和基础设施建设。在缺乏综合系统的空间规划指引下，淘宝村、镇的空间发展大多呈现短视和无序的特征。一方面，由于缺乏村庄规划建设指引和相关管控，淘宝村对乡村存量空间的更新改造往往高度失控、密度过高，乡村的景观风貌和人居环境呈现进一步恶化的趋势；另一方面，新增空间的选址常常缺乏战略性的总体规划指引，建设选址常常只考虑近期发展的合理性，只满足短期的需求，而不考虑远近统筹和可持续发展的能力。同时由于追求短期内指标的显著增长，空间利用方式缺乏精细化考虑，常常造成空间利用的粗放和浪费。

（3）增长导向下的治理往往将公共服务供给排在优先次序的后端，从而导致淘宝村公共服务设施长期处于不足状态。基层政府通常都是将完善道路、信息通信等与电商发展密切相关的基础设施作为首要供给任务，很少意识到高质量公共服务供给、良好人居环境才是留住村民、实现淘宝村可持续发展的基础。在这样的优先次序下，大量淘宝村快速转变为生产的空间，而生活的空间即使没有恶化也会逐渐被富裕的村民抛弃。

6.2.2 利益交织冲突下村两委治理的弱化

村两委是村中国共产党支部委员会和村民自治委员会的简称，前者简称为村党支部，后者简称为村委会。村委会是村民自我管理、自我教育、自我服务的基层群众性自治组织，实行民主选举、民主决策、民主管理、民主监督；村委会办理本村的公共事务和公益事业，调解民间纠纷，协助维护社会治安，向人民政府反映村民的意见、要求和提出建议。村支部是村级各种组织和各项工作的领导核心，领导村委会开展各项工作。村两委是乡村利益的主要代表。近年来由于国家资源大量下乡，项目制和财政转移支付使得村两委日益成为国家权力下渗的抓手[8]，村干部在一定程度上成为国家政权的"代理人"，行政化特征愈加明显。村两委成员的利益诉求于是会更加明显地呈现为公共利益和个人利益的交织，即村两委成员既要为乡村发展争取自上而下的资源，最大化乡村公共利益,又要追求个人利益诉求的实现。村两委的利益取向在很大程度上决定了乡村治理发展的优劣。

在乡村电子商务发展的初始阶段,电商经济精英因传授知识、带领致富,而被推举为村两委成员,甚至直接当选村书记或村主任,有效地推动了乡村治理能力的提升。然而随着电子商务的全面普及,电商发展进入激烈竞争阶段,村两委极有可能陷入所谓的"诺斯悖论",即村两委既是乡村经济增长的关键,也可能是乡村经济衰退的根源。因为村两委委员尤其村书记或村主任不仅是具有经济理性的个人而且是电商大户、既得利益者,他们必然会追求个人利益的最大化,包括对经济利益和政治利益的追求。随着乡村电商竞争的日趋激烈,村两委与村民之间的利益必然交织、冲突。一方面,普通村民与身为电商大户的村两委委员尤其村书记或村主任的利益联系势必分化、重组,最初的帮扶关系、利益共同体将难以维持;另一方面,当乡村发展的公共利益与村两委委员的个人政治、经济利益发生冲突时,乡村治理的脆弱性也将暴露无遗,甚至可能陷入瘫痪。

在这种情况下,村两委与乡村精英更倾向于也乐于向"乡镇政府"寻求资源[9]。乡镇政府不仅是村两委维持日常运转的主要资金来源,也是村干部实现个人政治目标的主要依靠。因此,村两委与乡镇政府形成了更加紧密的互惠关系。村两委的主要治理事务渐渐地开始偏离群众,转向承担大量政府部署的工作,如陪同接待参观人员,配合政府做好相关宣传工作,向村民传达政府的电商培训、电商大会以及座谈会等通知。在这一过程中,村两委也能够得到政府在组织和资金上的大力支持。村两委在一定程度上成为个人利益占上风的依附性治理主体,普通村民与村两委之间的关系也有逐渐割裂的趋势。

6.2.3 主体意识缺失下村民治理的边缘化

村民是乡村建设的主要主体,鼓励村民充分发挥主体性,积极参与乡村治理事务已经成为当前各级政府与学界的共识。然而,中国乡村长期以来的积弊使得普通村民的治理参与基本围绕着个人自身利益展开,且通常也只围绕个人利益展开,对于公共事务、公共利益会"习惯性"地采取观望的态度。电子商务的迅速发展搅动了乡村相对匀质的经济结构和社会结构,在改变很多村民经济状况甚至人生轨迹的同时,也激发了他们参与公共事务治理的主体性意识。然而这些刚刚萌发的主体性在激烈的市场竞争和更大的财富追求面前,往往会退缩回去,让位于以家庭为基本单元的利益考量。即使在淘宝村,村民也习惯性地将自己"放逐"到乡村治理的边缘地位。

在电商发展初期,村民间有着较为统一的利益诉求,对乡村发展寄予了较大的期望,村民间以互帮互助为主,有效地助推了大多数淘宝村的兴起。但随着电商发展竞争的加剧，村民的贫富差距不断拉大，利益矛盾和冲突也日益突出，在一味追求经济收入快速增长的心态驱使下，往往会采取产品抄袭、血拼价格以及私搭乱建等行为来实现个人利益最大化，较少考虑个人行为对市场秩序、公共利益等的损害。乡村社会的原子化使得血缘、人情、舆论等传统机制基本失去对村民非理性行为的强制约束力，在政府包办的治理惯性下，村民"事不关己高高挂起"的意识非常明显，大多抱有乡村的公共事务都是政府的事的态度，往往将电商产业发展中的恶性竞争等市场行为也归结为政府治理的缺位。大部分淘宝村中除少数头脑活络的电商大户与政府保持较为紧密的联系，大量村民都处于"埋头做生意"的状态，是一个个以核心家庭为单元的独立行动主体，主动参与乡村治理的主体性基本缺失。

6.2.4 经济组织成为名不符实的治理形式

就如梁漱溟先生所说，中国人的心理习惯有两大缺点——缺乏"纪律习惯"和"组织能力"[10]，这两大缺点的明显体现就是乡村治理中经济组织大多难以发挥作用。在淘宝村兴起的过程中，人们欣喜地看到很多乡村成立了相关的产业协会或电子商务协会，且发挥了积极的促进作用。然而随着电商产业的转型升级，多数协会在面对更多、更复杂的治理问题时往往显得力不从心。在乡村这样一个熟人社会中组织纪律通常难以执行，于是基于共同利益和契约精神的经济组织在乡村社会往往很难真正成熟，因此也就很难有效地发挥规范行业行为、维护市场秩序的作用。在沙集镇东风村，面对"恶性竞争大家都没钱赚"这个问题，电商带头人孙寒召集老乡签订协议⑤，以保证技术不再外传，然而在签订保密协定之后，技术反而传得更快了。同样地，大集镇前后成立的两个行业组织也基本没有达到预期的治理效果。一个是在电子商务发展初期由镇政府牵头成立的表演服饰协会，将其定位为面向全镇的表演、摄影服饰及相关产品的加工销售企业、淘宝商户等的非营利性行业组织，希望其能发挥规范行业发展的作用。然而实际运行的效果并不理想。多数大型商户表示虽然自己是协会的成员，但是并无实质性工作，也均表示没有人愿意去做协会工作，因为从事电商的村民太多，根本管不了。普通的小型商户则表示没有考虑过要参加协会，认为这是大型商户的组织，他们小型商户没有什么话语权。因此表演服饰协会虽然成立很多年，但一直没有多少新进会员，现有会员主要是最早的淘宝村的大型商户。除此之外，大集镇电商产业园内的业主还自发成立了电子商务协会，治理事务主要与园区相关，发挥的作用和影响相对有限。有受访者就表示这个协会就是一个"微信群"。虽然这两个体制外的经济组织是大集镇乡村治理中出现的新兴主体，然而在乡村治理中并没有真正起到应有的作用。

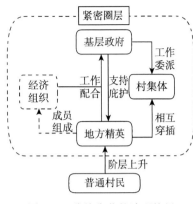

图 6-3 非均衡化的治理格局

在市场经济的充分渗透下，淘宝村传统的基于人际关系的约束制度已经失去效用，然而由于缺少整合个体理性与集体理性的制度设计，新的利益协调机制尚未成熟，从而使得乡村各治理主体的权力与利益分配不均，呈现出治理格局的非均衡化特征（图6-3）。基层政府以经济指标增长为主的发展理念使其在乡村发展中往往会出现越位或缺位的情况。村两委在一定程度上的行政化倾向愈加凸显。而纪律意识和组织能力的缺失使得本该承担行业治理职能的经济组织多数沦为形式化的存在。乡镇政府与村两委以及地方精英凭借其在政治或经济上的优势地位形成乡村治理格局中的紧密圈层，占据着乡村治理的权力中心位置。而普通村民固有的"等靠要"思想使其依旧保持着传统的主体性缺失和政治冷漠，往往不会过多地参与乡村治理事务，习惯"自我放逐"到紧密圈层之外，普遍认为只有自己有足够的经济能力，上升为地方精英后才有"资格"去谈论乡村事务。

6.3 淘宝村治理的困境与现代化转型

6.3.1 淘宝村的中等收入陷阱

淘宝村的发展与升级有着鲜明的时代特征，也面临着乡村振兴的普遍挑战。对照产业兴旺、生态宜居、乡风文明、治理有效、生活富裕的总要求，大部分淘宝村目前仍只是在产业兴旺上迈出了重要的一步，从电商发展到美丽乡村还有很长的路。随着电商产业的快速扩张，传统乡村的空间格局与设施往往难以满足电商产业化发展的需求，为适应大规模工业化生产而进行的空间改造不可避免。然而大量淘宝村的空间改造仅局限于生产空间，生活空间则仍然停留在原有的状态，甚至更加恶化。教育、医疗等公共服务设施依然缺乏，市政设施、生态环境长期被忽视。不仅如此，乡村电商的发展过程也在无形地推动村民的阶层分化，当思维活跃、对新技术应用能力较强的乡村互联网精英所需要的更好生活环境和更大发展平台无法在乡村地区得到满足后，他们会逐渐离开乡村。而这些精英离去的乡村的未来是令人担忧的，这已经成为当前大多数淘宝村面临的困境——淘宝村的"中等收入陷阱"[11]。

1）过度竞争下的电商产业发展"内卷化"

"内卷化"最早被格尔茨（Geertz）提出用于描述农业的重复简单再生产[12]。它代表了一种发展的状态或模式，表达了一种"路径依赖"，即一旦进入某种状态或形成某种模式，其"刚性"特征将不断地限制和约束进一步的发展，从而无法自我转变到新的状态或模式。简而言之，内卷化所描述的实际上是一种不理想的变革（演化）形态，即没有实际发展（或效益提高）的变革和增长，可以理解为一种"有增长无发展"的状态。由于电商带来的财富累积效应和扶贫效应比较显著，所以在早期各级政府与老百姓热情高涨，很多地方政府积极推广，希望乡村电子商务大力发展。但市场规律是简单的：当整个行业的总需求基本不变时，供给不断扩大的结果必然是利润被大大摊薄，从而导致生产增长快速但利润增长缓慢的情况。2017年年底研究团队访谈部分淘宝村村民的销售情况，得到的反馈基本都是货卖了很多但赚的钱没有以前多了，甚至很多人慢慢转向其他行业，这基本就是"有增长无发展"的状态。

淘宝村电商从业者多为村民和回乡创业的外出务工者，文化水平一般较低，常常以仿制的手段来发展，缺少知识产权保护意识。因此淘宝村多呈现出一种低质扩张的"野蛮"发展趋势，到一定阶段就会陷入同质化的低效竞争，陷入"内卷化"困境。据报道，沙集镇网销家具最初的时候利润能达到100%—300%，网店增多、竞争激烈后，利润率已经降到20%左右⑥。在杭州市临安区主营山核桃的白牛村，电商从业者表示过去能有20%的利润，现在利润很低，大量店主为了抢市场而大幅压价，甚至亏本竞争。山东曹县大集镇的淘宝村同样也为这一问题所困扰，虽然全镇电子商务发展势头良好，网络销售额也逐年快速增长，但村民"赚不到钱"的抱怨也日益增多。团队调研访谈大量淘宝村的不同电商从业者时，他们均表示产品利润太低已成为他们当前发展的最大难题⑦。不少受访者表示村民习惯"跟风"，很多人并不深入钻研其中的门道，赚不到钱就抱怨，然后选择再次外出务工。由于缺乏创新能力和产权保护，乡村电商产业升级难度很大，利润率持续下降会迫使村民再度外出务工，一轮电商狂欢后的乡村很可能满目疮痍。

电商产业发展的内卷化在一定程度上也与基层政府为了实现地区经济指标的快速增长而对电子商务"过度"宣传与扶持有关。增长主义的治理惯性使得地方政府过度关注电子商务发展的统计数据，忽视市场的饱和度以及电商产业发展升级的真实需求，对广大村民从事电商可能造成的非理性竞争现象缺乏预判。同时大量淘宝村中并不成熟的经济组织在电商发展过程中的治理缺位，也是产业陷入"内卷化"的一个重要原因。大量经济组织没有和地方政府形成合力，因此也就无法在行业规章制度的设计、实施与监管上有所作为（图6-4）。

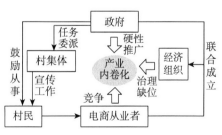

图6-4 产业内卷化背后的治理格局

2）弱管制能力下的乡村空间建设失序

中国的城乡治理能力跟行政等级有很大的关系，等级越低治理能力通常越弱，且不论乡镇层面，许多县级单元城乡规划管理都处于一种非常弱势的情况。因此，当淘宝村面临巨大的发展活力、快速的工业化和城镇化进程时，基本不具备相应的治理能力。而富裕起来的老百姓建房的冲动非常强烈⑧，在大部分缺乏规划管控的乡村地区，失序的情况普遍存在。大量品质低下的违建被催生，乡村的传统风貌受到破坏。与此同时，大部分基层政府出于鼓励发展电商的目的，普遍采取"善意忽视"的态度对待村民的发展和建设。于是淘宝村的村民纷纷根据自己的空间需求对自家宅基地进行改造建设。由于缺乏村庄规划建设指引和相关管控，村民的存量空间更新改造往往高度失控、密度过高，乡村的景观风貌和人居环境呈现进一步恶化的趋势。

部分仍不满足于宅基地空间的电商大户则选择离开村庄，在区位较好的交通要道旁建设大型临时厂房。也有村民利用自己位于路边的耕地来修建房屋用以店面出租。这些新增空间的选址常常缺乏战略性的总体规划指引和管控，建设选址常常只考虑近期发展的合理性，只满足短期的需求，而不考虑远近统筹和可持续发展的能力。同时由于企业普遍追求短期利益，空间利用方式缺乏精细化考虑，常常造成空间利用的粗放和浪费。于是"城非城，乡非乡"的景象重新出现在淘宝村的土地上，似乎又走上了东部沿海地区20世纪80—90年代乡镇工业化时的老路，给产业持续发展和美丽乡村建设带来巨大挑战（图6-5）。

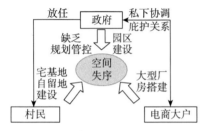

图6-5 空间建设失序背后的治理格局

3）供求失衡下的乡村公共服务功能转移

乡村发展的最终目标就是改善生产、生活面貌，优化乡村人居环境，促进城乡公共福利和公共服务均等化，全面提升农民的收入水平和生活水平。电子商务发展带来了乡村人口的大量回流和村民经济上的富裕，直接对乡村的教育、医疗等公共服务以及餐饮、休闲娱乐等消费服务的升级提出了较高的要求。然而由于基层政府增长主义治理惯性的存在，依然将经济指标的增长作为主要目标，从而使得乡镇在公共服务上发展滞后。基层政府和村两委对公共产品提供的忽视使得乡村在很大程度上承担的只是电商的生产、加工、销售以及生产服务功能。乡村本应承担的生活服务功能则由于供需不匹配而逐渐转移丧失。

大量富裕村民一般会去县城消费，在县城购房，将孩子送到县城乃至市里读书。大量的学者研究表明，教育是影响乡村家庭迁移与城镇化的首要原因[13-14]。随着淘宝村村民收入的增长，孩子的优质教育需求也随之提高，由于乡镇缺少优质的学校和良好的教育设施，将孩子送到县城乃至市里读书成为多数富裕村民的选择。大多村民会选择在孩子受教育的县城购房，并将老人送到城里去照顾孩子的饮食起居⑨。因此，在许多过去较为贫困的淘宝村，曾经的"空心村"问题、老人和儿童在乡村留守的问题不存在了，取而代之的却是一种"反留守"问题⑩——劳动力留守在淘宝村，而大量青少年被送出乡村，"反留守"在县城里，与过去恰好相反。这种现象在距离城市较远的、独立发展的淘宝村更为显著。按照这种发展趋势，乡村的生活服务功能只会进一步转移，最终使其家园感逐渐丧失（图6-6）。

6.3.2 淘宝村治理的现代化转型

2018年中央一号文件明确指出，乡村振兴，产业兴旺是重点，生态宜居是关键，治理有效是基础。电子商务推动的产业发展为乡村振兴提供了新动能，然而产业发展不是淘宝村发展的终极目的。生态宜居才是关键，是最具挑战性的，它实质上就是淘宝村跨越"中等收入陷阱"的过程。

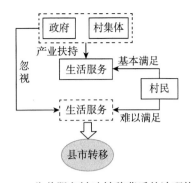

图6-6 公共服务被迫转移背后的治理格局

怎样才能完成这一过程，成功"跨阱"呢？治理有效是基础！唯有乡村治理的现代化，即"党委领导、政府负责、社会协同、公众参与、法治保障的现代乡村社会治理体制，坚持自治、法治、德治相结合"才能最终实现淘宝村的美丽乡村发展目标。

1）乡村治理转型迟滞的历史反思

善治表示国家与社会或者说政府与公民之间的良好合作，有赖于公民自愿的合作和对权威的自觉认同。为何淘宝村的治理转型如此困难，本以为电子商务能够推动解决乡村治理的"旧病"，最后却为乡村治理带来了不少"新愁"？从历史发展角度审视中国乡村治理变迁的一般性规律，能够更为全面地解析当前治理困境的形成机制，并在此基础上提出乡村治理转型的可能路径。

中国乡村的长期现实就是"无自治"。治理一词由西方学界传入，在政治学界和管理学界主张用治理代替统治，关注的焦点在于民间自治与公共参与的力量，鼓励建立政府与市场及市民社会的信任与合作[15]。治理理论建立在西方社会的团体格局之上，就如费孝通先生所描述的，西方社会就好比一捆捆、一扎扎、一把把柴火摆在一起，一捆柴火就是一个团体[16]。中国乡村社会以核心家庭为基本社会与经济活动单元，这种固有的家庭经济模式使得乡村团体生活缺失，乡村秩序散漫以及契约精神缺少[17]，村民主体难以实现团体式的、有组织的治理参与。就如梁漱溟先生在《中国之地方自治问题》一书中提到的："'地方自治'在中国倡议实行始于清光绪三十四年（1908年）颁布城镇乡自治章程。但无论从县做的，从省做的，所有地方自治统统失败了，所有地方自治机关统统取消了。……地方自治不易推行于中国，其困难即在组织能力，团体生活为中国社会素所未有。中国民族数千年的生活是'非团体的生活'，其习惯亦是'反团体的习惯'，故无组织能力。"[10] 纵观中国从传统帝制时期至今日，乡村治理始终处于"少数人治理"的困局之中。国家政权、宗族、乡绅轮换掌控着乡村治理主权，而普通村民向来位于治理金字塔结构的最下层，处于被管治的地位，乡村村民"无自治"的现实问题可以说是长期存在的（表6-3）。《梁启超论中国文化史》中便提到过："中国国家，积乡而成，故中国有乡自治而无市自治。此种乡治，除纳钱粮外，几与地方官府全无交涉（讼狱极少）。"[18]也正是因为乡村这个治理的"旧病"所在，虽然社会各界都在鼓励村民积极参与乡村治理，但乡村自治始终难以践行。

表6-3 历史上乡村治理的模式与困局

历史分期	治理模式	治理困局
传统时期	"皇权不下乡"，官督绅治。乡绅阶层与宗族组织成为乡村治理的主导性力量	带有浓厚的封建性。官贤则民受其赐，官愚则民受其祸
晚清及民国	国家权力通过"乡村经纪人"进入村庄	国家政权内卷化，乡村权威官化，乡村社会的组织化程度降低
新中国成立初期	"三级所有、队为基础"的人民公社管理体制，强有力地控制了乡村社会乃至每个农民	以往萌生的各种自治形式遭到压制
改革开放	"乡政村治"，国家权力退出，通过村级组织与农民互动，宗族势力恢复	乡村自治组织政府化、农民参政度低，社会动员能力低下
税费改革之后	县乡退出乡村社会，滋养地方势力与政府形成分利联盟	治理真空与内卷化，农民原子化加剧

电子商务促发乡村治理困局显性化。改革开放后长期以城市为重心的城镇化模式使得乡村人口、资本等生产要素大量外流，乡村一直处于发展的边缘位置。这一时期乡村虽然面临着经济衰败、人口流失、社会凋敝等问题，但由于发展滞缓、乡村建设需求小，税费改革后政府弱化了对乡村事务的管治，村民对乡村的发展也漠不关心，各主体间的利益纷争较少出现，因此乡村的治理困局并没有展现出紧迫性。然而，电子商务的发展加速了乡村内部利益格局的重组与阶层分化，主体间的利益冲突大量出现，对乡村的经济、社会、空间发展转型提出了更高的要求。同时传统的文化网络被打破，血缘、地缘开始让位于业缘关系，个人利益最大化成为每个理性主体的行为准则。在这种情况下，村干部与乡镇政府的利益联系愈加紧密，村民则对村干部越不信任。而且村民与村干部之间也存在相当多的经济利益纠纷，村干部希望通过乡村社会中的传统关系来完成任务的路径日益行不通，乡村治理困局愈加显性化。从宏观层面来说，当前淘宝村表现出的治理困局其实是中国社会转型发展过程中的一个需要长期面对的结构性难题。这个难题一直存在，只是电子商务的蓬勃发展使之以一种更为显性的方式暴露出来。

2）乡村治理转型的目标与关键因素

乡村治理是实现乡村经济发展、社会稳定、人民安居乐业的重要途径。乡村治理现代化不仅是推进国家治理体系和治理能力现代化的重要内容，更是破解乡村发展难题的关键。只有明确乡村治理现代化的目标，才能更好地指导乡村建设与发展。乡村治理的核心是实现乡村公共利益最大化。公共利益，就是全部私人利益之和[19]。乡村公共利益就是指乡村社会各主体的利益总和，是构成、促进高质量生活和良好社会发展的所有事物[20]，而不是以单一利益主体目标的实现来衡量，也不是以经济发展等单一目标为主要追求的（图6-7）。乡村治理的转型升级，不仅要关注治理主体与治理方式，而且需要关注乡村治理的空间、经济和社会效应。

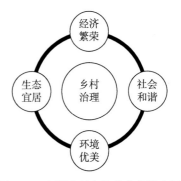

图6-7　乡村治理中的公共利益内涵

首先，治理主体是乡村治理转型的结构性基础。治理理论强调权威的多中心，乡村善治应是多元主体进行良性互动的过程，即通过政府部门、村级组织、村民以及各类非政府组织在利益互动博弈的过程中完成乡村公共事务决策、解决乡村公共问题，并以实现"共赢"为目标的过程。若以政府为单一治理主体，则这种对政治、经济、社会事务的统揽容易造成乡村治理的专权化。乡村群众与非政府组织的治理参与，即发挥乡村居民的主体性是所有治理研究中均重点关注与重点呼吁的内容。《中央农办　农业农村部　自然资源部　国家发展改革委　财政部关于统筹推进村庄规划工作的意见》（农规发〔2019〕1号）明确强调，要"发挥农民主体作用，充分尊重村民的知情权、决策权、监督权，打造各具特色、不同风格的美丽村庄"。

其次，乡村治理转型要求治理方式的民主转向。乡村治理就是各治理主体围绕乡村公共事务展开行动的过程，集体行动是乡村有效治理的关键因素。但不同的治理主体在不同的利益诉求下，会做出不同的理性选择行为。因此，在乡村治理中必须采取协商共治的方式来统一集体行动，若缺少统一的行动框架，那么各治理主体的自利行为则会使得乡村治理陷入集体行动的困境。

最后，乡村治理转型的最终目标是要实现乡村振兴，即对乡村治理效应的关注。乡村的本质是一种人居聚落，它承载着一类人、一群人的生活和福祉。乡村振兴的指向终将是乡村社会的全面现代化，从物质空间设计到邻里关系组织，重塑乡村特有的生活意趣和守望相助的社区精神。实现振兴的路径可能多种多样，但深入的制度设计、全面的治理重构将是最为核心、无法绕过的关键。因此，乡村治理转型必须被置于乡村全面发展的整体性视角之中。乡村治理的核心要以实现乡村公共利益最大化为目标，包括经济繁荣、社会和谐、环境优美以及生态宜居等细分目标。乡村治理转型成功不仅体现在主体的参与以及共治方式的形成上，更体现在乡村经济、社会、生活、环境的全方面高质量发展上。

3）"新乡贤"推动乡村治理现代化

在村民难以组织、公共精神尚未成熟的当下，一味地强调村民自治反而会使乡村陷入"集体行动的困境"，尤其在淘宝村这类内部具有复杂利益交织关系的乡村更是如此。对村民的逐利行为进行约束规范，从而形成乡村治理合力，是当前乡村治理转型的关键。因此，乡村善治仍旧离不开基层政府、村集体以及乡贤的组织与引导。乡村电子商务的发展带动了大量资本和人才的回流，随着乡村创业草根群体的强势崛起，"新乡贤"群体也开始浮现,很多优秀淘宝村带头人成为乡村治理现代化的中坚力量。

  乡贤主要就是指乡村中有贤德、有文化、有威望的贤达人士[21],是中国传统乡村社会秩序的维护者。"新乡贤",不局限家世出身、籍贯居所,只要个人在人文、社会、科技等领域取得突出业绩,且具有一定影响力,愿意为乡村、社区建设尽力的人,都可认定为新乡贤⑪。新乡贤之所以能够在乡村治理转型中发挥引领作用,主要有以下几个原因:第一,新乡贤基本都是在城市得到较好的教育与锻炼,在政治、经济、社会某一方面获得成功的人群。这类村民往往具有较高的社会地位,一方面能够凭借自身丰厚的社会资本吸引要素在乡村集聚,另一方面能够将丰富的知识阅历、现代化的思想观念与管理经验等带到乡村,为乡村与城市的一体化发展架设桥梁,从而能够在更大程度上获取村民的支持。第二,新乡贤多出生、成长于本村,更贴近乡情,在乡村有着较大的权力获取合法性,有机会迈上乡村治理的核心舞台,行使正式权力,避免由于"村外人"的身份而难以"正名"[22]的现象出现。

第 6 章注释

① 由于没有注册公司,最早从事电商的村民在网上销售时常常会遭遇因开不出发票而被退货的难题。
② 团队在大集镇丁楼村调研时,一位以家庭作坊生产为主的村民告诉笔者:"我们过去都不认识镇里的领导,镇里的领导也很少下村。现在我们人人都知道苏书记,经常能见到,见面了有时候还能打个招呼。"
③ 参见《沙集电商产业发展再添"新助力"》,http://www.cnsn.gov.cn/szfml/snyw/201604/176227131e924c95a774dce46933dc5c.shtml。
④ 2015 年 10 月中央发布的《关于促进农村电子商务加快发展的指导意见》中提出要加强农村流通基础设施建设,提高农村宽带普及率,加强农村公路建设,提高农村物流配送能力,从而改善农村电子商务发展硬环境。
⑤ 参见《"家里蹲"青年带全村人开网店,一个村淘宝销售额 13 亿》,http://tech.ifeng.com/a/20150215/40983909_0.shtml。
⑥ 参见《3 000 家网店产值 12 亿 "淘宝村"走到十字路口》,http://news.sina.com.cn/o/2013-11-12/144028689124.shtml。
⑦ 团队在 2016 年调研大集镇丁楼村时,一位服饰加工户反映:"我们现在发展最大的问题就是产品利润太低了,像差不多这样的一件裙子,浙江的网商可以卖到 100 元,而我们这只能卖 70 元。一件产品,过去利润有 10 元,现在就只有 5 元。就好比一共就只有一个蛋糕,而现在分蛋糕的人那么多,况且大家为了多卖点,都在疯狂地降价,自然每个人分到的就很少了。"
⑧ 团队在 2017 年对大集镇淘宝产业发展服务办公室的访谈中,政府工作人员告诉我们:"对于路边新盖的房子我们也很头疼。刚开始大家一哄而上建了很多,但

是我们镇当时没有做规划,所以非常难管。现在镇里对于这些路边建房管得很严,已经不允许村民再盖了。不过还是会有一些村民偷偷地在晚上的时候开工建设。"

⑨ 团队在2016年调研大集镇时,某演出服饰公司的老板告诉我们:"镇里没有好的小学,所以只能把孩子送到县城去读私立小学。在县城买了房子,平时都不住,主要是给孩子上学用,有时让他奶奶去照顾他。因为现在产品的生产加工都在村里,所以暂时出不去。不过我现在也在想,如果厂子自己能够运转好,我也住到外面去。"

⑩ 参见魏延安:《淘宝村的"反留守"与农村电商新任务》,中国日报中文网,2019年7月17日,http://column.chinadaily.com.cn/a/201907/17/WS5d2eb8fca3106bab40a01010.html。

⑪ 参见《新乡贤文化:乡村治理的时代选择》,http://theory.people.com.cn/n1/2017/0602/c40531-29313846.html。

第6章参考文献

[1] The Commission on Global Governance. Our global neighbourhood[M]. Oxford: Oxford University Press, 1995.

[2] 阎占定. 新型农民合作经济组织参与乡村治理研究[D]. 武汉:华中农业大学,2011.

[3] 孙立平,郭于华. "软硬兼施":正式权力非正式运作的过程分析:华北B镇定购粮收购的个案研究[M]// 清华大学社会学系. 清华社会学评论:特辑. 厦门:鹭江出版社,2000.

[4] 王妍,兰亚春. 欠发达地区乡村治理主体多元协同机制构建[J]. 人民论坛,2015(29):229-231.

[5] 杨友国. 农民利益表达:寻求国家与乡村的有效衔接[D]. 南京:南京农业大学,2010.

[6] 张京祥,赵丹,陈浩. 增长主义的终结与中国城市规划的转型[J]. 城市规划,2013,37(1):45-50,55.

[7] 吕德文. 基层权力失控的逻辑[J]. 西部大开发,2012(7):47-49.

[8] 景跃进. 中国农村基层治理的逻辑转换:国家与乡村社会关系的再思考[J]. 中共浙江省委党校学报,2018,34(1):48-57.

[9] 李志明. 空间研究6:空间、权力与反抗:城中村违法建设的空间政治解析[M]. 南京:东南大学出版社,2009.

[10] 梁培宽. 中国近代思想家文库:梁漱溟卷[M]. 北京:中国人民大学出版社,2015.

[11] 罗震东,陈芳芳,单建树. 迈向淘宝村3.0:乡村振兴的一条可行道路[J]. 小城镇建设,2019,37(2):43-49.

[12] GEERTZ C. Agricultural involution: the process of ecological change in Indonesia[M]. Berkeley: University of California Press, 1963.

［13］赵民,邵琳,黎威.我国农村基础教育设施配置模式比较及规划策略：基于中部和东部地区案例的研究［J］.城市规划,2014,38（12）：28-33,42.

［14］罗震东,夏璐,耿磊.家庭视角乡村人口城镇化迁居决策特征与机制：基于武汉的调研［J］.城市规划,2016,40（7）：38-47,56.

［15］徐晓全.西方国家治理理论：内涵与评析［J］.检察风云—社会治理理论专刊,2014（3）：86-90.

［16］费孝通.乡土中国［M］.上海：上海人民出版社,2006.

［17］吴理财.民主化与中国乡村社会转型［J］.天津社会科学,1999（4）：75-79.

［18］梁启超.梁启超论中国文化史［M］.北京：商务印书馆,2012.

［19］张千帆."公共利益"是什么？：社会功利主义的定义及其宪法上的局限性［J］.法学论坛,2005,20（1）：28-31.

［20］王胜本.利益分析视角下的城市治理研究［D］.天津：天津大学,2008.

［21］季中扬,师慧.新乡贤文化建设中的传承与创新［J］.江苏社会科学,2018（1）：181-186.

［22］徐瑾,万涛.由"村外人"到"新乡贤"的乡村治理新模式：以H省G村为例［J］.城市规划,2017,41（12）：65-72.

第6章图表来源

图6-1源自：陈芳芳,罗震东,何鹤鸣.电子商务驱动下的乡村治理多元化重构研究：基于山东省曹县大集镇的实证［J］.现代城市研究,2016,31（10）：22-29.

图6-2、图6-3源自：陈芳芳绘制.

图6-4源自：罗震东,陈芳芳,单建树.迈向淘宝村3.0：乡村振兴的一条可行道路［J］.小城镇建设,2019,37（2）：43-49.

图6-5至图6-7源自：陈芳芳绘制.

表6-1源自：笔者根据大集镇出台的〔2013〕37号文件整理绘制.

表6-2源自：笔者根据多次调研访谈资料整理绘制.

表6-3源自：李永刚.中国乡村治理结构的历史变迁及其内在逻辑［J］.公共管理高层论坛,2006（1）：220-231；温铁军.中国新农村建设报告［M］.福州：福建人民出版社,2010.

7 中国淘宝村的规划应对

空间规划是对城乡发展单元未来空间发展的系统安排与设计，是国土空间治理的重要手段。如果说新自下而上城镇化进程与上一轮自下而上进程还有一个重要的不同，那么应该就是规划应对水平的不同。相比于20世纪80—90年代，当今中国的城乡空间规划体系更加完善，规划理念与相关技术方法更加成熟，政府与社会对于规划重要性的认知更加深刻，因此这一轮城镇化的空间绩效应该更高。规划最大的对手就是未来的不确定性，因此空间规划的最佳时机就是产业发展开始导致空间供给不足或治理失序时。以淘宝村、镇为主体的新自下而上城镇化进程对于乡村地域经济、社会与空间方面的影响已经清晰地呈现，迫切需要空间规划予以引导和管控。本书基于对于淘宝村、镇发展的特征、趋势与机制的系统研究，认为规划应对存在三个层面或曰尺度，即乡村层面、小城镇层面和跨城镇的区域层面。三个层面有着不同的问题和规划的重点，故应采取的规划理念与方法也必须因地制宜。

7.1 乡村规划转型

长期以来中国城乡间的体制性隔离使得大部分以传统农业为基础的乡村社会结构得以保持，并相对稳定地延续发展[1]。电子商务驱动的快速产业化与城镇化打破了乡村系统的封闭性，稳态的农业社会开始在淘宝村、镇中迅速瓦解，空间治理失序现象日益增多。然而在这新旧交替的过渡期，社会对于传统乡村社会的想象却从未停止，乡村规划实践在很大程度上也都处于探索与试错状态。早期的拆村并点已被实践证明是简单的想象，片面关注数量而忽略乡村社会复杂性的做法不仅引发了激烈的社会矛盾，而且事实上也并未达到规划的预期。轰轰烈烈的乡村美化运动在一定程度上是又一次城市审美和价值观的试验性输入，成效依然是学界争论的话题。面对淘宝村，乡村规划需要尝试一次彻底的转型。作为信息时代的一场自下而上的乡村发展变革，淘宝村的特别并不仅仅在于其类型的多样与路径的奇崛，村民信息获取途径的丰富与权利意识的觉醒对于乡村的影响更为深刻。面对更为复杂的利益交织与冲突，乡村规划如果不能以一种更加有针对性、更加自下而上、更加有实操性的方式出现，就无法满足淘宝村发展的迫切需求。

7.1.1 重视差异的分类规划引导

乡村规划设计需要和乡村的发展动力、发展模式相匹配，淘宝村的规划更不能忽视。基于第 4 章对于中国淘宝村的综合分类、第 5 章对于中国淘宝村的空间演化的分析，本书认为淘宝村的规划应当根据电子商务发展会不会带来工业化以及工业化与用地扩张的程度，分三类进行规划引导。

1）不涉及工业化的淘宝村的规划引导

不涉及工业化的淘宝村多数为农贸型淘宝村和纯贸易型淘宝村。农贸型淘宝村以农产品的种植 / 养殖和电商销售为主，与乡村所在区域特色农业发展具有较大的关联性。典型如江苏省沭阳县以花卉苗木为主营产品的淘宝村、河南省镇平县以金鱼为主营产品的淘宝村，基本形成从农户到网商的发展模式，农户自己种植花木或养殖金鱼，同时自己直接通过电商平台销售。随着农产品网上交易规模的扩大，淘宝村所在的乡镇镇区往往会形成实体专业市场，集中展示、批发不同农户的农产品给更大规模的网商群体。沭阳县的颜集镇、新河镇在电商发展进程中均自发形成了花木批发市场，成为连接网商群体和农产品种植户的重要中介，主要布局在有着良好交通区位条件的镇区中心。对于农贸型淘宝村而言，由于其基本以农产品的种植 / 养殖与销售为主，通常不会发生大规模的工业化进程，因此没有较大建设用地扩张需求，不会带来村庄空间的巨大变化。空间规划主要需要解决的是实体专业市场及其配套服务设施的合理选址与建设，以及综合物流交通的畅通。

纯贸易型淘宝村是依托市场而形成的以商品销售为主的淘宝村。最为典型的就是义乌市青岩刘村，一个依托全球最大的小商品集散地而兴起的淘宝村。村庄位于义乌城区边缘，已经经过一轮规划建设，以"四层半"为主要建筑形式的村庄格局基本稳定。特定的产业背景和区位条件使得青岩刘村基本不涉及工业化进程，不会出现明显的用地扩张。"四层半"既是住宅，也是集零售、仓储、商务办公为一体的多功能综合体，人口密集，空间利用强度较大。纯贸易型淘宝村的电商产业链具有区域性分布的特征，淘宝村只是承担产业链中的一部分职能，因此这类淘宝村的集聚区通常面临着较大的综合服务功能升级压力。针对性的乡村规划需要更多地从城乡综合服务职能提升的角度进行考虑。第一，完善乡村与城镇间的交通物流体系建设。纯贸易型淘宝村与镇区以及城区均有着非常紧密的产业联系，便捷的交通联系是淘宝村发展的基础。第二，生产仓储空间的留白规划。该类型淘宝村对于仓储空间的需求始终巨大，虽然暂时不涉及加工制造，但随着产业规模的扩大，有可能出现生产空间需求，因此规划必须考虑产业转型升级的趋势，合理安排相应的预留空间。第三，规划必须注重公共服务的供给以及生态环境与景观风貌的提升，整体提升乡村生活质量。在推动乡村基本公共服务均等化的基础上，立足淘宝村特定资源，进一步开展美丽乡村建设，实现乡村功能的多元化、复合化，最终成为兼具特色和活力的宜居聚落（图7-1）。

2）轻加工产业淘宝村的规划引导

轻加工产业淘宝村部分属于工贸型淘宝村，部分属于农贸型淘宝村，以手工艺制品和初加工的农副产品为主营产品。如浙江省杭州市临安区昌化镇白牛村，主营产品是山核桃以及其他坚果类食品。网商向农户收取

图7-1 葡萄种植专业村句容市茅山镇丁庄村的美丽乡村建设

山核桃原料，经过晒制加工后自行封装贴牌，最后通过网络销售[2]。由于山核桃的加工流程、工艺均相对简单，空间占用不大，因此网商自家的住宅与院落通常就能满足经营需求。个别销售规模较大的电商大户会建立工厂，但占地通常也不大。整体上白牛村的生产加工空间需求不大，乡村风貌得到了较好的保持。而依托当地特有的绿松石资源兴起的下营村虽然主营的是手工艺产品，但村庄的发展情况与白牛村类似。由于绿松石的精细加工需要较高的技艺，下营村的绿松石产业从开始就形成了广域的产业分工。下营村主要负责产业链附加值最高的两端，即选料和销售（网店管理和客户沟通）两大部分，玉料的精细加工会根据其质地等级分别处理。顶级玉料通常会通过顺丰保价的方式送到北京、苏州等工艺高超的企业或工艺师处加工，普通玉料则由本地的雕刻工作室加工。集聚在下营村以及涧池乡集镇的本地雕刻工作室，基本由来自邻近的河南省镇平县的工艺师租用当地村民的房屋开设。因此在下营村的整个电商产业发展环节均没有过于强烈的用地扩张需求。由于轻加工产业的生产加工流程较为简单，即使个别手工艺产品可能具有较高的技术门槛，但总体对于建设空间"量"的需求通常不大，更加注重的可能是"质"方面的需求。在很多手工艺产品淘宝村常常见到不同风格的"大师工作室"，例如孟津县朝阳镇南石山村的唐三彩工艺美术大师工作室、鹤庆县草海镇新华村的银器制作工艺美术大师工作室、宜兴市丁蜀镇紫砂村的紫砂壶制作工艺美术大师工作室等，而这些淘宝村的风貌、气质就与规模工业化淘宝村完全不同。

针对轻加工产业淘宝村的规划，由于不需要提供大量增量空间，空间营建主要以存量更新和品质提升为主，充分注重电商产业发展对淘宝村、镇功能结构的影响，进行有针对性的空间供给。首先，规划必须提供产业升级所需的集中生产空间和相应配套服务空间。由于此类淘宝村的生产空间大多零散分布，缺少集聚效应和规模效应，使得与之配套的生产服务设施供给成本较大。生产商与纯网商之间的货物交易以及网商的零售物流也会因空间分散而产生较多的交通成本。通过集中的生产空

间的规划建设能够在一定程度上解决上述问题，并可以在此基础上植入一系列电商升级服务如创意设计、质量检测、培训孵化等来促进产业转型升级。杭州市临安区针对白牛村的升级发展需求，在昌化镇和龙岗镇之间规划建设一个集创业、孵化、培训、仓储、物流多功能于一体的电商特色小镇。

轻加工产业淘宝村的规划同时应注重乡村人居环境的改善提升，并结合自身资源探索特色美丽乡村的建设路径。轻加工产业淘宝村大部分在空间形态以及景观风貌上保持着乡村本来的尺度和特征，当较大的生产空间迁移出村庄内部后，乡村主要成为村民生活与网商销售的空间。因此从乡村可持续发展的角度来说，规划应该更加注重乡村经济多元性的培育，以及生活服务设施水平的提升。结合自身特色资源建设美丽乡村，不仅可以给淘宝村带来更加多元的经济收入，提供更为多样的就业岗位，增加乡村的经济韧性；而且更为重要的是可以改善乡村生态和人居环境，满足村民对生活品质不断提高的要求，让乡村真正成为村民体面的，甚至自豪的栖居地。需要注意的是，轻加工产业淘宝村可能涉及城市近郊工贸型淘宝村、城镇边缘工贸型淘宝村、城镇边缘农贸型淘宝村、独立发展的工贸型淘宝村、独立发展的农贸型淘宝村五种类型，加之中国乡村所处的区域生态基底条件差异很大，因此这类淘宝村可能是乡村发展差异最大的一类，所以在具体的规划实践中必须进行深入的调查研究，从而做出有创意的甚至独一无二的规划设计。

3）规模工业化淘宝村的规划引导

存在规模工业化的淘宝村基本为工贸型淘宝村，是当前最为常见的淘宝村类型，大多以服饰、鞋、箱包、家具等工业制品为主营产品。这类淘宝村一旦形成基本会遵循规模工业化的发展路径，产业发展模式和空间需求特征与传统乡村产业集群的发展较为类似。随着产业规模的迅速扩大和产业链的延伸将不可避免地引致用地规模的扩张，形成显著的空间城镇化。通常规模工业化对乡村发展的冲击最为剧烈，空间上的矛盾冲突也最为尖锐。尤其在电商产业快速裂变期，传统乡村内有限的存量空间已无法容纳产业高快速增长的需求，生产空间的蔓延扩张就成为此阶段的典型特征。由于缺少合理的规划引导，此时乡村整体空间会呈现出"局部有序，整体混乱"的格局：乡村居住空间仍以传统宅基地为主，呈团块状分布在乡村内部，而生产空间则随机"点缀"在乡村内部与交通道路两侧；随着产业规模扩大，实体专业市场空间会进一步在主干道等交通便利处形成。这类淘宝村在产业快速裂变期的另一特征便是产业的区域性扩散。以淘宝产业发源乡村为核心，向外扩张形成淘宝村集群，产业空间也有连绵发展的态势。规模工业化淘宝村发展到一定程度就会在一定区域内承担经济增长极的作用，同时开启或融入区域一体化发展的进程。针对此类淘宝村的规划必须从小城市甚至区域协调的角度进行考量，而不能简单停留在乡村和小城镇的思维层面[3]，规划需要从宏观、微观两个层面去考量。

在乡村个体层面，不仅要满足淘宝村的用地扩张、集中生产的空间需求，而且要维持乡村的发展秩序，优化乡村人居环境。规模工业化淘宝村有着较大的生产空间需求，而当前大部分淘宝村所表现出的粗放式空间扩张模式显然难以为继，不仅村民的生活环境没有得到改善，也给乡村带来巨大的交通物流压力和生态环境压力，同时缺少更为精细化的生产服务供给，缺少整合、助推产业升级的服务平台。因此该类淘宝村的规划就是要解决三生（生产、生活、生态）空间问题，有序更新村庄存量空间，合理安排增量空间。针对有条件的村庄应进一步考虑如何集聚要素，构建集生产、创新、销售、服务等功能为一体的产业综合体。规划同时必须注重生活服务设施的充分供给，通过配置良好的教育、医疗、文化娱乐、体育休闲等设施来优化乡村人居环境，促进乡村可持续发展。

在宏观层面，应统筹考虑如何促进淘宝产业集聚区的协调发展，打破行政边界的阻隔，提出联村、跨镇乃至跨县市的规划策略。淘宝产业集群发展在很多地方均已出现，典型如曹县大集镇和周边的阎店楼镇、安蔡楼镇都是从事演出服饰及其相关产品的淘宝镇，徐州市睢宁县与宿迁市宿城区也已形成以家具为主导的百亿级电商产业集聚带。产业的空间集聚以至连绵发展，在增强区域经济竞争力的同时也给地方的空间组织、设施支撑、治理管控带来了巨大的挑战。如何构建统一的、共赢的区域性发展与管控策略，从而引导产业有序集聚，形成区域发展合力，成为规划亟须解决的高层次发展问题。关于规模工业化淘宝村两个层面的具体规划应对，将在下文的特色小镇规划和跨界协调规划两节详细阐述。

7.1.2 自下而上的规划方式转型

规划就是为各利益团体搭建"共识"平台，规划能否体现公共利益，不仅取决于规划师，而且取决于整个规划过程[4]。乡村规划同样应是一个达成共识、协调利益的过程，在一定程度上规划过程的重要性甚至超过规划成果本身。在市场化的快速渗透下，淘宝村内部的利益矛盾复杂交织，村民的主体利益意识逐渐觉醒，电商精英们主动参与乡村治理的意愿更加强烈，这些变化要求乡村规划创新方式朝着自下而上的、更为民主的进程转型：将乡村规划作为乡村集体一致行动的框架，将乡村规划编制作为一次社会动员的过程，进一步重塑村民主体性，推进乡村治理现代化转型。

1）村民主体参与的多方协作规划

传统的乡村规划通常都是遵循政府主导、自上而下的编制路径（图7-2），村民的规划参与渠道很少、参与性极低。这不仅不利于村民乡村主人翁意识的形成，还常常

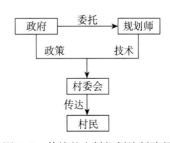

图 7-2 传统的乡村规划编制路径

由于政府与村民之间的信息不对称而造成规划与乡村的基本需求脱节，难以做到"精准规划"。针对传统乡村规划存在的弊端，国家先后出台指导政策，引导乡村规划编制。2015年11月发布的《住房城乡建设部关于改革创新、全面有效推进乡村规划工作的指导意见》中提出，"建立以村民委员会为主体的村庄规划编制机制。村民是村庄建设的主体，简单由城市的规划院所编制乡村规划的做法，往往忽视村民参与和需求，造成村庄规划脱离实际。要通过村民委员会动员、组织和引导村民以主人翁的意识和态度参与村庄规划编制，把村民商议和同意规划内容作为改进乡村规划工作的着力点"。2019年5月自然资源部办公厅印发的《关于加强村庄规划促进乡村振兴的通知》再次明确，"强化村民主体和村党组织、村民委员会主导。乡镇政府应引导村党组织和村民委员会认真研究审议村庄规划并动员、组织村民以主人翁的态度，在调研访谈、方案比选、公告公示等各个环节积极参与村庄规划编制，协商确定规划内容。村庄规划在报送审批前应在村内公示30日，报送审批时应附村民委员会审议意见和村民会议或村民代表会议讨论通过的决议。村民委员会要将规划主要内容纳入村规民约"。国家政策的导向非常清晰，乡村规划必须坚持村民的主体性，实施村民参与为主的协作式规划。乡村规划根本就不是参与不参与的问题，根本上就是农民自己的事情[5]。

诞生于互联网时代的淘宝村，既有比普通乡村更为复杂的经济、社会关系，也有更高水平的网络普及率和信息获取能力，淘宝村的规划更应该，也有条件进行编制方式方法的创新，凭借新的技术手段和社会关系，跳出传统规划思维，更加深入地激发村民的主体性，推进不同利益群体间的交流协作。乡村规划编制过程中应积极倡导构建"地方政府＋村民＋规划师（专业服务商）"的三位一体的协作模式。地方政府提供政策、资金，联合村两委发动村民，并对规划过程和成果进行指导、评价和监督；村两委充分发动村民参与规划编制全过程，有条件的可以组建由村民代表组成的乡村规划专设组织与政府、规划师等交流和沟通，并通过自下而上的民主决策机制，决定淘宝村发展的战略与行动；规划师以及相关的专业服务商进行"陪伴式"规划和服务，为乡村提供专业技术支持，培养互信、培训村民、陪伴建设，最终形成上下联动的创新规划方式（图7-3）。

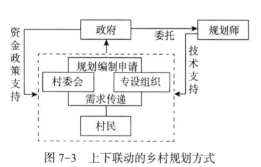

图 7-3　上下联动的乡村规划方式

2）信息时代的陪伴式动态规划

传统乡村规划是一种断面静态式规划，形成图纸、文本报告的成果就预示着一个规划的完成。其往往会忽视乡村经济、社会结构在市场化渗透过程中的快速转变事实，常常导致现行规划难以满足利益主体的多元化需求，规划失效问题凸显。淘宝村的经济、社会环境变化很快，针对这类快速变迁的乡村，必须使用动态的规划方式，提高乡村规划的灵活性。动态规划是一种应对不确定性问题的重要方法，与传统规划相比动态规划更是一个过程而不是结果，既注重建设行为的协调性，也注重运用政策杠杆，更关注近期的需要和灵活性[6]。在实践中，动态规划是一个"设计—评价—再设计—再评价"的循环前进的过程[7]，强调定期开展规划实施评价，根据淘宝村村民的实际需求与乡村发展中遭遇的现实问题来灵活调整规划，继而提高乡村规划应对现实发展需求的能力。

淘宝村的规划编制过程应充分重视、利用信息手段，尤其"两微一抖"以及直播等社交平台，进行互动与策划。通过社交网络比如"微信群""公众号"的构建，一方面激发村民线上、线下的互动热情，提高整体参与率；另一方面建立政府、村民、规划师及相关服务商的信息交互平台，促进不同主体间信息的对称性，推动规划决策过程的公开和透明。同时在乡村规划的编制过程中可以充分借助信息技术、社交网络进行相关策划，比如通过对规划过程及实施效果的宣传和营销为乡村带来"网红"效应[8]，从而助推规划目标的达成（图7-4）。

图7-4 因规划设计而成为网红村的东梓关村

7.1.3 面向实施的规划成果转化

规划的核心在于解决现实问题，服务于地方发展。一个好的乡村规划能够管理乡村地区发展、保护生态环境、促进产业发展、改善村民生活，从而成为保证公共利益最大化的社会契约和乡村治理纲领。为了实现这一规划目标，乡村规划必须改变传统城市规划的技术工具定位，转向更为综合的公共政策甚至村规民约定位，将规划作为主体利益表达、约束、平衡和实现的社会过程[9]，从而发挥自身在乡村治理中的"社会契约"属性，对"原子化"的村民的盲目逐利行为进行规范引导，并进一步明晰基层政府与村两委权力行使的边界。从第6章对中国淘宝村的治理转型的分析可以发现，村民和乡镇政府以及村两委之间常常缺少共识和有效沟通，缺少应对利益冲突的解决机制。基于公共利益最大化而编制的乡村规划需要成为乡村集体行动的统一框架。

要想让乡村规划更好地承担治理职能，就必须针对乡村的经济、社会特征进行规划成果的有效转化。首先规划的实施应是基层政府与村民共同推进的结果，乡村规划必须在乡村内部达成共识。然而在当前的乡村规划实践中，很多规划成果依旧延续城市规划注重技术规范的表达惯性，文本说明以及图纸对于普通村民而言过于专业，以致村民难以理解。因此，为了保证规划能够更好地在乡村普及，让更多的村民看得懂规划，除了规范的技术性文本、图纸成果，规划师需要准备一套村民看得懂的简化成果，将专业技术语言转译为村民听得懂的语言，并辅以清晰生动的图画公示给村民，让更多的村民明白规划的主要内容与乡村未来的发展蓝图，从而能够较为顺畅地达成共识，具体的做法可以参照上海城市总体规划编制过程中创制的市民手册，用通俗易懂的语言、图画甚至动画描绘规划方案。

在让村民充分了解规划内容的同时，乡村规划编制还应将规划成果制度化、法条化，即将规划的内容在公共决策中体现出来，形成乡村治理共识，从而有效发挥乡村规划的公共政策属性。将乡村规划中需要村民共同遵守的条例纳入"村规民约"之中，将其转变为乡村所共同遵循的"承诺"或是"规则"，从而更好地约束村民盲目的逐利行为，促进规划的落地实施。作为淘宝村未来发展的蓝图，建议将规划中所涉及的更大范围、更高层次的内容纳入乡镇政府的相关规划和工作计划中，让它成为近期村民监督、政府施政的指导性文件。

7.2 特色小镇规划

图 7-5 成功的特色小镇——杭州梦想小镇

特色小镇是 2014 年由浙江省率先提出的，具有明确的产业定位、文化内涵，具备旅游和一定社区功能的空间发展平台[10]。2016 年住房城乡建设部、国家发展改革委、财政部三部委联合发布《关于开展特色小镇培育工作的通知》，明确我国到 2020 年将培育 1 000 个左右各具特色、富有活力的休闲旅游、商贸物流、现代制造、教育科技、传统文化、美丽宜居等特色小镇。特色小镇的"特色"在于要围绕核心产业进行投资、建设和运营，并且具有高品质的生产、生活、生态空间[11]，被认为是原有传统产业集群创新、升级的发展平台，是区域产业集聚的 3.0（图 7-5）。淘宝村本质上就是依托互联网技术、电子商务平台兴起的新兴产业集群，尤其存在规模工业化的淘宝村，其电商产业的发展表现出与上一轮自下而上进程中的"温州模式"极为相似的特征与问题。特色小镇作为以产业发展为核心的新型空间载体，能够通过生产、综合服务空间的集聚转变当前淘宝村电商产业多而小、专而浅的发展困境，实现产业集群的提档升级。我们可以认为特色小镇与规模工业化淘宝村的转型发展有着较高的契合度，具体而言表现为以下三个方面：

第一，特色小镇是一种集产业创新研发、生产仓储、销售运输、生产服务为一体的新型产业空间组织形式，能够通过集聚各类高端要素来提升产业创新能力，增强企业竞争力。当前规模工业化淘宝村的大部分产业属于低成本、低门槛、易复制的类型，存在产品同质化问题，基础设施建设普遍滞后。除了少数本地籍贯的返乡人才，中高端人才大多不愿去淘宝村发展，乡村电子商务难以获得实现转型或创新发展所必需的技术和智力支持[12]。发展特色小镇对于当前大多处于产业升级瓶颈的淘宝村而言，不失为实现产业转型升级的上佳路径。其不仅解决规模工业化淘宝村生产空间不足的问题，而且能够进一步吸引生产服务要素在乡村地域集聚。

第二，特色小镇规划建设集约高效，遵循小尺度、高质量的开发模式，注重空间环境品质的打造。通常特色小镇的规划面积控制在 3 km^2 左右，这一小尺度空间集中开发模式非常契合乡村建设用地有限的现实情况，能够更为高效、集约地利用建设土地，有效地缓解淘宝村"野蛮生长"中所带来的无序发展问题，整体提升淘宝村的环境品质与风貌。

第三，地域文化内涵是特色小镇建设中的重要组成部分，每个小镇都有特定的文化标识，文化基因与产业发展相融合。对于规模工业化淘宝村而言，特色小镇的规划建设可以整合多种地方资源、要素，将传统地域文化、历史文化与互联网、电商文化相结合，从而实现产业、文化、空间、景观等特色的交融互促。这样不仅可以提升电商产业内涵，而且可以通过线下商贸旅游业的培育进一步推动电商产业的线上线下融合发展，助力乡村经济多元化。

产业是特色小镇发展的动力[13]，不同于传统规划的"筑巢引凤"，特色小镇的规划应当是围绕现有产业的提升型规划。对于规模工业化淘宝村的电商特色小镇规划而言，首要任务就是转变当前电商产业多而小、专而浅的发展困境，实现产业的提档升级。具有典型自下而上发展特征的淘宝村的创业草根、电商从业人员既是电商特色小镇的服务对象，也是实践主体。他们在规划中的积极参与是电商特色小镇得以运作和发展的重要保障，多方协作、上下联动同样是特色小镇规划过程中必须始终贯彻的理念。最后，电商特色小镇必然是展现互联网文化与地域历史文化交融创新的重要载体。结合山东省曹县大集镇电商特色小镇的规划案例，本书将从产业、空间以及风貌三个方面具体阐述电商特色小镇的规划理念与策略。

7.2.1 立足区域，构建线上、线下高度整合的产业体系

产业是淘宝村兴起之源头，也是持续发展的根本。针对淘宝村集群化发展的现实情况和同质化竞争带来的升级困境，电商特色小镇规划首先要从产业分析和规划开始，从区域和地方两个层面深入分析产业发展的特征、机制与趋势，明确产业转型升级的思路。

电商特色小镇作为更高的产业平台，必然是面向未来、辐射周边的区域性服务中心，规划过程中首先要重视区域视角的产业整合。规模工业化淘宝村电子商务产业的发展普遍呈现出在特定地域范围内快速裂变增殖的态势[14]，进而形成淘宝产业集群，大集镇便是典型。然而乡村电子商务规模小、附加值低、分布散，难以形成合力，淘宝村自身也无法满足产业进一步转型升级的集聚和扩张需求。因此，特色小镇的规划应充分考虑更大范围产业升级的空间需求与服务功能植入，根据当前产业升级的瓶颈配备生产配套、设计检测、教育培训、金融商务服务、演出会展、旅游体验等综合服务功能（图7-6）。规划大集镇的演出服饰电商产业集群可以借鉴赣南脐橙、千岛湖龙井、武功猕猴桃等地方品牌塑造的经验，充分利用新成立的"大集舞衣"电子商务平台整合淘宝村企业资源，严格把控与监管产品质量，提升品牌竞争力和影响力。通过电商小镇搭建相对完备、辐射周边的产业服务体系，吸引人才和企业资源向小镇集聚，最终形成服务曹县县域以及菏泽南部的电商服务中心，满足区域创新发展的新要求。

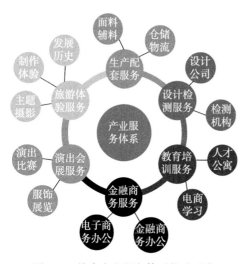

图7-6 综合产业服务体系构成示意

电商特色小镇规划要充分重视地方产业线上、线下的融合延伸。应根据当地具体的产业类型和发展现状，明确产业转型升级路径，逐步走向以特定电商产业为核心、线上与线下联动发展的新产业体系。以线上互联网交易为核心是当前多数乡村电商发展的典型特征，但这一较为单一的发展模式到一定阶段就会使产业发展陷入同质竞争、恶性压价的陷阱，产业发展的稳定性和持续性不强。推动淘宝村经济的多样化发展是特色小镇规划必须回答的问题。以大集电商特色小镇为例，考虑到演出服饰产业本身的延展性和联动潜力，规划建议拓展产业发展思路，从线下生产、线上销售转向高度整合的协同提升。鉴于大集电商产业发展具有一定的特殊性和代表性，在全国范围内具有较高的知名度，吸引着大量外来参观考察人群。规划电商特色小镇依托既有电子商务产业基础，积极寻求线下联动发展机遇，适度发展以产业为基础的特色主题旅游，包括以儿童演艺比赛为主的节庆演艺活动、以电商参观考察为主的商务观光活动和以演出服饰租摄为主的摄影体验活动等（图7-7）。通过多元

活动的引入带动关联产业的发展，并与电子商务产业互相作用、协同提升，逐步形成以演出服饰为主题，以电子商务产业为核心，集设计研发、展示发布、演艺活动、商务金融、教育培训、旅游时尚等为一体的复合产业体系。

图 7-7 演出服饰产业线上、线下整合

注：Cosplay 是指利用服装、饰品、道具以及化妆来扮演动漫作品、游戏中以及古代人物的角色。

7.2.2 自下而上，需求导向下的空间定制

城乡规划本质上是一种地方事务，着眼于解决地方发展问题，因此不同地方对于规划的需求是不尽相同的，只有针对真问题、面向真需求，才能够准确地进行空间、产业以及服务等方面的定制。电商特色小镇的规划作为一种创新型规划，同样需要自下而上的、更为民主的规划过程。淘宝村的发展使得乡村有机会从边缘化的城镇附属转变为集聚人才、资金和信息的区域新核心[15]。作为空间与产业转型升级的平台，电商特色小镇的规划无论是空间安排还是服务提供，均应根据未来乡村可能吸引、容纳的不同目标人群的预测和划分来展开，采取不同的定制策略。针对大集镇，根据现状调研、深度访谈和对于产业发展趋势的比较分析可以预判未来电商特色小镇将存在电商商户、本地居民、外来务工人员以及游客等不同的群体，这些群体在生产、生活上分别有着不同的需求。本地商户主要希望提供满足其扩大再生产所需的生产、仓储和销售空间；外来商户主要希望提供适合其创业的空间，并能解决就近居住的需求；打工人员多希望地方能提供多种就业机会；游客则希望能有独特的参观

考察体验以及优美的生态环境；本地居民则希望能享受高品质的公共服务和公共活动空间；更为高端的商务、研发和管理人员则会对居住品质、公共服务设施提出更高的要求（图7-8）。

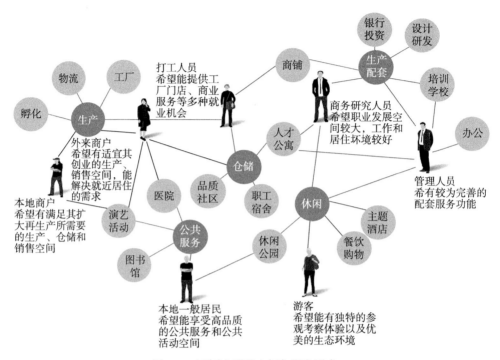

图7-8　不同人群的空间与服务需求

规划根据目标人群的需求，进行空间功能划分与服务配套。电商特色小镇存在四种主要的空间功能类型（图7-9）：① 研发智造，包括创意设计、服装制造、小微企业孵化等，主要为电商从业者提供高品质的商务办公空间以及不同尺度、功能的生产空间。② 生产服务，包括物流仓储、辅料销售、教育培训、商务金融、商贸会展、质量检测等，与生产空间相配套，更好地满足电商发展各环节的服务需求，是电商产业转型升级的关键，也是吸引外来人才的重要领域。③ 生活服务，包括商业休闲、居住社区、生活配套等，是淘宝村能够留住人，实现可持续发展的重要保证。生活服务的发展首先要求能够满足一般家庭的基本需求，如孩子的优质教育和良好的人居环境，防止乡村向"反留守"的生产基地转向。因此，能满足部分从城市进入乡村的人群的需求，提供现代化的、与城市基本均等的公共服务设施是留住人才的关键。在大量淘宝村的访谈调研中，多数企业主均表示当前制约发展的主要因素就是人才，乡村生活条件太差，即使高工资也无法招聘到优秀人才。④ 旅游体验，包括商旅体验、文化体验、节庆演艺体验等，是基于旅游人群的空间安排，实现淘宝村产业线上与线下融合发展、多元发展的重要环节。

图 7-9 不同需求下的功能策划与空间布局

特色小镇规划是直接面向实施的规划，因此在具体的空间规划设计中，应当切实地考虑微观主体发展需求，进行精细化设计，从而提高规划的可操作性。尤其面向不同电商企业需求的生产空间的设计是最能吸引微观主体参与的环节。大集镇电商产业园一期和二期的建设由于缺少精细化的需求导向设计和灵活的制度安排，造成诸如形式单一、空间过大、利用率低等问题，而且厂房必须购买、不能租赁的安排也引起了较多的不满。针对这些问题，特色小镇规划根据产业的类型与演进周期提出两种产业空间类型和模块化建筑设计策略，而且根据产业规模将大集镇的演出服饰产业商户分为小微商户、中型商户和大型商户三类，分别规划设计满足不同商户发展所需的多种空间，同时尊重本地村民喜闻乐见的生产、生活方式。小微商户尚处于起步期，通常主要从事网络销售，即使存在生产加工也多为简单、小批量的，空间需求往往不大，更加看重成本的低廉和投资的低风险。针对小微商户，特色小镇规划专门设计孵化器空间，提供设施配套齐全的办公空间和可租、可售的生产空间。中型商户和大型商户需要的功能和形态较为相似，均有着较大的生产和仓储空间需求，其区别主要体现在规模的大小上。针对这两类商户，特色小镇规划选取 600 m²、1 000 m² 和 2 100 m² 三种尺度的生产空间作为基本模块，在小镇的产业园区集中布局、有序组合。电商商户可以根据自身需求和实力选择不同模块或模块组合（图 7-10）。

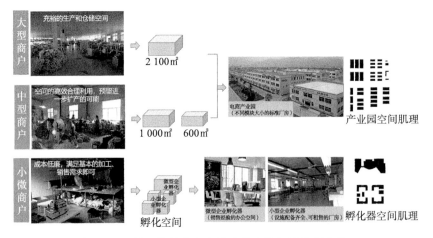

图 7-10 基于差异化商户需求的建筑空间形式示意

7.2.3 要素整合，打造多元融合的特色风貌

特色是小镇魅力及生命力所在[16]。而这个"特"，除了反复强调的产业特色之外，还包括具有本土性的历史文化特色与景观风貌特色。挖掘本土文化要素与景观要素，打造多元化的特色空间与景观风貌，传承地域特色也是特色小镇规划的重要部分。

对本土文化包括物质文化遗产（古建筑、文化遗址、文物等）和非物质文化遗产（传统表演艺术、民俗活动、礼仪与节庆、传统手工艺技能等）的保护、提炼与展示，可以打造小镇的文化之魂。大集电商特色小镇规划，首先对当地重要的文化遗产进行挖掘，整理出大集镇的两大文化资源——伊尹文化与戏曲文化。伊尹是中国食文化鼻祖、商朝著名的丞相，伊尹墓位于大集镇殷庙村。伊尹文化的重点在于发扬大集镇乃至菏泽地区的饮食文化。大集镇所在的曹县，更有"戏曲之乡"的美称，境内的戏曲种类如梆子戏、柳子戏、弦子戏、二夹弦、花鼓丁香、皮影戏、京剧、评剧、四平调、豫剧等多达 10 余个，戏曲文化积淀深厚。对非物质文化的保护与传承，最重要的是将文化活化，与现代生产、生活相融合。规划将戏曲文化与演出服饰文化相结合，将饮食文化与大集日常生活以及体验旅游相结合，进而通过特色文化主题空间的塑造彰显小镇的地域文化特色（图 7-11）。

对于本地生态景观优势资源的充分利用，如植被、花卉苗木的就地取材，可以塑造特色生态景观。优质的生态环境和景观风貌是吸引人口集聚、旅游者驻足的基础。通过对当地生态景观要素的调查分析，特色小镇规划将杨树林、牡丹、荷花以及梨园作为大集镇最具特色的景观要素。地处黄淮平原腹地的大集镇至今仍保留着大量杨树林，这种随处可见的景观具有鲜明的华北地域特色，是小镇空间中最重要的原生生态空间；牡丹是菏泽的市花，菏泽素有"牡丹之乡"的美称，在特色小镇中布局牡丹园不仅增加小镇的景观丰富度，同时充分体现大集的菏泽元素；荷花池的规划建设是平地造景的重要手法，通过增加水面赋予特色小镇以灵气，同时隐喻以水得名的菏泽；"梨园"是戏班、剧团的别称，曹县是"戏曲之乡"，大集镇的电商产业主营演出服饰，这些都与梨园有着密切的关系，而梨树本身就是当地大量种植的经济作物。规划选取这四种本地植物分别设计差异化的空间景观，营造最具地方特色的小镇景观风貌（图7-12）。

图7-11 特色文化主题空间

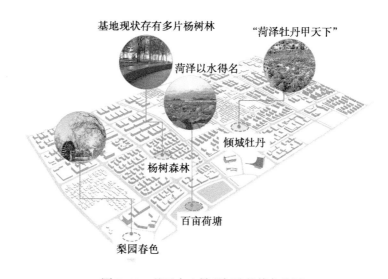

图7-12 基于本土景观打造的特色公园

7.3 跨界协调规划

经济增长不会受制于行政边界的限制，淘宝村的发展同样如此，乡村地区自下而上迅猛发展的跨越行政区的电子商务产业集群，必然引发强烈的区域协调需求。著名的家具电商产业集群——沙集—耿车区域便是典型的跨行政区电子商务产业集群。电子商务的飞速发展虽然如同魔法师的点金石一样彻底改变了这两个普通苏北小镇的发展轨迹，创造了令人目眩的财富神话。但这种依赖市场先机的发展模式，近年来因为大规模复制和缺乏区域统筹协调也产生了一系列严峻的挑战：区域空间缺乏统一的规划引导和管控，产业空间与生活空间交错无序，交通体系与基础设施缺乏系统整合；同质化恶性竞争致使利润越来越薄，网商群落处于"多、小、散、弱"状态，缺乏号召力较强的品牌，产业整体发展困境凸显；区域综合服务设施分散，公共服务的滞后使得淘宝村出现明显的"反留守"现象等。沙集—耿车区域面临的不仅是淘宝村、镇个体的升级转型挑战，同时面对的是区域整体的协调发展挑战。显然这样的挑战不止在沙集—耿车区域存在，大量集群化发展的淘宝村、镇都有区域协调发展的迫切需求。

7.3.1 跨界协调机制的特征

进行跨界协调规划的设计首先需要解读跨界协调机制的特征。广义上任何区域协调均涉及多个空间单元，因而都具有跨界协调的内容；而狭义上的跨界协调则更主要指不同发展单元间边界地区的协调。从这个意义上讲，跨界协调应当是区域协调中问题最为突出、解决需求最为迫切的多主体水平协调，而跨界协调机制因此也就成为区域协调机制中最为务实，并且可能是与中国转型期特定的发展背景和路径最为匹配的协调制度设计。

1）灵活的、实用主义的制度变迁

区域跨界协调机制的产生是灵活的、实用主义的制度变迁。区域协调机制的产生是制度变迁的结果，制度变迁存在强制性和诱致性两种，即计划的和自组织的。强制性的制度变迁更多地体现为政府的主动设计、创制与实施。诱致性的制度变迁更多地体现为市场自发行为的逐渐固化与潜在制度化，一定阶段后为政府所认可进而合法化、规范化[17]。在转型期，渐进改革的总体制度演化路径决定了区域协调机制的产生必然存在强制性变迁和诱致性变迁两种途径，而两种途径在渐进演化过程中的交错互动，必然在整体上呈现出灵活的、实用主义特征。林毅夫在论述国家经济发展与转型时富有洞见地指出，"实用主义是推行经济转型的最重要的政策指导"[17]，在渐进的改革进程中，政府不应当预先制定一个宏伟蓝图，而应当通过"诊断"，找出激励和资源配置方面最关键的紧约束，进而引入有效的所谓"半路措施"（Half-Way Measures）的改革措施，同时在这一过程中，政府应当鼓励和关注制度创新过程中地方和个人的首创精神。灵活的、实用主义的制度设计思路对于发展中国家实现转型是有效的，对于跨界协调尤其是快速工业化、城镇化的淘宝村集群发展地区的跨界协调同样是必需的、恰当的。

2）功能性联系是跨界协调的基础

跨界协调必然是功能导向的，协调制度的设计目标应当致力于促进功能性联系的健康发展。构成功能性联系的要素非常多，但最基础的功能性联系是产业间的联系，尤其是市场驱动的产业间联系。以产业联系为基础的功能性联系所型构的空间就是功能性区域,如产业集聚区、电商经济区等。市场驱动的功能性区域的发展基本不受领土疆域(Territory)的限制,然而行政区划分一般是固定不变的,从而产生了区域协调特别是跨界协调问题。因此,协调最本质的涵义是立于分工基础上的协作[18],即通过协调机制的设计尽量降低相对静态不变的行政辖区对于相对动态变动的功能性联系的束缚与限制,从而最大效率地促进分工合作,推动市场导向的功能性区域的健康发展,使区域朝着一体化方向发展。许多研究已经证明,在区域尺度创造另一个行政层级(例如通过区划合并)以适应功能性区域发展的需要是无意义的,在很大程度上也是不现实的,因此开启一个不同机构能够在其中讨论跨越分隔问题的"政治空间"更为需要[19]。跨界协调正是基于这样的理论前提,试图通过更为综合、多元的"区域治理"(Regional Governance)手段促进以市场为导向的、通过紧密的功能性联系构成的城镇区域的发展。

3) 政府与市场作用的合理配置至关重要

跨界协调机制作为一种较为特殊的制度,它不可避免地会涉及政府和市场的合作。政府和市场,即强制性与诱致性内容在区域跨界协调机制中的配置及其作用的合理程度将直接影响协调机制的实施绩效。市场是推动跨界协调的内生力量,是塑造区域功能联系的决定力量,只有充分满足市场需求、发挥市场力量,才能真正促进整个区域的协调发展。而政府,作为发展中国家最重要的制度[17],是推动跨界协调的强大外力,是跨界协调的主导力量之一。从目前实施的效果来看,现行的协调机制和比较成功的协调案例基本上都是政府积极作为的成果。各级政府的决策与行动能力直接决定了区域规划与政策能否付诸实施。市场与政府合作是跨界协调的必由之路。实际上,只要明确各自的优势和能力范围,市场与政府、市场导向与政府导向是可以找到平衡点的,即政府作为跨界协调的主体,首先需要以市场所构筑的功能联系作为其重要的参考依据,通过跨界协调机制设计来完善功能性区域内部的相互联系,并依托基础设施的建设和共享来促进区域共同健康发展。一方面充分发挥政府在跨界协调中的主导作用,另一方面在最大程度上弥补市场导向所存在的一定程度的盲目、滞后以及短视行为。"政府引导、市场主导,先易后难、逐步推进"在一定程度上已经成为转型期区域协作成功的经验。

7.3.2 跨界协调规划的编制

1) 跨界协调规划的编制原则

通过对跨界协调机制特征的分析可以看到,跨界协调机制的设计是灵活的、实用主义的制度变迁,必须以功能性联系为基础进行政府和市场作用的合理配置。因此,对于跨界协调规划,实用主义是规划编制的总体指导思想,功能性联系是规划编制的主要依据,政府与市场作用的合理配置是规划编制的落脚点和难点。基于这一认识，区域跨界协调规划的编制方法应当遵循以下三个原则：

（1）因时制宜。所谓的"时"既有时机的含义，也包含阶段、近远期的内容。因此，因时制宜既要求制度设计能够充分分析时代背景、找准时机，也要求协调规划统筹考虑区域发展的需求及其所面临的问题，并将其与战略定位进行有机统一，充分利用发展阶段的渐进特征做好近远期的结合，既不丧失战略目标，也不拘泥于短期的细节处理。

（2）因地制宜。所谓的"地"是指需要跨界协调的各个空间单元。进行跨界协调规划必须充分掌握各跨界空间单元的发展特征、发展需求与问题，即各种跨界的功能性联系的发展情况。只有这样才能有针对性地做出既彰显地方特色，又解决发展困境的规划方案，进而使各个发展主体能够非常感兴趣地、自愿地进行制度层面的讨论。

（3）因人制宜。所谓的"人"是指区域文化与人文精神，在一定程度上也包括主要领导群体的动机与行为。任何规划本质上都是对人类行为的约束，因此摒弃人的因素而空谈规划是不现实的也是无结果的。文化与人文精神是一个区域长期积淀下来的非正式制度，它总是潜移默化地影响一个区域人们的行为，因此进行规划编制需要了解这些"隐性知识"[20]。而政府是发展中国家最重要的制度，政府由主要领导运作，因此要理解政府的政策和规则就有必要理解主要领导的动机和行为[17]。

跨界协调规划编制的三个原则并非特殊的要求，几乎所有的空间制度大体都可遵循这"三宜"原则，也正因如此，区域跨界协调规划必然是多样的、多元的，存在一定的共性和普遍性，也必然会带有一定的独特性和地方性。

2）跨界协调规划的编制内容

根据跨界协调机制的特征和规划编制原则，可以将区域跨界协调规划的主要内容分为以下四个方面：

（1）界定协调范围。由于功能性联系是跨界协调的基础，因此协调范围的界定首先需要研究功能性区域的发展特征与趋势。由于市场驱动的电商产业集群是功能性联系产生的主要动力，因此关于功能性区域的研究可以通过定性和定量两个途径：定性研究可以通过相邻产业空间发展的特征和趋势，以及区域生产性服务业的网络特征进行总体判断；而定量研究则需要进一步考察承载功能性联系的各种"流"的空间分布与联系特征，典型如网店交易量、物流快递收发情况、企业分工协作关系等，以及重大交通基础设施对于商务交流能力的影响范围。在功能性区域研究的基础上，协调范围的最终界定需要充分考虑制度设计的可操作性，并根据协调主体的层级和地位选择适当的空间尺度。例如针对沙集—耿车区域，协调的范围可以是这两个镇，也可以是睢宁县—宿城区两个县级空间单元，亦可以是介于两者之间的空间邻近、电商产业蓬勃发展的小城镇组群，而最终的选择就需要根据协调的主体和目的进行。

（2）划分协调单元。作为一个相对完整的空间单元，以功能性联系为基础划定的协调范围极有可能存在多种跨界情况，即存在不同的跨界次区域。基于因地制宜的原则，跨界协调规划必须有针对性地研究这些次区域。因此，需要在跨界协调范围内，依据不同跨界区域发展的特征和趋势划分协调单元，并以协调单元作为跨界协调机制设计的最小单元进行各种规划设计和空间安排。

（3）设计协调机制。根据跨界协调范围与协调单元的发展特征与趋势，充分应用因地制宜、因时制宜和因人制宜的原则，以协调单元为主要载体，结合区域发展战略对一些具有长远性、结构性和决定性的关系进行界定和统筹安排。重点对协调方式、协调措施以及相关政策进行设计，充分体现灵活实用特征。协调机制的设计不仅要充分理解协调单元的产业、空间发展特征与趋势，而且要积极关注地方性的、民间的制度创新。淘宝村是由当地的带头人和推动者自下而上发展的结果，在快速发展的过程中形成了一系列有效的模式和机制。进行区域协调机制设计时需要尊重这些创业草根、杰出推动者摸索出来的"土办法"，从而使自下而上的动力、活力与自上而下的规划管控形成有机的结合。

（4）制定空间措施。跨界协调规划不仅需要进行制度设计，而且需要有效指导空间发展，尤其是区域性基础设施的互联互通、共建共享。广义的基础设施泛指国民经济体系中为社会生产和再生产提供一般条件的部门和行业，包括交通、邮电、供水供电、商业服务、科研与技术服务、园林绿化、环境保护、文化教育、卫生事业等技术性工程设施和社会性服务设施等"硬件"和"软件"系统。由于电子商务产业发展的特性，通常物流基础设施是区域空间协调规划的重点和难点。在电子工具和网络通信技术的支持下，信息流、资金流可以通过即时通信瞬间完成，然而包括大多数商品和服务在内的物流过程必须通过物理活动与实体空间运输才能完成。无论电子商务多么便捷，只要交易的商品是实物，它的实现就离不开完整的物流过程，因此促进区域电子商务产业的可持续发展必须在交通、物流等方面予以重点规划统筹。

物流业当今发展的大趋势是从第三方物流向第四方物流转变。第一方物流是指由生产商或者货物供应商完成的物流过程，第二方物流为用户或消费者自己组织供应物流，第三方物流是指由物资的供给方和需求方以外的第三方专业化的物流企业或配送公司提供物流配送业务。与之相应的是传统仓储模式、"零库存"仓储模式和依托供应商的仓储转移模式三种仓储模式。传统仓储模式利用独立且较大型的仓库储存货物，成本较高且容易出现货物积压；"零库存"仓储模式依订单生产或采购，从而将安全库存量降到最合理的低位，这就要求企业能够实时获取销售与库存信息，拥有快速反应的信息链，整合上下游建立与完善供应链，使得货物的采购、生产、运输、仓储、销售、反馈都能在既定的模板与时间区间内完成；依托供应商的仓储转移模式适用于一些处于起步阶段且物流建设不完善的电子商务企业，降低自身的仓储与配送成本，从而减少企业管理压力[21]。当今正在蓬勃发展的第四方物流实质上是供应链的集成商，职能包括制造、采购、库存管理、供应链信息技术、需求预测、网络管理、供应链金融、客户服务管理等。随着第四方物流平台的发展，社会物流资源将进一步得到有效整合，精准的信息化统筹管理将显著提升现有物流基础设施的使用绩效，物流业仓储空间的重要性将相对弱化，信息服务、供应链方案咨询、供应链金融管理等职能将逐渐增强（图7-13）。因此，在跨界协调规划中需要科学合理地预测物流仓储空间的规模并统筹布局、集约建设大型物流仓储站点，从而最有效地服务于区域产业发展。

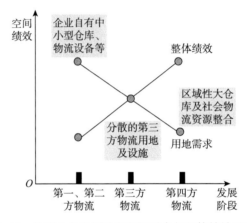

图 7-13 物流业各发展阶段空间需求与整体绩效示意图

第 7 章参考文献

［1］张京祥，申明锐，赵晨.乡村复兴：生产主义和后生产主义下的中国乡村转型[J].国际城市规划，2014，29（5）：1-7.

［2］池仁勇，乐乐.基于产业集群理论的淘宝村微生态系统研究[J].浙江工业大学学报（社会科学版），2017，16（4）：383-389.

［3］罗震东，何鹤鸣.全球城市区域中的小城镇发展特征与趋势研究：以长江三角洲为例[J].城市规划，2013，37（1）：9-16.

［4］石楠.试论城市规划中的公共利益[J].城市规划，2004，28（6）：20-31.

［5］张尚武.乡村规划：特点与难点[J].城市规划，2014，38（2）：17-21.

［6］王富海，孙施文，周剑云，等.城市规划：从终极蓝图到动态规划：动态规划实践与理论[J].城市规划，2013，37（1）：70-75，78.

［7］袁敬诚，陈石，赵曼彤.辽东湾新区动态规划探索[J].规划师，2016，32（7）：52-57.

［8］朱旭佳，罗震东.从视觉景观生产到乡村振兴：网红村的产生机制与可持续路径研究[J].上海城市规划，2018（6）：45-53.

[9] 吴缚龙.利益制约:城市规划的社会过程[J].城市规划,1991,15(3):59-61.
[10] 宋为,陈安华.浅析浙江省特色小镇支撑体系[J].小城镇建设,2016(3):38-41.
[11] 赵佩佩,丁元.浙江省特色小镇创建及其规划设计特点剖析[J].规划师,2016,32(12):57-62.
[12] 郑伟旭,周燕,张楠,等.河北省淘宝村淘宝镇发展现状及价值分析:基于白沟淘宝村淘宝镇的调查研究[J].中国集体经济,2017(11):9-10.
[13] 陈桂秋,马猛,温春阳,等.特色小镇特在哪[J].城市规划,2017,41(2):68-74.
[14] 单建树,罗震东.集聚与裂变:淘宝村、镇空间分布特征与演化趋势研究[J].上海城市规划,2017(2):98-104.
[15] 房冠辛.中国"淘宝村":走出乡村城镇化困境的可能性尝试与思考:一种城市社会学的研究视角[J].中国农村观察,2016(3):71-81.
[16] 尹怡诚,张敏建,陈晓明,等.安化县冷市镇特色小镇城市设计鉴析[J].规划师,2017,33(1):134-141.
[17] 林毅夫.经济发展与转型:思潮、战略与自生能力[M].北京:北京大学出版社,2008.
[18] 杨保军.我国区域协调发展的困境及出路[J].城市规划,2004,28(10):26-34.
[19] HALL P, PAIN K. The polycentric metropolis: learning from mega-city regions in Europe[M]. London: Earthscan, 2006.
[20] 迈克尔·波兰尼.个人知识:迈向后批判哲学[M].许泽民,译.贵阳:贵州人民出版社,2000.
[21] 乔俊杰.基于电子商务背景下的物流系统规划[J].电子商务,2012(5):24,29.

第 7 章图表来源

图 7-1 源自:笔者拍摄.

图 7-2、图 7-3 源自:陈芳芳绘制.

图 7-4、图 7-5 源自:笔者拍摄.

图 7-6 至图 7-12 源自:南京大学空间规划研究中心、南京大学城市规划设计研究院,《山东省曹县大集镇 E 裳小镇规划》,2017 年.

图 7-13 源自:乔艺波绘制.

8 移动互联网、新乡村与新型城镇化

移动互联网技术的快速迭代，电子商务在中国城乡的蓬勃发展，让中国城镇化的下半程充满机遇与挑战。事实上，中国宏大的城镇化进程与新经济洪流叠加所带来的新现象、新领域，已经远超发达国家既有的经验。当淘宝村、电商城、创新集群、科创走廊等一系列新空间单元在城乡大地上纷纭众出之际，当创新已经成为新常态之时，中国正在进入第四次工业革命[1]推动的新型城镇化时代！淘宝村、镇这样一种既在欧美主导的城镇化进程中没有先例，也明显区别于中国以往城镇化道路的新自下而上进程，显然这只是新时代的开始，但已经足够惊艳和深刻。人类历史上每一个新时代的到来都是新知识和新理论爆发的开端，面对今日已经开始的深刻的系统性变革，作为指导人类创造更美好人居环境的城乡规划学科不应该缺席。

8.1 移动互联网时代的城乡发展

伴随着信息通信技术的快速发展和入网门槛的大幅度降低，中国城乡已经全面进入移动互联网时代，人们的生活方式和社会文化生产方式正在发生巨变。截至2018年12月，中国网民规模达到8.29亿人，互联网普及率达59.6%，其中手机网民规模达8.17亿人，网民中手机上网的比例高达98.6%[2]。无所不在的移动互联网进一步加剧着线上、线下的耦合与交互，流空间的快速扩展及其与地方空间的高频互动，使得城乡要素之间的交流传播方式正发生着革命性变化。信息传播的碎片化和去中心化、文化生产的大众化与高频化，使得大众流行文化表现出明显下沉的趋势，以草根文化为代表的广大乡村地区也获得比以往更多的焦点集聚和资金注入。城乡数字鸿沟的重新缩小、城乡互动方式的革新以及城乡社会参与度的增强，预示着移动互联网时代的新城乡关系。

8.1.1 城乡数字鸿沟的缩小

基于个人电脑的"传统"互联网时代，由于地区发展的不均衡以及信息基础设施建设的滞后，信息化与网络化发展的地区差距和城乡差距呈现不断扩大的趋势[3]。上网所需的知识、技术、经济与硬件高门槛将年龄偏大、生活水平较低、缺乏良好教育、缺少计算机和网络知识的乡村居民阻挡在互联网时代的大门之外,"数字鸿沟"一度成为令全球社会担忧的现实。2008年以来,随着智能手机、平板电脑的诞生、3G/4G网络的普及,移动互联网开始爆发。APP(应用程序)成为主流,人们可以全天候地保持"在线状态"。手机上网业务开始成为各大通信运营商业务竞争的核心,加之智能手机产业快速的技术迭代,城乡居民尤其是广大乡村居民接入互联网的成本更加普惠,功能更加强大。

手机日益成为小乡村连接大世界的窗口,海量而丰富的信息要素迅速突破时空障碍涌入原先落后、闭塞的乡村,极大地拓展了他们的视野,丰富了他们的认知,同时为他们提供了融入外界社会的端口。而政府对于乡村信息基础设施的重视和完善,进一步缩小了区域差距和城乡差距。10年之间,中国农村网民规模从2008年年底的8 460万人,飞速增长至2018年年底的2.22亿人,占中国网民总量的26.7%,农村地区互联网普及率升至38.4%[2,4],基本接近中国的户籍城镇化率。近几年广大乡镇层面人群更是成为移动互联网新用户增长的主力军(图8-1)。移动互联网对于城乡数字鸿沟的深刻影响在上海财经大学的"千村调查"成果中反映得尤为清晰。项目组在全国31个省、自治区和直辖市的乡村共发放了10 381份问卷,所调研的乡村家庭手机拥有率远远高出固话和电脑的拥有率,个人智能手机上网率基本追平城镇(图8-2)。尤其对于西部地区而言,移动互联网在很大程度上弥补了由于固话和家庭电脑缺失所带来的与外界信息不对称的劣势,由此获得了追赶东部发达地区的机会[5]。

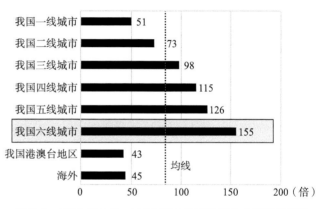

图8-1　2017年3月—2018年3月抖音用户人群增长倍数

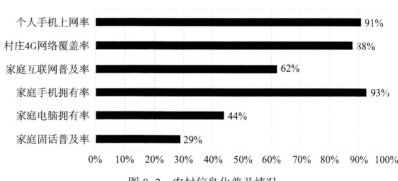

图8-2　农村信息化普及情况

8.1.2　城乡互动方式的革新

在传统互联网时代,淘宝村、镇通过电子商务突破空间区位约束,参与全国乃至全球的产业分工,实现社会和经济跃迁式发展。移动互联网时代则为乡村打通了更加多元、全面和开放的城乡交流渠道,将对乡村产业及公共服务事业的发展产生深刻影响。在日新月异的技术变革下,信息传送和接收终端日益呈现出多样化趋势,多频互动成为更加热门的交流传播手段。例如各类在线教育平台,使得众多先进的、丰富的教育资源可以在全球、在城乡共享;又比如"共享农庄"与线上农业信息平台的建设,进一步推动了农业信息化的发展。通过移动互联网完全有能力实现乡村的教育、医疗、卫生、文化、就业等社会民生事业与城市的基本均等,彻底改变社会公共资源分布和利用的不均衡状况。

移动互联网的兴起更为显著地、不可逆转地改变着大众传媒的格局,将专业的传统线性传播结构逐渐演变成去中心化的网状传递结构,从而为城乡营销开辟了新的、颠覆性的途径。报纸、杂志、广告、海报等实体媒介日渐式微,电影、电视、传统网站等虚拟媒介也已风光不再,"两微一抖"以及快速崛起的直播平台正迅速成为炙手可热的营销"法宝"。当前利用移动互联网进行产品推广、城乡营销以及文旅扶贫的热度已经蔓延到广大乡村地区。过去由于低可达性而不为人知的自然美景通过新媒体的传播日益成为新的乡村形象。尤其中国西部地区丰富的自然与人文景观所展现出的强烈空间异质性,日益成为东部发达地区大众消费的热点。典型如位于连片贫困地区的稻城亚丁景区,2018年在抖音平台上拥有超过17亿次的短视频播放量,从而为它吸引了大量来自一线城市的游客,仅上半年游客量就同比增长55.6%[6]。随着游客在地空间消费行为的完成,借由空间生产而实现的地方社会关系确认、社会认同强化的过程也得以完成[7],一批与当地文化相关的主题餐厅和民宿应运而生。稻城亚丁并不是个例,据统计,在抖音平台上最热门的100个县域景点中,约30%都位于贫困县。2018年抖音联合字节跳动正式启动"山里DOU是好风光"项目,为乡村提供流量倾斜、人才培训、产品扶持等服务。移动互联网对于城乡空间的影响必将随着更多新科技、新平台的诞生而产生颠覆性的变革。

8.1.3 城乡社会参与度的增强

移动互联网有着动态、自由、即时、智能、平等、自发等特性,而且日益变得无处不在。随着越来越多的城乡用户进入移动互联网世界,媒介渠道激增,大众文化生产与传播开始向乡村居民和年轻群体下沉。这种自下而上的文化生产模式和大众化的文化生产主体以一种草根的姿态,对大众文化进行解构和再造。通俗易懂、贴近生活的内容更容易引起大众的情感共鸣,消弭城乡之间的文化信息隔阂。在这种背景下,移动互联网便成为乡村网民传递和满足物质与精神需求的主要载体,为城乡居民感受世界、融入世界、改变世界的愿景提供了平等发声与展示的渠道和平台。

上海财经大学的"千村调查"成果显示，95.9%的农村网民都在使用微信、QQ等社交软件（图8-3），应用比例甚至比城镇数据更高[5]。乡村居民压抑已久的表达与分享欲望在快手、抖音等自媒体短视频平台上也得到了很好的表现：有人拍摄农村秋

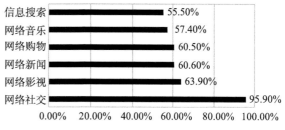

图 8-3　乡村居民各种类型 APP 的使用比例

收，金黄的颜色铺满农家小院；有人拍摄在乌苏里江捕鱼的辛劳与收获，号子声响彻江面；有人编写小剧本，或搞怪或写实地展示着自己的农家生活……朴实自然的拍摄手法，与城市截然不同的自然景观，以及乡村的各种传统的生活细节片段，通过短视频平台的算法分发模式，突破地域限制传播到全国各地，迅速激起人们的猎奇心理和关注热度，成为注意力经济时代的新宠。"土味"视频在网络上的迅速传播以及高热度带来的经济效益，往往激起更多村民开启新一轮的创作。各种"土味"的创新一时间使乡村成为新的热门文化输出地，通过这样细微而琐碎的方式一点点向外界传输自己的独特文化和珍贵习俗。在移动互联网时代，乡村景观、乡村文化的异质性，与更加真实、高质量的乡村生活开始得到更多青睐，乡村在一定程度上可以更加独立、平等、自信地与城市交流、并存，而不是当前的从属、迎合与异化。

8.2　新城乡关系重构"明日的田园城市"

120多年前埃比尼泽·霍华德出版了影响广泛的经典著作《明日！一条通往真正改革的和平之路》，它更为人熟知的书名就是《明日的田园城市》。20多年前彼得·霍尔与科林·沃德出版了《社会城市——埃比尼泽·霍华德的遗产》，在纪念田园城市思想诞生一百年的时刻，根据时代的变革指出，网络化成"社会城市"的"田园城市"将代表一种新的生活方式的基础[8]。霍华德的思想诞生于第二次工业革命的爆发期，随着电力和生产线的出现，规模化生产应运而生；霍尔的思想诞生于第三次工业革命时期，半导体技术、大型计算机、个人电脑和传统互联网的发展深刻地改变了人类的生产与生活方式[1]。今天伴随着无处不在的移动互联网，建立在数字革命基础上的第四次工业革命正扑面而来，面对城乡关系的巨变，我们对于"田园城市"又会有怎样的想象呢？

8.2.1　新乡村是"流乡村"

移动互联网时代的分工与交易活动借助即时通信技术实现要素的大范围交换与流动。人员、货物、信息、资金等要素的流动随着技术的进

步而不断加速,要素空间上的分散与集聚规律也随着技术的发展而重构。城市作为生产者与消费者为降低交易费用而创造的场所,它存在与否以及以何种形式存在取决于交易成本与收益之间的关系。当技术发展使得一部分经济活动可以不必再依靠面对面的交流以及城市中的实体空间时,这部分经济活动便有可能脱离城市重新分布在综合交易费用更低的地区。在步行和马车时代,要素流动速度缓慢,交易费用很高,各大区域之间较多地表现出自给自足的低分工水平,要素在国家和全球范围内基本呈现分散状态,在城市小范围内呈现集聚状态。随着第一次工业革命的发生和火车的广泛使用,要素大范围交换和集聚的效率大幅提高,空间集聚进一步加剧。随着汽车的普及,个体的交通自主性得到极大提升,进而使得城市层面上的小范围分散成为可能。当今中国,移动互联网与高铁网的复合使得传递与沟通的交易费用大幅降低,人口、货物、信息、资金的经济地理分布呈现高度流动的状态,"流空间"大大扩展(表8-1)。即时信息通信设施和高快速交通网的建设使得高度专业化的社会分工成为现实,在前三次工业革命中均处于弱势地位的乡村地域终于迎来重新发展的契机。

表 8-1　不同技术范式主导下的要素空间分布结构

要素	步行、马车	火车	汽车	高铁	互联网、信息与通信技术(ICT)
人员、实物	√	√	√	√	×
信息、资金	√	√	√	√	√
要素分布的空间结构	大范围分散 小范围集聚	大范围集聚 小范围集聚	大范围集聚 小范围分散	大范围分散 小范围分散	

移动互联网重新定义了基础设施、生产要素和协作结构。这突出表现为随着移动互联网在生产、生活中的广泛应用,原有的产生于工业时代的铁路、公路、机场等传统基础设施开始让位于云计算、移动互联网以及智能终端等新基础设施。工业时代的土地、劳动力、资本等传统生产要素的重要性逐渐让位于人才、数据这样的新生产要素,同时社会原有的产业分工体系和市场协作体系逐渐让位于基于即时网络的大规模社会协同与共享结构。虚拟性的移动互联网和实体性的高快速综合交通网的互联互通,将彻底打破传统地理格局中的封闭疆界,由"移动互联网+高铁网"支撑的流空间正在中国城乡网络中迅速扩展。在日益强大的全球化经济带动下,流空间逐渐弱化城乡区域内部行政边界的限制,把生产、分配和管理功能定位在最有利的区位,成为各种要素集中与再扩散的主导因素。

移动互联网大大提升了城乡区域的开放性,促进了生产要素的双向流动,使得城乡之间的分工与合作呈现出新的发展特征。城乡空间已经在一定程度上再结构化为自由连接的网络,这意味着包括乡村地区在内的各个生活聚落都能够自由地融入区域范围的生产和消费体系。地方的增长潜力不再单纯依赖自身的人口规模和经济实力，而更多地取决于其与区域其他空间的链接能力，这就大大弱化了封闭环境中的等级规模体系，为资金、人才、技术等各类生产要素向乡村的回流提供了更加自由的渠道。随着移动互联网发展水平的持续提升，电子商务、移动支付等新经济活动的蓬勃兴起，中国正快速迈向"移动互联网上的国家"。淘宝村、镇的爆发式增长就是移动互联网时代中国城乡变革的一个侧面。这些率先进入移动互联网时代的新乡村，已经成为"流空间"的一部分——"流乡村"（Country in Flow）。

8.2.2 明日的田园城市产生于流空间

霍华德提出"田园城市"思想的时代正是第二次工业革命爆发的时期。规模化大工业对于城镇空间的影响，造成了城乡之间显著的差异，融合城乡各自优势形成更好的人居环境就是"城镇—乡村体"的初衷[8]。经过100年的发展，尤其在第三次工业革命的推动下，大都市的经济社会优势更加显著，乡村整体处于收缩和被郊区蚕食的状态，即使霍尔提出的"乡村里的城镇"（Town in Country）[8]也只是大都市或城市区域外围的、从属性的城镇单元，不可能脱离中心城市而独立存在，乡村即使没有消失也大多只能依赖休闲观光等服务产业的发展。随着第四次工业革命的爆发，城镇与乡村的概念将进一步模糊难辨，城镇是流空间中的城镇——流城镇（Town in Flow），乡村是流空间中的乡村——流乡村，城镇与乡村的界定可能要从实体集聚与虚拟集聚两个维度来重构。

基于前文论述的"双重集聚"的概念和机制，根据虚拟与实体、集聚与分散的关系，可以形成四种组合（表8-2）。传统上区分城镇与乡村，主要根据实体空间的存在状态，实体空间集聚就是城镇，实体空间分散就是乡村。当然这里的集聚和分散都是定性的界定，分散更多地指一种低密度、低强度的状态，而集聚是高密度、高强度的状态。如果加入虚拟集聚的维度，更准确地说就是通过网络进入更大产业分工体系的程度，那么原来的城乡二元结构就会出现有趣的变化，新的空间出现了。实体分散、虚拟仍然分散的空间是传统意义的普通乡村，即使能够接入互联网，但主要是消费性的，因为没有能力进入更大范围的产业分工体系，因此也不会产生虚拟集聚；实体集聚、虚拟同样集聚的空间是流城镇，进入全球产业分工体系的城镇，其中全球城市就是顶尖的流城镇，它和传统的乡村处于人类聚落体系的两端。实体集聚、虚拟分散的空间是传统意义的城镇，大量仍处于工业时代的城镇，缺乏链接全球产业分工体系的能力，很多就是纯粹的消费性城

表8-2 实体集聚与虚拟集聚

分类	实体集聚	实体分散
虚拟集聚	流城镇	流乡村
虚拟分散	城镇	乡村

市；实体分散、虚拟集聚的空间是新兴的流乡村，它完全是移动互联网时代的产物，虽然保持着乡村的风貌，但已经进入区域甚至全球的产业分工体系，大量的淘宝村以及著名的旅游目的地村庄都属于这一类型。

从提高交易效率促进经济发展的角度来说，集聚是空间演化的必然趋势。沿着两种集聚的方向，四种空间在升级路径上的关系非常清晰（图 8-4）。在传统路径中，乡村通过工业化实现实体集聚，进而形成城镇化动力，升级为小城镇，进而逐渐做大做强。在移动互联网时代的路径中，乡村通过虚拟集聚成为流乡村，流乡村如果进一步引致实体空间的集聚就会演化升级为流城镇。传统城镇在移动互联网时代如果能够成功进入区域产业分工体系，同样意味着大量虚拟集聚的发生，也将升级为流城镇。在这样的一个升级演化途径中，霍华德所希望的"城镇—乡村体"，即既有乡村的自然美景、纯净的空气和水以及明亮的家园，又有许多社会机会、高工资的就业和良好的公共服务的"田园城市"，只有在流乡村这一象限可以实现。而霍尔所建构的"乡村里的城镇"，可以理解为相对低密度、低强度的流城镇。如果整合霍华德和霍尔的构想，可以看到流乡村与相对分散的流城镇将是"明日的田园城市"的构成主体（图 8-4），兼具城镇与乡村的优势，而没有大城市的焦躁与乡村的落寞。

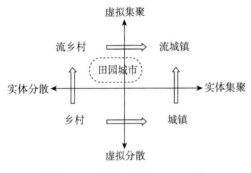

图 8-4　四种空间及其升级演化

更为重要的是，由此构成的"明日的田园城市"具有强劲的内生动力，能够链接更大范围的产业分工体系，从而提供更为充分的就业和更宜居的生活环境。

显然，在移动互联网时代"三磁铁"的引力格局将发生巨大的变化（表 8-3）。城镇依然是实体集聚的空间，但虚拟集聚为流城镇带来了更多发展、创新的机会，从而使之升级蜕变为全球服务的核心甚至枢纽，比传统城镇具有更加强大的交易效率和竞争优势。传统的乡村虽然保持着自然美景，但缺乏就业机会，随着人口的流失，能够吸引的人群可能更多的是隐居者，即使有一些产业和就业机会，但因为无法链接到更大的分工体系，因此常常收益不高、就业也不充分。流乡村的优势已经慢慢凸显出来，链接区域甚至全球产业分工体系的能力将持续推动乡村经济的繁荣，而良好的公共服务设施与基础设施的发展将使流乡村成为极富魅力的空间载体。在这个"三磁铁"的格局中，传统的城镇与乡村都已没有竞争优势，流城镇与流乡村将在移动互联网时代具有压倒性的优势，而它们的差别仅在于空间密度和开发强度的不同。

表 8-3　不同时代三磁铁的比较

时代	霍华德（1898 年） 第二次工业革命	霍尔（1998 年） 第三次工业革命	我们（2019 年） 第四次工业革命
磁铁一	城镇（Town）——与自然隔绝，社会机会；人群的隔离，娱乐场所，远离工作岗位；高工资、高租金和价格，就业机会；过度的工作时间，失业大军；烟雾和干燥，昂贵的排水系统，污浊的空气，阴暗的天空，良好照明的街道；贫民窟和小酒馆，宏伟的建筑物	城镇（Town）——全球服务；衰退的工业，高端岗位，大量失业；公共交通，交通堵塞；豪华公寓，无家可归；顶尖大学，质量下降的学校，博物馆和画廊，街道暴力	城镇——全球服务；创新型科技企业；高端岗位，结构性失业；公共交通；交通堵塞；雾霾；豪华公寓；巨大贫富差距；顶尖大学；不均等的中小学教育；博物馆和大剧院；摩天大楼与商业综合体
磁铁二	乡村（Country）——社会生活缺乏，自然美景，失业的人手，土地生活空闲；提防侵入者，树林、草地、森林；长工时，低工资；新鲜空气，低租金；缺少排水设施，水源丰富，缺少娱乐，明亮的阳光；没有公共精神，需要改革；拥挤的居住者，荒弃的村庄	乡村（Country）——随心所欲的服务；工厂农业，富裕的专业人员，乡村下层阶级；电信通勤，失业的劳动者；没有巴士，小汽车依赖；新鲜空气；交通污染；行政住宅；没有可支付得起的住房	乡村——隐居的空间；社会生活缺乏，自然美景，生态修复；失业的人手，生活空闲；新鲜空气，水源丰富，缺少娱乐，明亮的阳光；没有公共精神；小汽车依赖；荒弃的村庄
磁铁三	城镇—乡村体（Town-Country）——自然美景，社会机会；容易到达的田野和公园；低租金，高工资；低税收，充足的活儿；低价格，没有剥削；用于兴办企业的田地，资本的流动，纯净的空气和水，好的排水设施，明亮的家和田园，没有烟尘，没有贫民窟；自由，合作	乡村里的城镇（Town in Country）——高速地铁/轻轨；无小汽车需求；混合土地用途；短程步行；农田近在咫尺，没有污染；新社区；可支付的住房；平衡的经济；所有人都有工作；地方就业岗位和服务；较广泛的机会；小城镇价值；全球通道；可持续能力；风险共担，利益共享	流乡村（Country in Flow）——多种交通方式；纯净的空气和水，明亮的家和田园，没有雾霾；良好的公共服务设施与基础设施；内生经济；充分就业；广泛的社会机会；更大范围的分工体系；可持续能力；良好的治理

8.2.3　新乡村需要"精明收缩"的综合规划

电子商务推动的自下而上产业化与城镇化颠覆了中国城乡系统的二元性，实体与虚拟动力的交织作用进一步瓦解了传统乡村社会，新型城镇化时代已经到来。基于对"三磁铁"的分析可以看到，随着流城镇与流乡村的快速崛起，吸引力不断增强，无法链接到更大分工体系的普通乡村的吸引力正在消减。因此，不仅在快速城镇化时期，而且在移动互联网时代乡村收缩也依然是必然趋势，在一定程度或阶段上这一过程是不可逆的。因此，必须充分正视乡村收缩问题，以更为积极、主动的态度去应对乡村收缩趋势可能带来的种种困难与挑战。

对于如何理解乡村发展，如何编制并评价乡村规划，如何进行乡村的物质与治理重建，城乡规划学科并没有形成科学、系统、全面的理论认识。而这一缺失事实上已不可避免地导致了规划建设活动的价值误区和实践缺憾。简单粗暴的拆村并点、单调乏味的村居建设、逐渐失范的乡村治理、不正确的认知不仅引发一系列社会问题，更为严重的是正在摧毁中华历史文化的根基。探索中国乡村发展、规划与建设的正确认知，已成为城乡规划学科发展的核心任务。如果说乡村收缩是客观的,那么"精明收缩"[9-10]就是主观的规划理念,它以更新为导向,倡导在整体收缩的背景下综合运用加减法,通过增量盘活存量,最终一方面实现农民个体福利的正增长,另一方面全面助推乡村整体的现代化。

1) 乡村收缩是快速城镇化过程中的必然趋势

快速城镇化进程是理解、判断中国乡村发展趋势的核心,而乡村发展本身就是城镇化进程的重要组成部分。2018年年底中国的城镇化率已经接近60%,在总人口增长相对稳定的情况下,年均1.4%的城镇化率增长意味着每年有1 800万以上的农村人口进入城市。据中国社会科学院的预测,2050年中国城镇化率可能超过80%[11],也就是说在未来30年时间里,中国的城镇人口仍将大规模增长,乡村人口的持续减少将成为必然趋势。人口大量减少必然要求空间重整,乡村收缩不可避免。

作为城镇化发展的必然结果,乡村收缩更根本的动力是乡村经济与社会的转型。随着城镇化和工业化的加速,经济发展方式的转变必然直接影响乡村经济的发展。一方面,随着农业份额的不断下降,农业将逐步转向以提高生产率为主的现代化模式[12],提供的就业岗位将不断减少,对土地等要素资源的集聚要求不断提高,农业尤其是种植农业的就业密度将大幅降低。另一方面,随着移动互联网时代的到来,"互联网+""生态+"等新经济将推动乡村人口围绕新的空间重新集聚;巨型城市区域等新的城镇化空间的出现,也将导致跨区域的乡村空间集聚重组,而新的集聚过程必然伴随着新的收缩过程。在社会层面,随着老龄化、少子化社会的到来,养老、医疗、教育等公共服务的供给数量、质量与空间布局都将持续影响乡村人口的减少和乡村空间的收缩(图8-5)。

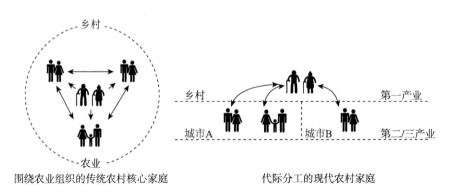

图8-5 乡村传统就业结构的瓦解与现代家庭就业结构的重构

乡村人口的大量收缩,从集约资源、提高服务水平的角度,必然要求对乡村空间和相应的公共服务设施进行重组。当前乡村常住人口的大量外流不仅留下了大量空置房屋、抛荒土地,导致空间低效利用,而且导致以基层服务功能衰退为代表的整体经济社会功能的退化。中国乡村量大面广，都市区域以外的普通乡村在数量上仍占很大比例，在缺乏优势发展资源的情况下，这些乡村即使生态良好，如果没有演化为流乡村，仍将是城镇化进程中的主要人口外流地。在资源有限的情况下，投入需要兼顾公平和效率，而对已空心地区持续的投入必然造成巨大的浪费。同时，在总体供给不足的情况下，低水平均衡的设施供给也无法真正满足乡村居民日益提高的需求。因此，为了集约、高水平而进行的精明收缩对于这些地区有着非常现实的意义。

2）精明收缩的特征是更新导向的加减法

乡村收缩是中国城镇化进程发展到一定阶段出现的必然现象，和增长一样只是一种状态。目前所呈现的与衰退、恶化相伴的收缩，其实是不正常的、不精明的收缩，问题不在于收缩本身，而在于收缩的方式和方法，如只拆不建、只堵不疏、治表不治里等消极的建设管理方式，只会导致乡村功能的衰退和人居环境的恶化。因此必须尽快形成精明收缩理念的共识。精明收缩概念是近年来新兴于欧美国家的规划策略，和精明增长相对应，旨在应对城市衰退所引发的人口减少、经济衰落和空间收缩等问题[13]，从收缩中寻求发展。虽然欧美的城市衰退与中国乡村收缩的背景、过程与机制截然不同，但精明收缩的理念却具有启发性，重在倡导积极、主动地适应发展趋势的结构性重整。

当前中国乡村的精明收缩必然是积极的、主动的，是更新导向的加减法，有增有减而不是一味地做减法。乡村是城乡体系中具有重要价值与意义的组成，精明收缩不以消灭乡村为最终结果，而以发展乡村为根本目的。当前忽略乡村发展需求，在资金、指标、政策上对尚有发展可能的乡村做出种种限制，致使乡村发展陷入长久停滞的做法，都是简单减法思维的体现。精明收缩下的乡村发展必然是一个总体减量，但有增有减、以增促减的更新过程，从被动衰退转向主动收缩。减少的不仅是乡村空间，而且包括乡村无序发展阶段形成的不合理增量，如大规模的违建住房[14]，以及不适应现代发展环境的要素，如传统的低效农业、污染的乡村工业等。相应增加的应当是更具适应性的、能够推动普通乡村升级为流乡村的现代发展要素，如以生态农业、乡村电商为代表的、面向需求的新兴乡村产业和服务设施。精明收缩需要在总量减少的同时加大对积极要素的集中投入，有选择地引入新的辅助要素，同时保护、更新具有历史文化意义的要素。这既是资源要素有限情况下对效率与公平的追求，也是乡村转型过程中系统更新的要求。

3）精明收缩的目的是助推乡村现代化转型

更新导向的精明收缩的最终目的是在中国现代化转型的关键阶段，助推传统乡村社会实现现代化转型，从而建构稳定、强健的新社会结构。首先，通过精明收缩实现农民福利的正增长。农民是乡村发展的主要参与者，其意愿和行为决策对于乡村发展具有关键性影响[15]。在移动互联网时代，城乡交流越发频繁、信息转播日益便利，农民的经济理性正迅速觉醒。农民不再"被捆绑在土地上"，尤其新一代农村人口具有自主、理性选择最大化利益的意愿和能力[16-17]。大量调研结果显示，当前上班打工的年均收入远高于农业生产收入（表8-4），乡村劳动力的非农化现象非常显著，上班打工成为大量乡村家庭的主要经济来源，这一比例在青年劳动力中高达63.76%（表8-5）。在这个意义上，当前中国乡村的持续衰退是农民"用脚投票"的结果。乡村发展是人的发展，而非物的发展[18]，因此仅仅依靠环境整治和文化复兴留住农民只是精英主义的祈望。只有通过为农民提供切实的福利增长，即或者提高经济收益，或者提高公共服务水平，或者两方面同步提高，才能精明收缩，才是精明收缩。

表 8-4　受访者主要经济来源与年收入均值情况

经济来源	无	<2 000元	2 000—5 000元	0.5万—1万元	1万—2万元	2万—3万元	3万—5万元	>5万元	合计 /%	年收入均值 / 元
农业生产 /%	1.54	6.74	15.61	20.23	29.87	15.03	6.55	4.43	100.00	15 647.40
上班打工 /%	0.64	3.04	4.34	7.85	32.37	27.08	19.23	5.45	100.00	23 358.97

表 8-5　不同年龄受访者主要经济来源情况

年龄段	无	农业生产	上班打工	租金分红	做生意	乡村旅游	社会保障	其他	合计
20—39 岁	9.76%	13.59%	63.76%	0.00%	11.15%	0.00%	0.35%	1.39%	100.00%
40—59 岁	4.26%	40.02%	41.82%	0.56%	9.53%	0.34%	1.12%	2.35%	100.00%
60 岁以上	6.23%	38.32%	22.12%	0.62%	5.61%	0.00%	20.87%	6.23%	100.00%

精明收缩的关键在于精明，在于缩小城乡差距、打破二元结构，在城乡聚落系统内通过收缩将城乡差距变为城乡均等，实现城乡要素自由流动、公共服务基本均等，同时差异化地保持或赋予乡村丰富的内涵与地位。面向未来城乡聚落体系中乡村可能扮演的角色，精明收缩需要在乡村数量收缩的同时大大拓宽乡村的功能与产业发展基础，通过集聚促进传统农业产业更新升级，促进适应性非农生产要素集聚。在新经济不断发育的进程中，使乡村不仅延续农业服务空间的职能，而且在现代产业体系中承担一定分工，升级为流乡村。精明收缩助推乡村现代化转型，农村和农民不再是特定身份、待遇的符号，而是一种新的生活与生产方式的代名词。

推动乡村社会现代化转型必然要求构建可持续的现代乡村系统。精明收缩并非短期的外来输血或扶持干预，而是在有条理、有意识的综合规划引导下，促进乡村社会的空间重构与治理重构。前者主要体现为建立符合现代要求的生活、生产空间，有选择地建立高标准的基础设施和服务设施，满足乡村居民不断提高的消费要求；后者主要体现为建立在现代化生产分配关系网络基础上的新社会秩序和治理结构，即在市场、政府与村民三者之间，在自上而下和自下而上的治理模式之间找到最佳组合与平衡点，推进乡村治理体系和治理能力的现代化。通过重构具有高度适应性、结构完整的乡村社会，精明收缩将激活乡村内生造血功能，最终形成一个具有自我发展能力的、令人向往的新乡村社会——明日的田园城市。

第8章参考文献

[1] 克劳斯·施瓦布. 第四次工业革命: 转型的力量[M]. 李菁, 译. 北京: 中信出版社, 2016: 4-5.

[2] 中国互联网络信息中心. 第43次《中国互联网络发展状况统计报告》[EB/OL]. (2019-02-28)[2019-06-12]. http://www.cac.gov.cn/2019-02/28/c_1124175677.htm.

[3] 胡鞍钢, 周绍杰. 新的全球贫富差距: 日益扩大的"数字鸿沟"[J]. 中国社会科学, 2002(3): 34-48.

[4] 中国互联网络信息中心. 第23次《中国互联网络发展状况统计报告》[EB/OL]. (2014-05-26)[2019-06-14]. http://www.cac.gov.cn/2014-05/26/c_126548676.htm.

[5] 上海财经大学"千村调查"项目组. 2017中国农村互联网应用报告[M]. 上海: 上海财经大学出版社, 2018.

[6] 佚名. 抖音稻城亚丁大数据报告[EB/OL]. (2018-12-01)[2019-06-16]. 抖音.

[7] 朱旭佳, 罗震东. 从视觉景观生产到乡村振兴: 网红村的产生机制与可持续路径研究[J]. 上海城市规划, 2018(6): 45-53.

[8] 彼得·霍尔, 科林·沃德. 社会城市: 埃比尼泽·霍华德的遗产[M]. 黄怡, 译. 北京: 中国建筑工业出版社, 2009.

[9] 赵民, 陈晨. 我国城镇化的现实情景、理论诠释及政策思考[J]. 城市规划, 2013, 37(12): 9-21.

[10] 赵民, 游猎, 陈晨. 论农村人居空间的"精明收缩"导向和规划策略[J]. 城市规划, 2015, 39(7): 9-18, 24.

[11] 李凤桃. 专访中国社科院城市发展与环境研究所副所长魏后凯: "中国将在2050年完成城镇化"[J]. 中国经济周刊, 2014(9): 26-28.

[12] 刘守英. 中国的农业转型与政策选择[J]. 行政管理改革, 2013(12): 27-31.

[13] 黄鹤. 精明收缩: 应对城市衰退的规划策略及其在美国的实践[J]. 城市与区域规划研究, 2017(2): 164-175.

[14] 黄爱朋, 牟胜举, 黄凯. 精明增长理论对村庄规划编制的启示: 以广州市萝岗区九龙镇麦村村庄规划为例[J]. 规划师, 2008, 24(11): 40-42.

[15] 罗震东. 基于真实意愿的差异化、宽谱系城镇化道路[J]. 国际城市规划, 2013, 28(3): 45.

[16] 李晓庆,王成,王利平,等.农户对农村居民点整合的意愿及其驱动机制:以重庆市沙坪坝区曾家镇白林村为例[J].地理科学进展,2013,32(4):671-680.

[17] 梁鹤年.城市人[J].城市规划,2012,36(7):87-96.

[18] 张京祥,申明锐,赵晨.乡村复兴:生产主义和后生产主义下的中国乡村转型[J].国际城市规划,2014,29(5):1-7.

第8章图表来源

图 8-1 源自:海马云大数据《2018 抖音研究报告》.

图 8-2、图 8-3 源自:笔者根据《2017 中国农村互联网应用报告》数据绘制.

图 8-4 源自:笔者绘制.

图 8-5 源自:罗震东,周洋岑.精明收缩:乡村规划建设转型的一种认知[J].乡村规划建设,2016(1):30-38.

表 8-1 源自:乔艺波绘制.

表 8-2 源自:笔者绘制.

表 8-3 源自:彼得·霍尔,科林·沃德.社会城市:埃比尼泽·霍华德的遗产[M].黄怡,译.北京:中国建筑工业出版社,2009:17,92.

表 8-4、表 8-5 源自:罗震东,周洋岑.精明收缩:乡村规划建设转型的一种认知[J].乡村规划建设,2016(1):30-38.

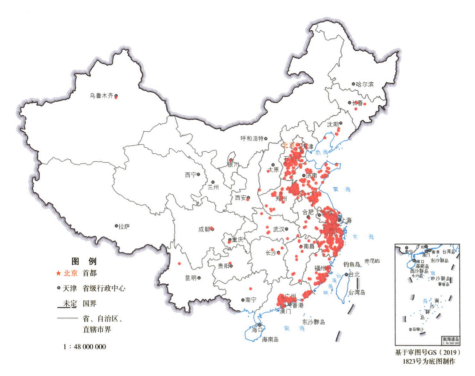

图 2-1（c） 2018 年全国淘宝村分布图

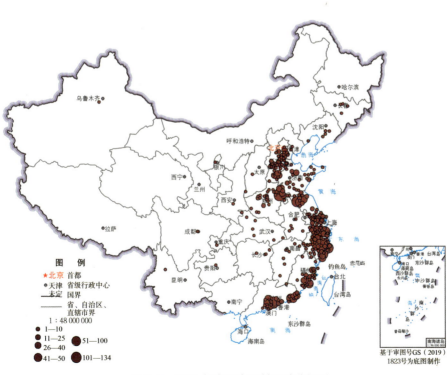

图 2-3 2018 年中国淘宝村县域分级图

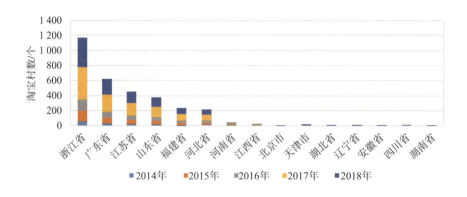

图 2-8　2014—2018 年部分省市淘宝村数量增长情况（其中 2014 年为初始值）

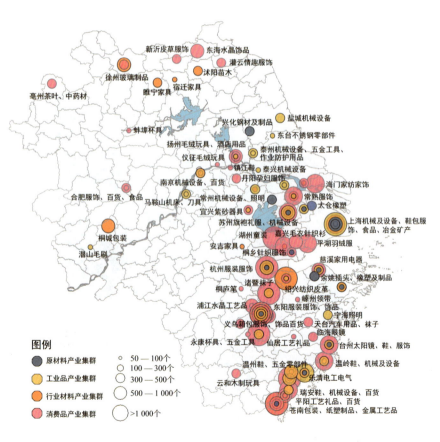

图 4-1　长江三角洲电商企业相应类别产业集群